MANUEL

DES

JEUX DE CALCUL

ET DE HASARD,

OU

NOUVELLE ACADÉMIE DES JEUX.

PARIS,

RORET, LIBRAIRE, RUE HAUTEFEUILLE,
AU COIN DE CELLE DU BATTOIR.

MANUEL

DES

JEUX DE CALCUL

ET DE HASARD,

ou

NOUVELLE ACADÉMIE DES JEUX ;

CONTENANT 1º. tous les jeux préparés simples, tels que les jeux de mots, les jeux de l'oie, loto, domino, etc. ; les jeux préparés composés, comme dames, trictrac, échecs, billard, etc. ; 2º. tous les jeux de cartes, soit simples, soit composés ; 1º. les jeux d'enfans, comme la bataille, la brisque, la freluche, etc. ; 2º. les jeux communs, tels que la bête, la mouche, le lenturlu, la triomphe, etc. ; 3º. les jeux de salon, comme le boston, le reversis, le whiste ; 4º. les jeux d'application, comme l'hombre, le piquet, etc. ; 5º. les jeux de distraction, comme le commerce, le vingt et un, etc. ; 6º. enfin les jeux spécialement dits *de hasard,* tels que le pharaon, le trente et quarante, la roulette, etc. ; un appendice, contenant les jeux étrangers, comme les tarots suisses, etc., et les jeux de combinaison gymnastiques, comme la paume, le mail, etc. ;

Avec des recherches sur leur origine et leurs probabilités, des anecdotes historiques relatives à plusieurs d'entre eux, et les décisions des plus habiles joueurs sur les coups difficiles ;

Précédé des règles générales communes à tous les jeux, et suivi d'un vocabulaire de tous les termes usités dans les jeux.

PAR M. LEBRUN,

DE PLUSIEURS ACADÉMIES.

PARIS,

RORET, LIBRAIRE, RUE HAUTEFEUILLE,

AU COIN DE CELLE DU BATTOIR.

1828.

MANUEL

DES

JEUX DE CALCUL

ET DE HASARD.

PREMIÈRE PARTIE.

PREMIÈRE SECTION.

JEUX PRÉPARÉS.

CHAPITRE PREMIER.

JEUX COMPOSÉS FACILES.

Jeu de Mots.

Dans une petite boîte carrée, haute d'un pouce et demi environ, et se fermant à coulisses, est un jeu préparé fort ingénieux : il consiste en cent quarante dés plats ayant la forme des *dominos*. Cent de ces dés contiennent deux alphabets de divers caractères d'impression ; d'un côté du dé on voit une grande lettre, et de l'autre une petite. Ces lettres sont toujours cor-

respondantes : si A se voit à l'endroit, *a* ou *a* se
voit à l'envers ; les quarante autres dés contiennent
deux séries de chiffres d'un côté, et de l'autre tous les
signes de la ponctuation, depuis la virgule jusqu'au
guillemet. Pour jouer à ce jeu, une ou deux personnes
prennent diverses lettres dans leurs mains, afin de
composer le mot qu'elles ont dans la pensée, puis
donnent ces lettres toutes mêlées à une ou deux personnes qui jouent avec elles, et doivent s'exercer à
placer ces lettres sur table de manière à trouver le
mot pensé. Comme beaucoup de mots sont susceptibles d'anagramme, il en résulte souvent des con-
trastes très plaisans. Le joueur qui ne trouve pas le
mot pensé, ou qui ne compose pas assez promptement
donne un jeton. Pour prévenir toute tromperie, il
est bon d'assujettir les premiers joueurs à se confier
tout bas leur mot l'un à l'autre, ou bien à le dire
à l'oreille de quelqu'un de la société.

Jeu de l'Oie.

Ce jeu de tableau est fort ancien, et a fourni l'idée
de tous les jeux analogues. On y joue depuis quatre
personnes jusqu'à douze ou quinze. Il faut avoir le
tableau du *jardin de l'oie* que nous allons décrire,
l'étendre sur une table, ou, pour mieux faire, le coller sur une planche ou tablette de même grandeur,
afin qu'il ne se relève et ne se déchire point par les
angles.

On tire au sort à qui jouera le premier, puis on
prend un cornet dans lequel on met deux dés ; on
les agite, on les lance au milieu du jeu, et prenant
une marque particulière, que doit avoir chaque
joueur, on va marquer le numéro qui correspond sur
l'une des cases au numéro sorti du cornet. Chacun
met auparavant un enjeu convenu.

Le tableau porte soixante-trois cases disposées cir-
culairement. De neuf cases en neuf cases se trouve
la figure d'une oie, de laquelle on compte le même
point. Ainsi lorsque le numéro 4 vous conduit à la
case 10, vous allez à 14 ; mais comme cette case pré-

sente encore une oie, on va à la case 18; comme
celle-ci porte encore une oie, on pousse jusqu'à la
case 22. On voit que s'il n'y avait point d'exception
à cette règle, d'oie en oie, on irait du premier coup
au *jardin de l'oie* (case 63), qui est la case qui fait
gagner; mais il y a deux exceptions. La première,
c'est que lorsqu'on fait 9 par 5 et 4, on va sur la case
53, qui représente deux dés, dont l'un marque 5, et
l'autre 4; la seconde, c'est que si l'on fait 9 par 6 et
3, on va à la case 26, où sont également tracés deux
dés, portant l'un 6, et l'autre 3.

Si vous amenez plus qu'il ne faut pour arriver au
jardin de l'oie, depuis la case où vous êtes placé, il
faut rétrograder. Ainsi, supposé que vous soyiez case
57, si vous amenez 9, vous irez à 60; amenez 7, après
avoir touché 63, au jardin de l'oie, vous rétrogradez
jusqu'à la case où vous terminerez votre 9.

A la case 6 il y a un *pont*: arrivé là, on paie un
jeton, et l'on va se placer case 12.

A la case 19 est une *hôtellerie*; on paie également
un jeton, et l'on y reste jusqu'à ce que chacun ait
joué deux fois.

A la case 32 se trouve un *puits*: il faut y rester
jusqu'à ce qu'on vienne vous trouver, et que l'on
vous envoie à la case d'où on est parti. Vous payez
encore du reste un jeton.

A la case 41 est un *labyrinthe*; là vous payez un
jeton, et retournez à la case 30.

A la case 52 il y a une *prison*; vous payez l'amende
ordinaire, vous restez jusqu'à ce qu'on vous délivre,
et retournez à la première case.

Enfin la case du jardin de l'oie, si l'on y arrive
justement, fait gagner la partie, et prendre l'enjeu.

Jeu d'Histoire.

On a imaginé de disposer tous les traits d'une histoire quelconque par ordre chronologique, comme
les figures du jeu de l'oie. Ainsi, dans le jeu d'*Histoire de France*, la première case représente le bap-
tême de Clovis, et la dernière (63), l'entrée de

Louis XVIII à Paris le 3 mai 1814. Toutes les cases
intermédiaires retracent chacune un fait relatif à la
vie d'un des rois de France. Plusieurs de ces cases
font payer et retourner sur ses pas. On ne peut s'arrêter sur les cases qui portent des fleurs de lis. Enfin,
du reste, le jeu est entièrement semblable au précédent.

Jeu de la Révolution française.

C'est encore la même marche, et le tableau représente à chaque case un des faits de la révolution. Je
ne m'étends pas davantage sur ce jeu, parce que
le tableau dit à cet égard tout ce qu'il me faudrait
inutilement répéter.

Jeu de Mappemonde.

C'est un jeu de tableau auquel on joue comme
à celui de l'oie : il est très bon pour apprendre la
géographie à l'enfance. Le tableau se compose de
soixante-dix-huit cases, qui ont chacune un numéro
et un titre particuliers. Les joueurs sont dits *voyageurs ;* ils partent de Paris pour aller s'embarquer
à Brest, et font le tour du monde.

La première case, dite de l'embarquement, est
le départ de Paris ; la seconde est l'Amérique ; la
troisième, le Mexique, etc. ; à la quatorzième on
arrive en Asie : les cases suivantes vous conduisent
dans tous les pays remarquables de cette vaste con-
trée ; et à la trente-cinquième case, on aborde en
Afrique. Dix autres cases vous la font parcourir, et
vous ramènent en Europe, qui occupe le reste des
cases ; la soixante-dix-huitième et dernière est à
Paris. Je me dispense de m'étendre davantage sur
ce jeu, malheureusement peu connu, et que du reste
le tableau indique assez, puisque les règles en sont
imprimées au centre. Il est donc suffisant d'appeler
seulement sur lui l'attention de mes lecteurs.

Jeu de Marine.

Encore un jeu de tableau qui se joue comme le

précédent, et qui, comme lui, instruit en amusant. Le nombre des joueurs n'y est pas limité; il peut s'étendre depuis deux jusqu'à quinze et vingt personnes.

Le tableau dont on se sert est divisé en soixante-trois cases, qui ont chacune une domination particulière et un numéro distinct : l'inventeur s'est proposé de rendre familier aux joueurs les termes usités dans l'art de la navigation. Ainsi les cases représentent, la première, un port de mer; la seconde, une rade; la cinquième, une escadre; la douzième, le sillage d'un vaisseau (le vent en poupe occupe plusieurs cases, comme la figure de l'oie se reproduit souvent au jeu de ce nom, pour faire avancer ou rétrograder les joueurs); la trente-huitième, une ancre; la cinquante-huitième, le naufrage; d'autres la boussole, le quart de cercle, un vaisseau en panne, etc., etc.

Les rapprochemens en sont ingénieux : arrivé à la case de la *tempête*, vous mettez un jeton à la poule, et vous retournez à la case du *radoub*; est-on à la case des vents contraires, on retourne à la case du *vaisseau à l'abri*. A la case du *naufrage* ou du vaisseau échoué, vous restez jusqu'à ce qu'un autre joueur vienne prendre votre place, etc.

Jeu des Monumens de Paris.

Ce jeu de tableau, calqué sur celui de l'oie, a comme lui soixante-trois cases. D'après le système qui a présidé au *jeu d'histoire*, il contient à chaque case la figure d'un monument de la capitale. Ainsi la série des numéros, dont le premier représente la *Porte-Saint-Denis* et le dernier l'*Arc de triomphe de l'Étoile*, comprend tous les édifices de Paris. Arrivé à quelques uns d'entre eux, au moyen des numéros que l'on amène (car on joue absolument à ce jeu comme à celui de l'oie), vous payez une amende d'un jeton, vous rétrogradez, ou bien vous restez jusqu'à ce que l'un des joueurs se place où vous êtes retenu : enfin, sous des noms différens, c'est absolument le jeu de l'oie. Par exemple, au lieu de rester noyé dans le *puits*, on est noyé sous le pont des arts, etc.

Jeu des Merveilles de la Nature et de l'Art.

On en peut dire autant de ce jeu-ci. Un tableau composé de soixante-trois cases, dont la première commence par les *Pyramides de l'Égypte* et la dernière représente *la Création*. Un choix de sujets ou numéros qui exigent les mêmes amendes et les mêmes retards que *le puits*, *l'hôtellerie*, *le labyrinthe*, *la prison*, du jeu de l'oie; la même manière de jouer; tout rend ce jeu semblable à ce dernier. Ainsi aux *Mines de Wielitska*, on reste, en payant un jeton, pour faire sa prière dans la chapelle de sel; on reste aussi sous les décombres du *tremblement de terre de Lisbonne* jusqu'à ce qu'un des joueurs vienne à cette case, etc.

Jeu de la vie de Henri IV.

Nouveau jeu calqué sur le jeu de l'oie. Nous dirons seulement que chaque case représente un des traits de la glorieuse vie de ce bon prince: la première case représente sa naissance à Pau, et la soixante-troisième son apothéose, le jour même de son assassinat.

Jeu de la Guerre.

A ce jeu de tableau, dérivé du jeu de l'oie, il n'y a que cinquante-trois cases. Le but de ce jeu est de familiariser les joueurs avec les termes relatifs à l'art de la guerre; ainsi on y voit l'*enrôlement*, *l'escarmouche*, *le siége*, *la fascine*, etc. La première case est dite *les officiers*, et la cinquante-troisième *la valeur récompensée*.

Jeu de Loto.

Pour jouer à ce jeu, il faut avoir ce qu'on appelle une *boîte* ou *jeu* de loto. Cette boîte, ordinairement de carton, haute de six pouces environ, et large de huit à neuf, contient, 1°. un imprimé collé dessous le couvercle de la boîte, dans lequel se lisent les règles du jeu; 2°. dans le devant de la boîte se trouvent, placés verticalement dans leur largeur et bien rapprochés, vingt-quatre tableaux, dont trois sont bleus, trois rouges, trois jaunes et trois verts : ces tableaux sont partagés transversalement, et de manière à ce que la ligne de partage se rapproche plus du haut que du bas : ils portent sur des cases des numéros, tantôt doublés, tantôt à la suite, tantôt séparés par des cases de la couleur du fond.

Les tableaux ont dans la boîte une case qui les contient très justement : ils y sont très serrés, et du reste étant de la largeur de cette boîte, ils semblent faire corps avec elle : le reste de la boîte forme une case à peu près égale, quoique un peu plus grande, dans laquelle est 3°. un petit sac de peau jaune clair, fermé par des cordons rouges, et contenant environ deux cents de très petits jetons rouges fort minces : ces jetons sont destinés à former l'enjeu et à couvrir les numéros des tableaux; 4°. un autre sac, au moins double pour la grandeur, de peau très forte, et ordinairement verte, contenant les quatre-vingt-dix numéros de la loterie de France. Ces numéros sont marqués sur autant d'une sorte de dés, ayant la figure du calice persistant du gland, si on l'avait poli : sur la face plane est le numéro, et pour ne point confondre 69 avec 96, 29 avec 62, etc., ce qui arriverait fréquemment lorsqu'on tire les numéros au hasard, une petite ligne est tracée pour l'indication du numéro; ainsi on a 69, 96; 5°. un petit panier arrondi, ou corbillon semblable au panier de reversi, garni d'une chicorée de faveur rouge; 6°. enfin la boîte contient une sorte de tablette arrondie en chêne, posée sur trois petits pieds, hauts de quelques lignes, présentant sur sa surface de petits enfoncemens demi-sphériques, dans lesquels on place les numéros tirés, afin que chacun puisse les voir. Cette tablette a un manche assez court.

Première manière de jouer le loto. — C'est la plus simple et partant la moins intéressante : elle ne con-

vient qu'aux enfans : on prend plusieurs tableaux,
trois par exemple, et on les place sur la table, l'un
au-dessus de l'autre, devant soi. On convient du prix
de la partie, puis l'un des joueurs prenant le sac, le
tourne, le secoue long-temps pour mêler les numéros, puis plongeant la main droite dans le sac, en sort
un, qu'il nomme à haute voix, et le place sur la tablette que l'on a mise auprès de lui. Alors chaque
joueur prenant dans la main quelques jetons rouges
qui remplissent le corbillon placé au milieu de la
table, place un de ces jetons sur le numéro correspondant sur leurs tableaux au numéro sorti.
Comme les numéros sont souvent doubles, ceux qui
ont ce numéro répété plusieurs fois le marquent. On
continue ainsi jusqu'à ce que l'un des joueurs ait
couvert le premier un tableau. C'est le loto à *tableau
couvert*.

*Deuxième manière de jouer le loto au premier
quine*. Le système du jeu de loto est celui de la loterie de France : par conséquent un numéro sorti
seul sur un tableau est un *extrait* ; deux numéros à
la suite l'un de l'autre forment un *ambe* ; trois,
un *terne* ; quatre, un *quaterne* ; cinq, un *quine*,
ce qui couvre toute la ligne transversale du tableau ; car, de quelque manière que soient disposés
les numéros, ils ne dépassent jamais sur la ligne le
nombre de cinq.

On devine maintenant quelle est la manière de
jouer. On tire les numéros comme précédemment,
et celui qui fait le premier quine gagne la partie.

Troisième manière de jouer le loto. Voici le jeu vé-
ritable. On y peut jouer depuis deux jusqu'à douze ;
chacun prend deux tableaux : on tire seulement
quinze numéros, et chacun marque ; ensuite, selon
qu'on a *ambe*, *terne*, *quaterne* ou *quine*, on prend
deux, trois, quatre ou cinq jetons de ceux que chacun a mis à la poule en commençant, d'après la convention que l'on en a dû faire. Comme il est très rare
de faire *quine*, et que c'est le coup principal, on convient souvent que ce coup annulle les autres et enlève la poule tout entière.

On joue encore au loto d'une autre manière : celui qui tire les numéros est le banquier, et les autres joueurs reçoivent de lui le prix des ambes, ternes, etc., à moins qu'il n'amène un coup plus considérable. Ainsi, si parmi les autres joueurs il se trouve un quaterne, et qu'il n'ait qu'un terne, il paie au possesseur de ce coup ; mais ceux des joueurs qui n'ont que des ambes paient à leur tour au banquier.

Depuis quelque temps on a de nouveaux tableaux de loto : au lieu de présenter une surface de tableau, ils se plient longitudinalement par la moitié, comme un livre. Ils n'offrent point non plus d'intervalle entre les numéros, qui se suivent sans interruption. et dans l'ordre ordinaire des chiffres. Ce jeu alors a, selon moi, moins de chances et d'agrément.

Jeu de Domino.

Les dominos sont des dés allongés et plats, dont une face est ordinairement d'ébène et l'autre d'ivoire ou d'os ; c'est sur celle-ci que sont marqués les points. Les dominos communs ne sont point *doublés*, c'est-à-dire ne présentent point une face d'ébène : les plus larges sont les plus beaux.

Il y a plusieurs jeux de domino ; ils diffèrent seulement par la quantité de dés : ainsi il. y a des jeux qui finissent au double-6 ; d'autres au double-7 ; d'autres au double-8 ; d'autres enfin au double-9. Il ne peut en avoir au-delà. Les dés sont rangés les uns sur les autres dans une boîte de bois étroite et longue, fermant à coulisses. Ils commencent toujours par le double-blanc.

Voici la marche de ces dés : double-blanc, blanc et as, blanc et 2, blanc et 3, blanc et 4, blanc et 5, etc., jusqu'à la fin des numéros, et ainsi de suite, pour tous les autres nombres ; double-as, etc., double-2, etc., etc.

Il y a plusieurs espèces de parties au jeu de domino ; nous allons les décrire successivement, après avoir donné les règles du jeu.

On commence par retourner tous les dés à l'en-

vers ; on les mêle en les tournant et retournant bien,
puis on en prend chacun six : le reste se met à l'écart,
et se nomme *le talon* ou *la cuisine*. Chaque joueur
relève ses dés, les plante sur leur largeur, près à
près, ou plus éloignés, comme il lui convient : on
tire au sort à qui posera le premier, ce qui est un
avantage. Celui qui doit poser met à plat, au milieu
de la table, un de ses dés, en le nommant : si c'est
un doublet, comme double-4, l'autre joueur ne
peut mettre qu'un domino commençant par 4, et
doit le placer au milieu du doublet, en large, tandis
que celui-ci est en long. Supposons que ce dernier
dé soit 4 et 7, le joueur nomme ces deux numéros,
et il faut dorénavant jouer du 7 et 4, ainsi de suite.
Lorsqu'on place des doublets, il va sans dire que le
jeu ne change pas.

On peut arranger les dés de telle sorte que les deux
extrémités du jeu présentent le même nombre (supposons 5), ce qui s'appelle faire un *partout*, on dit
cinq partout. Si l'adversaire ne se trouve pas avoir
ce nombre, il *boude*, ou vulgairement va *à la cuisine*, c'est-à-dire, tire au hasard, au talon, un dé :
si ce dé ne vaut rien, il recommence jusqu'à ce qu'il
en trouve un bon, mais plus ordinairement on convient qu'on n'en prendra qu'un seul : si le hasard
ne lui offre pas de 5, l'autre joueur rejoue ; et s'il a
double-5, il ne manque pas de le poser pour augmenter le désavantage de son partenaire : celui-ci
retourne à la cuisine ; et s'il ne trouvait pas encore
de cinq, l'autre jouerait encore, mais force serait
alors de rompre 5 partout.

A la fin des parties, il dépend d'un des partenaires
de fermer le jeu. Supposons qu'il soit à son dernier
dé, que ce dé marque 8 et 9, et que ce nombre soit
sur le jeu ; si le joueur place au 8, il fera 9 *partout*
(*et vice versâ*), ce que je suppose fermer le jeu,
parce que tous les 9 sont épuisés : il le fait cependant s'il est à son dernier dé, ou s'il n'en a plus que
peu ou de très légers, afin que son adversaire, qui se
trouve un grand nombre de points, perde la partie.

Celui qui place le premier ses dés (ce qui s'appelle

faire domino), ou qui, le jeu fermé, a le moindre nombre de points, gagne la partie, dont le prix est fixé en commençant. En décrivant les règles du jeu, nous avons donné celles de la *partie à quelque nombre de dés que ce soit, sans être aux points.* Nous observerons qu'à cette partie les joueurs ont intérêt à ce que les deux bouts du jeu restent ouverts.

Partie du tête-à-tête, chacun ayant six dés. — Chaque joueur se propose, à cette partie, de gagner 100 points. Alors plus on a de points, quand le jeu est fermé, plus cela est avantageux : il faut en ce cas toujours commencer par les petits dominos, et noter sur une carte, avec un crayon, le nombre de points que l'on fait chacun à chaque tour : il va sans dire que celui qui les compte le premier est le gagnant. Celui qui pose le premier joue bien en avançant le dé dont il a le plus : on ne doit pas, quand on est en second, poser un dé dont on a le doublet sans en avoir quelques uns de la même espèce, parce qu'il est à peu près certain que ce dé double vous restera dans la main.

Partie du tête-à-tête, aux points, chaque joueur ayant douze dés. — Cette partie exige plus d'attention pour la combinaison des dés ; si vous avez un doublet, et plusieurs dés de son espèce, ne posez point ce doublet, parce que vous seriez contraint d'ouvrir le jeu à chaque dé. Il faut surtout avoir le soin de ne point ouvrir un dé contenant beaucoup de points, et de couvrir autant qu'on peut ceux qu'avance l'adversaire, principalement quand on a lieu de présumer qu'il boude à l'autre bout.

Partie à quatre, chacun pour soi, sans être aux points.

Chacun met au jeu une somme convenue, et chaque fois que l'on fait *domino*, on retire autant d'argent qu'on en a mis. Celui qui pose le premier gagne nécessairement s'il ne boude pas. Aussi chacun pose à son tour. La partie finie, on relève les dominos à l'envers, on les mêle, ce qui, du reste, se fait toujours. J'ai oublié de dire que beaucoup de joueurs s'amusent à faire décrire des tours et retours aux *dominos* placés. Quelquefois les quatre joueurs se partagent tous les dés, et celui qui boude ne pouvant plus en tirer au talon, attend que le jeu se rouvre pour lui. On agit aussi de cette manière à deux. De tout ceci, il faut conclure que la partie à quatre n'est réellement pas une variété.

Partie de la Poule. — Elle se joue entre trois ou quatre personnes. Chacun met au jeu une somme convenue pour former la poule, qui appartient à celui qui compte le premier cent points. On fait souvent, dans cette partie, le sacrifice de son intérêt pour favoriser le joueur qui a le moins de points, au préjudice de celui qui en a le plus.

Partie au Domino voleur. — C'est le jeu de domino à partenaires : deux personnes se mettent contre deux autres, prennent chacune six dés, et jouent pour gagner le plus tôt cent points. En général, on doit tâcher de fermer toujours le dé à son adversaire.

Supposé qu'ayant à poser le premier, vous ayez un double dé avec trois ou quatre dés qui s'y rapportent, et un second double isolé, avec un dé quelconque ; pour bien jouer, posez le double dé isolé, parce que vous obligerez vos adversaires à vous ouvrir les dés auxquels les vôtres se rapportent ; vous devenez ainsi maître du jeu. Si vous avez mauvais jeu, observez le dé que pose votre adversaire, et faites dans ce jeu *un partout*, si vous le pouvez. Prenez garde aussi à la position de vos adversaires, car s'ils jouent pour peu de points, avancez promptement vos gros dés, afin d'éviter la perte du coup.

DEUXIÈME SECTION.

CHAPITRE II.

JEUX PRÉPARÉS COMPOSÉS.

Jeu de Dames.

Un damier, ou tablier, espèce de tablette carrée, marquée de soixante-quatre petits carreaux en marqueterie, dont douze noirs et douze blancs (ces carreaux sont nommés *cases*); vingt-quatre *dames* ou *pions*, pièces plates et rondes, dont douze en bois d'ébène ou de palissandre, et les douze autres en ivoire, en os, ou en bois de houx : voici les ustensiles du jeu de dames. Le damier est souvent marqué sur une table ordinaire ; très souvent aussi, il est sur une tablette et se place sur les genoux ; de chaque côté du damier est une boîte à coulisses pour ranger des dames.

On ne joue que deux personnes aux dames, en se plaçant en face l'un de l'autre : on offre à choisir la couleur des pions, car chaque joueur a sa couleur particulière. Si l'on joue avec une dame, il faut lui donner les pions noirs afin de faire ressortir la blancheur de sa main.

Chaque joueur met à sa droite ses pions en plusieurs tas, les étale ensuite, et l'on convient des avantages qu'il y a lieu à faire ; car, lorsque les joueurs n'ont pas le même degré d'habileté, il est d'usage, pour rendre la partie égale, que le plus savant fasse avantage à son adversaire ; cet avantage est plus ou moins considérable suivant la force respective des joueurs. Le joueur qui reçoit avantage joue toujours le premier ; en cas de force égale, on tire au sort à qui doit commencer.

2

Placer une dame sur la case correspondante à sa couleur, s'appelle *faire un pas*; aux *dames à la française*, dont nous nous occupons, les pions prennent en avant et en arrière, et sautent plusieurs cases en marchant, ce qui n'a pas lieu dans le jeu de *Dames à la polonaise*. Il suit de là que les combinaisons de ce dernier jeu sont plus multipliées, qu'on le préfère, et qu'il est, pour ainsi dire, le seul dont on s'occupe aujourd'hui. Nous allons donc le traiter avec détail, renvoyant au reste à ces détails pour tout ce qui manque ici à la description du jeu de dames *à la française*, puisque, sauf les différences indiquées, les règles sont les mêmes. Tout ce que nous avons dit en commençant s'applique aux dames polonaises.

Dames à la Polonaise.

Le damier à *la polonaise* a cent cases, et l'on emploie quarante pions, vingt blancs et vingt noirs; on pourrait indifféremment placer les pions sur les cases noires ou sur les cases blanches, mais l'usage a prévalu de les placer sur les dernières.

Le damier doit être placé de manière que le trictrac se trouve à la droite de chaque joueur : or, le trictrac est, relativement aux pions noirs, les cases quarante-cinq et cinquante. Ainsi, le damier se trouve naturellement divisé en deux parties ; les pions noirs occupent les vingt cases qui s'étendent depuis le numéro un jusqu'au numéro vingt inclusivement, et les pions blancs sont rangés sur un pareil nombre de cases, depuis le numéro trente-un, jusqu'au numéro cinquante. D'où il suit qu'il reste entre les pions de chaque joueur, deux rangs de cases vides sur lesquelles se jouent les premiers pions.

1. Aussitôt qu'on a touché un pion, on est obligé de le jouer, quand aucun obstacle ne s'y oppose ; c'est de là que vient la maxime : *dame touchée, dame jouée*.

2. Un pion est censé touché dès qu'on a mis le doigt dessus ; au reste, on est maître de jouer où l'on veut le pion touché, quand on ne l'a pas quitté.

3. Lorsqu'on veut toucher un ou plusieurs pions pour les arranger, on doit auparavant dire *j'adoube;* car, faute de cette précaution, on pourrait être forcé par son adversaire à jouer celui des pions touchés qu'il jugerait à propos de faire avancer, pourvu toutefois qu'il n'y ait point d'obstacle.

4. La marche du pion se fait toujours en avant, à droite ou à gauche, du blanc sur le blanc, et ne faisant qu'un pas à la fois, c'est-à-dire, en ne touchant qu'une case; mais quand il a *à prendre*, il fait deux, trois, quatre pas, et même davantage; il peut même alors marcher en arrière.

5. Lorsqu'un pion a devant lui un autre pion de la couleur qui lui est opposée, et que derrière celui-ci il se trouve une case blanche vide, le premier pion passe par-dessus le second, l'enlève, et se place à cette case.

6. Et, s'il y a plusieurs pions de l'adversaire derrière chacun desquels il se trouve une case vide, le pion qui prend continue de passer par-dessus, se place à la dernière case vide, et enlève tous les pions par-dessus lesquels il a passé.

7. Il est bon d'observer que, lorsqu'il y a plusieurs pions à prendre, on ne doit en enlever aucun avant que le pion qui prend ne soit posé sur la case où il faut qu'il s'arrête.

8. Remarquez que le pion qui prend, non seulement ne peut pas repasser, et doit au contraire s'arrêter sur la case où il a passé déjà, case sur laquelle il y a un pion qui fait partie de ceux qu'on doit enlever, si ce pion en a un autre par derrière, lors même qu'il y aurait en outre plusieurs pions à prendre, mais encore le pion placé derrière celui qui doit prendre a droit de prendre ce pion s'il y a une case vide. Par exemple:

Le joueur aux pions blancs en a un sur chacune des cases vingt-sept, trente-deux, trente-trois et trente-sept, et une dame sur la case quarante-trois. Tandis que l'adversaire a un pion noir sur chacune des cases trois, quatre et neuf, une dame sur la case dix , une autre sur la case treize , et un pion sur la case dix-neuf.

La dame noire de la case treize , qui en a quatre à prendre , est obligée de se placer sur la case vingt-huit, parce qu'elle est arrêtée par le pion de la case trente-deux, qu'elle ne peut enlever qu'après s'être placée ; de telle sorte que le pion blanc de la case trente-deux qui se trouve derrière cette même dame noire de la case vingt-huit , la prend, ainsi que deux autres pions, et a la dame de la case cinq.

9. Si l'on a plusieurs pions à prendre et qu'en les enlevant on en laisse plusieurs sur le damier, l'adversaire a le droit de *souffler*, c'est-à-dire de saisir , s'il le juge à propos, le pion avec lequel on a pris. On est maître, au surplus, de souffler ou de s'en abstenir ; dans le dernier cas, on oblige l'adversaire de prendre, et celui-ci ne peut jamais s'y refuser.

10. Si celui qui est en droit de souffler a touché le pion à souffler, il n'est plus libre de faire prendre ; il est obligé de souffler , d'après la règle , *dame touchée, dame jouée.*

11. Quand on refuse de prendre , on perd la partie, en vertu de la maxime générale : *qui quitte la partie la perd.*

12. Si, ayant à prendre d'un côté seulement, vous levez ou touchez par erreur un autre pion que celui que vous deviez prendre, ou qu'ayant à prendre de plusieurs côtés , vous touchiez un autre pion que celui qui doit être pris du bon côté , votre adversaire peut à la fois souffler le pion qui devait être pris régulièrement , et vous obliger à jouer celui que vous avez touché.

13. Dès qu'on a joué , on ne peut plus souffler , si le joueur qui n'a pas pris d'abord prend le coup suivant, ou si le pion qui devait prendre a changé de position ; mais, si les choses restent dans le même état, le joueur qui a négligé de souffler peut y revenir et faire prendre , même après plusieurs coups , soit qu'il ait aperçu ou non la faute de son adversaire.

14. Un coup est censé joué lorsqu'on a placé ou quitté le pion.

15. On est dans le cas d'être soufflé, lorsque, au lieu de prendre le plus, ou le plus fort, on prend le moins et le plus faible.

16. On a à prendre le plus, quand il n'y a d'un côté à prendre qu'un ou deux pions, tandis que d'un autre côté on peut en prendre davantage.

17. On a à prendre le plus fort quand, à nombre égal, il y a des pions d'une part et des dames de l'autre, ou une dame et des pions. On doit prendre du côté des dames, ou de la dame, attendu qu'une dame vaut mieux qu'un pion; mais il est temps d'expliquer la différence qui se trouve entre ces deux noms appliqués au même objet.

18. Quand un pion est arrivé sur une des cases ou il doit être *damé*, on le couvre d'un autre pion de même couleur, et il prend alors le titre de *dame*.

19. Les pions blancs se dament sur les cases une, deux, trois, quatre, cinq; et les pions noirs sur les cases quarante-six, quarante-sept, quarante-huit, quarante-neuf et cinquante.

20. Nous avons dit que les dames valent mieux que les pions; cependant lorsqu'il y a d'une part trois pions à prendre, et d'autre part un pion et une dame, ou même deux dames, il faut, pour éviter d'être soufflé, prendre les trois pions, attendu qu'ils l'emportent en nombre sur les dames.

21. Il ne suffit pas qu'un pion passe sur une des cases désignées pour être damé, il faut qu'il y reste placé par un coup qui s'y termine; ainsi, un pion arrivé sur les cases à damer ayant encore à prendre, sera obligé de continuer son chemin et de demeurer pion : s'il s'arrêtait à tort sur la case où l'on dame, et qu'il omît à cet effet de prendre les pions qui lui restent, on pourrait lui souffler ceux qu'il aurait déjà pris.

22. Une *dame* diffère d'un *pion*, non seulement par la valeur, mais encore par la marche et par la manière de prendre. 1°. Parce que dans sa marche le *pion* ne fait qu'un pas en avant, à moins qu'il ne

prenne, et il ne prend que de case en case; au lieu que la dame est libre d'aller d'une extrémité du damier à l'autre extrémité, si le passage est libre, c'est-à-dire, si dans cet espace il ne se trouve aucun pion de la couleur de cette *dame*, ou des pions de la couleur opposée qui ne soient point en prise (1). 2°. La *dame* diffère du *pion* par la manière de prendre, en ce qu'elle peut, ayant à prendre, traverser plusieurs cases à la fois, pourvu qu'elles soient vides, ou qu'il s'y trouve des pions en prise de la couleur opposée, en sorte qu'elle peut tourner à droite à gauche, et faire quelquefois le tour du damier.

23. Quand deux joueurs d'égale force restent, à la fin d'une partie, l'un avec trois dames et l'autre avec une seulement, mais sur la ligne du milieu, cette partie est nécessairement remise.

24. La *dame* unique n'ayant pas la ligne du milieu, il y a plusieurs coups à gagner ; mais, comme ils ne sont pas forcés et qu'il faut que la partie se termine, il est de règle que le joueur des trois dames ne puisse obliger son adversaire à jouer plus de quinze coups, et celui-ci ne peut les refuser, quand même il ferait avantage à celui-là.

25. Le joueur des trois dames faisant avantage, ne peut également exiger que quinze coups.

26. Mais si l'avantage que fait un joueur consiste dans la remise, on lui accorde vingt coups, après lesquels la partie est finie et perdue pour lui, si son adversaire a conservé sa dame jusqu'alors.

27. Dans une partie où les coups sont fixés, on ne peut les excéder, sous prétexte que le coup qui excède est une suite nécessaire du coup précédent : en pareil cas, la partie est gagnée irrévocablement lorsque le dernier coup est joué.

28. Un coup n'est complet que lorsque chaque joueur a joué une fois : ainsi, quand celui qui a commencé joue pour la vingtième ou vingt-cin-

---

(1) Les dames n'avancent pas plus que les pions ; leur seul privilége est de marcher et de prendre en arrière.

quième fois, le vingtième ou le vingt-cinquième coup n'est achevé que quand celui qui a joué le dernier a aussi joué pour la vingtième ou vingt cinquième fois.

29. Lorsqu'à la fin d'une partie un joueur qui n'a qu'une *dame* offre à l'autre, qui se trouve avoir une *dame* et deux pions, ou deux *dames* et un *pion*, de lui damer les deux pions ou le pion, afin de compter aussitôt les coups limités, ce dernier est tenu d'accepter l'offre, sinon le premier peut quitter la partie comme remise.

30. Quand un joueur fait une fausse marche, il dépend de son adversaire de faire rejouer en règle ou de laisser le *pion* ou *la dame* mal joué sur la case où il se trouve.

31. Il n'y a nulle faute à jouer un pion qui ne peut être joué.

32. Il n'y a pareillement point de faute à jouer un des pions de son adversaire s'ils peuvent être joués : on ne pourrait même, en pareil cas, être soufflé, si l'on avait à prendre : la raison en est que, pour faire naître le droit de souffler, il faut qu'on ait touché des pions qui ne puissent être joués.

33. Si un joueur donne à l'autre pour avantage la moitié, le tiers ou le quart de la remise ou du pion, il en résulte, pour tous deux, l'obligation de jouer deux, trois ou quatre parties, afin de remplir la convention. Ces parties n'en sont proprement qu'une alors : c'est pourquoi, si l'on donne la revanche, il faut encore jouer le même nombre.

34. A la fin d'une partie, se trouve-t-on avec une *dame* et un pion, il faut donner le *pion* dès qu'on le peut, attendu qu'on défend plus aisément la partie avec une dame seule. (Voyez le *Traité du jeu des Dames*, par Manouri.)

35. On appelle *faire tant pour tant* l'action de donner à son adversaire à prendre un ou plusieurs pions, une ou plusieurs dames, pour se trouver ensuite dans une position à lui prendre le même nombre de pièces que celui qu'il a pris. C'est par cette sorte de spéculation que les joueurs habiles parent des

coups ou en préparent; qu'ils dégagent leur jeu, for-
tifient leur côté faible, se placent dans un poste
avantageux : c'est encore au moyen du *tant pour
tant* qu'un pion en tient souvent plusieurs enfermés.

36. Voyons maintenant le *coup du repos*. C'est
une position dans laquelle l'un des joueurs a plusieurs
fois de suite à prendre, et l'autre, par conséquent,
à jouer librement et sans obstacle. Tandis que le
premier fait des prises, le second arrange ses pions
de manière à faire un coup que son adversaire ne
puisse empêcher, ou il se met derrière un ou plusieurs pions en prise. Ce coup se nomme *de repos*,
par la raison que le pion du second joueur, placé
derrière ceux de son adversaire, ou qui est disposé
pour faire un coup, se repose, en attendant son tour
de marcher. Le coup de repos est presque toujours
occasionné par trop de précipitation de la part de
l'adversaire, qui, voyant un pion en prise, se met
derrière, se trouve obligé de le prendre, et donne
par là le loisir à l'autre joueur de former un plan
avantageux. Cependant le coup de repos est quelquefois un coup de combinaison.

37. Lorsque deux pions d'un même joueur sont
placés de manière qu'il y a derrière chacun d'eux
une case vide, et entre eux une autre case vide, où
l'adversaire peut se placer, cela s'appelle *une lunette*. S'y place-t-on, un des deux pions est nécessairement pris, attendu qu'on ne peut les jouer, ni par
conséquent les sauver tous deux à la fois.

La lunette présente fréquemment plusieurs pions
à prendre, tant d'un côté que d'un autre. Comme elle
est le plus souvent un piége tendu par un joueur
adroit, on doit y prendre garde; car il est naturel de
penser que ce n'est pas sans motifs que l'adversaire
s'expose à perdre un ou plusieurs pions. En pareil
cas, avant d'entrer dans la lunette mettez-vous en
idée à la place de votre partenaire, et calculez ce que
vous feriez vous-même si vous aviez à jouer son jeu.

Voici les règles fondamentales du jeu de dames,
les coups les plus ordinaires et les observations les
plus importantes. De plus grands développemens.

seraient inutiles, car ils ne pourraient remplacer le temps, l'expérience, qui seuls apprennent à prévoir les coups, à combiner la position des pions et des dames. Notre tâche est remplie : le reste dépend de l'habitude, de l'intelligence et de l'application des joueurs.

Jeu de Trictrac. (1)

Contre la loi de la progression, et mon habitude constante, je vais m'occuper d'un jeu très long et très difficile, avant d'en décrire plusieurs autres bien plus faciles et bien plus courts ; mais tous ces jeux étant des dérivés du trictrac, ou s'y rattachant plus ou moins, il faut commencer d'abord par le faire connaître.

Le trictrac est fort ancien. L'abbé Barthélemy en parle dans son Voyage d'Anacharsis, et d'autres auteurs témoignent que ce jeu était connu des Grecs, qui, comme on le sait, tenaient leurs usages des Phéniciens. A leur tour, les Romains, qui furent les élèves de la Grèce, en reçurent le trictrac. Il paraît qu'ils le jouaient comme de nos jours ; du moins leur table de jeu était, comme la nôtre, partagée de douze flèches ; mais ces douze flèches étaient coupées par une diagonale que nous n'avons point, et qu'ils nommaient *linœa sacra* (ligne sacrée.) Les dames, au nombre de quinze de chaque couleur, s'appelaient des *calculs*.

---

(1) Louis XIV aimait beaucoup le trictrac. Un jour qu'il s'y exerçait avec plusieurs de ses courtisans, il survint un coup douteux. Le chevalier de Grammont entrant dans cet instant : Vous allez nous juger, dit le Roi. — Vous avez perdu, Sire, répond l'arbitre. — Comment, reprit le prince, vous me condamnez, et vous ignorez de quoi il est question. — Eh ! ne voyez-vous pas, Sire, que si le coup était le moins du monde susceptible d'être décidé pour vous, tous ces messieurs se disputeraient à qui prouverait que vous avez gagné. Le monarque sourit et paya.

Quant à l'étymologie du mot *trictrac*, Gilles Me-
nage, Furetières, Pasquier et beaucoup d'autres
érudits prétendent que ce mot vient du bruit que
font les dés et les dames : cette opinion me semble
fondée.

On ne peut jouer que deux personnes au trictrac ;
c'est ordinairement des hommes ; mais lorsque, ce
qui est rare, une dame est l'adversaire, il est de la
politesse de lui offrir les dames de couleur, comme
je l'ai observé pour le jeu de dames.

Les instrumens de ce jeu sont, 1°. une table dont
le dessus présente une espèce de boîte sans couvercle,
en forme de carré long, et profond d'environ deux
pouces. Cette boîte parallélogramme est divisée en
deux parties par une traverse moins haute que les
bords : douze petits trous destinés à marquer les
points sont percés le long des bords et distribués,
moitié d'un côté de la traverse, moitié de l'autre ;
enfin trois trous pareils sont percés à chaque extrémité du trictrac (car cette boîte se nomme ainsi);
elle porte encore le nom de damier ou tablier du
trictrac.

Vis-à-vis chaque trou, et de l'un à l'autre, vingt-
quatre flèches de deux couleurs s'étendent sur le
fond de la boîte ; elles doivent opposer leurs pointes,
être séparées par un espace uni, et disposées de manière que si on enlevait la traverse qui les sépare, on
verrait deux rangées de flèches de chaque couleur
partager le fond de la boîte. Si l'une commence à un
bout par une flèche de couleur claire, l'autre commence au même bout par une flèche de couleur
foncée. Les flèches, lames ou languettes, sont ou
vertes et blanches, ou vertes claires et brunes, etc.
Souvent le trictrac se compose d'une boîte dont le
couvercle porte un damier ordinaire ; alors on peut
se servir à deux fins de cette boîte, qui se pose sur
une table ordinaire : elle sert aussi à ranger les autres instrumens du jeu, que voici :

2°. Quinze dames de chaque côté, un peu plus
larges que les dames ordinaires, de même matière
que celles-ci, et de deux couleurs; 3°. deux cornets;

4°. deux dés cubes; 5°. trois jetons plats en ivoire pour marquer les points ; 6°. deux fiches pour marquer les trous ou parties.

Il faut, pour commencer, ou plutôt préparer le jeu, que chacun mette d'abord ses dames en masses sur deux ou trois piles, dans la première flèche ou lame de trictrac, et surtout l'on doit observer qu'il faut tourner le jeu de façon que la pile des dames soit du côté de derrière, c'est-à-dire en venant vers le joueur.

Pour jouer le soir, on place deux bougies sur les bords du trictrac, de chaque côté; et comme alors la lumière est égale, il n'importe de quel côté l'on mette la pile des dames.

Les points que l'on marque, à mesure qu'on les prend, avec les trois jetons, se placent sur la pointe de la troisième flèche, à partir du talon (de la flèche où sont empilées les dames): quatre points sur celle de la cinquième ; six points contre la bande ou traverse du milieu ; huit points de l'autre côté de cette bande, et dix points contre la dernière bande ou paroi de la boîte.

Lorsqu'on prend des points le second on marque en *bredouille*, c'est-à-dire avec deux jetons que l'on conserve jusqu'à ce que l'adversaire prenne de nouveaux points, auquel cas on est *débredouillé* et l'on ôte un des deux jetons.

Ces préliminaires exposés, voyons comment on s'y prend pour jouer. Après que le sort (1) ou la politesse a décidé qui commencera, un joueur prend

---

(1) Pour savoir à qui appartiendra le premier coup , un des joueurs jette les dés, et le premier coup est à celui du côté duquel se trouve le dé le plus gros. Si c'est un doublet, l'épreuve est nulle, et l'autre joueur jette les dés à son tour, pour savoir à qui aura le droit de commencer.

Avant de commencer, on convient encore si l'on rompra les dés (ce que je vais expliquer), et combien l'on paiera d'argent, de points ou de trous, si le second cas étant adopté, ou vient à violer la convention.

les deux dés, les agite dans son cornet, du bord duquel il touche le fond du trictrac, et les lance de telle sorte qu'ils ne reviennent qu'après avoir été renvoyés de la bande opposée.

Le dé s'énonce en commençant par le plus grand nombre. Par exemple, si l'on amène un 3 et un 4, on dit 4 et 3. S'il vient deux nombres égaux, cela fait un doublet. Tous les doublets ont des noms particuliers qui n'appartiennent qu'au trictrac, le double-2 excepté.

Le double-as se nomme *bezet*.
Le double-trois se nomme *terne*.
Le double-quatre se nomme *carme*.
Le double-cinq se nomme *quine*.
Le double-six se nomme *sonnez*.

Après avoir lancé et nommé ses dés, on joue le premier coup, soit en prenant deux dames au talon pour les deux nombres qu'on a faits, et les jouant chacune sur la flèche éloignée de ce même talon, d'autant de flèches (celle du talon non comprise) qu'il y a de points dans chacun de ces deux nombres, soit en prenant pour les deux nombres une seule dame que l'on joue sur la flèche (celle-ci non comprise), qu'il y a de points dans les deux nombres, ensemble.

Par exemple, si je fais 6 et 2, je compte les flèches, et je pose une dame sur la sixième après celle du talon, laquelle se trouve de l'autre côté de la bande du milieu dans le grand jan (jan se prend ici pour partie de la boîte, mais ordinairement il signifie coup). Je compte de même les flèches pour arriver à la deuxième, qui se trouve bien en-deçà de cette bande dans le petit jan., et je pose une autre dame dessus. Ou bien, comptant toutes les flèches jusqu'à la huitième pour le montant de 6 et 2, je la trouve au commencement du grand jan, et je pose une dame dessus : cela s'appelle *jouer tout d'une*.

Au second coup, vous suivez le même procédé. mais vous pouvez prendre, soit du talon, ce qui est dit *abattre du bois*, ou des dames déjà jouées, autrement dites *abattues*. Si, par exemple, j'ai 5 et 3, après avoir joué le 3 je puis jouer le 5, ou d'une dame du talon, en la plaçant à la cinquième flèche (celle du talon non comprise, ce qu'il faut toujours observer), ou prendre celle déjà jouée de la quatrième, et la transporter dans le grand jan à 5 de distance, depuis la flèche d'où je la prends, et ainsi de l'autre dame. Je jouerais *tout d'une* si je voulais; je puis également jouer du talon les deux nombres en deux ou en une seule dame; en un mot, je puis jouer, ou de deux dames, ou d'une seule, en prenant du talon, ou des dames placées antérieurement sur les flèches. Aux coups suivans, on a encore plus de facilité pour le choix.

En conséquence, il est de règle que *l'on doit considérer toutes les flèches sur lesquelles sont posées des dames, comme autant de talons*, d'où l'on peut prendre, ou les deux dames, ou la seule dame que l'on veut jouer.

La flèche sur laquelle il y a au moins deux dames placées se nomme *case*.

Manière de jouer ou de jeter les dés.

Cela paraît bien simple; cependant il y a plusieurs cas qu'il faut prévoir et décider par des règles invariables.

1°. Il faut pousser les dés fort, de telle sorte qu'ils touchent la bande (la paroi du tablier) voisine de son adversaire;

2°. Le dé est bon partout dans le trictrac, excepté quand les deux dés sont l'un sur l'autre, ou sur la bande ou bord du trictrac, ou même s'ils sont dressés l'un contre l'autre, en sorte que tous deux ne soient pas sur leurs cubes.

Sur les piles des dames, sur une ou deux dames, sur les jetons, sur l'argent, le dé est bon, pourvu qu'il soit sur son cube, de manière qu'il puisse porter l'autre dé; c'est-à-dire qu'un autre dé demeure dessus sans tomber.

Le dé qui est en l'air, c'est-à-dire qui pose un peu sur une dame et se trouve soutenu par la bande du

3

trictrac contre lequel il s'appuie, ne vaut rien. Pour
savoir s'il est en l'air ou non, celui qui a joué le coup
doit tirer doucement la dame sur laquelle il est; s'il
reste dessus, il est bon, parce que c'est une preuve
qu'il est bien sur son cube; si au contraire il tombe,
c'est une marque qu'il était en l'air, et par conséquent
qu'il n'est pas bon.

Si, en jetant les dés, il en passe ou saute un dans
une des tables du trictrac, et que l'autre demeure
dans l'autre table, c'est-à-dire que les dés se trouvent séparés par la bande, le coup vaut.

Il arrive quelquefois que les dés étant poussés fort,
pirouettent et tournent long-temps, principalement
quand ils sont usés, ce qui est désagréable. On peut
du fond du cornet arrêter le dé qui pirouette, ce qui
ne fait ni tort ni avantage aux joueurs, parce qu'il
est incertain sur quel nombre le dé restera.

C'est ici qu'il faut placer l'explication que nous avons
promise dans la dernière note, sur la convention de
rompre ou de ne pas rompre les dés.

Rompre, c'est renvoyer les dés de son adversaire
avec le côté de son cornet, ce qui rend le coup nul :
on doit dire, *je romps*, et porter son cornet au devant.

L'on peut ordinairement changer de dés autant
que l'on veut, et secouer le cornet plus ou moins
long-temps; lorsqu'on appréhende quelque coup, il
est aussi permis de rompre les dés de son adversaire,
mais cela n'a lieu que lorsqu'on n'est point convenu
de ne pas rompre. Si on a fait la convention contraire
sans établir aucune peine, et qu'un des joueurs vient
à y manquer, l'autre peut jouer tel nombre qu'il
voudra pour se dédommager; cependant, comme
souvent par la situation du jeu ce dédommagement
est chose insuffisante, il vaut mieux déterminer à
l'avance une amende quelconque. Au reste, rompre
plus d'une fois les dés est une grossièreté.

Des Jans.

Le mot de jan, qui s'applique à tous les coups de
trictrac, est, dit-on, dérivé de *Janus*, qui avait plu-

sieurs faces : ce mot fut mis en usage dans ce jeu, pour désigner symboliquement sa diversité. Voici la liste des jans :

Le premier est le jan de trois coups ;

Le deuxième, le jan de deux tables ;

Le troisième, le contre jan de deux tables ;

Le quatrième, le jan de mézeas ;

Le cinquième, le contre jan de mézeas ;

Le sixième, le petit jan ;

Le septième, le grand jan ;

Le huitième, le jan de retour.

Plus, une grande quantité de *jans de récompense* et de *jans qui ne peuvent, ou impuissans.* Nous allons successivement les expliquer.

Le jan de trois coups. — Ce jan se fait, quand au commencement d'une partie on abat en trois coups six dames tout de suite ; c'est-à-dire, depuis la pile jusques et compris la case du sonnez.

Le coup vaut quatre points à celui qui le fait, et ne saurait valoir davantage n'étant point produit par doublet.

Observez que, pour profiter de ce jan, l'on n'est pas obligé de jouer le dernier coup, mais que l'on peut marquer quatre points pour son jan, et faire une case dans son grand jan avec le bois qui est abattu dans son petit jan. L'on appelle petit jan la première table où les dames sont empilées, parce qu'on y fait son petit jan, ou petit plein. La seconde table est appelée grand jan, parce qu'on y fait son grand jan, ou grand plein. Il n'est donc pas nécessaire d'abattre le dernier coup pour profiter du jan de trois coups ; mais, avant de faire la case dans le grand jan ou même de toucher son bois, il faut marquer quatre points pour son jan ; car si le joueur oublie de mar-. quer les points qu'il gagne, l'autre les marque pour lui ; cela s'appelle, au trictrac, *envoyer à l'école*, et c'est une règle générale pour tous les autres jans.

Le jan de deux tables. — Le jan qui nous occupe maintenant se fait lorsqu'en commençant la partie vous n'avez que deux dames abattues, qui sont placées de manière que, par le résultat de votre dé, vous pouvez mettre une de ces dames dans votre coin de repos, et l'autre dans le coin de votre adversaire.

Ce jan simple vaut quatre points et six par doublet que vous marquez, et quoiqu'en effet vous ne puissiez pas mettre ces dames dans l'un ni dans l'autre de ces coins, qui ne peuvent être pris que par deux dames à la fois, néanmoins, comme vous avez la puissance de les y mettre, vous en recueillez le profit. C'est un des hasards les plus favorables du jeu.

Le contre jan de deux tables. — Lorsque votre adversaire ayant son coin, vous n'avez que deux dames abattues en tout votre jeu, dont vous battez les deux coins, et comme le coin de celui contre qui vous jouez se trouve pris, c'est pour vous un jan qui ne peut, et qui produit à votre adversaire quatre points par simple et six par doublet; bien entendu que vous l'envoyez à l'école, s'il oublie de les marquer: voici quel est le contre jan de deux tables.

Le jan de mézeas. — Ce quatrième jan se fait quand, au commencement d'une partie, l'on a pris son coin de repos sans avoir aucune dame abattue dans tout son jeu; alors, si l'on amène un as, c'est jan de mézeas qui vaut quatre points; si l'on amène deux as ou *bezet*, il en vaut six.

Le contre jan de mézeas. — Nous savons que les contre jans sont des contre-coups: celui-ci se fait lorsqu'en commençant à jouer vous avez pris votre coin sans avoir aucune dame abattue, après que votre adversaire a pris le sien; alors, si vous faites un as, ou bezet, le coin de ce dernier qui est plein est pour vous un obstacle, ou *jan qui ne peut*, et ce contre jan de mézeas vaut à votre adversaire le même nombre de points que le jan de mézeas. Ce coup arrive rarement, mais néanmoins il faut y prendre garde.

Le petit jan. — Le petit jan, ou petit plein, advient lorsqu'on a douze dames toutes couvertes dans la première table où est la pile de bois ou dames: ce jan, par simple, vaut quatre points, et six par doublet, comme tous les autres jans; par deux moyens (*voyez* plus bas), il vaut huit; par trois moyens, douze. On compte toujours quatre points pour chaque moyen par simple; par doublet, deux moyens valent douze. C'est surtout au petit jan qu'il importe de penser à marquer. Il faut s'en acquitter avant de couvrir la case qui reste à faire.

Les dés n'étant pas parfaitement cubes, ceux qui sont plus plats sur quatre et trois, ou cinq et deux, font plus souvent petit jan, que ceux qui sont sur six et as.

Tant que vous pourrez conserver ce petit jan, vous gagnez le nombre fixé pour tous les jans, à chaque coup de dé que vous jetez.

Le grand jan. — Voyons le grand jan, ou grand plein, qui se fait lorsqu'on a douze dames couvertes dans la seconde table du trictrac. Quand on remplit son grand jan, on marque le nombre de points fixé; est-il fait, tant qu'on le conserve, on a le bénéfice indiqué pour le petit jan.

Le jan de retour. — Quand le grand jan est rompu, l'on passe ses dames dans la première table de son adversaire, et on les conduit dans la deuxième table, c'est-à-dire dans celle où était d'abord la pile de bois de celui-ci; dès qu'on est parvenu à remplir toutes les cases de cette dernière table, on a opéré son jan de retour. Mais, pour passer, il faut trouver des passages libres, c'est-à-dire que la case ou la flèche sur laquelle vous prenez passage, soit absolument nue ou vide; car, s'il y a une dame, c'est un passage pour battre cette dame, et même une autre qui serait plus loin; mais ce n'est pas une raison pour passer.

Si l'on parvient à faire son jan de retour, et tant qu'on le conserve, on gagne autant qu'au grand et petit jan.

Le joueur du jan de retour ne pouvant pas jouer tous les nombres qu'il a faits, perd deux points pour chaque dame qu'il ne peut jouer, soit que le nombre qu'il a amené soit double ou simple.

Le jan de retour étant rompu, on lève à chaque coup, selon le dé, les dames du trictrac, et celui qui a plus tôt levé gagne quatre points par simple, et six par doublet, comme de coutume; cela fait, on remet les dames en pile, on recommence à abattre du bois et à faire de nouveaux jans, ou pleins, jusqu'à ce qu'on ait gagné les douze trous qui composent la partie . entière du trictrac, appelée le *trou,* ou *trictrac.*

Le jan de récompense. — Nous avons dit que ce jan arrive fréquemment dans ce jeu : en voici plusieurs exemples. 1°. Lorsque les nombres des dés tombent sur une dame découverte de l'adversaire (une dame découverte est une dame seule sur une flèche ; deux dames accouplées forment une case et ferment le passage).

Dans la table du petit jan, on gagne alors, sur chaque dame découverte, le nombre de points fixé jusqu'ici pour tous les autres jans : si l'on bat, par deux moyens simples, on gagne huit points ; et par trois moyens, douze ; par l'un et l'autre doublet, on gagne douze également : dans l'autre table, on ne gagne que deux points par simple pour chaque moyen, et quatre points par doublet, aussi pour chaque moyen.

2°. Le jan de récompense survient encore lorsque, ayant son coin de repos, l'on frappe le coin vide de son adversaire ; l'on gagne alors le nombre de points fixé pour les divers jans.

Le jan qui ne peut, ou impuissant. — Nous avons vu que ce jan malencontreux arrive au jan de retour, quand on ne peut jouer les nombres que l'on a amenés ; mais il se montre plus souvent lorsque les coups de dés, c'est-à-dire les nombres amenés, frappent et tombent sur une dame découverte de l'adversaire, pourvu que les passages se trouvent fermés par des cases, car autrement ce serait le cas du jan de récompense.

De la Manière de marquer les points.

Sitôt que l'on a lancé le dé, on doit regarder si l'on gagne ou perd quelque chose, avant que de toucher à son bois, et le marquer ; car après que l'on a touché ses dames, on n'y est plus reçu, et en outre, il faut jouer ce qu'on a touché, d'après la règle formelle que nous avons mentionnée dans le jeu de dames, *dame touchée, dame jouée*. Cette règle ne souffre d'exception que lorsque les dames ne peuvent pas absolument être jouées, comme, par exemple, si une donnait dans votre coin qui n'est pas encore pris, et où une dame ne saurait entrer ni sortir seule, ou bien qu'elle donnât dans le grand jan·de votre adversaire avant qu'il fût rompu.

Pour obvier à ces inconvéniens, lorsqu'on ne veut pas jouer ses dames, mais voir seulement la couleur de la flèche pour compter plus facilement les points que l'on gagne, il faut, avant de toucher son bois, dire *j'adoube ;* ce terme, ainsi qu'au jeu de dames, indique que ce n'est point pour jouer que l'on touche le bois.

Nous savons que, lorsque vous omettez de marquer, l'adversaire vous *envoie à l'école.*

On marque de cette manière, savoir : deux points au bout et devant la flèche de l'as (1); quatre points devant la flèche du trois, ou plutôt entre la flèche du trois et celle du quatre; six points devant la lame de cinq, ou contre la bande de séparation; huit points au-delà de la bande de séparation, devant la flèche ou lame de six; dix points devant les lames du huit, du neuf, ou du dix; douze points sont le trou ou partie double ou simple, que l'on marque avec un fichet dans les trous de la bande du trictrac, en commençant du côté de la pile des dames.

Si votre adversaire, ayant jeté le dé, fait jan de récompense et joue ce qu'il amène avant de marquer ce qu'il gagne, vous l'envoyez à l'école, et marquez pour vous ce qu'il gagne par le jan de récompense, avec ce qu'il perd par obstacle sur les dames que vous avez découvertes et qui bat contre lui par jan qui ne peut.

Si, au contraire, lorsque vous avez jeté le dé, voyant que vous ne gagnez rien, vous jouez ce que

_____

(1) C'est-à-dire la flèche qui se trouve en face le premier trou. La flèche du trois, du quatre, etc., signifie : du troisième, du quatrième trou.

vous avez amené, et que votre adversaire ne marque pas ce que vous lui donnez par obstacle et jette le dé sans l'avoir marqué, vous marquez pour vous ce qui était à lui et l'envoyez ainsi à l'école.

Lorsqu'en comptant ce que l'on gagne l'on omet quelques points, comme si après avoir dit « je gagne huit points », on n'en marque que six, on peut être envoyé à l'école de deux, si l'on a touché son bois après avoir fait cette marque insuffisante.

Qui, au contraire, dit je gagne six points et en marque huit, peut-être envoyé à semblable école, même avant d'avoir touché son bois, parce que, dès que le jeton est abandonné, l'école est faite, et l'on ne peut reculer sans être envoyé à l'école.

Mais le joueur qui, d'un coup, gagne plusieurs points, peut fort bien marquer quatre, puis huit ou dix points, et enfin le trou, pourvu qu'il les marque avant de toucher son bois ou jouer, parce que l'on peut toujours avancer. On se souvient que l'on n'appelle point avoir touché son bois quand on a dit *j'adoube.*

Celui qui joue ou jette les dés marque toujours ce qu'il gagne avant qu'on puisse marquer ce qu'il perd. Quand on marque le trou, on efface tous les points que l'autre joueur avait faits.

De la Bredouille. — Gagner deux points sans que l'adversaire en ait gagné depuis, s'appelle *être en bredouille,* et si l'on en gagne douze sans être interrompu, ils valent deux trous, que l'on nomme *partie bredouille* ou partie double. Toutefois, l'on prend souvent douze points sans interruption ou même davantage, et néanmoins l'on ne gagne pas la partie bredouille.

Par exemple, d'un coup de dé vous gagnez quatre points ; je jette le dé ensuite et fais un sonnez ou un quine, qui me vaut six points, sur une dame que je vous bats par passage ouvert ; du même coup vous gagnez douze points sur deux dames que je vous bats par jan qui ne peut, ces douze points sont gagnés tout de suite et non interrompus, puisque vous les amenez après moi ; mais parce que vous aviez précédemment quatre points, vous ne marquerez qu'un trou, sans bouger, ces quatre points, interrompus par les six que j'ai gagnés, étant comptés les premiers sur les douze que vous gagnez sans interruption, de sorte que les quatre points qui vous restent, la partie simple marquée, sont censés être restés des douze derniers que vous aviez gagnés.

Mais si vous aviez huit points simples et moi autant en bredouille, et que d'un coup de dé vous gagnassiez dix-huit points, alors, comme dix-huit et huit font vingt-six, vous marqueriez partie, une, deux et trois, et deux points sur l'autre, c'est-à-dire que la première partie serait simple, parce qu'elle serait composée de huit points que vous aviez et que j'avais interrompus, et l'autre se trouverait double; l'interruption ayant cessé au moyen de ce que vous avez effacé, en marquant votre premier trou, les huit points que j'avais en bredouille.

Pour distinguer le double d'avec le simple, le joueur gagnant le premier des points les marque avec un seul jeton (supposons qu'il se nomme Charles et son adversaire Jules); celui-ci, qui interrompt et en gagne après, les marque avec deux jetons. Si Charles gagne encore des points, il les marque et ôte un jeton à Jules, ou lui dit de l'ôter, pour faire voir qu'il est débredouillé et que le premier qui achevera la partie la marquera simple. Observons que la politesse ainsi que la bonne foi exigent que l'on se débredouille sans attendre qu'on en soit averti, car souvent l'adversaire est tellement occupé, qu'il oublie de dire à l'autre joueur de se débredouiller : il serait même convenable d'établir une légère amende pour celui qui omet de se débredouiller. On est reçu à faire sa déclaration à cet égard jusqu'à ce que l'adversaire ait marqué la partie; mais si l'on attendait que la partie fût marquée et que l'on eût joué quelques coups depuis, on n'y serait plus reçu.

Il n'en est pas ainsi de celui qui, pouvant marquer en bredouille les points qu'il gagne, les marque seulement simples, c'est-à-dire avec un seul jeton; car sitôt qu'il a joué le dé ou son bois, il ne peut plus dire qu'il doit être en bredouille. La même chose a lieu à l'égard du joueur qui, gagnant partie bredouille, la marque simple ; il ne peut être envoyé à l'école, parce qu'on n'envoie point à l'école d'un trou, mais dès qu'il a joué, il n'est plus reçu à parler de son oubli.

Du Coin de repos. — Le coin de repos, que l'on nomme aussi seulement le coin, est la onzième case, non compris celle du tas ou pile de dames ; il s'appelle ainsi parce que celui qui l'a est véritablement en repos, au lieu que le joueur qui ne l'a pas est toujours exposé à être battu. On doit donc toujours chercher à prendre son coin le premier. Pour cela, il faut continuellement avoir, s'il se peut, des dames sur les cases de quine et de sonnez, qui sont nommées les *coins bourgeois.*

Le coin, qui ne peut se prendre qu'avec deux dames à la fois, s'obtient *par puissance*, ou *par effet.*

Il se prend *par puissance* quand votre adversaire n'a pas le sien, et que de votre dé vous pourriez mettre deux dames dans son coin, lesquelles pourtant vous n'y mettez pas, parce que cela l'empêcherait de faire son grand jan, mais parce que vous en avez la puissance, vous prenez votre coin, ce qui est un grand avantage.

Il se prend par effet lorsque de votre dé vous avez deux dames qui battent dans votre coin. Remarquez que, quand vous pouvez prendre votre coin par effet, vous ne devez pas le prendre par puissance, et que cette puissance vous est absolument interdite lorsque votre adversaire a son coin.

De même qu'on ne peut prendre le coin qu'avec deux dames, on ne peut le quitter que l'on n'ôte les deux dames à la fois.

Manière de compter la perte ou le gain. — Lorsque Charles a son coin et que Jules n'a pas le sien, chaque coup de dé que joue le premier lui vaut quatre ou six points, s'il bat le coin de Jules de deux dames. Nous savons que cette différence tient au dé simple, ou au doublet.

Ce qui paraît le plus difficile aux commençans, est de compter ce qu'ils gagnent ou perdent et de connaître s'ils battent ou non. Le tarif, et les deux règles suivantes, résoudront, je l'espère, la difficulté.

Tarif de la valeur des coups.

Ce tarif, qui n'est qu'une récapitulation, donnera aussi l'explication de ce qu'on entend par *moyen*.

Le jan de trois coups vaut............ 4 points.
Le jan de deux tables vaut, par simple. 4
Par doublet........................ 6
Le jan de mézeas vaut, par simple... 4
Par doublet........................ 6
Le petit jan, fait par un moyen sim-
    ple, vaut........................ 4
Par deux moyens.................... 8
Par trois moyens................... 12
Par doublet, par un moyen......... 6
Par double doublet, ou deux moyens. 12
Le grand jan fait par un moyen sim-
    ple, vaut........................ 4
Par deux moyens.................... 8
Par trois moyens................... 12
Par doublet, par un moyen.......... 6
Par double doublet, autrement deux
    moyens........................... 12
Chaque dame battue, dans la table du
    petit jan, vaut, par un moyen simple. 4
Par deux........................... 8
Par trois.......................... 12
Par doublet........................ 6
Par double doublet................. 12
Chaque dame, dans la table du grand-
    jan, vaut, par un moyen simple.... 2
Par deux........................... 4
Par trois.......................... 6
Par doublet........................ 4
Par double doublet................. 8
Le coin battu par un moyen simple,
    vaut............................. 4
Par doublet........................ 6

Le jan de retour fait par un moyen
    simple, vaut...................... 4 points.
Par deux........................... 8
Par trois........................... 12
Par doublet........................ 6
Par double doublet................. 12

Le joueur qui a son jan, ou plein petit, grand, ou de retour, gagne, tant qu'il le conserve, pour chaque coup qu'il joue :

Par simple......................... 4
Par doublet........................ 6
Pour chaque dame qui ne peut être
    jouée, on perd.................... 2

Et il n'importe que le nombre amené soit simple ou doublet; mais l'on est obligé de jouer le plus gros nombre quand on le peut.

Celui qui a levé le premier au jan de retour gagne

Par simple......................... 4
Par doublet........................ 6

Règle pour connaître combien il y a de coups en deux dés, et voir promptement combien il y en a pour et contre.

Considérez premièrement que les dés portant six nombres, six carrés ou six faces, produisent nécessairement trente-six coups, parce que d'après les lois de l'arithmétique qui veulent que pour savoir combien un nombre est dans un autre, il faut multiplier l'un par l'autre, six fois six donnant trente-six, il y a exactement trente-six coups dans les deux dés.

Et quoiqu'il paraisse d'abord, en comptant tous les coups que produisent les dés, qu'il n'y en ait que vingt-un, comme il est vrai en un sens qu'il ne s'en trouve pas davantage, savoir : six et as; — six et deux; — six et trois; — six et quatre; — six et cinq; — sonnez; — cinq et as; — cinq et deux; — cinq et trois; — cinq et quatre; — quine; — quatre et as; — quatre et deux; — quatre et trois; — carme; — trois et as; — trois et deux; — terne; — deux et as; — double deux, et enfin bezet; il n'est pas moins vrai de

dire qu'il y a trente-six coups, et cela est d'une cer-
titude incontestable, comme je vais le démontrer.

Quoiqu'il semble que six et as, et as et six ne soient
qu'une même chose, il est pourtant certain que cette
même chose se produisant en deux façons doit se
compter deux fois, ainsi que nous le verrons bientôt
dans la table *des règles à savoir pour assembler le
nombre des dés ;* car, puisque dans chaque dé il y a
un as et un six, il faut que dans les deux dés il y ait
deux as et deux six, et par conséquent six et as sont
deux coups, parce que le dé qui a produit un as une
fois, peut une autre fois faire un six, et ainsi de
l'autre.

De sorte que tous les coups se divisent en doublets
ou en simples, et n'y ayant que six doublets (*bezet,
double-deux, terne, carme, quine et sonnez*), ces six
doublets étant retranchés de vingt-un coups qui s'appellent, il en reste seulement quinze, qui, se produisant chacun deux fois, font trente coups. Ajoutez les
six doublets qui ne peuvent se produire qu'une fois,
vous avez les trente-six coups.

Cela étant bien démontré, il faut s'en faire une
règle et dire au trictrac que tout doublet est simple,
parce qu'il ne peut se produire qu'une fois, et que
tout simple (non doublet) est double, parce qu'il se
produit deux fois.

Or, l'application de cette règle revient continuellement, car sans cesse on doit examiner combien il y
a de coups pour et contre soi, ce qui se fait en un
instant. Quand on voit qu'il n'y a qu'un coup pour
soi, on conclut nécessairement qu'il y en a trente-
cinq contre ; s'il y en a vingt pour soi, on sait encore
qu'il y en a seize contre, etc., et c'est cette connaissance qui détermine la manière de jouer.

J'ajouterai que le nombre sept arrive le plus souvent en deux dés : il y en a plusieurs raisons ; il vient
en six façons, et tous les autres coups ne viennent qu'en une, deux, trois, quatre ou cinq façons :
bezet, double-deux, terne, carme, quine et sonnez,
ne viennent qu'en une manière ; trois et onze viennent en deux ; quatre et dix en trois ; cinq et neuf en

4

quatre; six et huit en cinq, et sept vient en six tout seul.

Règles pour connaître les coups pour ou contre soi, et
assembler le nombre des dés.

On a vu dans les articles précédens que l'on bat ou
que l'on est battu en trois manières : 1°. d'un dé seul;
2°. d'un autre dé seul; 3°. du nombre que les deux
dés assemblés composent.

Par exemple, si Jules fait cinq et six, il voit d'abord
s'il bat Charles par un cinq, puis il voit s'il le bat
par un six, ou bien il joint ces deux nombres qui
font onze, et regarde s'il le bat par onze points.

Première règle. — Si le nombre des dés assemblés
passe six points, il ne peut y avoir qu'un, ou deux,
ou trois, ou quatre, ou cinq, ou six coups.

S'il faut douze pour battre, il n'y a qu'un coup,
parce que douze ne vient, et n'est qu'une fois dans
les dés.

S'il faut onze pour battre, il n'y a que deux coups,
qui sont six et cinq, et cinq et six, desquels il n'y a
qu'un nombre qui s'appelle, savoir : le premier.

Faut-il dix points, il y a trois coups, six et quatre,
et quatre et six; et quine, dont il n'y a que deux
nombres qui s'appellent, savoir : ce dernier, puis six
et quatre.

En faut-il neuf, il y a quatre coups : six et trois,
et trois et six; cinq et quatre (*vice versâ*), desquels
il n'y a encore que deux qui s'appellent : savoir, six
et trois, et cinq et quatre.

S'il en faut huit, il y a cinq coups, qui sont six et
deux (*vice versâ*), cinq et trois (*vice versâ*), et quaterne, desquels on n'en appelle que trois : six et deux,
cinq et trois, et carme.

En faut-il sept? il y a six coups : six et as (*vice*
versâ), cinq et deux (*vice versâ*), quatre et trois
(*vice versâ*), desquels vous n'en appelez que trois :
six et as, cinq et deux, quatre et trois.

Voici donc la manière de compter quand on est
au-delà de six points et qu'il faut assembler le produit des deux dés pour battre son adversaire.

Seconde règle. — Voyons maintenant la règle concernant le cas où l'on peut battre ou être battu par
un dé seul, jusqu'à six points. On doit se souvenir
qu'il faut toujours ajouter un dix au point sur lequel
on peut être battu.

Si, par exemple, on est découvert sur un six,
ajoutant dix à six, on a seize coups; savoir : terne, —
cinq et as, — as et cinq, — quatre et deux, — deux
et quatre, — six et as, — as et six, — six et deux, —
deux et six, — six et trois, — trois et six, — six et
quatre, — quatre et six, — six et cinq, — cinq et
six, et enfin sonnez; desquels coups il n'y a néanmoins que neuf qui s'appellent, qui sont : six et as,
— six et deux, — six et trois, — six et quatre, — six
et cinq, — quatre et deux, — cinq et as, terne et
sonnez. Mais parce que de ces neuf les sept premiers
se produisent deux fois, cela fait que l'on compte
seize coups, suivant l'observation ci-dessus.

Si vous êtes découvert sur un cinq, ajoutant dix,
vous avez quinze; et partout il y a quinze coups;
savoir : trois et deux, —deux et trois,— quatre et as,
— as et quatre,— cinq et as, — as et cinq, — cinq et
deux, — deux et cinq, — cinq et trois, — trois et
cinq, — cinq et quatre, — quatre et cinq, — quine,
— cinq et six, — six et cinq, desquels on n'appelle
que huit coups, qui sont : trois et deux, — quatre et
as, — cinq et as, —cinq et deux, — cinq et trois, —
cinq et quatre, — cinq et six, et quine.

La marche est toujours la même : êtes-vous découvert sur un quatre, ajoutez dix, vous avez quatorze; pour ces quatorze coups, il y a double deux,
— trois et as, — as et trois, — quatre et as, — as et
quatre, — quatre et deux, — deux et quatre, —
quatre et trois, — trois et quatre, — quatre et cinq,
— cinq et quatre, — quatre et six, — six et quatre,
et carme, dont on n'appelle que huit coups : double
deux, — trois et as, — quatre et as, — quatre et
deux, — quatre et trois, — quatre et cinq, — quatre
et six, et carme : voici les coups appelés.

Découvert sur un trois, et ajoutant dix, par conséquent ayant treize coups ; savoir : deux et as, — as et deux, — trois et as, — as et trois, — trois et deux, — deux et trois, — trois et quatre, — quatre et trois, — trois et cinq, — cinq et trois, — trois et six, — six et trois, et terne. Sept coups seulement s'appellent, et les voici : deux et as, — trois et as, — trois et deux, — trois et quatre, — trois et cinq, — trois et six, puis terne.

Si vous êtes découvert sur un deux, on fait douze coups, puisqu'on ajoute dix : ces coups sont : bezet, — deux et as, — as et deux, — deux et trois, — trois et deux, — deux et quatre, — quatre et deux, — deux et cinq, — cinq et deux, — deux et six, — six et deux, — et double deux, desquels on n'appelle que sept coups, qui sont : bezet, — deux et as, — deux et trois, — deux et quatre, — deux et cinq, — deux et six, — et double deux.

Si l'on est à découvert sur un, ajoutant dix, cela fait onze coups, qui sont : as et deux, — deux et as, — as et trois, — trois et as, — as et quatre, — quatre et as, — as et cinq, — cinq et as, — as et six, — six et as, — et bezet, dont vous n'appelez que six coups ; savoir : as et deux, — as et trois, — as et quatre, — as et cinq, — as et six, et bezet.

Il importe d'observer que ces deux règles n'ont lieu que lorsqu'il n'y a point de passages fermés entre la dame que l'on bat, et celle d'où l'on bat ; car, s'il y en avait, cela augmenterait les coups contraires, et ces règles ne se trouveraient plus fondées.

Quant à la différence qui se trouve entre ces deux règles, c'est que dans la première, lorsqu'il faut assembler les dés pour battre, plus vous êtes éloigné, plus vous êtes en sûreté ; tandis que dans la seconde, quand vous êtes battu par un dé seul, plus vous êtes prêt, plus vous êtes à couvert.

On voit donc, par toutes deux, tous les coups par lesquels on peut toucher et battre une dame découverte, en quelque case qu'elle soit placée. Réduisez tous ces coups à ceux qui s'appellent, et dites : Pour battre une dame sur 12, il n'y a qu'un coup, qui est

sonnez, lequel, quoique doublet, est ici appelé simple, parce qu'il ne se produit qu'une seule fois, n'y
ayant dans deux dés que deux 6, et par conséquent
pour faire une deuxième fois sonnez, il faudrait que
ce fût avec les deux mêmes 6.

Sur 11, il y a un coup double, parce qu'il se peut
produire différemment, le dé qui a fait un 6 pouvant
faire un 5, et celui qui a produit un 5 pouvant produire un 6

Sur 10, deux coups, dont l'un double et l'autre
simple.

Sur 9, deux coups doubles;

Sur 8, trois coups, deux doubles et un simple;

Sur 7, trois coups doubles;

Sur 6, neuf coups, dont sept doubles;

Sur 5, huit coups, dont sept doubles;

Sur 4, huit coups, dont six doubles;

Sur 3, sept coups, dont six doubles;

Sur 2, sept coups, dont cinq doubles;

Sur 1, six coups, dont 5 doubles.

Ainsi cette récapitulation apprend deux choses :
1°. qu'il y a trente-six coups en deux dés, parce qu'au
trictrac tout coup double est simple, et tout coup
simple, au contraire, est double, par les raisons ci-
devant expliquées. 2°. On apprend la manière de
compter, ou pour mieux dire la manière de lire
dans le trictrac même, combien il y a de coups pour
et contre soi.

Des cases. — Pour bien caser à propos, et ne pas
vous créer d'obstacles, il faut, quand l'adversaire est
fermé par le haut, ne pas vous empresser de faire
les cases *avancées* ou *basses*, parce que si vous faites
gros jeu, vous battriez infailliblement contre vous
les dames qu'il aura découvertes dans les première et
deuxième cases.

Les *cases basses* sont celles qui sont le plus près de
votre adversaire. Ne vous hâtez pas de les faire,
quand votre jeu est pressé, et que vous avez beaucoup
de bois sur les cases de quine et de sonnez, autrement vous vous *enfilerez* vous-même; c'est-à-dire,
vous vous fermeriez les passages d'un tablier à l'autre.

Les cases les plus difficiles à faire sont la septième et la dixième ; aussi les nomme-t-on *les cases du diable*. Pour y réussir, il faut tâcher d'avoir toujours des six à jouer.

Lorsqu'on veut seulement caser et voir les flèches, il faut dire *j'adoube*, de crainte d'être forcé de jouer le bois touché.

Du privilége de s'en aller. — Quand on a fait un grand coup, comme sonnez, quine, qui fait passer votre jeu, si vous gagnez de ce coup assez de points pour achever votre trou, vous pouvez *vous en aller*, c'est-à dire lever vos dames, et recommencer la partie, ce qui est un grand avantage ; car souvent il arrive que ces grands coups, non-seulement passent votre jeu, mais encore font gagner plusieurs coups à votre adversaire, par le moyen des dames que vous lui battez contre vous ; en vous en allant, vous l'empêchez de gagner.

Lorsqu'on veut s'en aller, on dit, *je m'en vais*, avant de rompre son jeu, ou en commençant à le rompre.

Prenez bien garde de ne pas tenir mal à propos, quand le jeu de votre adversaire est plus avancé et plus beau que le vôtre, ou que le vôtre se passe, de peur de courir à *l'enfilade*. Or, *l'enfilade* est une série de mauvais dés, résultant d'une mauvaise position, qui vous met tant dans l'impossibilité de jouer, vous force de relever, et laisse votre adversaire prendre une certaine quantité de trous.

Celui qui s'en va, a le dé, et peut jouer sans crainte d'être envoyé à l'école faute d'avoir ôté son jeton ; mais le joueur qui, achevant son trou, le marque et joue son bois sans ôter son jeton, est envoyé à l'école, de ce qu'il a marqué par le jeton. Si cependant il avait des points de reste, il n'est envoyé à l'école que de ce qui se trouve marqué au-dessous des points qui étaient restés.

Remarquez que vous ne pouvez plus envoyer votre adversaire à l'école du jeton, ou des points oubliés, ou marqués mal à propos, si vous avez joué depuis.

Si Charles achève le trou, et veut s'en aller, il le

peut tant qu'il tient son jeton, ou qu'il ne l'a point ôté de sa place ; mais, s'il a des points de reste, et qu'il les ait marqués, il ne peut plus s'en aller.

Il faut se déterminer promptement ; car il n'est pas permis de tenir après avoir dit *je m'en vais*, ni de s'en aller après avoir dit *je tiens*. On doit aussi ne pas toucher ni jouer son bois lorsqu'on veut s'en aller; car alors on ne peut plus le faire. En outre, on doit bien observer qu'on ne peut s'en aller qu'après avoir achevé le trou de son dé, et non quand on l'achève du dé ou de la perte de son adversaire.

Qui s'en va, perd tous les points qu'il a de reste.

Des Écoles. — Nous avons expliqué déjà ce que l'on entend par *envoyer à l'école* : voyons quels sont les cas les plus ordinaires où l'on risque d'y être envoyé.

Il est très dangereux de vouloir entretenir un jeu trop long-temps, et de concevoir l'espérance de faire petit jeu, et de recevoir des points, car souvent on se trouve obligé de répondre.

Le jeu de Charles, par exemple, est les dames noires, son grand jan est fait, il a six points marqués, et s'est tenu dans l'espérance que Jules lui donnerait quatre points sur la dame qu'il a découverte en sa cinquième case. Jules, cependant, ne lui a rien donné parce qu'il a fait six et trois, et qu'il n'a rien dans sa neuvième case. Le coup suivant, Charles fait un sonnez, et croyant n'être pas obligé de rompre, se flattant de conserver son plein, il marque avec les six points qu'il a, et six points pour son plein, une partie bredouille, puis il s'en va, tant parce qu'il a donné six points à Jules, que parce que son jeu étant très avancé, celui-ci pourrait remplir, et l'enfiler.

Mais d'abord que Charles a touché son bois, Jules lui fait démarquer sa partie bredouille et l'envoie à l'école de six points, qu'il a marqués à tort pour son plein, parce qu'il fallait le rompre et lever une dame de sa huitième case pour la passer par la neuvième de Jules dans la troisième. Ainsi, Jules qui gagne six points sur la dame que Charles lui avait battue contre lui, et six points dont il l'envoie à l'école, marque une partie bredouille.

Nous avons dit que dès que Charles a eu touché son bois, Jules l'a envoyé à l'école, parce que l'on n'envoie pas à l'*école du fichet*, c'est-à-dire que, lors même que vous eussiez marqué plusieurs trous, vous pouvez les démarquer sans crainte d'être envoyé à l'école, pourvu que vous n'ayez pas touché votre bois, joué le dé, ou ôté votre jeton, que vous abandonnez.

Observons cependant que si Jules, croyant, comme Charles, que celui-ci a gagné, ou feignant de le croire, avait levé ses dames, ou du moins une partie en même temps que Charles, il ne serait plus maître de l'envoyer à l'école, étant censé avoir quitté la partie, comme le joueur de cartes qui brouille et mêle son jeu.

Quand on a fait son jan, grand ou petit, ou de retour, il faut avoir soin de marquer ce qu'on gagne sur les dames découvertes ou par le plein qu'on achève, avant que de remplir ou faire la case qui reste à faire.

Si votre adversaire, achevant son petit jan, marque les points qu'il gagne et que, par inadvertance, il joue la dame avec laquelle il pouvait remplir, pour un autre nombre, en sorte qu'après il ne puisse plus remplir, comme, par exemple, si ayant fait cinq et deux, et ne pouvant remplir que du deux, il joue le cinq avec la dame dont il devait jouer le deux pour faire son jan, vous pouvez l'envoyer à l'école, faute d'avoir fait son plein ; ce qui signifie que vous prenez pour vous les points qu'il avait marqués pour son plein, qu'il n'a point opéré ; et après, si son jeu est avancé, et que vous voyiez qu'il ne pût gagner de son petit jan le trou, et que vous espériez pouvoir le faire passer dans votre petit jan, vous pouvez lui faire rejouer son bois, et lui faire faire son petit jan. Mais s'il avait son jeu reculé, et des dames dans son petit jan, avec lesquelles il pût encore remplir, il faudrait laisser les choses en l'état où il les aurait mises.

Si, au contraire, votre adversaire achevant son

petit jan ne marque pas les points qu'il gagne, et qu'il ne fasse pas son plein, soit par mégarde, soit à dessein, parce que son jeu étant avancé il craint d'être forcé de passer dans votre petit jan, vous pouvez d'abord l'envoyer à l'école des points qu'il a dû marquer pour son petit jan, et ensuite lui faire faire son plein, si cela vous est avantageux.

Si, ayant fait son petit jan, il a des dames avancées dans son grand jan, qu'il fasse un nombre qui lui donne le pouvoir de passer dans votre petit jan, et qu'au lieu d'y passer il rompe son petit jan volontairement, ou par méprise, vous avez droit de l'envoyer à l'école des points qu'il n'a pas marqués, pour son jan qu'il conservait, et, outre cela, de le faire rejouer et passer dans votre petit jan.

Relativement au grand jan, si votre adversaire marque les points qu'il gagne en l'achevant, et que néanmoins il omette de le faire, parce qu'il a joué la dame avec laquelle il pouvait remplir pour une autre marque, vous l'envoyez à l'école et prenez les points qu'il a marqués, mais vous ne le faites point rejouer et faire son plein, parce que vous avez intérêt qu'il n'en fasse point, afin de l'enfiler. La même chose s'observe pour le jan de retour, que vous devez, dans votre intérêt, empêcher de faire.

Si votre adversaire ayant levé le premier au jan de retour, marque les points qu'il gagne, et qu'ensuite ayant empilé ses dames pour recommencer, il ôte par méprise son jeton, vous pouvez, dès qu'il aura jeté le dé, l'envoyer à l'école des points qu'il s'est ôtés.

Celui qui, ayant quatre ou six points marqués, marque ce qu'il gagne avec un autre jeton, peut être envoyé à l'école des quatre ou six points qu'il avait, et auxquels il n'a pas pris garde.

On ne peut pas envoyer à l'école d'un trou entier, c'est-à-dire d'un trou que l'adversaire aurait oublié de marquer, ou qu'il aurait marqué de trop par surprise, ou s'il avait encore marqué partie double au lieu de simple; il faut se borner à l'en avertir. On peut cependant envoyer à l'école de plus d'un trou, quand, par exemple, l'on fait un sonnez qui vaut dix-huit ou vingt points, et qu'on joue son bois avant d'avoir marqué ce qu'on gagnait par ce sonnez.

Lorsque ce n'est pas vous qui avez jeté le dé, vous pouvez toucher votre bois sans crainte d'être obligé de le jouer, ou d'être envoyé à l'école; par exemple, votre adversaire ayant fait un quine, sur lequel il ne gagne que quatre points, vous croyez qu'il en a assez pour un trou, et qu'il s'en va; vous levez alors trois ou quatre dames de votre jeu pour vous en aller aussi: en même temps, votre adversaire, qui ne s'en est point allé, et ne le pouvait, n'ayant pas achevé la partie, veut vous envoyer à l'école pour n'avoir point marqué ce qu'il vous donnait avant de toucher votre bois; mais il n'en a point le pouvoir, par la raison expliquée en commençant, ce qui est essentiel à retenir. On n'est à l'école de ce qui est donné par l'adversaire, et qu'on n'a pas marqué, que lorsqu'on a jeté le dé.

Une autre règle invariable, c'est que l'on *n'envoie point à l'école de l'école*, c'est-à-dire que si votre adversaire fait une école, oubliant de marquer ce qu'il gagne, et que vous ayez omis de l'envoyer à l'école, il ne peut pas vous y envoyer pour avoir oublié de l'y envoyer lui-même. Remarquez toutefois que si votre adversaire, croyant que vous avez fait une école, vous y envoie, ce n'est plus alors *l'école de l'école*, et vous pouvez fort bien l'envoyer à l'école de ce dont il vous a envoyé à l'école mal à propos.

Il se trouve des personnes qui font exprès des écoles pour ôter à leurs adversaires les moyens de s'en aller. En ce cas, il faut examiner s'il vous est avantageux de laisser faire l'école et de la marquer, ou si vous avez intérêt de l'empêcher; cela dépend absolument de vous, et vous devez consulter la disposition de votre jeu et celle du jeu de votre adversaire. Vous êtes libre de laisser faire l'école sans la marquer, ou bien de dire à votre adversaire de marquer ce qu'il gagne; et s'il marque des points, quoique ne gagnant rien, vous pouvez lui faire ôter son jeton, pour prévenir l'école; mais tout cela doit être fait dans le même instant, c'est-à-dire, avant qu'un autre coup soit joué. C'est une preuve, entre mille, qu'il faut beaucoup de présence d'esprit pour réussir au tric-trac.

Quand on envoie à l'école, il faut y envoyer de tous les points qui ont été oubliés, car il n'est point permis, pour mieux faire son jeu, de n'y envoyer que pour une partie quelconque de ces points ; manque-t-on à cette règle, le joueur envoyé imparfaite-ment à l'école, peut, si son intérêt le lui conseille, vous forcer de marquer l'école tout entière, ce qui n'est point contraire à la règle : *qu'on n'envoie point à l'école de l'école.* Au total, on ne peut être contraint d'envoyer à l'école, on ne peut également être mis à l'école de ce qu'on n'a pas entièrement marqué l'é-cole; mais, du moment que l'on marque une partie de l'école, l'adversaire peut obliger de marquer le tout. *Une école n'est pas divisible.*

Vous n'êtes pas obligé de mettre votre adversaire à l'école pour les points qu'il marque mal à propos, vous les effacez et cela suffit.

Si votre adversaire a fait une *fausse école,* c'est-à-dire vous a mis à l'école à tort, vous pouvez l'y mettre lui-même.

On n'est pas obligé de vous avertir des points que l'on marque en vous mettant à l'école ; c'est à vous d'en chercher la raison. Cependant, la politesse exige que vous vous empressiez d'expliquer à votre adver-saire pourquoi vous l'envoyez à l'école. Faute de cet égard si naturel, il pourrait résulter *l'école per-pétuelle.*

Voyons *l'école impossible :* elle se fait de deux fa-çons. 1°. Lorsqu'on amène des dés qu'on ne peut jouer par impuissance, on ne peut être envoyé à l'é-cole des points qu'ils produisent, et qu'on a oublié de marquer. 2°. L'autre genre *d'école impossible* est piquante et bizarre, la voici : quand votre adversaire, croyant prendre plus de points qu'il n'en prend réel-lement, marque un ou plusieurs trous, et, sans tou-cher ses jetons ou ses dames, dit : *je m'en vais.* Vous qui voyez son école, vous ne pouvez prendre vos dames et vous en aller ; vous ne pouvez, non plus, dans votre intérêt, l'avertir de son erreur ; s'il vous faut attendre qu'il relève ses dames, il peut revenir sur le coup ; la situation est embarrassante et pressante même ; on ne voit point d'autre manière de lui faire consommer son école, que de lui dire d'un air d'indifférence : *Eh bien ! allez-vous-en.* Alors, aussitôt qu'il a touché un certain nombre de dames, vous l'arrêtez, et non seulement vous le mettez à l'école, mais vous lui faites jouer celle de ses dames qui vous plaît, suivant qu'il vous est le plus avantageux.

Si, immédiatement après le coup où vous avez donné des points à votre adversaire, il joue sans les avoir marqués, et que par ce nouveau coup il prenne des points et vous en donne, vous ne pouvez à la fois le.mettre à l'école des points qu'il n'a pas marqués, et conserver la bredouille pour ceux qu'il vous donne ensuite, en en prenant lui-même. Par exemple, vous avez fait une école de quatre points, je la marque ; le coup d'après, vous en prenez quatre en me battant à vrai, et vous m'en donnez quatre en me battant à faux, j'ai donc huit points en tout, mais j'ai perdu la bredouille que j'aurais prise si je ne vous avais pas mis à l'école précédemment ; il en résulte que votre école m'a été onéreuse, mais c'est ma faute. C'est à moi de voir si je dois vous mettre ou non à l'école, suivant le dé que vous amenez.

De la manière de battre et de remplir son jan par plusieurs moyens. — On peut battre une dame par plusieurs moyens : ainsi, par exemple, Charles, après avoir marqué une partie bredouille de son petit jan, a voulu tenir, et a été obligé de passer une de ses dames dans votre cinquième case.

Quant à Jules, il a des dames blanches, et fait un cinq et un trois, ce qui lui vaut, sur la dame qu'il a découverte en sa neuvième case, six points ; sur celle qui en est la septième, quatre, et sur celle qu'il a passée dans la cinquième case de Charles, huit points : il en gagnera six sur celle qui est dans la neuvième case, parce qu'il la battra par trois moyens, qui lui valent chacun deux points : il la battra du trois, comptant de son coin ; du cinq, comptant de la neuvième case de Charles, et du cinq et trois, comptant de sa sixième case ; enfin, celle qui est dans la septième lui vaut quatre points, parce qu'il la bat par deux moyens : savoir, du cinq, en comptant de son coin ; et du cinq et trois, comptant de sa huitième case.

A l'égard de la dame passée en sa cinquième case, il la bat du cinq, en comptant de son tas, et du trois, en comptant de sa deuxième case, qui sont deux moyens, de la valeur de chacun quatre points.

Un plus beau coup pour lui sur ce jeu-là serait un quine, qui lui vaudrait huit points sur la première, parce qu'il la battrait du double et double doublet : la deuxième lui vaudrait autant ; et la troisième, qui est dans sa cinquième case, lui vaudrait six points, qui feraient en tout vingt deux, c'est-à-dire partie double et dix points de reste.

Il y aurait aussi sur ce jeu, carme et terne, qui lui vaudraient chacun vingt points : savoir, six du coin, six sur la dame passée dans la cinquième case, et huit sur les deux autres.

Relativement à la manière de faire son jan, quand on dit que, pour chaque moyen dont on le remplit, l'on marque quatre par simple et six par doublet, cela s'entend, dans le cas où on n'a plus qu'une demi-case à faire ; car si l'on avait encore une case entière, quoique d'un coup de dé l'on y pût mettre les deux dames à la fois par simple ou par doublet, ce ne serait toujours qu'un moyen ; mais si vous n'aviez qu'une demi-case à faire, et que votre jeu fût les dames noires, alors si vous faisiez six et trois, ou quatre et deux, chaque moyen vous vaudrait quatre points, parce que ce serait par simple, et que vous rempliriez du trois et du six : si vous faisiez terne, comme vous rempliriez du trois et du terne, chaque moyen vous vaudrait six points, étant par doublet, etc.

Mais de la manière dont est disposé le jeu de votre adversaire, s'il faisait un sonnez, bien qu'il n'ait qu'une demi-case à faire, et qu'il restât deux dames

5

sur sa pile, cela ne serait compté que pour un moyen, et lui vaudrait seulement six points.

Quoiqu'on ne puisse sortir les dames de son coin, ni les y mettre l'une sous l'autre, néanmoins plusieurs personnes prétendent que si, au jan de retour, l'on peut remplir par plusieurs moyens, et que, comptant du coin, l'on batte juste sur la demi-case qui reste à remplir, l'on doit marquer pour la puissance quatre par simple et six par doublet, quoiqu'en effet l'on ne puisse sortir une dame du coin pour remplir la demi-case. Ayant les dames noires, si vous amenez six et trois, vous pouvez, suivant cette opinion, remplir par trois moyens : savoir, du six, comptant de la neuvième case; du trois, comptant de la sixième; et du six et trois, par puissance, comptant de votre coin.

Si, au contraire, votre adversaire faisait six et as, comme il n'a point d'as pour remplir, quoique par six et as, en comptant son coin, il batte juste la demi-case qui lui reste à remplir, toutefois cela ne lui vaudrait rien; mais s'il faisait quatre et trois, cela lui vaudrait huit points, parce qu'il remplirait du quatre, comptant de la neuvième case, et du quatre et trois par puissance, en comptant de son coin.

Si la dame de votre adversaire, qui est en la septième case, était sur la sixième, et que celle qu'il a en la neuvième case fût passée dans le petit jan, alors s'il faisait six et as, il ne pourrait pas dire qu'il remplit de l'as, et qu'il n'a point de six; mais il serait obligé de jouer un six de la dame qu'il aurait en sa sixième case, et partant ne remplirait point. Mais si, outre la dame qu'il aurait en sa sixième case, il en avait encore une en la septième ou en la huitième, il gagnerait par six et as huit points, parce qu'il remplirait de l'as, et du six et as par puissance, comptant de son coin, parce que, d'après cette opinion, pour profiter de cette puissance, il faut non seulement pouvoir remplir d'une autre dame, mais encore il faut pouvoir jouer tous les nombres que l'on a amenés, et cela indépendamment du coin; car, par exemple, si, faisant quatre et trois, votre adversaire avait un quatre et point de trois, il serait obligé, s'il remplissait du quatre, de rompre en même temps pour jouer le trois, ou de sortir de son coin (s'il avait le passage ouvert), pour jouer son quatre et trois; par conséquent, il ne pourrait point faire de plein ce coup-là, et ainsi il ne gagnerait rien.

Démonstration de la manière de lever et rompre le jan de retour.—Quand d'un jan de retour on a gagné une partie simple ou double, il vaut mieux s'en aller que de lever jusqu'à la fin, à moins qu'il n'y eût espérance de gagner beaucoup de points. Observez que l'on ne lève point que l'on n'ait passé toutes les dames dans le petit-jan.

Il est dangereux au jan de retour de n'avoir pas sorti de son coin : il y a cependant des coups favorables, comme si, ayant les dames noires, vous avez encore votre coin, votre plein fait, et vous avez une surcase sur la quatrième flèche : en cet état vous faites un six et un as. Vous ne pouvez pas sortir de votre coin, parce que l'as donnerait dans le coin de votre adversaire où une dame ne peut entrer seule ; vous ne pouvez point jouer de six avec les dames qui sont dans votre coin, parce que les dames du coin n'en peuvent sortir l'une sans l'autre; vous ne pouvez pas non plus jouer le six avec les dames qui sont passées dans le petit jan de votre adversaire, qui composent votre jan de retour, parce qu'on ne peut lever aucune dame de ce jan que toutes ne soient passées dans le petit jan : ainsi vous conserverez votre plein, et jouerez un as avec la surcase que vous avez sur la quatrième flèche, et votre adversaire marquera deux points pour le six que vous ne pouvez pas jouer.

Si, sur ce même jeu, vous faisiez cinq et as, ce serait un très mauvais coup, car vous seriez obligé de rompre et de jouer le cinq avec une des dames qui sont dans la cinquième case, l'as avec la surcase qui est sur la quatrième; néanmoins, vous auriez encore l'espérance de refaire votre plein, si le coup suivant vous pouviez sortir de votre coin.

Les dames étant toutes passées dans le petit jan, on lève à chaque coup de dés, tout ce qui bat juste

sur le bord, selon le nombre qu'on a amené ; autrement on ne peut point lever, mais il faut jouer ce
qui ne bat point sur le bord, où votre adversaire
faisant quine, ne peut rien lever, à cause que sa
quatrième case, qui bat juste sur le bord, est vide ;
ainsi, pour jouer son quine, il faut qu'il mette sur la
flèche de la pile les dames qui sont en sa cinquième
case, il leverait les dames qui seraient en sa troisième
ou seconde case, parce que, du moment où il n'y a point
de dames derrière la case d'où doit partir le nombre
qui bat sur le bord, on lève les plus éloignées ; ainsi
les cases de quine, carme et terne étant vides, on
lève pour un sonnez les dames qui sont sur la
deuxième. Si cette case est encore vide, on lève celles
qui sont sur la première, etc.

Le joueur qui a levé le premier toutes ses dames,
gagne quatre points par simple, et six par doublet ;
c'est-à-dire, que le dernier coup qu'il joue, s'il fait
un doublet, il marque six points : s'il fait un nombre simple, il n'en marque que quatre avec les autres points qui peuvent lui être restés d'ailleurs ; et,
outre cela, il a le dé pour recommencer une autre
partie.

De la grande Bredouille. — La bredouille ordinaire est une partie double, que produisent douze
points pris sans interruption ; mais la grande bredouille a lieu quand l'un des joueurs gagne le *tour*, ou
la partie entière de trictrac, qui est composée de douze
trous, sans interruption. Le profit de la grande bredouille est de gagner le double de ce qui est au jeu,
lorsqu'on est convenu de jouer grande bredouille.

Celui qui gagne le premier des trous, n'a pas besoin de se servir d'aucune marque pour la bredouille ;
cela n'étant nécessaire qu'au joueur qui marque
après, afin de faire connaître qu'il est en grande bredouille, c'est-à-dire que son adversaire n'a pris aucun trou depuis lui. Lorsqu'on interrompt la grande
bredouille, il est important de la faire démarquer
pour éviter les disputes, surtout si l'on joue sans témoins.

Une bredouille de trous se fait absolument comme

une bredouille de points ; et pour la marque on met le *pavillon*, sorte de petit étendard qu'on plante dans le trou de son fichet.

Des tenues. — Nous avons déjà vu que l'on ne doit tenir qu'après avoir considéré s'il y a plus à perdre qu'à gagner. Les *tenues* sont la partie la plus difficile du trictrac, et les joueurs faibles ou médiocres y trouvent toujours un écueil. Voici les cas où il ne faut point faire de *tenues*. 1°. Si votre adversaire a un jeu retardé, ne tenez point, à moins que vous ne jouiez pour un trou ou deux : rien n'est plus dangereux qu'un jeu retardé ; vous n'avez qu'à battre à faux votre adversaire, votre jeu est dès-lors usé, et il n'y a pas de raison pour qu'il ne prenne vingt trous de suite ;

2°. Si votre jeu *n'est pas long*, c'est-à-dire, si vous n'avez encore des dames au talon, ou non loin, ne tenez point : vingt-un points à jouer, voilà le nombre de rigueur pour motiver une tenue : ne vous laissez cependant pas séduire par ces vingt-un points, si le jeu de votre adversaire est arriéré ;

3°. Si, dans le commencement d'un *relevé* (l'action de lever les dames), vous avez plus de cases que lui, c'est un avantage ; mais si l'un a plus de cases, et l'autre plus de bois, en même proportion, l'un compense l'autre, et vous devez vous abstenir de tenir ;

4°. Rarement on peut prendre plus de douze points à un petit jan, à moins qu'ayant amené des as et des deux, on n'ait encore de quoi tenir trois fois ; ce qui suppose qu'on a dix-huit ou vingt points à jouer pour conserver, autrement il faut s'en aller. Il existe, au trictrac, un vieil adage qui dit : *On ne fait jamais de faute à s'en aller.* Cela est vrai jusqu'à un certain point, car on perd plus par des tenues inconsidérées qu'en s'en allant prudemment : toutefois il est nuisible de s'en aller trop facilement ; au trictrac comme à la guerre, les gens trop timides sont battus.

Si vous avez *une partie désespérée*, c'est-à-dire, si vous n'avez qu'un trou, ou même point, et que votre adversaire en ait dix ou onze, risquez une tenue, même avec moins de vingt-un points, pour peu que

vous ayez une ou deux dames à faire battre à faux, et
que son jeu soit avancé. La raison de cela est qu'il n'y
a de ressource pour celui qui est en perte, que dans
les fins de relevé, quand on est près d'un jan de retour : c'est ordinairement lorsque les deux jeux sont
dans cet état qu'il survient le plus d'événemens
avantageux. Le moindre désastre qu'éprouve votre
adversaire, par l'arrivée subite d'un quine ou d'un
sonnez, suffit pour lui faire perdre une partie.

Principes généraux pour bien jouer au Trictrac.

Casement. — Lorsque vous jouez le premier coup
de dés, mettez tout à bas.

La case de quine et sonnez, appelée *coin bourgeois*,
est essentielle à faire, quand votre adversaire a son
coin, parce que vous vous donnez par là des six pour
faire le vôtre, lesquels autrement gâteraient votre
jeu ; mais quand vous avez votre coin fait, il faut
éviter de les surcharger de dames, parce qu'elle ap-
pauvrit et serre le jeu.

Si, après les deux premières dames jouées, vous
amenez un gros dé, passez ces deux dames dans votre
grand jan, soit de manière à faire des demi-cases,
si votre adversaire est éloigné, soit à faire une case s'il
est trop proche : la raison en est que vous vous mettez,
en jouant ainsi, à même ou de battre les deux coins
et les dames découvertes de votre adversaire, ou de
prendre votre coin le premier.

La dixième case, nommée *case d'observation*, ou
vulgairement *la travanais* (1), est bonne à faire dans
les premiers coups, parce qu'elle empêche souvent
votre adversaire d'opérer son petit jan, de s'étendre,
de faire des demi-cases qui pourraient lui coûter un

---

(1) On nomme cette case *la travanais*, parce que le
marquis de Travanais, joueur renommé de trictrac, fut le
premier qui s'avisa, malgré l'ancien préjugé, de faire cette
case de préférence; ce qui lui fit gagner beaucoup d'argent.

ou plusieurs trous; elle l'oblige de se couvrir, et trouble singulièrement son jeu; elle est également bonne lorsqu'il a son coin, et que vous n'avez pas le vôtre. Faites-la donc d'abord en ce cas, bien que les anciens, qui l'appelaient *case de l'écolier*, eussent pour principe de ne l'opérer que la dernière. N'appauvrissez point votre jeu pour cela, et lorsque vous êtes le plus avancé, évitez soigneusement cette case, au contraire, parce qu'elle étrangle le jeu, le serre, rend les quines pernicieux à jouer, augmente les chances qui vous font battre votre adversaire à faux, vous donne une mauvaise position, et vous mène à la perte d'une partie. C'est à la fois la case qui offre le plus d'avantages et de dangers.

Un des grands principes du trictrac est d'abattre du bois; ainsi, avant que d'avancer votre jeu, abattez du bois, tant dans le grand que dans le petit jan, car il ne faut pas se presser follement d'avancer son jeu, sans avoir rien pour l'alimenter. D'autre part, quand vous aurez assez de bois d'abattu, avancez-vous de nouveau. Si vous mettiez trop de dames à bas, vous useriez et raccourciriez votre jeu.

La prudence doit toujours à ce jeu tempérer la hardiesse; il ne faut ni s'avancer ni s'étendre sans nécessité, ni s'exposer à se faire battre par un trop grand nombre de coups, ni donner un trou mal à propos, ni perdre le fruit d'une belle position : il faut cependant s'avancer autant que possible, et faire beaucoup de cases et de revirades ; un jeu serré et timide, est le plus mauvais de tous les jeux.

Ne vous amusez point à retenir de mémoire les dés passés que votre adversaire et vous avez amenés, ni à baser sur ce souvenir la conduite de votre jeu : par exemple, s'il a fait six fois de suite des six, six fois des cinq, etc., ne lui donnez point à battre par les six et les cinq, dans l'idée qu'il n'en amènera plus. Toutes les lois du calcul des probabilités prouvent qu'il n'y a pas de raison pour qu'une quantité qui a paru vingt fois de suite, ne reparaisse encore une vingt-unième : elle n'est pas plus épuisée au vingtième qu'au premier coup.

On ne doit essayer un petit jan que lorsqu'on amène des petits dés, c'est-à-dire des as, des deux et des trois. Si l'on répète les trois, les quatre et les cinq, il faut passer vite dans le grand jan.

Lorsqu'on essaie un petit jan, il ne faut pas se presser de faire les dernières cases; n'essayez le jan de six tables que dans le cas seul où l'on a commencé par de petits dés, car si l'on a commencé par de gros dés, il est mieux de jouer dans le grand jan pour avancer.

Passez le plus que vous pouvez les dames de votre petit jan dans le grand jan, surtout au commencement, afin de prendre promptement votre coin, et faire le plus de cases possibles : toutefois ne vous découvrez pas trop, surtout si votre adversaire a quatre, six, huit ou dix points.

Ne craignez pas de perdre un trou ou deux, quand il s'agit d'éviter une mauvaise position, ou d'en prendre une bonne.

Un des grands secrets du jeu, est de faire des sacrifices pour sortir d'une mauvaise position.

Il faut, pour essayer une position, que le dé se déclare d'une manière analogue, et l'on doit y renoncer dès que le dé la contrarie.

Évitez surtout, quand vous n'avez ni le coin bourgeois, ni le coin de repos, et que l'adversaire a le sien, d'empiler sur la case du six, parce que vous auriez à craindre la répétition des six.

Une des premières finesses du trictrac consiste à se faire battre à faux; c'est une attention qu'il faut avoir en casant et abattant du bois, et lorsqu'ayant fait le plein du grand jan on a besoin de points pour arriver au trou.

Évitez pourtant de vous faire battre à faux, quand vous avez huit ou dix points, car vous vous *feriez renvoyer*, c'est-à-dire qu'on vous forcerait de prendre le trou; alors vous ne seriez plus maître du jeu et vous ne pourriez plus vous en aller.

Si vous n'avez pas votre coin, et que votre adversaire ait le sien, votre principale ressource doit être d'abord d'avancer tant que vous pourrez, en revirant des cases supérieures sur les inférieures ; ensuite de vous faire battre à faux en fermant les passages dans votre grand jan.

Si vous êtes au dernier trou d'une partie, cherchez à vous faire battre à faux, ce qui vous donne gain plus tôt, et ne craignez pas d'étendre votre jeu ; il ne faut pas jouer serré sur la fin d'une partie.

Dans le cours du jeu, ayez toujours l'attention de ne pas mettre contre vous les *dés carrés* (les dés à nombres pairs) ; ayez toujours, au contraire, le soin d'en avoir à jouer de directs et de composés ; la raison en est que les *dés pointus* (les dés à nombres impairs) se trouvent dans les carrés, au lieu que les carrés ne se trouvent pas dans les pointus. Par conséquent, donnez-vous de préférence les six, soit pour caser, soit pour remplir : mais quand on peut se donner des six et des cinq, des pairs et des impairs, c'est encore mieux.

Le jan de retour est ce qu'il y a de plus difficile à jouer au trictrac, car là le dé ne peut rien réparer ; toute faute demeure, et pas un coup n'est indifférent : examinons donc bien la manière d'y opérer.

Ce qui est important à ce jan, c'est de passer le coin à propos. Si vous aspirez à une grande bredouille, passez le plus vite possible quand vous n'avez plus que deux cases, ou que votre adversaire n'en a plus que deux lui-même, à moins qu'il n'ait six ou huit points, auquel cas ne vous pressez point de passer le coin, si ce n'est point pour ne gâter votre jeu.

Principe général au jan de retour. — Si l'adversaire a plus de dames passées dans votre petit jan que vous dans le sien, tâchez de lui interdire long-temps le passage pour le forcer à perdre des dames dans votre petit jan. Si, au contraire, vous êtes plus avancé que lui, rebroussez promptement, sans vous embarrasser de lui fermer un passage. Vous perdriez un temps précieux que vous devez passer à courir au plein.

Étes-vous près de faire un jan de retour, obstinez-vous, aussi long-temps que possible, à tenir vos passages fermés, en ne relevant qu'une dame ou deux de ces cases, parce que votre adversaire ne pouvant

pas passer, perd beaucoup de points par les impuis-
sances, sans compter ceux qu'il peut vous donner en
vous battant à faux.

Lorsque vous arrivez à jouer sur la bande, ou à
sortir vos dames, ayez soin de jouer celles que vous
ne pouvez sortir des cases les plus éloignées de la
bande, afin de lever plus tôt si vous amenez des dés
moyens ou petits dans les coups suivans.

On doit se rappeler que *l'enfilade* est le pis-aller
au trictrac. Pour prévenir cette terrible position, il
faut, lorsqu'on risque d'être enfilé, *mettre plusieurs
dames dedans*, c'est-à-dire à découvert dans le grand
jan.

Ne recherchez point le jan de deux tables ; mais
toutefois prenez-y garde, ainsi qu'aux jans de mézeas,
et aux contrejans de mézeas.

Soyez attentif à votre jeu pour bien caser ; ayez
en même temps l'œil sur le jeu de votre adversaire ;
remarquez sa conduite et les fautes qu'il fait, pour
les mettre à profit. Est-il timide et malheureux ?
avancez et hasardez. Au contraire, est-il hardi, a-t-il
le dé heureux ? ne risquez rien, et tenez-vous couvert autant que possible.

Il y a en même temps de la science et de l'avantage
à faire toujours les cases les plus éloignées, quand la
disposition du jeu en laisse le choix.

Il faut surtout, dans tout le cours du jeu, s'atta-
cher à remarquer les coups qui sont le plus contraires à l'autre joueur, et vous découvrir sur ses
nombres, afin que s'il les fait, il vous donne des
points par jan qui ne peut.

Si son grand jan était fait avant le vôtre, et que
son jeu fût bien pressé, il faudrait voir quel nombre
il ne pourrait jouer sans rompre, comme sonnez,
quine, six et cinq, six et quatre, ou autre nombre,
et ôter les dames que vous auriez sur les flèches où
ces nombres battent, afin que, faisant un de ces
nombres, il soit obligé de rompre et de passer dans
votre petit jan.

Et remarquez encore que lorsque le jeu de votre
adversaire est mauvais, et qu'il a huit ou dix points,

il ne faut jamais laisser une dame découverte qui puisse être battue; car, s'il la frappe et s'il gagne le trou, il lève et s'en va.

Si son jeu étant encore mauvais, vous lui donnez assez de points pour achever le trou, et qu'il veuille faire l'école, dites-lui de marquer, afin, par ce moyen, de l'empêcher de pouvoir s'en aller. Si toutefois vous aviez des points, et que l'école qu'il ferait pût achever le trou, il ne faudrait rien dire, mais marquer votre trou, parce que de cette manière vous ôtez toujours à votre adversaire le moyen de s'en aller, puisque vous lui effacez tous les points qu'il aurait.

Quand on gagne le trou simple ou double, il faut examiner si l'on doit tenir ou s'en aller; et pour le connaître, on doit comparer son jeu avec celui de son adversaire, voir lequel est mieux disposé et plus avancé, lequel a plus de bois à bas, et de cases à faire. Si le vôtre est en meilleur état, vous devez tenir, c'est-à-dire marquer les points qui pourraient être restés, et jouer les nombres que vous avez amenés; mais si les deux jeux étaient égaux, et que vous donnassiez plusieurs points, il faut vous en aller avec l'avantage du dé qui vous reste.

Lorsqu'on n'a pas son coin de repos, il faut avoir les coins de sonnez et de quine, ou *coins bourgeois*, garnis, surtout si l'adversaire a le sien; mais ce cas excepté, il vaut mieux tenir la case de quine vide, parce qu'étant pleine, elle presse le jeu, et ôte le six.

Des diverses positions du jeu.

Il y a au trictrac, comme aux dames et aux échecs, une multitude innombrable de positions, c'est-à-dire, de configurations de dames casées sur les flèches, d'après les nombres amenés par les dés. Il serait donc impossible de les énumérer et de les analyser; lorsqu'on le pourrait, la mémoire ne pourrait les retenir, et par conséquent cet immense travail serait inutile, si toutefois il n'était pas nuisible aux commençans qu'il épouvanterait. Nous allons donc simplement faire des observations générales sur toutes, et des observations particulières sur celles qui sont les plus importantes, et se reproduisent le plus souvent. On sent qu'il est impossible que nous disions positivement : *Jouez de telle manière dans tous les cas*, puisque tout dépend de votre position, de celle de votre adversaire, et que des conseils, bons dans un cas, seraient pernicieux dans un autre : il faut donc nous borner aux préceptes suivans.

1°. Évitez d'avoir une *position* telle, qu'outre votre coin vous ayez les dixième, huitième et septième cases faites, lorsque vous n'avez point de bois d'abattu, ou que vous avez des dames sur la cinquième case. Le moyen de l'éviter, c'est de ne point faire la case dixième, si elle n'était point faite dés le commencement. Ce serait bien pis si vous aviez des dames en surcharge sur la case du six, ou sur la case du diable ; car vous seriez exposé à l'*enfilade*.

2°. Craignez encore la position telle qu'ayant votre coin, vous ayez les sixième, huitième et neuvième cases faites, et point de bois à bas, ou seulement sur la troisième case ; car si vous amenez des trois et des six dans cette position, vous courrez risque de perdre votre jeu et d'être enfilé.

3°. Lorsque vous amenez un sonnez, un six et cinq, un quine, ou tout autre gros dé, et que vous avez déjà une de ces mauvaises positions ou quelque autre pire, s'il y a ouverture dans le jeu de l'adversaire, passez une dame dans son petit jan plutôt que de remonter en surcharge dans votre grand jan celles qui sont encore dans votre petit jan, et qui sont votre seule ressource.

4°. Lorsque vous cherchez à faire votre plein dans le grand jan, il faut vous hâter de mettre dedans le premier, ou pour mieux dire, de placer une dame sur la flèche vide qui vous reste, afin de remplir le premier ; à moins que l'autre joueur, ayant des dés directs pour battre cette dame, n'ait déjà huit ou dix points.

5°. Mais lors même qu'il les aurait, il faudrait encore mettre dedans, au risque de perdre le trou, si son jeu était long, et que le vôtre fût court et usé.

Un coup de retard pourrait vous faire perdre la partie.

6°. Quand vous avez mis une dame dedans par l'un des dés que vous avez amené, et qu'il vous reste à en jouer une autre, vous l'abattez du talon ou vous l'avancez d'une flèche sur l'autre, de manière à vous donner le plus de moyens possibles de remplir. Il n'est pas indifférent de choisir entre plusieurs manières de jouer qui se présentent, celle qui vous procure le plus de facilité pour le faire. Ainsi vous ferez mieux de jouer de façon à avoir les six, les quatre et les deux, qui donnent trente-trois coups pour remplir, que les six, les quatre et les as qui n'en donnent que vingt-neuf.

7°. Ce que nous venons de dire est néanmoins subordonné aux circonstances, aux points dont vous avez besoin. S'il ne vous faut que quatre points, jouez de manière à avoir le plus grand nombre de moyens de remplir d'une seule façon. Vous faut-il huit points ? il est préférable alors de vous ôter des moyens de remplir d'une façon pour augmenter ceux qui font remplir de deux.

8°. Lorsque votre adversaire n'a pas son coin, et que votre jeu commence à s'user, afin d'éviter la mauvaise position où vous seriez s'il venait à le prendre, jouez (si le dé le permet) une dame en surcase sur votre coin, afin de battre le sien par les as, et de prendre plus vite le trou.

9°. Quand vous jouez une dame dans le petit jan, ne vous embarrassez pas qu'elle puisse être battue à vrai, si elle peut l'être à faux, et qu'il vous importe moins de perdre un trou que d'en gagner un.

10°. A plus forte raison faut-il jouer une dame découverte dans votre petit jan, lorsque, pour deux coups, par lesquels elle sera battue à vrai, il y en a quatre ou cinq par lesquels elle sera battue à faux.

11°. Lorsque l'adversaire ne joue plus que pour un ou deux trous, qu'il a dix points, et que vous n'avez pas votre coin, lorsqu'enfin votre partie est désespérée, n'hésitez pas à vous avancer, et surtout à vous faire battre à faux, quand même vous seriez exposé à

6

être battu à vrai. En pareil cas, c'est une duperie de s'amuser à défendre une partie; il faut la regarder comme perdue et tout risquer : dans une situation désespérée les moyens désespérés sont les seuls convenables.

De l'enfilade. — L'enfilade, comme on sait, est au trictrac le comble du malheur : alors vous ne pouvez pas faire votre plein, vous amenez des coups contraires en si grande quantité, que vous êtes obligé de mettre vos dames l'une sur l'autre sans pouvoir caser, tandis que votre adversaire, à qui tout réussit, ayant fait son grand jan, le conserve, passe ses dames par les passages qui se trouvent dans votre grand jan, et les place dans votre petit jan. En ce cas, s'il vous reste encore une ou deux cases à faire, et qu'il manque à l'autre joueur beaucoup de trous pour gagner le tour, risquez des demi-cases pour lui fermer les passages, tâchez de l'obliger de rompre son jan, et par ce moyen retirez-vous, s'il est possible, d'embarras.

Observez que s'il ne lui faut qu'un ou deux trous, vous devez bien vous garder de rien découvrir, autrement ce serait le moyen de le faire gagner plus vite et plus aisément.

Si votre jeu est tellement reculé que votre adversaire a fait son grand jan avant même que vous ayez pris votre coin, comme à chaque coup qu'il joue il gagne des points par son plein et par votre coin qu'il bat, il faut, pour lui ôter cette source de points, prendre votre coin, quand vous devriez vous découvrir.

L'enfilade arrive encore quand on a tenu mal à propos un grand jan, dans l'espérance de gagner des points qu'on n'a point reçus, ou bien même lorsqu'on n'a pu s'en aller, ou qu'enfin on a été obligé de rompre son plein, en sorte que celui contre qui l'on joue trouve des passages ouverts, et conserve le sien.

Si, pressé par quelque gros coup, vous trouvez un passage ouvert dans le jeu de votre adversaire, passez-y une dame, afin de vous conserver encore quelques coups à jouer sans rompre.

Pour conserver son grand jan plus long-temps, il faut passer ses dames, autant qu'il se peut, sur la première case de la deuxième table, afin de s'ôter les six à jouer : cela épargne une dame, et l'on ne perd que deux points.

S'il arrive que l'on soit obligé de rompre son grand jan par cinq et quatre, ou quatre et trois, il est préférable de découvrir deux dames (au hasard d'y perdre quelques points), que de donner sitôt passage à l'adversaire, parce que, ayant le passage ouvert, il conserverait plus long-temps son plein.

Après les grands jans rompus, l'on passe au jan de retour ; mais les bons joueurs n'en font point, parce que, comme ils connaissent le danger qu'il y a de tenir un grand jan mal à propos, ils s'en vont et ne se trouvent jamais à cette extrémité : toutefois on y est souvent entraîné, surtout quand un des joueurs a été enfilé.

Dans le jan de retour, l'on tient une conduite tout autre qu'aux jans précédens ; car au lieu de se couvrir et de faire des cases tant que l'on peut, comme à ceux-là, à celui-ci, au contraire, ne craignant plus d'être battu, on tient ses dames toutes découvertes, c'est-à-dire que l'on ne fait d'abord que des demicases. Il y a toutefois à ce jan de retour un écueil très dangereux ; c'est lorsque vous n'avez pu quitter votre coin de repos, dont les dames ne peuvent sortir que toutes deux à la fois ; alors, si votre jan est pressé, vous êtes contraint de passer vos dames, et souvent il arrive que vous ne pouvez plus faire votre plein.

Pour prévenir ce danger, il faut d'abord ménager votre jeu, ne pas couvrir les dames les plus éloignées, ne pas perdre les occasions de passer vos dames, et ne pas vous obstiner à tort à empêcher votre adversaire de passer. Sitôt qu'il n'y a plus que deux cases dans son grand jan, il faut sortir votre coin, et même le faire quand il en aurait encore trois, si la disposition de votre jeu l'exigeait, car il faut toujours avoir égard aux circonstances.

Tâchez de faire votre coin le premier, 1°. parce

qu'il est plus facile de le prendre quand les deux coins sont vides ; 2°. parce que le joueur qui l'a d'abord frappe, et toujours plus aisément, dans le jeu de l'autre ; 3°. parce que celui-ci le voyant plus près de lui, se serre, et contraint son jeu pour se mettre à couvert ; 4°. parce qu'enfin négliger de faire son coin est le premier pas vers l'enfilade.

Sachez mettre une dame dedans à propos, quand l'adversaire n'a pas de points, et qu'il n'en peut pas gagner assez pour un trou. Examinez l'importance qu'il y a d'être couvert, quand particulièrement il s'agit d'une double partie en bredouille : bien plus encore quand il y va du tout ou d'une enfilade. Nous ne saurions trop recommander de s'appliquer à éviter cette position, parce qu'elle détermine presque toujours la perte.

Sur la fin du jeu, il ne faut avancer que le moins que l'on peut, afin d'éviter les enfilades : si les dés étaient favorables, ils devraient amener du gros au commencement et du petit à la fin, pour permettre de continuer long-temps et éviter les enfilades.

Trictrac à écrire.

Voici le trictrac par excellence, qu'affectionnent à la fois les gens de bonne compagnie et les bons joueurs, parce qu'il donne moins au hasard qu'à l'habileté des combinaisons : aussi le joue-t-on de préférence dans les salons. On le nomme *à écrire*, parce qu'il consiste en un certain nombre de parties, dont on tient compte, soit avec des jetons, soit sur du papier au crayon ; mais on emploie plus communément des jetons.

Une partie à écrire se compose, pour l'ordinaire, de huit ou douze marqués.

Pour gagner un marqué, il faut, le premier, prendre six trous : on peut chercher à en prendre plus si l'on veut, et si l'on a assez beau jeu pour cela. Le nombre de trous que l'on peut prendre peut aller à douze, dix-huit, vingt-quatre ou trente ; il n'y a pas de quantité fixée, passé six trous.

Si l'on gagne le marqué sans que la partie adverse ait un trou, on est en bredouille; de même que si, après qu'elle en a pris, on prend précisément sans interruption ceux qui font gagner le marqué.

Une bredouille de trou ne diffère pas d'une bredouille de points, et, comme je l'ai déjà dit, on met *le pavillon* pour la marquer.

Des six trous ou plus qu'on a gagnés, on retranche ceux qu'a pris l'adversaire, et l'on marque la somme restante, en y ajoutant une *consolation* de deux points. Si l'on est en bredouille, on double les six trous ou plus, avant la déduction, de même que la consolation. Ainsi, a-t-on gagné six trous, on compte douze et quatre de consolation qui font seize, dont, en déduisant un trou que je suppose pris par l'autre joueur, on marque quinze, soit au crayon sur du papier, soit avec des jetons et des fiches, comme cela se pratique au reversi et au boston, et d'après la convention que l'on en a fait avant de commencer le jeu. De plus, on reçoit, dans ce dernier cas, deux jetons de celui qui est marqué, lesquels servent à indiquer les marqués que l'on a joués.

Lorsque, par la note écrite ou par le nombre de jetons, on sait que la partie est finie, le compte se règle. Si l'un des joueurs a fait moins de marqués que l'autre, il est *postillonné*, c'est-à-dire que l'on augmente son compte de vingt-huit points pour le premier marqué qui lui manque, et de huit pour chacun des autres. Il peut donc, de cette manière, être postillonné quatre fois si l'on joue en huit marqués, ou six fois si l'on joue en douze.

On additionne ensuite le tout, et le joueur qui est marqué d'un plus grand nombre de points que l'autre perd, pour la différence des points dont il est marqué en plus (ceux de son adversaire déduits), le montant du prix dont ils étaient convenus pour chaque jeton ou fiche; en outre il perd *la queue*, c'est-à-dire, deux, trois ou quatre fiches en sus, ou une somme quelconque.

Si l'on a joué à tant... la fiche, il peut arriver qu'il y ait un certain nombre de jetons en fraction;

s'il y en a cinq et au-dessus, cela compte pour une fiche : dans le cas contraire, ils sont négligés ou ne servent qu'à déterminer la queue. Lorsqu'on marque avec des jetons, il peut se rencontrer que le compte du joueur qui a fait le moins de marqués soit supérieur en nombre de jetons ou points : alors il gagne la queue des jetons, parce qu'ayant le plus fort nombre de jetons donnés à chaque marqué, il a le droit de prendre la totalité de ces jetons donnés de part et d'autre, et les paie en déduction des *postillons* qu'il a essuyés, ou bien, une queue compensant l'autre, il n'en perd point.

Ajoutons, à ce que j'ai dit sur les marqués en bredouille, qu'il y a la petite et la grande bredouille. La petite est celle où l'on compte double seulement les trous d'un marqué gagné jusqu'à douze exclusivement ; mais si l'on arrive à douze trous, on gagne la grande, qui consiste à marquer quadruples les trous qu'on a faits, ainsi que la consolation. Dans quelques maisons et même dans certains pays, on continue cette progression jusqu'à dix-huit trous, que l'on marque octuples ; jusqu'à vingt-quatre, seize fois, ainsi de suite, en doublant toujours la bredouille existante de six trous en six trous. On devrait jouer ainsi partout, selon les joueurs habiles : à la vérité, cela ferait monter le jeu un peu haut, mais le rendrait plus savant et d'un plus grand intérêt.

Si lorsque celui qui a pris assez de trous pour s'en aller avec le gain du marqué, ayant néanmoins resté pour gagner quelque chose de plus, son adversaire le rejoint au même nombre de trous, c'est un *refait* ; on recommence, et le joueur qui perd ensuite le marqué sur nouveaux frais, perd la consolation double, triple, etc., selon qu'il y a eu un ou deux refaits.

Trictrac à la chouette.

Le trictrac à écrire, que l'on joue deux contre un, se nomme *à la chouette*, parce que celui qui joue contre les deux autres reçoit cette dénomination. Les deux joueurs, ou associés, tirent entre eux au sort pour savoir qui jouera le premier. Ils jouent chacun deux marqués, dans le premier desquels, à chaque rentrée, la chouette a le dé du premier coup, et dans le second, le cède au joueur adversaire.

On joue aussi deux contre deux, et alors celui des deux associés qui a perdu le premier marqué, fait place à l'autre, qui en joue deux de suite, puis il reprend par deux autres de suite également, jusqu'au dernier seul que joue son partenaire.

Dans ces deux arrangemens de parties, l'associé qui ne joue pas a le droit de conseiller celui qui joue et de l'empêcher de faire des écoles, ou l'enfilade.

Trictrac à tourner.

Lorsqu'on est plusieurs personnes et qu'aucune d'elles ne veut faire la chouette, ni s'associer, on joue pour son compte à son tour, ce qui s'appelle *trictrac à tourner.*

Si, par exemple, on est trois, et que l'on convienne de jouer en tout douze marqués, c'est quatre pour chacun, et l'on ouvre trois comptes. Celui des deux premiers joueurs qui perd, se lève pour faire place au troisième, qui joue deux marqués de suite; de sorte qu'il se trouve successivement avec deux adversaires, et ainsi de suite, jusqu'au dernier marqué que joue celui qui s'est retiré le premier; mais à chaque marqué le joueur oisif reçoit une consolation du perdant, égale à la consolation que celui-ci paie à son antagoniste.

Nous terminerons cette instruction sur le trictrac par quelques règles qui n'ont pu trouver place dans la description du jeu, où elles auraient apporté de la confusion et des longueurs.

1. Si l'un des dés sort du cornet après l'autre, le coup n'est pas bon : il en est de même si un dé retombe sur l'autre de manière à le couvrir.

2. Que les dés tombent sur les dames, sur l'argent, sur les jetons, sur la main même de votre adversaire; si, par la force du mouvement de projection, ils frappent la muraille, et retombent dans le trictrac,

le coup est toujours bon, pourvu toutefois que, dans tous ces cas, les dés ne soient pas soutenus par la bande ; cela se vérifie ainsi : l'adversaire tire doucement la dame, l'argent, etc. ; et si le dé se tient sans tomber, il est bon.

3. Lorsque les dés lancés n'ont touché ni l'une des bandes, ni les dames, le coup doit être recommencé du propre mouvement du joueur qui les a lancés ; il ne doit pas attendre les observations de son adversaire.

4. On ne doit point regarder dans son cornet quand on y a mis les dés.

5. Quand vous avez pris une dame pour l'autre, vous êtes obligé de jouer cette dame, bien qu'elle n'aille pas sur la flèche où vous voulez caser ou couvrir.

6. Si, après avoir fait une fausse case, ou joué inexactement, vous voulez jouer avec exactitude, vous ne le pouvez plus, votre adversaire ayant le droit de trouver que vous avez bien joué.

7. Lorsqu'on a touché, sans dire *j'adoube*, des dames qu'on ne peut pas jouer, il n'y a point de faute, et l'on joue celles que l'on veut.

8. Si vous arrangez mal votre jeu, et qu'une ou plusieurs dames se trouvent entre deux flèches, de manière qu'on ne sache pas à laquelle elles appartiennent, vous les placez sur la flèche où vous croyez qu'elles doivent être ; en cas que vous l'ignoriez, vous pouvez les placer sur la flèche où elles seront moins exposées a être battues.

9. On ne peut pas mettre à l'école des trous : ainsi si votre adversaire marque un trou de plus, ou oublie d'en marquer un, vous vous bornez à l'avertir.

10. Lorsqu'on a passé son coin au jeu de retour, on peut toujours le reprendre par puissance, si l'adversaire a le sien vide.

11. On peut battre le coin évacué comme celui qui n'a pas été pris.

12. On peut toujours jouer sur la bande pour sortir, lors même que le plein est encore possible au jan de retour. C'est à tort que quelques joueurs soutiennent le contraire.

13. Le dernier coup qui se joue pour la sortie au jan de retour, ne sert pour le premier coup de relevé suivant, que quand on dit : *Je joue pour tout.*

14. On peut faire jouer d'avance à son adversaire le dernier coup de la partie, quoiqu'il ait encore plus de deux dames à sortir; mais on ne peut le forcer de jouer pour tout.

15. Lorsqu'on regarde jouer, on ne doit manifester aucun sentiment d'approbation, de désapprobation, d'admiration ou de surprise, parce que ces divers mouvemens avertissent les joueurs, les font tenir sur leurs gardes, et préviennent les écoles et l'enfilade qu'ils ont intérêt à se faire opérer mutuellement.

Il y avait autrefois au trictrac la *pile de misère,* épisode qui rendait le jeu plus difficile, et par cela même plus agréable et plus piquant : on l'a abandonnée ; mais des joueurs qui entendraient leur plaisir, feraient bien de la remettre en vigueur. On nomme *pile de misère* la case du coin sur laquelle se trouvent empilées les quinze dames d'un joueur qui n'a pu encore en passer une dans son jan de retour. On gagnait quatre ou six points quand on la faisait, et autant à chaque coup pendant qu'on la conservait.

Il serait à désirer qu'on obligeât, sous peine d'être forcé à rester, le joueur qui s'en va sans le dire, ou au moins à le manifester en levant les dames qui ne peuvent se jouer : car il arrive souvent qu'un joueur prend une dame pour la jouer, et se ravisant au lieu de la placer, la remet au talon et s'en va. Au reste, c'est une duplicité indigne d'un homme de bon ton et de bonne foi.

Pour toutes les autres règles de trictrac, règles rigoureuses, acerbes, inutiles, bonnes tout au plus en académie, je crois devoir renvoyer le lecteur, qui désirerait les connaître, à l'*Académie universelle des Jeux.*

Jeu des Dames rabattues.

Le nom de ce jeu en indique la marche : en effet, l'on y rabat toutes ses dames les unes après les autres et on les couche toutes plates à la file. Il est très facile à apprendre, et le hasard l'emporte sur le calcul.

Les préliminaires sont ceux du trictrac, on y joue deux seulement, dans un trictrac garni de quinze dames de chaque couleur, deux cornets et leurs dés.

Chaque joueur doit mettre toutes ses dames dans la table du trictrac, le plus près du jour, et là, il fait six piles ou tas de ses dames, sur toutes les flèches qui sont de son côté; sur chacune des trois premières flèches, proche du jour, il met deux dames qui font six dames, et sur chacune des trois autres flèches, qui sont jusqu'à la bande de séparation, il place encore trois dames qui, avec les six précédentes, composent les quinze de chaque joueur.

Il faut mettre toutes les dames l'une sur l'autre, et non point accouplées en manière de case.

Ainsi qu'au trictrac, on nomme le plus gros nombre du dé le premier; les doublets ne s'y jouent qu'une fois; il est permis de changer de dés et même de rompre, pourvu que l'on n'ait point convenu d'avance qu'il sera interdit de rompre. Celui qui a le plus gros dé commence le jeu. Voici comment on le joue.

Quand chacun a empilé ses dames, celui qui doit commencer jette le dé, puis il rabat de dessus sa pile deux dames, selon le nombre qu'il a fait.

Il doit compter par la case la plus près du jour (ce que l'on observe constamment); ainsi le joueur qui amène six et as, abat la dame qui est empilée sur la première case où il n'y a que deux dames, et par là joue l'as. Pour le six, il abat une des trois dames qui sont sur la case qui joint la bande de séparation.

Il faut entendre par là que l'on prend l'as sur la première case ou pile, le deux sur la seconde, le trois sur la troisième, le quatre sur la quatrième, le cinq sur la cinquième, et enfin le six sur la sixième, qui est la dernière.

On voit d'abord que cette manière de jouer les

nombres est bien différente des autres jeux de table, où ordinairement pour jouer un six, on place la dame six flèches au-dessus de l'endroit où elle part, au lieu qu'ici l'on ne fait que mettre la dame à bas, sur la même flèche où elle se trouvait empilée.

Quand vous avez joué votre six et as, votre adversaire joue le dé à son tour; comme vous avez dû l'observer, il lance les dés rondement, sans hésiter et les fait toucher au moins votre bande : le coup est bon partout dans le trictrac, pourvu que le dé ne soit pas en l'air; si, par exemple, votre adversaire amène un dé simple, il joue comme vous l'avez fait ; mais s'il amène un doublet, tel que terne ou double-deux, etc., il n'a qu'une dame à abattre, car vous abattez l'autre pour lui; mais, en récompense, il a le privilége de recommencer, et lance de nouveau le dé. S'il fait un second doublet, le dé lui appartient encore, et cela jusqu'à ce qu'il amène un nombre simple; règle qui rend quelquefois le jeu très piquant.

Remarquez deux choses essentielles : 1°. la règle précédente; 2°. tout ce qui ne peut point être joué par l'un des joueurs, l'autre le joue, supposé qu'il le puisse ; et s'il ne le peut pas, le coup alors n'est joué ni par l'un ni par l'autre. Ainsi, supposons que votre adversaire a fait d'abord deux et as, qu'il a joué, vous avez ensuite joué, et amené le même coup, que vous avez également joué ; votre adversaire rejoue et fait encore deux et as, il ne les joue point, ni vous non plus, parce que vous n'avez ni l'un ni l'autre aucun de ces nombres, puisque vous les avez déjà abattus.

Ce jeu n'exige presque qu'une attention suivie aux nombres qu'amène la personne contre qui l'on joue, afin de ne pas manquer à jouer ce qu'elle ne joue pas ; car votre adversaire n'est pas obligé de vous avertir de votre jeu; au contraire son intérêt exige que vous omettiez tous les nombres que vous pourriez jouer, afin d'avancer plus que vous.

On rabat les dames de dessus les diverses piles, voilà la première partie du jeu : on les relève ensuite, voici la seconde. Ainsi, le joueur qui le premier les a toutes rabattues, lève à chaque coup de dé les dames, dans le même ordre où il les a jouées d'abord.

Par exemple, s'il fait bezet, il lève les deux dames de la première case, et parce qu'il a eu un doublet, il joue encore une fois; s'il fait un second bezet, il ne lève rien, car il n'est pas permis de jouer bezet tout d'une, en prenant une dame sur la seconde case: la raison en est que chaque case en ce jeu a son nombre fixe et certain, et que la seconde case ne peut servir qu'à jouer un deux, ou deux, la troisième, un trois, et ainsi des autres. Bien que nous ayons dit que les nombres qu'un joueur ne peut jouer sont joués par l'autre, cette règle reçoit ici une exception; car, par exemple, si, après que vous avez rabattu l'as, le deux, le trois, etc., il vous reste encore un cinq ou un six à rabattre, et que votre adversaire ayant tout rabattu et levé un bezet, ait amené un second bezet; en ce cas, ni lui, ni vous, ne leverez rien : lui, parce qu'il n'a plus de bezet à jouer, et vous, parce que c'est une des règles de ce jeu, qu'on ne peut rien lever tant que l'on n'a point abattu toutes ses dames. Ainsi, lorsque vous n'avez point abattu toutes vos dames, non seulement vous ne pouvez pas jouer ce que votre adversaire ne joue point, mais encore vous n'avez pas la faculté de jouer même les nombres que vous faites, et c'est votre adversaire qui les joue pour vous, jusqu'à ce que vous ayez rabattu votre dernière dame; ce qui fait que très souvent votre adversaire n'a plus que deux ou trois dames à lever, quand arrive votre dernier nombre; quelquefois même il ne lui en reste plus qu'une : mais lorsqu'une fois vous avez abattu votre dernière dame, vous levez bien plus promptement qu'il n'a fait, car vous ne pouvez plus rien faire pour lui, à moins que vous ne fussiez extrêmement malheureux. Lui, au contraire, travaille toujours pour vous; car ayant peu de dames, il ne saurait si facilement faire les nombres qui lui manquent, et toutes les fois qu'il lui en arrive de petits, il reste dans l'inaction; aussi arrive-t-il souvent que celui qui a commencé à lever perd la partie.

Celui qui le premier a levé toutes ses dames est le gagnant.

La règle que bois touché est bois joué, n'est point admise au jeu des dames rabattues, parce que chaque pile de bois a son nombre fixe, car il est impossible de pouvoir jouer le même nombre de différens endroits; ainsi, supposé que vous ayez fait un carme, et qu'au lieu d'abattre les dames de la quatrième case, vous ayez abattu deux dames de la cinquième, vous devez remettre ces deux dames sur leur case, et jouer votre carme avec celles de la quatrième.

Jeu du Revertier.

Ce jeu, dont le nom vient du mot latin *revertere*, qui signifie revenir ou retourner, est très justement dénommé; car il consiste à faire faire à ses dames tout le tour du trictrac, et à les faire revenir dans la même table d'où elles sont parties.

Le revertier se joue dans un trictrac : comme à ce dernier jeu, il faut trente dames, quinze d'une couleur, et quinze d'une autre, deux cornets et des dés; c'est à celui qui amène le plus gros dé à commencer; on nomme le plus gros nombre le premier; les doublets portent les noms particuliers qu'on leur donne au trictrac. On lance les dés de la même manière, et les règles établies pour qu'ils soient valables ou non, sont exactement les mêmes. Le privilége de rompre les dés, la convention qu'il faut faire d'avance à cet égard, sont encore les mêmes qu'au trictrac.

On ne peut jouer que deux ensemble; cependant, si l'un des joueurs est beaucoup plus faible que l'autre, il peut prendre un conseil, de son consentement.

Il faut préalablement disposer son jeu : pour cela, chacun empile ses dames de telle sorte que celles avec lesquelles vous devez jouer soient dans le coin de votre adversaire, de son côté, et que celles qui doivent lui servir soient dans le coin de votre côté, et à votre gauche.

Cela fait, commencez la partie. Vous ne pouvez faire aucune case, c'est-à-dire mettre deux ou plusieurs dames accouplées l'une sur l'autre dans les deux tables du trictrac, qui sont du côté de la pile de votre adversaire. Pour entendre cela plus facilement, imaginez que vous jouez contre moi, et que par conséquent le tas de vos dames est dans le coin, à ma gauche, sur la première flèche de la bande qui me touche. Les miennes sont pareillement de votre côté et à votre gauche. Nous avons tiré le dé, c'est à vous de jouer le premier, et vous amenez terne. Vous ne pouvez faire une case, mais vous devez jouer ce terne de manière que vous ne mettiez qu'une dame sur chaque flèche ou lame.

Avant d'aller plus loin je vais vous donner deux avis. Le premier, c'est qu'il vous faut conduire vos dames qui sont empilées à ma gauche, jusqu'au coin qui est à ma droite; de là vous les passerez sur les flèches qui sont de votre côté à votre gauche, et les ferez aller jusqu'à votre droite; puis moi je suivrai exactement la même marche.

Le second avis est que les doublets se jouent doublement, c'est-à-dire, que l'on joue deux fois le doublet qu'on amène, soit avec une seule dame, ou plusieurs. Si vous avez fait terne, qui ne se compose que de six points, vous êtes obligé d'en jouer douze; quand le doublet est du premier coup, par conséquent vous ne pouvez le jouer que de votre tas, alors il vous faut jouer d'abord trois 3, avec une seule dame que vous mettez sur la neuvième case, et jouer le quatrième 3 sur la troisième case.

Il arrive souvent qu'on ne peut jouer tous les nombres que l'on amène; par exemple, quand du premier coup on fait sonnez, on le joue seulement une fois, parce qu'on ne peut mettre sur les flèches du côté de son tas de bois qu'une dame seule, et qu'on ne saurait jouer tout d'une dame, parce que le passage se trouve fermé par le tas de bois de l'autre joueur : souvent aussi l'on est obligé de passer ses dames de son côté, quand après avoir joué un ou deux coups, on fait un gros doublet que l'on ne peut jouer du côté où est sa pile de dames; c'est ce qu'il faut éviter autant que possible, et pour cela se don-

ner d'abord tant que l'on pourra tous les grands doublets, comme terne, carme, quine ou sonnez, afin
de pouvoir les jouer ensuite, s'ils viennent, sans gâter
son jeu.

De la tête. — Quoique vous ne puissiez mettre
qu'une seule dame sur les lames du côté de votre tas,
il y a toutefois une flèche sur laquelle vous en pouvez
placer à volonté. Cette flèche, nommée *la tête*, est
la onzième case, c'est-à-dire la dernière en comptant
depuis votre tas, ou, pour être plus clair, c'est la
flèche du coin qui est à la droite de votre adversaire.
Il faut avoir soin de la bien garnir, parce que l'on case
ensuite plus facilement ; il n'y a aucun risque d'y
mettre sept ou huit dames.

Des cases et de la manière de battre. — Quand
vous avez mené une partie assez considérable de vos
dames, de la gauche à la droite de votre adversaire,
et que votre tête est bien garnie, il faut commencer
à caser du côté de la pile de l'autre joueur, contre elle
le plus près que vous pourrez, en joignant vos cases
autant qu'il vous sera possible, et faisant des *sur-
cases*, lorsque vous ne pourrez caser, ou passant toujours des dames de votre tas à votre tête.

Or, ces *sur-cases*, qui consistent à mettre une ou
deux dames sur une lame où il y en a déjà deux accouplées, sont d'une grande utilité. On les nomme *batadours*, parce qu'elles servent à battre les dames découvertes, sans que l'on soit forcé de se découvrir soi-
même.

Lorsque vous avez fait quelques cases auprès de la
pile de votre adversaire, si vous trouvez l'occasion de
lui battre une ou deux dames, il faut la saisir. On
appelle *battre une dame*, lorsqu'on met une de ses
dames sur la flèche où est placée celle de son adversaire. L'on peut encore en passant battre une ou deux
dames avec une seule. Par exemple, vous faites cinq
et quatre ; vous jouez d'abord le cinq, et vous battez
une dame ; puis de la même dame dont vous avez
joué le cinq vous jouez le quatre, et vous couvrez
une de vos dames, ou bien vous battez une autre
dame.

Vous donnez toutes les dames battues hors du jeu, au joueur auxquels elles appartiennent, ou bien il les prend de lui-même et ne peut plus jouer qu'il ne les ait toutes rentrées.

De la manière de jouer. — Chacun doit rentrer les dames qu'on lui a battues, du côté et dans la table où se trouve la pile de bois; mais pour cela il faut trouver des passages ouverts. On ne peut rentrer sur soi, mais on peut rentrer sur son adversaire en le battant, quand il se trouve quelques unes de ses dames découvertes.

Lorsqu'on rentre, on compte toutes les flèches, même celle où est le tas de bois, laquelle est la première, et par conséquent la rentrée de l'as. Ainsi le joueur qui a fait des as, ayant encore des dames sur sa pile, ne peut point rentrer.

Comme le plus haut point d'un dé est six, et qu'on ne rentre que par le nombre que chaque dé amène, il est clair que l'on ne saurait rentrer que dans la première table, celle où se trouve le tas de bois.

Il est donc établi que vous ne pourrez rentrer que dans cette table; et que vous ne pourrez rien jouer tant que vous aurez des dames à rentrer. Vous voyez bien que si vous aviez deux ou plusieurs dames à la main, et que votre adversaire eût fait plusieurs cases dans cette première table, en sorte qu'il restât seulement une case vide, il vous serait inutile de rentrer une dame, parce que votre adversaire jouant ensuite, ne manquerait pas de battre cette dame, et ce serait du temps perdu. C'est pour cela que lorsqu'un joueur a plus de dames à la main qu'il ne trouve de rentrées ou passages ouverts, l'on dit *qu'il est hors de jeu*, et il laisse jouer son partenaire jusqu'à ce que celui-ci ouvre des passages.

Prenez bien garde de découvrir aucune dame dans la table de rentrée de votre adversaire, après avoir mis des dames de votre tas sur toutes les cases ou les lames de la table de votre rentrée; car bien que j'aie dit précédemment que celui qui a plus de dames à la main qu'il n'a de rentrées, soit *hors de jeu*, il lui est permis de rentrer toujours une des dames qu'il a à la main. Si vous avez quelque dame découverte, et que votre adversaire soit assez heureux pour la battre, dans le temps où vous vous êtes fermé tous les passages, vous auriez perdu la partie, lors même qu'il aurait encore plusieurs dames à la main ; et la raison qui vous fait perdre, c'est qu'en vous battant, votre adversaire a joué ; que c'est ensuite à votre tour, et que cependant vous ne le pourriez pas du tout, malgré que vous ayiez une dame à la main, parce que les passages vous manqueraient pour rentrer.

De la conduite à tenir à ce jeu. — Quand vous êtes parvenu à mettre votre adversaire hors de jeu, appliquez-vous à faire des cases jointes et serrées, depuis le tas de bois de votre adversaire, et surtout gardez-vous d'épouser d'abord des cases éloignées dans la seconde table auprès de la tête de votre adversaire.

Dès que vous aurez six cases ou tabliers, ou même sept de suite, et bien joints, poussez vos cases dans la *table-tête* de votre joueur, et joignez toujours bien vos cases, en laissant quelques unes de vos dames découvertes dans sa table de rentrée, afin qu'il soit obligé de rentrer et de vous battre.

Est-il rentré et vous a-t-il battu, il est contraint de jouer tous les nombres qu'il amène, de telle sorte qu'insensiblement il passe son jeu dans votre *table-tête*, pendant que vous menez les dames qu'il vous a battues.

Si, après être rentré, votre adversaire n'avait pas encore assez *vidé*, c'est-à-dire passé son jeu dans votre *table-tête*, il faudrait vous faire encore battre ; car tandis que vous rentrez et ramenez les dames qu'il vous a battues, il est forcé de jouer et de toujours passer son jeu, parce que tant que vous avez six cases jointes, il ne peut pas jouer les dames qui sont sur son tas ou dans les cases de sa rentrée ; ainsi, il est obligé de jouer tout ce qui est sur sa tête et dans les autres tables, et de passer dans votre *table-tête*.

De la double. — En commençant le jeu l'on convient de jouer la partie double ou simple. Pour en-

tendre ce que c'est que la double, il faut se rappeler
ce qui a déjà été dit, que l'on rentre les dames
battues dans la table du tas, dans laquelle, comme
dans les autres tables, il y a six flèches, dont la première est occupée par la pile des dames. Or, supposons que vous avez des dames sur votre tas ; qu'en
outre, vous avez quatre dames sur quatre autres
lames de cette même table du tas, vous voyez que ce
serait cinq lames occupées, et que n'y ayant que six
lames, et ne pouvant rentrer sur vous-même, il ne
vous resterait qu'une entrée : si, en cet état, votre
adversaire vous battait deux dames, vous seriez infailliblement *doublé*, parce que vous ne pourriez,
n'ayant qu'un passage, rentrer ces deux dames. Quand
on joue la double, le *doublé* perd le double de ce
qu'on a joué.

Si, après que votre adversaire vous a battu, et
qu'il est rentré, il lui est venu des coups si contraires
qu'il n'a pu faire de cases, et qu'il a été forcé de
mettre plusieurs dames à découvert ; si vous pouvez,
en rentrant les dames qu'il vous a battues, ou après
être rentré, lui battre plusieurs dames, en sorte
qu'il lui reste plus de dames que de passages, il est
doublé, si, comme je l'ai dit, on est convenu de jouer
la double.

De la manière de lever et finir le jeu. — Quand les
chances et l'habileté sont à peu près égales entre les
deux joueurs, et que ni l'un ni l'autre n'ont été doublés ; il faut jouer et faire ses cases toujours jointes en
s'approchant peu à peu de la tête de son adversaire.

Lorsque toutes les dames sont passées dans la table-
tête de celui-ci, à chaque coup de dé alors on peut
lever toutes celles que le nombre du dé porte sur la
table du trictrac, de même qu'il se pratique au jeu
de trictrac, lorsqu'on rompt un jan de retour.

Si néanmoins votre adversaire avait encore quelques dames derrière vous, il vaudrait mieux décou-
-vrir une de vos dames, la plus voisine de lui, pour
vous faire battre, afin de lui faire entièrement passer
son jeu ; car si vous leviez d'abord tout ce que vous
pourriez jouer, ou que vous guindiez votre jeu sur la

flèche de la tête de votre adversaire, il serait possible que vous fussiez par la suite obligé *de faire table*, c'est à-dire de laisser une dame découverte, qu'il vous battrait d'abord ; puis vous seriez peut-être encore forcé d'en découvrir une autre qu'il vous battrait de nouveau, de manière que, faisant après cela quelques coups avantageux, il pourrait avoir levé avant vous.

L'on doit cependant se régler suivant la disposition du jeu de son adversaire ; car si son jeu était entièrement passé au fond de la table de votre tête, qu'il fût empilé sur deux ou trois cases, ou même sur quatre, qu'il n'eût qu'une ou deux dames, et même trois ou quatre derrière vous, et rien sur la tête, alors il n'y aurait rien à craindre pour vous, il serait inutile de vous faire battre, et vous pourriez en toute sûreté lever ou *trousser* tout votre jeu.

Celui qui a plus tôt levé toutes ses dames gagne la partie. En troussant, on joue les dés doublement comme dans le cours du jeu. Le revertier ressemble à cet égard *aux dames rabattues. Caser* est la moitié du jeu, *trousser* est l'autre moitié. Celui qui a gagné la partie a le dé pour la revanche.

Des avantages qui peuvent être donnés. — Ceux qui ont l'expérience de ce jeu donnent des avantages aux joueurs peu exercés, et ces avantages varient suivant le degré de force de celui qui les reçoit.

Le premier et le moindre des avantages, quoiqu'il ne laisse pas d'avoir de l'importance, est de donner le dé.

On accorde ensuite six et as abattus, ou bien quatre et trois, ou deux dames sur la tête, et même davantage à proportion de la faiblesse de l'*avantagé ;* il n'est pas possible de régler précisément l'avantage que chacun doit donner et recevoir, car cela dépend absolument de la disposition des joueurs.

Ainsi qu'aux jeux précédens (le trictrac et les dames), il faut avoir soin de dire *j'adoube*, lorsqu'on veut arranger son jeu, ou même seulement voir la couleur de la flèche ; car la règle *dame touchée dame jouée,* subsiste au *revertier* dans toute sa rigueur.

Jeu de Gammon ou Toutes-Tables.

Le nom de *toutes-tables* était autrefois, en France, la dénomination de ce jeu; mais le titre de *gammon*, ou *back-gammon*, l'a remplacé : ce dernier nous vient des Anglais, chez lesquels ce jeu est très usité : c'est là leur trictrac; car ils ne jouent point le nôtre.

Tous les préliminaires indiqués pour le trictrac et le revertier sont nécessaires ici; il faut les quinze dames, le tablier, les cornets, les dés, les fichets (de plus qu'à ce dernier jeu). On ne joue que deux personnes, en s'aidant d'un conseil, s'il y a lieu; on appelle les nombres les plus forts du dé les premiers, et les règles établies pour la valeur des dés lancés sont absolument les mêmes qu'aux jeux précédens.

Du placement des dames. — Pour entendre comment vous devez disposer le jeu et placer vos dames, imaginez-vous que vous êtes assis devant une table, auprès d'une fenêtre placée à votre gauche; que sur cette table il y a un trictrac ouvert, et que de l'autre côté de la table soit votre adversaire. Il faut alors mettre vos dames dans ce trictrac, savoir : deux sur la flèche qui est dans le coin à la droite de votre adversaire et de son côté; cinq sur la flèche qui est dans l'autre coin à sa gauche; trois sur la cinquième flèche de la table qui se trouve de votre côté et à votre droite; et les cinq dernières sur la première flèche qui joint la bande de séparation dans la seconde table, de votre côté et à votre gauche.

Votre adversaire doit faire la même chose : il doit mettre deux dames sur la première lame du coin qui est de votre côté à votre gauche; cinq sur la dernière lame du coin placée de votre côté à votre droite; trois sur la cinquième lame de son côté à sa gauche, et les cinq dernières sur la première lame qui joint la bande de séparation dans la seconde table de son côté à sa droite.

De la manière de jouer. — Ce jeu, qui a beaucoup de rapports avec le revertier, veut, comme lui, que les doublets se jouent doublement : on bat les dames de la même manière, et toutes les dames qui ont été battues sont encore, comme au revertier, mises *hors du jeu*, et le joueur auquel elles appartiennent ne peut jouer quoi que ce soit qu'il ne les ait toutes rentrées.

Au commencement de la partie, selon les dés que vous amenez, vous pouvez jouer ou les deux dames qui sont dans le coin à droite de votre adversaire, ou celles qui se trouvent dans le coin à sa gauche, ou bien celles qui sont dans les tables de votre côté, et faire des cases indifféremment dans toutes les tables (privilége qui donnait autrefois au jeu le nom de *toutes-tables*) : afin que vous ne fassiez pas marcher vos dames d'un côté pour l'autre, il importe que vos deux dames qui sont dans le coin à droite de votre adversaire viennent jusqu'au coin à sa gauche; de là vous les passez de votre côté à droite, et les faites ensuite aller avec tout le reste de vos dames dans la table située à votre gauche, parce que c'est dans cette table-là que vous devez passer votre jeu, et qu'il est essentiel que vous y passiez toutes vos dames avant d'en pouvoir lever aucune.

De la manière de rentrer. — Les détails que nous avons donnés au revertier sur la manière de battre les dames, nous dispensant d'y revenir ici, nous allons immédiatement nous occuper des rentrées. On a observé qu'il fallait que vos deux dames, placées à la droite de votre adversaire, allassent à sa gauche, qu'elles vinssent de là à votre droite, et de votre droite dans la table qui est à votre gauche, de votre côté, tandis que les deux dames de votre adversaire suivraient une marche semblable : par conséquent ces deux dames, qui font absolument le tour du trictrac, sont la *tête* ou *pile* du jeu : toutes les dames qui ont été battues doivent rentrer par la table où l'on place ces *dames-tête*, c'est-à-dire que vous vous devez rentrer par la table où sont ces deux dames, tables situées, comme vous le savez, à la gauche de votre adversaire.

Il est facile de rentrer à ce jeu, car non seulement vous pouvez rentrer sur votre adversaire en le battant, quand il a quelques dames découvertes, mais encore vous pouvez rentrer sur vous-même, et mettre sur une même flèche autant de dames que vous voudrez. Par exemple, si, n'ayant point encore joué vos deux dames du coin ou tête de votre jeu, vous faites un bezet, et que vous ayez quatre dames à rentrer, vous pouvez les mettre toutes sur cette même flèche où sont vos deux dames; si vous avez quelque autre case dans la table de votre rentrée, vous pouvez de même y mettre le nombre de dames qu'il vous plaît. On nomme ces cases-là des *ponts*, parce qu'elles servent à passer, et sont fort utiles.

De la conduite à tenir au gammon. — Il y a dans ce jeu quatre piles de dames : 1°. celle qui fait la tête du jeu, et qui se compose des deux dames placées dans le coin à la droite de votre adversaire; 2°. les cinq dames dans le coin à sa gauche; 3°. les trois dames qui se trouvent sur la cinquième case de la table qui vous touche à gauche; 4°. les cinq dames mises sur la première flèche qui joint la bande de séparation dans la seconde table. Si du premier coup que vous jouez vous faites six ou cinq, il faut jouer une des dames de la tête et la mettre sur la seconde.

Faites-vous un six et un as, jouez un six de votre seconde pile, un as de la troisième, et faites une case.

Amenez-vous trois et as, jouez le trois de votre troisième pile, l'as de la quatrième, et faites également ment une case : en un mot, il faut tâcher de faire quatre ou cinq cases de suite autour de vos troisième et quatrième piles, afin d'empêcher votre adversaire de passer les dames de sa tête ou première pile.

Quand vous avez quatre ou cinq cases, si vous pouvez encore caser, gardez-vous d'en manquer l'occasion, et joignez toujours vos cases tant que vous pourrez; si votre adversaire se découvre lorsque votre jeu est ainsi avancé, il ne faut point hésiter : si, au contraire, son jeu était plus avancé que le vôtre, et qu'il se découvrît, il ne faudrait pas le battre, car souvent les bons joueurs tendent des piéges pour faire tomber dedans, et gagner ensuite la partie double, ou du moins avoir la simple assurée. Il convient donc d'examiner, avant de battre, si votre adversaire ne pourra pas vous battre à son tour, et en cas qu'il vous batte, si vous pouvez rentrer facilement.

De la manière de lever et finir le jeu. — Lorsqu'on a passé toutes ses dames dans la table de la quatrième pile, on lève à chaque coup de dé toutes les dames qui donnent sur la bande du trictrac, de même qu'au revertier et au jan de retour du trictrac.

Pour chaque doublet on lève quatre dames, quand on en a qui donnent justement sur le bord ; si la case que l'on devait lever se trouve vide, et qu'il y ait des dames derrière pour jouer le doublet que l'on a fait sans rien lever, il faut le jouer ; s'il n'y a rien derrière, on lève celles qui suivent la flèche, d'où le doublet amené devait partir. Celui qui a le premier levé toutes les dames gagne la partie simple.

De la double. — On joue souvent en deux ou trois parties, et même en plus grand nombre, parce que ce jeu va assez vite.

Quelquefois aussi on joue à la première partie, et l'on convient que le joueur qui gagnera la partie double, recevra le double de ce qu'on a joué.

On gagne la partie double quand on a levé toutes ses dames avant que l'adversaire ait passé toutes les siennes dans la table de sa quatrième pile, et qu'il en ait levé une ; autrement le gain ne regarde que la partie simple. Quand on joue en plusieurs parties, et que l'on gagne double, on marque deux parties : le gagnant recommence et a le dé.

Des avantages. — Les avantages que l'on peut faire au *gammon* étant les mêmes que ceux du *revertier*, nous y renvoyons le lecteur. Outre les avantages communs à ces deux jeux, il y a encore pour celui qui nous occupe, *toute table*, *ambezas*, *à bas le dé*, et autres qui dépendent de la convention des joueurs. Comme ces titres annoncent assez leur nature, il est inutile que nous nous arrêtions à les expliquer.

Jeu du Garauguet.

Le nombre trois est la chose importante à ce jeu, qui est encore un dérivé du trictrac. Les instrumens et les préliminaires sont semblables à ceux de ce dernier, à l'exception que l'on a trois dés, et que l'on joue les dames de manière à les amener dans la région où est le talon de son adversaire; celui qui a sorti le premier gagne un trou ou deux, si la double a été convenue.

Le garauguet est, à proprement dire, le trictrac à trois dés; mais si dans les nombres qu'on amène avec ces trois dés il se trouve un doublet, on le joue double, comme au revertier et au gammon, pourvu toutefois que l'un des deux nombres qui le composent soit plus fort que le troisième dé; au cas contraire, on le joue comme un nombre simple. Ainsi, si j'amène deux, deux, trois, je joue sept points en une, deux ou trois dames; mais si je fais quatre, quatre, trois, je joue seize points pour les carmes, et trois pour le troisième dé; si j'amène trois nombres égaux, six, six, six, ce qui forme un *triplet*, je joue trois fois. Voyez pour le reste du jeu le *trictrac* et le *gammon*.

Jeux du plein.

Ce jeu est encore, comme les précédens, un dérivé du trictrac : il a beaucoup de rapport avec le revertier. On lui donne le nom de *plein* parce que son but est de remplir ou faire le plein, c'est-à-dire que les joueurs s'efforcent de parvenir à mettre douze dames couvertes et accouplées dans la table du grand jan, que l'on appelle aussi grand plein au trictrac.

Les dames, les cornets, les dés, le tablier, tout est réglé comme à ce jeu; les joueurs n'y sont pas en plus grand nombre; on jette les dés avec force, et les coups en sont déterminés d'après les usages du trictrac et du revertier; les doublets s'y jouent doublement comme à ce dernier jeu et au gammon.

Lorsqu'on sait jouer au trictrac, on apprend avec

la plus grande facilité le jeu du plein, qui demande bien, il est vrai, quelque combinaison, mais qui dépend en grande partie du hasard. Ce que nous avons déjà dit sur le trictrac et le revertier nous interdit de long détails, qui ne seraient que des répétitions.

Chaque joueur ayant empilé ses dames sur la première case ou flèche de la table, la plus éloignée du jour (comme au trictrac), on abat beaucoup de bois, on couche ensuite six autres dames toutes plates sur les flèches du grand jan, parce qu'ayant du bois abattu il est après cela plus facile de couvrir.

Il est permis de mettre une seule dame dans le coin, qu'on nomme au trictrac coin de repos.

Il est important de ne point forcer son jeu, et d'avoir toujours les grands doublets à jouer. Celui qui a plus tôt couvert toutes ses dames dans la seconde table a gagné la partie; mais, au contraire des jeux précédens, il n'a pas le dé pour la revanche, et on tire à qui il appartiendra.

Jeu du Jacquet.

Modification du gammon, le *jacquet* se joue dans le tablier d'un trictrac. Les doublets s'y jouent doublement; on convient à l'avance si l'on jouera la partie simple ou double : celui des deux joueurs qui a levé ou sorti le premier, gagne un trou ou deux, selon la convention que l'on a faite. Les finesses et les combinaisons de ce jeu consistent uniquement à s'étendre et à occuper le plus de flèches qu'on peut, afin de fermer tous les passages à son adversaire, de le retarder dans les efforts qu'il tente pour rentrer le plus promptement possible, et enfin de sortir par conséquent le premier : voici les ressemblances du jacquet avec le gammon. Quant aux différences, chaque joueur met son talon de dames dans un des coins en face de lui, de manière que les deux talons sont aux deux extrémités de la transversale du trictrac. Les deux joueurs, sont obligés de jouer la première dame seulement, jusqu'à ce qu'elle soit arrivée dans la partie ou région opposée à leurs talons respectifs ;

8

après cela, tous les autres coups se jouent à volonté, soit en abattant du talon, soit en jouant les dames abattues.

Il est inutile de dire que les règles des dés sont les mêmes qu'au trictrac.

Jeu du Toc.

Autre dérivé du trictrac. Le jeu du *toc* est très facile pour les personnes qui connaissent le premier; elles n'ont aucune étude à faire, parce que l'un et l'autre ont les mêmes règles, la même marche et la même disposition. Seulement le toc est moins compliqué que le trictrac, parce qu'il n'embrasse que quelques unes des parties de ce jeu. Son nom de *toc* lui vient de ce que le but des joueurs est de toucher et de battre les dames de leurs adversaires, ou de gagner une partie double ou simple par un jan ou par un plein. Ce jeu se réglant comme le trictrac, nous savons à l'avance qu'il faut y jouer avec les instrumens de celui-ci; que l'on joue deux seulement; que l'on tire le dé pour savoir à qui commencera; que les conventions reçues pour la valeur des dés sont invariables et en certain nombre; qu'en définitive, le dé est bon partout dans le trictrac, pourvu qu'il ne soit point en l'air; qu'enfin on doit jouer le dé rondement, et ne point affecter de le laisser seulement couler hors du cornet, pour tâcher de faire un petit nombre.

Ajoutons que les plus gros nombres s'appellent les premiers; que les doubles ne se jouent qu'une fois, et qu'on place ses dames sur la première lame de la première table pour les mener ensuite dans la seconde à son plein ou grand jan; toutes choses qui sont d'usage au trictrac.

L'on ne marque pas néanmoins comme à ce dernier jeu; car au lieu de points on marque un trou ou deux, selon le coup que l'on a fait. On joue en plusieurs trous : il dépend des joueurs d'en fixer le nombre; on peut même jouer au premier trou.

Pour comprendre cette variation du trictrac, ima-

ginez-vous que vous jouez contre moi au premier
trou; que j'ai mon petit jan fait, à la réserve d'une
demi-case, et qu'au premier coup que je joue je
fais mon petit jan par un nombre simple : si nous
jouions au trictrac, je marquerais seulement quatre
points; mais comme c'est au toc, le trou remplace
les points, et la partie est gagnée, parce que nous
étions convenus de jouer au premier trou.

Si en convenant de jouer au premier trou, nous
convenons aussi de jouer à la double; si alors je
remplis par deux moyens, ou par un doublet, ou
que je vous batte une dame par deux moyens ou
par doublet, ou enfin que je fasse quelque jan ou
rencontre du jeu de trictrac par doublet, comme,
par exemple, si je battais le coin, ou que, commençant la partie, je fisse jan de deux tables ou jan de
mézeas par doublet, je gagnerais la double, et vous
payeriez le double de la valeur jouée.

Les mêmes jans et coups du trictrac se rencontrent à ce jeu, tant à profit qu'à perte pour le joueur
qui les fait.

Si l'on joue à plusieurs trous, celui qui gagne un
trou de son dé a la liberté de s'en aller, ainsi qu'au
trictrac.

Quand on parvient à battre les dames de son adversaire, on dit : *je fais toc.* Relativement à la manière de jouer, l'essentiel est de marcher le plus
serré qu'on peut; et toujours couvert, autant qu'il se
peut encore.

Jeu du Tourne-Case.

Le hasard décide seul à ce jeu, car l'intelligence y
a très peu de part : aussi n'aurions-nous pas manqué
de le mettre parmi les jeux de la TROISIÈME PARTIE,
si ses rapports étroits avec le trictrac et les dérivés
de ce jeu ne nous avaient semblé commander de le
placer dans la même série. On pense bien que les
instrumens et les préliminaires du tourne-case sont
ceux du trictrac, excepté qu'on n'emploie que trois
dames de chaque couleur. Nous n'y reviendrons

donc pas : seulement nous dirons que *chacun se sert*, c'est-à-dire met les dés dans son cornet (nous avons jusqu'ici oublié d'employer cette expression technique), et qu'à l'égard des règles des coups de dés, il arrive rarement qu'il se trouve des coups douteux, à raison du petit nombre des dames; toutefois, lorsqu'il y a lieu, on a recours aux règles observées au trictrac et au revertier.

Vous commencez par mettre vos trois dames à part, à convenir si vous jouerez la simple ou la double, à tirer le dé pour savoir à qui commencera. Supposons que le sort décide pour vous; supposons encore que vous amenez d'abord six et cinq; vous ne pouvez jouer que le second, parce qu'au *tourne-case*, c'est une règle absolue qu'on ne joue jamais que le plus bas nombre : par conséquent, au lieu d'appeler, comme aux jeux précédens, le plus gros nombre le premier, on appelle le plus petit, et l'on ne nomme pas du tout l'autre. Si, après avoir fait six et cinq, vous amenez sonnez, vous n'en pouvez jouer que la moitié, et il faut jouer cette moitié avec la même dame avec laquelle vous avez déjà joué un cinq, parce que, si vous la jouiez avec une autre dame, il faudrait passer par-dessus celle dont vous avez joué le cinq, et à ce jeu il n'est point permis de passer aucune dame par-dessus l'autre; il faut qu'elles se suivent et marchent alignées.

Afin d'entendre clairement ce qui vient d'être dit, il importe de savoir que les trois dames que vous aviez d'abord hors du trictrac, à votre gauche, doivent aller l'une après l'autre jusqu'au coin de la seconde table, qui est à votre droite. Votre adversaire doit également conduire ses trois dames depuis sa droite jusqu'au coin qui se trouve à sa gauche; mais avant que ces dames puissent arriver à ce coin, que l'on peut nommer le coin de repos, elles sont plusieurs fois respectivement battues.

Comme les deux joueurs jouent et marchent également dans les mêmes tables et en face l'un de l'autre, chaque fois que le nombre du dé porte une dame sur une flèche, qui se rencontre vis-à-vis de celle où il y a une dame de l'adversaire , cette dame est battue, et son possesseur est obligé de la prendre et de la rentrer dans le jeu.

A ce jeu l'on bat malgré soi, parce que jouer constamment le plus petit nombre, et ne point passer une dame par-dessus l'autre sont deux règles fondamentales. Ainsi, votre joueur fait d'abord trois et deux, et joue le dernier nombre comme le plus petit. Si vous faites deux et as, vous ne pouvez pas battre et jouer le deux, et vous êtes contraint de jouer l'as d'après la règle.

Si votre adversaire fait six et deux au second coup, il faut, en vertu de la même règle, qu'il joue le deux de la même dame dont il avait joué le deux précédent, parce que c'est encore une des règles de ce jeu que, hors le coin du repos, on ne peut accoupler ses dames : or, l'adversaire ayant joué ce second deux, a sa dame sur la quatrième case de la première table de son côté ; vous avez votre as sur la première table aussi de votre côté : ainsi, si vous faites quatre et trois, vous ne pouvez vous dispenser de battre la dame de votre adversaire, c'est-à-dire de mettre votre dame sur la quatrième case de votre côté, vis-à-vis la sienne , parce que vous ne pouvez jouer le trois (qui est le plus petit nombre) qu'avec la dame dont vous avez joué l'as ; puisqu'il ne vous est point permis de passer une dame par-dessus l'autre.

Votre adversaire, qui a été battu, reprend donc sa dame et joue ; s'il fait cinq et quatre, forcé de jouer ce dernier nombre , il vous bat à son tour.

La règle qui défend de passer ses dames l'une sur l'autre, fait que l'on joue souvent beaucoup de coups inutiles, surtout quand on a conduit ses dames ; savoir : l'une dans un coin, et les deux autres tout auprès, en sorte qu'on ne peut les mettre sur le coin qu'en faisant un as, puis un deux, et l'on souhaite alors vivement d'être battu pour sortir de cette gêne.

Le joueur qui a mis le plus tôt ses trois dames dans un coin, gagne la partie ; s'il les y mettait toutes trois avant que son adversaire y en eût mis aucune, il gagnerait la double, si l'on était convenu de jouer ainsi.

CHAPITRE III.

Jeu des Échecs.

MAINTENANT que dans le chapitre précédent nous avons enseigné les règles du trictrac et de ses nombreux dérivés, passons aux échecs. C'est un des jeux les plus anciens, les plus savans et le plus susceptible d'intérêt (1). On attribue l'invention des *échecs* à Palamède. D'autres auteurs prétendent que ce jeu est dû au philosophe Smersa, conseiller d'Ammollin, roi de Babylone, qui l'inventa pour divertir ce prince, et le détourner par ce moyen de son penchant à la cruauté.

Instrumens des échecs. — Les échecs se jouent sur une table carrée, que l'on nomme *échiquier* : cette table est divisée en soixante-quatre cases, aussi carrées, disposées sur huit de base et huit de hauteur. Ces cases sont alternativement de deux couleurs différentes, dans le sens de la base et dans celui de la

_____

(1) C'est peut-être le seul qui ait eu les plus illustres joueurs. Euripide rapporte, dans *Iphigénie en Aulide,* qu'Ajax jouait aux échecs en présence d'Ulysse. Homère dit dans le premier livre de l'Odyssée que les princes, amans de Pénélope, s'exerçaient à ce jeu devant la porte de cette princesse. On montrait, plusieurs années avant la révolution, à l'abbaye de Saint-Denis, les échecs avec lesquels Charlemagne se délassait de ses travaux. Henri IV jouait à ce jeu de préférence, et je me rappelle à ce sujet avoir lu une anecdote assez piquante dans les notes du poëme publié sur les échecs par M. Cérutti. Le Roi faisait sa partie avec Bassompierre, et tous deux étaient fort occupés. Tout à son jeu, Bassompierre, en levant un cavalier, laisse échapper certain soupir dont le bruit est fort retentissant. Le partenaire était le bon Henri; mais enfin c'était le Roi. Bassompierre, tout en rougissant, prend sur-le-champ son parti : *Au moins,* dit-il,

hanteur ; blanches et noires, suivant l'usage le plus
général, ou blanches et brunes. Viennent après cela
les *échecs*, qui sont trente-deux pièces, seize blanches
et seize noires : ces pièces se distinguent en huit
grandes et huit petites. Les petites, égales en figure
et en valeur, assez semblables à un gros passe-lacet
pointu, se nomment *pions*. Les grandes, inégales en
valeur et en figure, consistent : 1°. en deux *tours*,
pions dont la tête représente effectivement une tour ;
2°. en deux *cavaliers*, pions dont la tête représente
une figure de guerrier ; 3°. en deux *fous* ; 4°. en un
roi et une reine ou dame. Les échecs se font en ivoire
et en ébène, ou en os et en bois de palissandre, ce
qui est plus commun. On distingue sur l'échiquier
deux sortes de cases contiguës l'une à l'autre : les unes
ont un côté de commun à elles deux, et sont de couleurs différentes : on les appelle *cases contiguës de la
première espèce ;* les autres n'ont qu'un angle de commun, et sont toujours de même couleur : on les
nomme *cases contiguës de la deuxième espèce.*

Placement des pièces. — Voyons à présent comment
on commence à placer les diverses pièces, et par

Sire, *ce cavalier n'est point parti sans trompette.* Le prince
répondit en riant aux éclats.

Reprenons notre liste historique qu'a interrompue ce
trait de présence d'esprit. Charles XII, l'Alexandre du
nord, qui haïssait le jeu, et le défendait sévèrement à
ses troupes, avait excepté le jeu d'échecs, et semblait
même exciter à y jouer par le plaisir qu'il paraissait y
prendre. Voltaire nous apprend que lorsque ce monarque
était à Bender, il jouait journellement aux échecs avec le
général Poniatowski, ou avec son trésorier Grothusen.
Voltaire lui-même s'amusait aux échecs avec le jésuite
Adam, *qui,* disait-il, *n'était pas le premier homme du
monde.* J. J. Rousseau avait pour partenaire le musicien
Philidor, le plus grand joueur d'échecs connu, et qui a
composé un savant traité sur son jeu favori. Napoléon en
avait fait une de ses distractions ; mais il n'y réussissait
pas aussi bien qu'aux opérations stratégiques.

conséquent à jouer. Deux joueurs s'asseyent en face l'un de l'autre, de chaque côté de l'échiquier, de manière que chacun ait à sa droite la case blanche angulaire : l'un prend les pièces noires et l'autre les blanches. (Les dames ne jouant jamais ou presque jamais à ce jeu, dont les combinaisons les effraient, nous ne répéterons pas le conseil donné relativement au choix de la couleur des pièces.) Chaque joueur arrange, de son côté, les *pions* sur la seconde bande de l'échiquier, un par case. Les huit grandes pièces se placent sur la première bande, que j'appellerai *base de l'échiquier*; savoir : les deux tours dans les cases angulaires, l'une à droite et l'autre à gauche; les deux cavaliers à côté des tours, et les deux fous à côté des cavaliers. Le roi et la reine seront sur les deux cases restantes, de façon que la reine noire soit sur la case noire qui reste à remplir, et la dame blanche sur la case blanche.

Marche des pions. — Les pions doivent cheminer suivant les bandes perpendiculaires aux bases de l'échiquier, et formées par conséquent d'une suite de cases contiguës de la première espèce. Ils avancent toujours du jeu du joueur qui les conduit, vers le jeu ou dans le jeu de l'adversaire, et ne doivent jamais reculer.

La première fois qu'on joue un pion, on peut lui faire faire un pas ou deux à volonté; mais ce premier coup joué, il ne peut faire qu'un pas au coup suivant. Au reste, la case sur laquelle on se propose de jouer le pion doit être vide. Si une pièce de l'adversaire est placée sur une case contiguë de la seconde espèce à celle occupée par le pion, et contiguë de la première espèce à celle où le pion pourrait aller le coup suivant, selon la marche précédemment expliquée, alors le pion peut prendre la pièce, ce qui se fait en enlevant cette pièce de dessus l'échiquier, et en mettant le pion à la place de la pièce enlevée. Cette prise compte pour un coup, et on ne joue pas autant de coups de suite qu'il y a de pièces à prendre, comme aux dames. Ceci s'applique aux prises faites avec toute autre pièce.

On n'est pas non plus obligé de prendre comme aux dames, et ceci doit s'entendre également des autres pièces.

Si un pion blanc, par exemple, est poussé deux pas à son premier coup, et si un pion noir est assez avancé pour prendre le pion blanc, si on n'eût joué celui-ci qu'un pas, alors il est dit *passer prise :* le pion noir peut le prendre, comme s'il n'eût été poussé qu'un pas, et cela s'appelle *prendre en passant.* Ce pion noir doit donc se mettre sur la case qu'aurait occupée le pion blanc, s'il n'eût été poussé que d'un pas, et non sur celle que le pion blanc occupe alors. Au surplus, cette prise en passant doit avoir lieu immédiatement après que le pion blanc a été poussé, et l'adversaire ne peut plus revenir à la faire dans les coups suivans.

Enfin, si ce pion arrive à la base de l'échiquier, occupée primitivement par les grandes pièces de l'adversaire, on dit qu'il est arrivé à *dame,* parce qu'alors il devient une dame, à l'exception du roi : il peut, de la même façon, devenir toute autre pièce au gré de celui qui le mène, et dès-lors il n'est plus distingué de la pièce en laquelle il a été transformé; il en a la marche et la valeur, telles que je vais les expliquer.

Marche des tours.—Les tours marchent suivant les bandes perpendiculaires aux bases, ou suivant les bases parallèles à ces bases. Sur ces bandes, elles font un pas, deux ou trois à volonté, de manière qu'une tour, placée sur une base quelconque, peut être un coup aux bases ou aux limites latérales de l'échiquier, pourvu néanmoins qu'il n'y ait pas de pièces dans sa direction. Dans ce dernier cas, si la tour et la pièce sont de couleur semblable, la tour pourra aller jusqu'à la pièce sans pouvoir passer par-dessus. Si la pièce appartient à l'adversaire, la tour n'en pourra pas plus passer par-dessus cette pièce, mais elle pourra la prendre : alors on enlevera la pièce de dessus l'échiquier, et on mettra la tour à la place de la pièce enlevée.

Il en sera de même des autres pièces dont il nous

reste à parler ; elles prendront la pièce de l'adversaire
qui s'opposera à leur marche : les pions seules prennent différemment.

Marche des cavaliers. — Un cavalier étant placé
sur une case donnée (que nous nommerons B), un
certain nombre de cases sont contiguës de la première
espèce à B, au moins deux, au plus quatre. Un certain nombre de cases sont contiguës de la seconde
espèce à ces cases contiguës de la première ; deux au
moins, huit au plus. Or, le cavalier peut aller en un
coup de la case B à l'une de ces contiguës de la seconde espèce, à volonté : ainsi il ira toujours du blanc
au noir, ou du noir au blanc, et on pourra le jouer
au moins de deux manières, et au plus de huit, bien
entendu que la case où l'on se propose de jouer le
cavalier ne sera pas occupée par une pièce de même
couleur.

Marche des fous. — Les fous diffèrent des tours
dans leur marche, en ce qu'elles suivent des lignes
formées par des cases alternativement blanches et
noires, contiguës de la première espèce, et que les fous,
au contraire, suivent des lignes formées par des cases
de même couleur, et contiguës de la seconde espèce.

Par conséquent, de deux fous qu'il y a dans chaque
jeu, l'un placé d'abord sur le noir ne quitte pas cette
couleur ; et l'autre placé sur le blanc ne le quitte pas
davantage : le reste leur est commun avec les tours.

Marche de la dame. — Cette pièce renferme dans
sa marche celles de la tour et du fou.

Marche du roi. — Cette pièce principale va en un
coup de sa case de départ à l'une des contiguës à
cette case, de la première ou seconde espèce, à volonté. De plus, le roi et la tour n'ayant été joués ni
l'un ni l'autre, si l'intervalle entre ces pièces est vide,
la tour peut se mettre à côté du roi, et dans ce même
coup, le roi saute par-dessus la tour, et se met de
l'autre côté : ce qui s'appelle *roquer*. Il y a deux *rocs*:
celui du côté du roi et celui du côté de la dame. Nous
ferons observer que les pièces du côté du roi se nomment *pièces du roi*, et celles du côté de la dame, *pièces
de la dame.*

Nous avons annoncé deux rocs, les voici : dans celui du côté du roi, la tour du roi se place à la case de son fou, et d'un même coup le roi saute par-dessus et se place à la case de son cavalier. Dans le roc du côté de la dame, et d'un même coup, le roi saute par-dessus pour se mettre à la case du fou de sa dame.

Dans ces deux cas, on peut bien jouer les tours à côté du roi sans roquer, c'est-à-dire sans faire sauter le roi ; mais on ne peut pas le faire sauter sans mettre les tours à côté de lui. Dans plusieurs cas, le roi ne peut pas roquer ; et je l'expliquerai bientôt.

On ne gagne pas, aux échecs, la partie comme celle des dames, en prenant toutes les pièces de son adversaire, mais en lui prenant son roi seulement, quand toutes les autres pièces lui resteraient. Un joueur s'attache donc à faire marcher ses pièces pour défendre son roi le mieux possible, et attaquer plus vivement celui de son adversaire : celui-ci oppose la même résistance, et tente de semblables efforts.

Il est de règle que le roi ne peut se prendre par surprise ; ainsi quand on l'attaque, c'est-à-dire quand on joue une pièce qui le mettrait dans le cas d'être pris au coup suivant, s'il n'y était pourvu, on doit avertir l'adversaire de retirer son roi, ou plus généralement de faire cesser l'attaque. Cet avertissement se donne en disant, *il y a échec*. Si l'adversaire, sans être attaqué, met lui-même son roi en prise, on n'en pourra pas non plus profiter pour le prendre, mais on l'avertira, et il jouera un autre coup, s'il le peut ; car si l'adversaire, lorsque son roi n'est pas attaqué, ne peut pas jouer son coup sans mettre ce roi en prise, il ne joue pas, et la partie est remise. On dit alors qu'il est *pat*, ou que son roi est *pat*.

Mais si ce roi attaqué ne peut pas se retirer sans être pris par quelque pièce de l'adversaire, et s'il ne peut se couvrir d'aucune pièce, c'est alors qu'il est vraiment pris ; la partie est gagnée par ce coup, et le vainqueur annonce sa victoire, en disant *échec et mat*, ou plus simplement *mat*, si néanmoins il s'aperçoit de son avantage : car il arrive quelquefois que le joueur ne voit pas qu'il fait *mat; et* alors un tel *mat* est dit *aveugle.* Mais, en France, la partie n'en est pas moins gagnée.

Voici les trois cas où le roi ne peut *roquer :*

1°. Quand il reçoit échec; 2°. lorsqu'en se plaçant à la case qui lui est destinée par le *roc,* il se trouve en prise, ou, comme on dit ordinairement, en *échec;* 3°. enfin, si la tour se trouve aussi en prise à la case qui lui est destinée par le roi. Dans ces trois cas, si un joueur voulait faire roquer son roi, on l'avertirait qu'il ne le peut, en lui disant dans le premier cas, *vous êtes échec;* dans le second, *vous tombez sous l'échec;* et dans le troisième, *vous passez sous l'échec.*

Nous allons, d'après Philidor, donner une partie élémentaire d'échecs, pour faciliter la pratique des marches expliquées ci-dessus et dans les premiers principes. Le lecteur rangera les pièces des deux couleurs sur l'échiquier, comme s'il devait jouer une partie, puis il les jouera des deux côtés, comme nous allons l'indiquer. Cette répétition du jeu le familiarisera immanquablement avec ses règles et ses diverses combinaisons.

1°. *Partie d'après Philidor.*

I.

Blanc. Le pion du roi, deux pas.
Noir. Le pion du fou de la dame, deux pas.

2.

B. Le fou du roi, à la quatrième case du fou de sa dame.
N. Le cavalier de la dame, à la troisième case de son fou.

3.

B. La dame, à la troisième case du fou du roi.
N. Le cavalier de la dame, à la quatrième case de la tour pour prendre le fou.

4.

B. Ce fou donne *échec et mat*, en prenant le pion du fou du roi noir.

Note première. Ce mat s'appelle l'*Échec du berger;* on n'en sait pas trop la raison. Un joueur attentif ne le souffre qu'une fois.

Première variante au troisième coup du noir.

Blanc. La dame, à la troisième case du fou du roi.

Noir. Le cavalier du roi, à la troisième case de son fou, pour éviter le mat qui vient de lui être appliqué.

4.

B. La dame, à la troisième case de son cavalier.

N. Le cavalier du roi prend le pion.

5.

B. Le fou donne *échec et mat*, en prenant le pion du fou du roi noir.

Note deuxième. Ce mat est presque aussi simple que l'échec du berger : un commençant comprendra par ce coup qu'il ne faut pas toujours prendre une pièce; souvent un tel appât trompe un joueur faible, et lui cache le danger dont il est menacé. Il y a plusieurs autres défenses de ce mat, qui ne valent pas mieux, et qui n'ont d'autre effet que de le reculer d'un petit nombre de coups, ou contribuent au moins au désordre du jeu. Dans une seconde variante le noir opposera une meilleure défense.

Deuxième variante au troisième coup du noir.

3.

Blanc. La dame, à la troisième case du fou du roi.

Noir. Le cavalier de la dame, à la quatrième case du roi.

9

4.

B. La dame, à la troisième case de son cavalier.
N. Le cavalier prend le fou.

Note troisième (1). Vous jouez votre dame à cette case, parce que vous conservez l'espérance de lui donner le mat comme dans la première variante, s'il venait à déplacer son cavalier sans défendre d'une manière convenable le pion du fou du roi ; mais le cavalier rompt vos projets en prenant votre fou. Bien entendu qu'à votre quatrième coup, au lieu de jouer la dame où vous l'aviez jouée, vous ne pourriez pas prendre utilement le pion du fou de son roi ; car si vous l'aviez pris avec votre fou ou avec votre dame, il aurait pris l'un ou l'autre avec son cavalier, et par conséquent aurait gagné une pièce.

Continuation de la deuxième variante.

5.

Blanc. La dame reprend le cavalier.
Noir. Le pion du cavalier de la dame, un pas.

6.

B. Le cavalier du roi, à la troisième case de son fou.
N. Le fou de la dame, à la deuxième case de son cavalier.

7.

B. Le cavalier du roi, à la quatrième case du roi noir.
N. Le cavalier du roi, à la troisième case de sa tour, afin de parer le mat.

---

(1) Dans la suite de cette partie et dans d'autres, quand nous donnerons des notes, nous adresserons la parole au blanc à la seconde personne, et nous parlerons du noir à la troisième, afin d'éviter de fastidieuses répétitions.

8.

B. Le pion de la dame, deux pas.
N. Le pion prend le pion.

9.

B. Le fou prend le cavalier.
N. Le pion du roi, un pas.
Note quatrième. Vous l'auriez fait mat s'il avait repris votre fou. Ainsi, il perd une pièce pour n'avoir pas prévu ce coup, et n'avoir pas, par conséquent, attaqué le cavalier avec le pion de sa dame, au lieu de prendre la vôtre. Dans ce cas, vous, jouant le même coup, il aurait pris votre cavalier, vous auriez retiré votre fou, et il n'y aurait eu qu'une pièce pour pièce.

Continuation de la variante.

10.

Blanc. Le fou, à la deuxième case de la dame.
Noir. Le pion de la dame, un pas.

11.

B. La dame donne échec à la première case de sa tour.
N. Le roi, à sa deuxième case.

12.

B. Le cavalier du roi donne échec à la troisième case du fou de la dame noire.
N. Le fou prend le cavalier.

13.

B. La dame reprend le fou.
N. Le pion du fou du roi, un pas.

Note cinquième. Par le jeu de ce pion il prépare une retraite à son roi et le dégagement de ses pièces ; s'il avait poussé ce pion deux pas, vous lui auriez donné échec avec le fou, à la quatrième case du cavalier de son roi. Ce roi se serait forcément retiré à la deuxième case de son fou, n'ayant pas d'autre place ; alors vous auriez pris sa dame avec votre fou.

Continuation de la variante.

14.

Blanc. La dame donne échec à la deuxième case du cavalier de la dame noire.
Noir. Le roi, à sa case.

15.

B. La dame donne échec à la troisième case du fou de la dame noire.
N. Le roi, à la deuxième case de son fou.

16.

B. La dame, à la quatrième case de son fou.
N. La tour de la dame, à la case de son fou.

17.

B. La dame prend le pion à sa quatrième case.
N. La tour prend le pion.
Note sixième. Vous devez défendre ce pion, plutôt que de prendre le sien, qui était *double.* C'est ainsi que l'on nomme deux pions de même couleur, placés sur la base perpendiculaire. Un tel pion, cependant, n'est pas toujours un désavantage ; mais ce n'est pas trop le cas ici. Nous vous avons fait jouer ainsi afin d'avoir l'occasion de parler des pions doubles.

Continuation de la variante.

18.

Blanc. Le cavalier de la dame, à la troisième case de sa tour.
Noir. Le pion du roi, un pas pour prendre la dame.

19.

B. La dame donne échec à sa cinquième case.
N. Le roi, à sa case.

20.

B. La dame donne échec à la troisième case du roi noir.
N. Le fou couvre l'échec.
Note septième. Il a attaqué votre dame en laissant sa tour en prise, parce qu'il a cru qu'il serait temps de la retirer après que vous auriez retiré la dame. Il n'a pas prévu que, retirant la dame par échec, après qu'il aurait paré l'échec, vous prendriez cette tour. Vous ne deviez pas lui donner le deuxième échec à la troisième case de son roi, car cela n'aboutit qu'à dégager ses pièces. Vous étiez aussi-bien maître de son jeu en tenant votre dame à la cinquième case, d'autant plus qu'il n'osera vous proposer la dame pour dame, puisqu'il va avoir deux pièces de moins. Par ce motif, vous n'en gagnerez pas moins, et vous n'aurez perdu que du temps; mais il y a des circonstances où un échec si mal donné vous eût fait perdre la partie.

Continuation de la variante.

21.

Blanc. Le cavalier prend la tour.
Noir. La dame, à la deuxième case de son fou.

22.

B. Vous roquez du côté du roi.
N. La dame prend le cavalier.

23.

B. La tour de la dame, à la case de son fou.
N. La dame prend le fou.
B. La tour de la dame mat à la case du fou de la dame noire.

Quoique nous ne nous proposions pas d'entrer dans de grands détails sur les diverses parties d'échecs, ni de ces coups arrangés par les amateurs, et qui se rencontrent si rarement, nous donnerons encore deux parties : l'une, pour montrer que les joueurs débutant chacun par le pion du roi, deux pas, celui qui a le trait joue mal et le perd en jouant au second coup le cavalier du roi à la troisième case de son fou ; l'autre, pour apprendre que souvent, lorsqu'une partie paraît désespérée, on la gagne contre toute attente. Tel a donné le mat à son adversaire, qui lui-même semblait ne pouvoir l'éviter. Cet exemple fera voir qu'il faut être attentif à ces retours, et que l'on ne doit pas abandonner sans examen une partie qui paraît perdue. La première partie est empruntée au *Traité théorique et pratique du Jeu d'échecs*, par une société d'amateurs ; la seconde est due au *Recueil du Jeu d'échecs*, par M. Stama.

2°. *Partie d'après une société d'amateurs.*

1.

Noir. Le pion du roi, deux pas.
Blanc. De même.

2.

N. Le cavalier du roi, à la troisième case de son fou.
B. Le pion de la dame, un pas.

3.

N. Le pion de la dame, deux pas.
B. Le pion du fou du roi, *idem*.

4.

N. Le pion de la dame prend le pion.
B. Le pion du fou du roi, *idem*.

5.

N. Le cavalier du roi, à la cinquième case.
B. Le pion de la dame, un pas.

6.

N. Le pion du roi, un pas.
B. Le cavalier du roi, à la troisième case de sa tour.
Nota. Ce sixième coup du noir est le coup juste qui lui fera gagner la partie.

7.

N. Le pion du fou de la dame, deux pas.
B. Le pion du fou de la dame, un pas.

8.

N. Le cavalier de la dame, à la troisième case de son fou.
B. Le fou du roi, à la quatrième case du cavalier de la dame noire.

9.

N. Le pion prend le pion.
B. *Idem*.

10.

N. La dame donne échec à la cinquième case de sa tour.

B. Le roi, à la case de son fou.

11.

N. Le cavalier, à la deuxième case du fou du roi blanc.
B. La dame, à la case du roi.

12.

N. La dame prend le pion.
B. Le cavalier prend le cavalier.

13.

N. Le pion reprend le cavalier.
B. La dame, à la troisième case de son fou.

14.

N. La dame donne échec à la dame blanche.
B. Le roi prend le pion.

15.

N. La dame prend la tour.
Dans cette position, ce que le noir pourra faire de mieux sera de remettre la partie. On peut conclure de cette partie, sinon rigoureusement, mais du moins très probablement, que celui qui a le trait le perd, et en fait passer l'avantage à son adversaire, quand il joue le cavalier au second coup. Peut-être même en jouant votre troisième coup autre que celui qu'on vous a fait jouer, vous feriez encore repentir le noir d'avoir joué son cavalier à cette case, parce que le pion du fou de son roi étant retenu par ce cavalier, il ne pourra pas le lier aux autres pour rester maître du centre de l'échiquier.
Si celui qui a le trait joue mal en jouant ainsi son second coup, on connaît encore que ce coup serait encore plus mauvais, si, outre ce trait, on lui faisait avantage du pion. Quand on a le pion et le

trait, on ne doit jamais jouer les cavaliers devant
les fous, au second coup, ni au suivant, si l'on n'y
est contraint pour réparer quelques lourdes bévues,
ou pour profiter de celles de son adversaire.

3°. *Partie d'après Stama.*

Situation des pièces noires.

1. Le roi, à la case de sa dame.
2. La dame, à la troisième case du roi blanc.
3. Le fou du roi, à la deuxième case du fou de sa
dame.
4. Le fou de la dame, à la case de sa tour.
5. Le cavalier, à la deuxième case du fou du roi.
6. La tour du roi, à la case du roi.
7. La tour de la dame, à la case du fou de la
dame.
8. Le pion du fou de la dame, à la quatrième case
de ce fou.
9. Un pion, à la quatrième case du fou du roi.
10. Un pion, à la troisième case du cavalier du roi
blanc.
11. Un pion, à la troisième case de la dame.
12. Un pion, à la quatrième case de la tour du roi
blanc.
13. Un pion à la deuxième case du roi.

Situation des pièces blanches.

1. Le roi, à la case de son fou.
2. La dame, à la troisième case du roi noir.
3. Le fou du roi, à la case de la dame.
4. La tour de la dame, à sa cinquième case.
5. Un cavalier, à la troisième case du cavalier de
la dame.
6. Un cavalier, à la quatrième case de la tour de
la dame.
7. Un pion, à la cinquième case du roi,
8. Un pion, à la quatrième case du fou du roi.
9. Un pion, à la quatrième case de la dame.
10. Un pion, à la deuxième case du cavalier du roi.
11. Un pion, à la troisième case de la tour du roi.

Jeu.

1.

Blanc. La dame, à la deuxième case de la dame noire, donne *échec.*
Noir. Le roi prend la dame.

2.

B. Le cavalier prend le pion du fou de la dame, et donne *échec.*
N. Le pion prend le cavalier.

3.

B. Le cavalier prend le pion, et donne *échec.*
N. Le roi, à la case de sa dame.

4.

B. Le cavalier donne échec à la troisième case du roi noir.
N. Le roi, à la deuxième case de la dame.

5.

B. Le fou donne échec à la quatrième case de la tour de la dame.
N. Le fou de la dame couvre l'*échec.*

6.

B. Le fou prend le fou, et donne *échec.*
N. Le roi prend le cavalier.

7.

Le pion de la dame donne *échec et mat.*

4°. *Partie du café de la Régence.*

Avant la révolution, il s'est introduit au café de la Régence, place du Palais-Royal, à Paris, une sorte de partie qui se joue rarement, et n'a lieu que parmi les joueurs de première force. Dans cette partie un joueur ôte sa dame, et y substitue un certain nombre de pions qui puissent maintenir l'égalité entre ses forces et celles de son adversaire. Si l'on joue à but, à la partie ordinaire, le nombre des pions est de sept à huit ; et alors celui qui ôte la dame pourra prendre sept pions à une partie et huit à l'autre.

Quand on ne joue pas à but, on prend un nombre de pions plus ou moins grand, selon qu'on sera plus ou moins fort que son adversaire. Par exemple, on pourra prendre quatre pions pour la dame retranchée si l'on fait avantage de la tour à la partie ordinaire.

Ainsi que je l'ai dit, je crois inutile de m'étendre davantage sur la description des diverses parties d'échecs ; ce serait grossir inutilement et outre mesure ce Manuel. Je renvoie donc les lecteurs curieux de détails aux différens Traités du jeu d'échecs, et surtout à l'ouvrage de Philidor, regardé comme le plus savant joueur d'échecs de l'Europe.

Jeu du Solitaire.

Un jeu à jouer seul est bien peu séduisant ; mais je m'excuserai de l'insérer, en disant qu'il ne faut rien omettre. S'il arrivait que dans une société, tout le monde étant occupé à divers jeux, il restât une seule personne qui ne voulût point parier ou s'associer aux autres, le solitaire serait son lot.

Le nom de ce jeu est on ne peut plus juste, car il se joue à seul : c'est une série de combinaisons qui demande, avec beaucoup de patience, assez d'intelligence et d'attention. Il vient, dit-on, de l'Amérique, où un Français en conçut l'idée et en régla la marche, en voyant les Américains planter, au retour de la chasse, leurs flèches en différens trous préparés à cet effet et rangés par ordre dans leurs cases. Voici la disposition de ce jeu.

```
                1    2    3
                o    o    o

            4    5    6    7    8
            o    o    o    o    o

       9   10   11   12   13   14   15
       o    o    o    o    o    o    o

      16   17   18   19   20   21   22
       o    o    o    o    o    o    o

      23   24   25   26   27   28   29
       o    o    o    o    o    o    o

           30   31   32   33   34
            o    o    o    o    o

                35   36   37
                o    o    o
```

Ainsi, le solitaire, que l'on pourrait presque nommer *échecs à une seule personne*, est disposé sur une
tablette de bois de forme octogone et percée de trente-
sept trous, dans lesquels sont enfoncés trente-sept
fiches pointues d'ivoire ou d'os; ces fiches sont placées dans l'ordre suivant : trois au premier rang,
cinq au deuxième, sept au troisième, sept au quatrième également, sept encore au cinquième rang,
cinq au sixième, et trois au septième. Avant de commencer à jouer, on ôte une fiche, n'importe laquelle,
afin de laisser un vide pour marcher.

Une fiche en prend une autre lorsqu'elle peut passer par-dessus, en droite ligne, à un trou vide,
comme un pion prend un pion au jeu de dames, et
comme les pièces se prennent l'une l'autre aux
échecs; on prend aussi, au solitaire, toutes les fiches
jusqu'à la dernière. La difficulté de ce jeu consiste à

choisir justement les fiches qu'il faut ôter pour terminer par ne laisser qu'une fiche sur la tablette, ou pour parvenir à celles qu'on se propose d'ôter pour gagner le jeu : on fait à cet égard une convention avec soi-même.

Voici diverses *marches* ou combinaisons qui ont toutes pour but de ne laisser qu'une fiche.

Première marche.

Otez le 1, et allez du

3 à	1
12 à	2
8 à	6
2 à	12
4 à	6
18 à	5
1 à	11
16 à	18
18 à	5
9 à	11
5 à	7
30 à	17
26 à	24

Otez le 1, et allez du

24 à	10
36 à	26
35 à	25
26 à	24
25 à	11
12 à	26
10 à	12
6 à	19
34 à	32
20 à	23
33 à	31
19 à	32

Otez le 1, et allez du

31 à	33
37 à	27
22 à	20
20 à	33
29 à	27

Otez le 1, et allez du

33 à	20
20 à	7
15 à	13
7 à	20

Seconde marche, dite le Lecteur *au milieu de ses amis.*

Otez le 19, et allez du

6 à	19
4 à	6
18 à	5
6 à	4
9 à	11

Otez le 19, et allez du

24 à	10
11 à	9
26 à	24
35 à	25
24 à	26

Otez le 1, et allez du

27 à 25	
33 à 31	
25 à 35	
29 à 27	
14 à 28	

Otez le 1, et allez du

	27 à 29
	19 à 21
	7 à 20
	21 à 19

Troisième marche, à commencer par 1 et finir par 37.

Otez le 1, et allez du   Otez le 1, et allez du

3 à 1	33 à 31
12 à 2	2 à 12
13 à 3	8 à 6
20 à 7	6 à 19
9 à 11	22 à 20
23 à 25	29 à 27
15 à 3	18 à 31
4 à 6	31 à 33
18 à 5	34 à 32
1 à 11	20 à 33
31 à 18	37 à 27
18 à 5	5 à 18
20 à 7	19 à 32
3 à 18	36 à 26
33 à 20	30 à 32
18 à 20	26 à 36
20 à 33	35 à 37

Quatrième marche, dite le Corsaire.

Otez le 3, et allez du   Otez le 3, et allez du

13 à 3	24 à 10
15 à 13	26 à 24
28 à 14	36 à 26
8 à 21	1 à 11
29 à 15	11 à 25
12 à 14	9 à 11
15 à 13	12 à 15
20 à 7	4 à 17
3 à 13	16 à 18
10 à 12	25 à 11

Otez le 1, et allez
du   23 à 25

26 à 24

3o à 17

Otez le 1, et allez
du   35 à 25

34 à 32

Prenez neuf fiches sur les onze restantes avec le *corsaire*, qui est la deuxième, et qui se trouve prise ensuite par la fiche du trente-septième trou : ces neuf fiches sont les 6, 11, 17, 25, 19, 13, 21, 27, 32. Allez en finissant de 37 à 35.

Cinquième marche, dite le Tricolet.

Otez le 19, et allez
du

6 à 19

10 à 12

4 à 6

17 à 19

31 à 18

10 à 17

16 à 18

3o à 17

19 à 6

2 à 12

Otez le 19, et allez
du

10 à 21

22 à 20

8 à 21

32 à 19

28 à 26

21 à 19

7 à 20

19 à 32

36 à 26

34 à 32

Sixième marche, à commencer par *la dernière fiche*, *et finir par la première*.

Otez le 37, et allez
du

35 à 37

15 à 13

28 à 14

8 à 21

29 à 15

12 à 14

15 à 13

20 à 7

3 à 13

10 à 12

24 à 10

Otez le 37, et allez

26 à 24

36 à 26

20 à 7

7 à 5

4 à 6

18 à 5

1 à 11

33 à 20

20 à 18

18 à 5

5 à 7

Otez le 37, et allez		Otez le 37, et allez	
du	36 à 26	du	2 à 12
	30 à 32		8 à 6
	32 à 19		12 à 2
	19 à 6		3 à 1

Si l'on s'occupait au solitaire, en attendant qu'un des joueurs vous donnât sa place à quelque jeu de salon, et que l'on eût pu parvenir à ne laisser qu'une fiche sur la tablette, le successeur s'efforcerait à faire disparaître les fiches excédantes : il pourrait aussi, s'il avait de l'habitude, s'exercer à trouver d'autres combinaisons analogues aux marches indiquées dans ce chapitre.

Jeu de Billard.

Le jeu de billard, dont évidemment le nom est emprunté à ses billes, a des instrumens et un langage tout particulier. Ses règles nombreuses se divisent en règles générales et règles particulières. Ces dernières constituent une suite de parties différentes, dont nous donnerons successivement les détails. Ce jeu, consacré spécialement aux hommes et surtout aux jeunes gens, se joue dans les cafés et autres endroits publics, car il est peu de maisons particulières où se rencontre un billard.

Instrumens du jeu de billard. — La table sur laquelle s'exercent les joueurs porte le nom du jeu. Ce billard donc est composé de quatre parties principales : la table, le tapis, le fer et les bandes. La table est haute de trente à trente-six pouces, de douze pieds de longueur, et de six pieds de largeur, prises entre les bandes. Celles-ci, au nombre de quatre, encadrent la table, et sont rembourrées de lisière de drap; un drap vert attaché en dessus, autour de la table, la recouvre entièrement. Aux quatre coins, et au milieu des longues bandes, sont pratiqués des trous, nommés *blouses*, qui doivent recevoir les billes, et aux deux tiers de la table, vers le haut, est un fer appelé *passe* ; mais ce fer a été supprimé, parce qu'on en a reconnu l'inutilité.

On appelle également billard la masse ou la queue recourbée avec laquelle on pousse les billes. Elle est ordinairement garnie, par l'extrémité la plus grosse, d'ivoire ou simplement d'os, et pourrait même se passer de cette garniture. On tient cet instrument par le petit bout, et l'on pousse la bille avec l'autre extrémité, et alors il est spécialement nommé billard ; mais quand on joue de la pointe (ce qui arrive presque toujours), cette sorte de bâton se nomme *queue*.

La table, comme je l'ai déjà dit, a des blouses. Ces blouses, enfoncemens demi-circulaires de deux pouces de diamètre, et au nombre de six, sont destinées à recevoir les billes ; celles-ci sont de petites balles d'ivoires ou d'os, d'une grosseur relative aux blouses, et diversement colorées. Il y en a de blanches, de rouges, de roses, de bleues, de vertes et de jaunes ; leur valeur varie suivant la couleur.

Règles générales. — Le billard, jeu d'adresse et d'exercice, consiste à faire rouler une bille, pour en frapper une autre et la faire entrer dans les blouses ; toute la difficulté se rencontre dans la manière de frapper avec sa bille celle de son adversaire, afin de faire tomber ou *blouser* celle-ci, en évitant d'être *blousé* soi-même. Ce problème, comme tous les autres propres à ce jeu, reçoit sa solution des deux principes suivans : 1°. l'angle d'incidence de la bille contre une des bandes ou rebords du billard, est égal à l'angle de réflexion ; 2°. quand une bille en rencontre une autre, si l'on tire une ligne droite entre leurs centres, laquelle nécessairement passera par le point de contact, cette ligne sera la direction de la bille frappée après le coup.

1°. Le billard a un *quartier* d'où l'on joue en commençant la partie. Il est marqué par une ligne droite tirée d'une des bandes longues à l'autre. Cette ligne et le point de la bille rouge se mettent en général au cinquième à peu près. Le joueur qui a la bille en main ne peut se placer au-delà de cette ligne.

2°. Pour savoir à qui commencera, les joueurs doivent donner leurs coups ensemble. Celui dont la bille approche le plus de la petite bande où ils ont tiré a le droit de commencer la partie.

3°. L'on nomme le *haut* et le *bas* du billard, toujours en longueur et d'après la convention qu'il plaît d'en faire ; par exemple on dira : Le haut sera de tel ou tel côté, auprès de tel ou tel objet ; le bas est du côté de la bille à jouer.

4°. On commence par mesurer de l'œil le chemin que l'on veut faire suivre à sa bille, ce qui s'appelle *mirer;* prenant ensuite la queue de la main droite, et le corps tendu en avant, on se met en devoir d'ajuster. Mais une fois la main placée pour ajuster, celui qui touche sa bille en mirant perd un point ou deux, et perd un coup, suivant les conventions. Cette règle a lieu toutes les fois que l'on joue la bille en main ; il suffit de l'avoir poussée hors de la ligne du quartier.

5°. Il n'est permis dans aucune partie d'avoir le corps ou les pieds hors de la direction de la grande bande, lorsqu'on joue la bille en main.

6°. Il n'est jamais permis non plus de jouer sans avoir au moins un pied sur le parquet, quelque incommode que soit la position ; comme aussi d'abandonner la queue des deux mains, après avoir visé le coup.

7°. Quand, ajustant son coup, un joueur touche légèrement sa bille, et s'empresse de la pousser ensuite, son adversaire a toujours le droit, avant de jouer, d'exiger non seulement le point, mais encore ceux perdus par suite d'un second coup, s'il en arrivait ainsi ; pour le replacement des billes, c'est à la volonté de l'adversaire, sans aucun égard pour le deuxième coup donné. Qui *bâtonne* sa bille perdra trois points, et la prendra en main, au choix de l'adversaire. Si celui-ci réclame seulement le point, ou les points du manque à toucher, la bille reste où elle est. Or, *bâtonner* signifie qu'une bille n'ayant pas été frappée d'abord sur son centre, l'est une seconde fois par un des côtés de la queue.

On voit déjà que nous avions raison de dire que le billard a son langage particulier ; on le reconnaîtra souvent encore. *Queueter* est donner un coup de l'un des bords de la pointe de la queue sur un des côtés de la bille, au lieu d'avoir rencontré les deux centres : le *queuetage* est ce coup. On confond quelquefois le mot *bâtonner* avec celui de *queueter*, et c'est une erreur, parce que l'acception de ces deux mots est différente. Pour *bâtonner*, l'on commence souvent, il est vrai, par *queueter*; mais l'on peut très bien faire *fausse queue* sans *bâtonner*. Faire *fausse queue* est un faux mouvement qui n'ébranle point la bille.

Billarder, signifie qu'un même coup chasse les deux billes à la fois, c'est-à-dire, quand l'impulsion donnée à sa propre bille est en même temps reçue par une autre, et qu'il n'y a pas eu deux coups distincts.

8°. Si, après avoir touché sa bille, et la poussant une seconde fois, un joueur fait des points, il ne compte rien, et en perd également deux.

9°. Si, dans le moment même de l'exécution d'un coup, le joueur remue une bille quelconque, soit avec la queue, soit avec le corps, il perd un point et ne peut rien acquérir de la suite de son coup. On voit combien la précision des mouvemens est indispensable au billard.

10°. Quoique l'adversaire ait demandé sur le moment même le point d'une bille touchée, ou d'une faute quelle qu'elle soit, il conserve cependant le droit d'acquérir tous les points perdus par suite du coup, ainsi qu'il est dit à l'article 7.

11°. Qui billarde perd un point.

12°. Toucher deux billes avec la sienne se nomme *caramboler*. Lorsque deux billes se baisent, et que l'une d'elles est celle à jouer, l'on doit chasser de là celle-ci sans remuer l'autre, car autrement l'on se trouverait dans le cas de bâtonner ou de billarder. Pour caramboler dans cette position, il suffit d'envoyer sa propre bille sur une autre : ce parti très facile, est aussi très avantageux, puisque l'on gagne deux points en carambolant.

13°. Qui lève, ou seulement remue une bille fixée sans le consentement de l'adversaire, perd un point.

14°. Si l'adversaire arrête une bille roulante, et que le joueur ne se soit pas perdu, ce dernier compte la valeur de la bille en sus de ce qu'il a gagné; si c'est une colorée, on la place à son poste; si c'est une blanche, elle est en main, c'est-à-dire à jouer.

Si la bille arrêtée ou déviée appartient au joueur qui l'arrête, l'autre joueur peut la faire placer contre la bande vers laquelle elle se ·dirigeait, mais alors il n'acquiert pas les deux points.

15°. Dans le cas précédent, si le joueur s'est perdu, l'adversaire qui arrête sa bille ne lui fait rien acquérir, et compte la perte faite. Le joueur ne conserve que le droit du choix pour toutes les billes.

16°. Si la bille du joueur est arrêtée ou déviée par l'adversaire avant qu'elle en ait touché une autre, celui-ci perd la valeur de la bille, sur laquelle la bille déviée se dirigeait, et le joueur continue, s'il s'agit d'une partie à suivre.

17°. Si le joueur lui-même, ne s'étant pas perdu, arrête une bille, il ne perd rien, etc., comme à l'article 14 ci-dessus; mais quand il s'est perdu, l'adversaire acquiert la valeur de la bille arrêtée. Si elle n'est moindre de la perte, on a le choix, comme il est dit à l'article 15.

18°. Quand le joueur arrête ou dévie sa bille, il perd autant de points qu'il en a précédemment gagné; et s'il n'a rien fait, il perd la valeur de la bille sur laquelle il a joué. S'il arrête ou dévie sa propre bille avant qu'elle en ait touché une autre, il perd trois points. Dans tous ces cas il prend la bille en main.

19°. L'on ne peut perdre plus que l'on n'aurait gagné.

20°. Qui se perd sans toucher fait acquérir trois points à l'adversaire.

21°. Le joueur qui, sans se perdre, manque de toucher, fait compter un point à son adversaire, pourvu toutefois que sa bille soit arrivée à la hauteur d'une autre sur laquelle il a le droit de jouer : il suffit pour cela qu'elle touche la ligne que l'on peut tirer de l'épaisseur de l'autre bille.

22°. Celui qui, en jouant, fait sauter sa bille hors du billard, perd comme s'il l'envoyait dans une blouse.

Le saut droit, c'est-à-dire de la bille adverse d'une autre que sa propre bille, est nul dans toutes les parties où il entre plus de deux billes ; elles se mettent à leur place.

23°. Lorsqu'on joue une autre bille que la sienne, on perd seulement son coup ; si cette bille est de couleur, elle se place sur la blouse ou à son poste, au choix de l'adversaire ; si c'est une bille blanche, son poste est en main.

Si la bille faite est le *casin*, on le met *d'acquit*, ou il reste sur le bord de la blouse.

Si celui qui se trompe joue avec la bille de l'adversaire, on suit la règle précédente, avec la différence que ce dernier est libre d'adopter, pour la suite, celle des deux qui lui plaira.

24°. Qui perd un point par son jeu ne saurait rien acquérir par le même coup.

25°. Dans toutes les parties où l'on donne l'acquit, le joueur qui, en le donnant, envoie trois fois sa bille dans une blouse, ne perd rien ; mais celui qui joue après peut le faire placer au milieu de la petite bande, à la distance de deux billes ; après la seconde fois, il est libre de donner lui-même l'acquit.

26°. Quand, après avoir donné le coup pour s'acquitter, on touche une seconde fois sa bille, on est dans le cas du troisième coup de l'article précédent.

27°. Lorsqu'une bille saute hors du billard, et qu'elle y rentre après avoir heurté quelqu'un, un meuble ou la muraille, elle est bonne et compte comme si elle était dans une blouse.

On regarde comme perdue la bille qui étant sur la bande, est touchée et repoussée ; est également *bille perdue* celle qui reste sur la bande.

28°. L'on ne doit jamais jouer qu'avec la pointe de la queue ; mais en France l'usage est reçu de se servir du gros bout.

29°. Quand une bille se trouve partagée en deux portions égales par la ligne du *quartier*, elle est censée dedans.

30°. Dans toutes les parties possibles, le joueur qui a perdu la dernière, commande pour commencer la suivante. Cependant, dans les parties à suivre, l'usage veut que le gagnant ait le droit de commencer.

·31°. Dans le cas où une bille quelconque, se trouvant sur le bord d'une blouse, tombe pendant qu'une autre roule, et sans être heurtée, le jeu va comme s'il n'y avait pas eu de bille sur le bord, et elle s'y replace.

Lorsque la bille en mouvement s'arrête aussi sur le bord, la bille tombée se remet le plus près de la place qu'elle occupait et sans toucher l'autre.

32°. Quand une bille, arrivée sur le bord d'une blouse, s'arrête et tombe ensuite, l'on ne peut pas établir une règle précise autre que celle de s'en rapporter au marqueur et à la galerie des joueurs qui auront à décider si la bille est tombée spontanément de son premier mouvement, ou après s'être évidemment arrêtée. Dans ce dernier cas, elle ne peut compter, et se place sur le bord, parce que sa chute provient d'une autre cause que du coup.

Il existe encore quelques règles relatives à la police du billard.

Parties françaises avec différentes billes.

Ces parties se divisent en cinq espèces : 1°. la *partie ordinaire* ; 2°. la *partie à suivre* ; 3°. *à trois billes* ; 4°. la *partie à cinq billes*, dite *russe* ; 5°. la *partie du doublet*.

1. *Partie ordinaire.* — Pour toutes les parties françaises en général, il faut faire, en dedans de la ligne qui forme le quartier, un demi-cercle d'environ un pied de largeur ; et dont le point doit être le centre. Dans ce demi-cercle est circonscrit le joueur qui a la bille en main, et il ne peut la placer en dehors pour donner son coup.

2. Cette partie va en vingt points, et chaque joueur ne joue qu'un coup ; celui qui commence doit jouer sur la rouge.

3. Il y a trois billes égales : savoir, deux blanches et une rouge ; les blanches que l'on fait aller dans une blouse quelconque, comptent deux points, et la rouge compte trois.

4. Cette bille est l'importante : dans toutes les parties où elle se trouve, on la place à son poste, au commencement du jeu ; de même lorsqu'on la conduit dans une blouse, ou hors du billard, son point doit être marqué, et former le centre du carré du haut du billard.

5. Quand les deux billes se trouvent dans le quartier, et que celle à jouer est en main, il faut battre sur la bande du haut, avant de toucher les billes : c'est ce qu'on appelle le *coup du bas*.

6. Celui qui fait sauter sa bille hors du billard perd comme s'il l'avait envoyée dans une blouse.

Le *saut droit*, c'est-à-dire celui de la bille adverse, est nul.

La rouge se met à son point, et la blanche en main.

7. On peut jouer à volonté sur la rouge ou sur la blanche.

8. Si le point de la rouge se trouvait occupé lorsqu'elle est faite, on la placerait sur celui du quartier ; si celui-ci l'était également, et il est censé l'être lorsque la bille à jouer est en main, on la place sur le point qui forme le milieu du billard entre les deux blouses. Dans tous les cas, le joueur peut battre dessus : si la bille n'a pas été touchée sur le coup, elle reprend sa place naturelle.

Partie à suivre. — Cette partie va jusqu'à vingt-quatre points ; ses règles sont celles de la précédente, avec la différence que le joueur qui acquiert des points continue de jouer.

Partie des cinq billes, ou dite *russe.*—1. Cette partie va en quarante points, et se joue avec cinq billes : deux blanches, une rouge, une rose, ou verte, ou blanc céleste, et une jaune.

2. Les billes blanches comptent deux points ; la rouge compte trois, la rose quatre, et la jaune six. Les premières se font partout ; la rouge et la rose aux quatre coins seulement, car elles perdent au milieu : la jaune se fait aux seules blouses du milieu ; partout ailleurs elle perd autant de points qu'elle en aurait gagné, c'est-à-dire, six.

3. Celui qui gagne des points continue de jouer.

4. Le joueur qui commence donne son acquit hors du quartier, où bon lui semble, et sans être tenu de battre sur la bande.

5. Si en donnant son acquit l'on touche les billes, on perd autant de points qu'il y a de billes touchées : ces dernières restent où elles se trouvent; si elles vont en blouse, on les remet sur leurs points respectifs.

6. Quand par erreur on donne l'acquit, et que l'on touche une ou plusieurs billes, on reste acquitté, mais on perd comme à l'article ci-dessus.

7. Le joueur qui joue le second doit battre le premier coup sur la bille blanche; s'il touche les autres avant, comme il a été dit à l'article 5; après ce premier coup il joue sur celle qui lui plaît.

8. La bille rouge se met sur le même point qu'aux autres parties; la jaune au milieu, et la bleue sur celui qui forme le centre du demi-cercle du quartier.

9. Pour les billes qui sont dans le quartier, ou pour mieux dire, pour *le coup du bas*, voyez ce qui a été expliqué à cet égard dans l'article 5 de la partie ordinaire. Le point de la bille bleue est dans le quartier.

10. Quand la place d'une bille faite se trouve occupée, cette dernière se met sur le point vacant le plus éloigné du joueur; s'ils sont tous occupés, on la place auprès de la petite bande la plus éloignée, et dans la direction des autres billes. On peut jouer dessus, comme à l'article 9 de la partie ordinaire.

11. Lorsque tout autre que le joueur en exercice arrête ou seulement dévie une bille roulante, et que ce dernier ne se soit pas perdu, celui qui a arrêté perd une bille, et l'autre continue.

12. Si le joueur en exercice touche une bille roulante de couleur, ou la sienne, il en perd la valeur; mais il n'y a aucune perte, si c'est la bille de l'adversaire : celui-ci est maître alors de la laisser où elle se trouve ou de la prendre en main.

Partie du doublet. — Il y a plusieurs espèces de *doublet : le doublet simple, les doublets composés,* qui se subdivisent à leur tour en *contre-coup, coup dur, bricole, l'une par l'autre,* etc. Tous ces genres de doublets se jouent avec trois billes, deux blanches et une rouge.

Doublet simple. — 1. Cette partie sans suivre, finit en douze points; elle va à seize, lorsqu'on continue de jouer en gagnant des points.

2. Le joueur qui commence doit battre sur la rouge. Quand la bille sur laquelle on joue frappe une bande et va dans une blouse opposée, c'est un *doublet*.

3. On considère aussi comme doublet le *contre-coup* qui se fait lorsqu'une bille, ayant frappé sur une bande, rencontre une autre bille quelconque qui l'envoie dans une blouse même de la bande frappée.

4. *Le coup dur* est considéré *doublet*. Ce genre de coup arrive quand une bille touchant la bande est frappée en plein par une autre bille qui la fait entrer dans une blouse.

5. La bille faite sans être doublée, autrement dit faite *au même*, est nulle. La rouge se place sur son point, et la blanche en main.

Doublets composés. — Les parties des *doublets composés*, qui se jouent toutes en seize points, sont les suivantes. *La première*, la bille faite par *bricole*, c'est-à-dire quand le joueur frappe la bande avant la bille.

2. *L'une par l'autre* compte de même : cela signifie qu'en envoyant la bille sur laquelle on a joué, contre une troisième, celle qui se blouse est bonne, ainsi que la bille sur laquelle on a carambolé.

La bille faite au même est nulle, et comme ci-devant, avec cette différence que la blanche se place sur le bord de la blouse où elle a été faite.

La seconde partie. — Dans celle-ci, la bricole n'est pas comptée pour doublet, mais bien l'une par l'autre.

Qui fait une bille *au même* perd.

La troisième. — Dans cette dernière partie de doublets composés, la bricole, l'une par l'autre, perdent comme faites *au même.*

On voit que ces diverses parties sont de convention, et que chaque joueur peut les modifier à sa fantaisie;

néanmoins leurs formes doivent être toujours sou-
mises aux règles générales.

Parties à trois ou quatre joueurs.

Quand on ne se trouve que trois joueurs, chacun
fait la *chouette* à son tour : nous savons que cela signifie jouer seul contre deux qui alternent.

1. Lorsque deux joueurs sont contre deux autres :
ils se remplacent alternativement, à mesure qu'ils
perdent deux points, ou comme ils seront convenus
de le faire avant de commencer.

2. A la fin de chaque partie, on change de partenaire ; et après le *tour* ou les trois parties, on réca-
pitule le jeu.

3. Le tour une fois commencé, nul ne peut quitter
le jeu sans le consentement des autres joueurs.

4. Chaque partie, après la mutation faite, l'on
tire pour savoir qui jouera le premier, puisque c'est
toujours une partie nouvelle.

5. Les partenaires commencent à volonté. Toutes
les fautes du partenaire qui n'est pas le joueur, comptent comme s'il l'était.

6. Chaque partenaire a la liberté de donner son
avis, de citer les points et conseiller.

7. Dans le tour à trois, lorsqu'on est deux contre
un, le partenaire qui ne joue pas doit rester passif, et
ne peut avertir le joueur, son second, pour une
erreur quelconque, excepté celle des points.

8. Celui qui joue lorsque c'est le tour de son partenaire, fait bon jeu : c'est aux adversaires à l'en
empêcher.

Pour les parties, *voyez les règles générales*, et remarquez toutefois qu'il y a encore les parties dites *de
commande*, qui doivent être placées dans la classe
des parties dites de convention. Les principes y sont
invariables, malgré les diverses modifications que
l'on y introduit. Le joueur y doit d'abord toucher la
bille désignée par l'adversaire, sinon il perd, et on
remet les billes touchées.

Parties à deux billes, dites blanches.

Les *parties blanches* ne se jouent jamais qu'avec deux billes, comme leur titre l'annonce : on en compte plusieurs sortes : 1°. *la partie ordinaire ;* 2°. *la partie de la perte ;* 3°. celle de *la blouse défendue,* etc.

Voyons d'abord *la partie ordinaire.* 1. Elle va en dix points, si c'est *au même ;* en huit, si c'est au *doublet ;* chaque bille compte deux points.

2. Le joueur commençant donne son acquit, et dans la suite, celui qui gagne des points d'une bille faite ou perdue, donne son acquit également.

3. La faute compte pour celui dont la bille reste sur le billard. Si le joueur saute en faisant bille, il perd ; s'il se perd en faisant sauter, il perd de même.

Partie de la perte. — 1. Cette deuxième partie va en douze points, et commence aussi par un *acquit.*

2. Celui qui fait bille, soit au saut, soit en blouse, sans se perdre, fait compter deux points à l'adversaire ; saute-t-il en faisant bille, il en perd quatre.

3. Celui qui se perd après avoir touché, gagne deux points : s'il fait en même temps la bille adverse, ou au saut, il en gagne quatre.

4. Quant à l'acquit, *voyez* l'article 2 de la *partie ordinaire.*

Partie de la blouse défendue. — 1. Cette partie va en huit points. Le premier qui joue donne son acquit, puis indique une blouse où l'adversaire ne peut faire la bille sans perdre les deux points ; ainsi de suite, sur chaque coup à jouer.

2. L'acquit ne se donne, ainsi qu'aux deux précédentes parties, que dans le cas où il y a une bille hors du jeu.

3. Comme dans toutes les parties, le joueur perdant a le droit de donner l'acquit.

4. Le saut droit est bon et peut s'indiquer comme une blouse.

5. Qui joue avant qu'on lui ait désigné une blouse, perd ce qu'il a fait.

Parties de la poule ou de la guerre.

Ici l'on joue la poule, lit-on en très gros caractères sur la devanture de tous les cafés où l'on joue ainsi au billard ; ce qui annonce que la *poule* est l'objet le plus intéressant du jeu, et l'annonce n'est point trompeuse. Les parties de ce genre se divisent en plusieurs espèces : les unes se jouent seulement avec deux billes, bien que les joueurs soient plus nombreux (c'est ici la *poule* proprement dite); les autres se jouent avec une bille pour chaque joueur; et ces dernières parties se distinguent par la dénomination de *guerre ;* juste dénomination, car elles en sont l'image.

Poule à deux billes. — Avant de commencer, les joueurs prennent des numéros, pour établir quand et après qui chacun devra jouer.

2. Une fois les numéros distribués, personne ne peut entrer dans la *poule*, sans le consentement unanime des joueurs.

3. Le n° 1 donne l'acquit, et appelle le n° 2, ainsi de suite jusqu'au dernier, qui appelle le 1 ; et l'acquit une fois donné ne peut être repris pour aucune raison.

4. Avant de commencer, les joueurs doivent convenir en combien de points ou marques ira le jeu.

5. Il faut jouer avec la bille qui a reçu le coup.

6. Un manque de touche compte comme une bille faite.

7. Le saut droit est bon : celui de sa propre bille fait perdre.

8. En aucun cas, on ne doit prendre plus d'une marque sur le même coup.

9. Chaque marque prise, le joueur suivant doit donner son acquit.

10. On ne saurait jouer deux fois de suite, à moins que ce ne soit pour prendre à faire, comme je vais l'expliquer à l'article 14 ci-après.

11. Quand un joueur a la quantité de points fixée, il se retire du jeu, ainsi de suite jusqu'au dernier, qui est celui qui gagne la poule.

12. Aucun cas ne peut permettre de jouer deux billes à la fois, c'est-à-dire que le joueur qui n'est pas encore

hors du jeu, ne peut pas jouer la bille d'un autre, ni avoir deux numéros à jouer : il en est de même si la bille vendue existe encore.

13. Quand il ne reste plus que deux joueurs, celui qui prend la marque reçoit l'acquit.

14. Lorsqu'on veut jouer une bille qui n'est pas la sienne, l'on doit en avertir à haute voix le propriétaire, par ces mots : *Je prends à faire*, qui signifient que l'on s'engage à faire la bille, ou à prendre la marque.

Dans le cas où plusieurs joueurs *prennent à faire*, le droit appartient à celui qui a parlé le premier : s'il n'a pas été distingué, ou qu'on ait parlé plusieurs à la fois, le sort doit en décider. Le propriétaire seul a la préférence; mais il est soumis à la même condition.

15. Celui qui joue lorsque ce n'est point à lui, sans avoir dit qu'il *prenait à faire*, prend une marque; et s'il fait bille, le joueur à qui appartient cette bille prend la marque également.

16. Quand on a *pris à faire*, ou qu'un autre a joué, comme dans l'article précédent, le coup compte pour le propriétaire, c'est-à-dire que c'est au numéro suivant à s'acquitter.

17. Quand un joueur fait faute, tous ceux du jeu ont droit de faire marquer; mais si la faute n'est observée que par un spectateur neutre, la marque ne peut avoir lieu.

18. Le joueur qui joue la bille *en main*, peut se placer où il le juge convenable, en dedans de la ligne du *quartier*, d'une bande à l'autre.

Voici les règles générales de la poule : les autres poules à deux billes sont de convention.

Au doublet, la perte, à blouse défendue, etc., les principes et les règles sont semblables à ceux de la partie dont la poule prend le titre.

La guerre ou poule à toutes billes. —On la joue de différentes manières selon la convention ; sur *la près, la plus éloignée* ou *la dernière, au même*, ou au doublet, et à blouse défendue, etc.

Les règles sont pareilles, en général, à celles des parties : voici celles qui sont particulières à la guerre.

Jouant sur la plus près.—1. On commence, comme à la poule, à deux billes; mais les billes doivent être toutes numérotées, afin d'être reconnues sur le tapis.

2. En dedans du *quartier*, et près de la ligne transversale, on fait un demi-cercle, ainsi qu'on le pratique pour les parties françaises, mais de quelques pouces plus grand. Celui qui joue la bille en main ne peut pas se placer hors de son enceinte.

3. L'on doit toujours jouer sur la bille la plus rapprochée de celles qui se trouvent hors du *quartier*. Lorsqu'il n'y en a pas, l'on joue sur celles qui sont dedans, si l'on n'est pas en main; autrement l'on donne l'acquit, ainsi que lorsqu'il n'y a plus de billes sur le jeu.

4. Avant de jouer, il faut toujours faire reconnaître la bille sur laquelle on bat, afin d'éviter toute discussion.

5. Toutes les billes qui vont en blouse, ou qui sautent hors du billard par suite du coup joué, prennent la marque, si le joueur ne s'est point perdu.

6. Qui touche la bille avant celle sur laquelle il devait jouer, prend la marque, et a la bille en main; l'autre se replace.

7. Le joueur qui fait bille continue toujours sur la plus proche.

8. Si celui qui *a pris à faire* veut continuer, il doit le dire chaque fois, et alors il obtient la préférence sur les autres joueurs, le propriétaire de la bille excepté.

9. On ne peut, dans aucun cas, pour jouer le coup, ôter une bille qui gêne.

10. On n'a la liberté de prendre la bille en main que lorsque la marque a eu lieu par l'action du jeu. Mais si c'est pour avoir arrêté ou dévié une bille, celle de celui qui prend la marque reste où elle est. Si, dans l'action de son coup, le joueur touche une bille avec le corps ou la main, il se trouve dans le premier cas de cet article.

La guerre à blouse défendue, à toutes billes.— Mêmes règles que pour la partie et la guerre précédentes, sauf les exceptions que voici.

Jouant sur la plus près. — 1. La marque se divise en deux points, c'est-à-dire qu'il faut manquer deux fois de toucher pour prendre une marque. Une simple faute ne comptant qu'un point, la bille reste sur le billard.

2. La bille ne peut être en main que lorsqu'elle a été dans une blouse, ou hors du billard, ce qui fait que l'on peut prendre plusieurs marques de suite et sur un seul coup.

3. Celui qui se perd sans toucher prend une marque et un point.

4. Quand un joueur vient de faire toutes les billes qui étaient sur la table, il ne donne point son acquit, comme aux autres guerres : sa bille demeure où elle est, et le joueur suivant bat dessus si elle se trouve dehors du quartier.

5. Si l'on est dans le cas de l'article 21 des *Règles générales*, l'on peut prendre la marque par un manque de toucher.

6. Arrive-t-il qu'une bille, autre que celle sur laquelle on a joué, aille dans la blouse défendue, elle est bonne, pourvu que la première n'y soit pas.

7. Quand la bille jouée est faite dans la blouse défendue, toutes celles qui le sont par le même coup sont nulles et en main.

8. Dans quelque guerre que ce soit, lorsqu'il y a parité de distance, le choix reste au joueur.

Nouvelle manière de jouer au billard, tirée du Journal des Modes de M. de La Mésangère.

Le billard se joue maintenant à six billes dans quelques maisons : deux jaunes, deux rouges et deux blanches ; ces dernières sont celles des joueurs. Les rouges se placent sur des *mouches* (marques convenues), en face des blouses d'en haut, à dix-huit pouces des blouses et des bandes. Les jaunes se posent à l'alignement des blouses du milieu et des billes rouges.

Quand les joueurs sont *en main*, ils se placent dans tout le quartier indifféremment, et sans être obligés de se mettre *en billard*.

La partie est à suivre, et de soixante points.

Les billes rouges ne se font qu'aux blouses de coin, et comptent quatre points. Les jaunes ne se font qu'au milieu, et comptent cinq. Les blanches se font partout, et comptent trois.

Les carambolages à deux billes comptent un point, et les autres en comptent deux.

DEUXIÈME PARTIE.

PREMIÈRE SECTION.

JEUX DE CARTES.

CHAPITRE IV.

Règles générales communes à tous les jeux de Cartes, et usages relatifs à ces jeux.

Description des cartes.—On sait que les cartes sont de petits feuillets de carton oblongs, ordinairement blancs d'un côté, et représentant de l'autre des figures humaines et diverses autres. Quelquefois, et depuis à peu près quinze ans, le revers des cartes est souvent jaspé d'un dessin à petits objets qui forment un *sablé*, c'est-à-dire un fond rose, bleu ou lilas clair. Les figures aussi ont subi un changement avantageux dont nous parlerons bientôt.

On distingue les cartes en deux couleurs principales, la rouge et la noire : la rouge se subdivise en deux sortes, auxquelles on donne improprement le nom de *couleur*, 1°. *le cœur*; 2°. *le carreau* : la noire a deux divisions semblables, 1°. *le trèfle*; 2°. *le pique.* Or chacune de ces *couleurs* contient un roi, une dame, un valet, un as, un deux, un trois, un quatre, un cinq, un six, un sept, un huit, un neuf, un dix. Le roi est une figure gothique couronnée, portant divers attributs suivant sa couleur: on en peut dire autant de la dame; le valet non couronné est armé; les autres cartes portent sur une, deux, trois, quatre rangées les points qu'elles marquent. Chaque figure est marquée d'un point de sa couleur.

Les figures ont des noms particuliers. Le roi de cœur s'appelle *Charles*, la dame, *Judith*, et le valet, *La Hire*; le roi de carreau se nomme *César*, sa dame, *Rachel*, et son valet, *Hector*; pour le trèfle, *Alexandre* est le nom du roi, *Argire*, celui de la dame : le nom du cartier se donne au valet; enfin, pour le pique, le roi a nom *David*, la dame, *Pallas*, le valet, *Ogier*. Les nouvelles cartes représentent des Grecs et des Troyens avec un costume analogue, et des noms assortis, tels qu'*Achille*, *Ajax*, *Ulysse*, *Hécube*, etc.

Origine des cartes. — On sait qu'elles ont été inventées, en 1392, pour distraire de sa frénésie le malheureux Charles VI. Le peintre Jacquemin Gringonneur en fut l'inventeur. (1)

Division des cartes. — Les cartes se vendent au jeu ou sixain (six jeux), et à la grosse; les jeux se divisent en *jeux entiers*, en *jeux d'hombre* et en *jeux de piquet*. En parlant de ces jeux, on supprime ce mot, et on dit *un hombre*, *un piquet*. Les jeux entiers sont composés de cinquante-deux cartes; les jeux d'hombre, de quarante, des mêmes cartes, sauf les dix, les neuf et les huit. Les jeux de piquet sont de trente-deux, et ce sont les six, les cinq, les quatre, les trois et les deux, que l'on trouve dans les jeux entiers, qui manquent dans ceux-ci.

De la manière de couper, mêler et distribuer les cartes. — Lorsqu'on a développé les cartes, c'est-à-dire qu'on les a débarrassées de l'enveloppe de papier qui porte ordinairement le nom et la marque du fabricant, on les *mêle*; pour cela, on les fait rapidement sauter l'une sur l'autre, de manière à les faire changer continuellement de place. On les mêle ainsi de deux façons : en les tenant par le côté, et en les

---

(1) Avant de causer de sinistres folies, les cartes en ont fait dire de plaisantes. Les jésuites Daniel et Menestrier ont avancé que le jeu de cartes est symbolique, allégorique, politique, historique, et qu'il renferme des maximes très importantes sur la guerre et le gouvernement des états.

faisant passer à plat l'une sur l'autre; ou bien, en
les partageant en deux parties, en tenant l'une dans
la main gauche demi-serrée, et en faisant passer de la
main droite et par l'extrémité, les cartes de l'autre
moitié sur celles de la première; de telle sorte que les
pieds des figures de la seconde moitié se trouvent
sur la tête des figures de la première. On fait agir
très vite et simultanément tout le jeu, de manière
que les cartes de l'une et de l'autre moitié s'entre-
mêlent bien ensemble. Après qu'on a *mêlé*, on pose
sur la table le jeu dont les cartes, bien régulièrement posées l'une sur l'autre, ne doivent être déran-
gées en rien par l'action de mêler. Alors on les fait
couper, c'est-à-dire que l'on prie la personne placée
à sa gauche de lever une partie du jeu à sa volonté;
cette personne en soulève ce qui lui convient, le pose
à côté, sans regarder, et celui qui a mêlé remet la
partie du jeu qui se trouvait dessous, sur celle de
dessus qu'on a levée en coupant (1). Cette opération a
pour but de tout-à-fait changer l'ordre des cartes,
ce qui est essentiel pour empêcher que chacun n'ait
la suite des couleurs, et ne retrouve plus tard son
jeu précédent.

On nomme *donner* ou *faire* l'action de distribuer
les cartes: le nombre en est fixé par les règles du
jeu, et nous le dirons à mesure. Pour le moment il
suffira d'expliquer que le donneur distribue toujours
en commençant par son voisin de gauche, s'incline
vers celui qui se trouve en face de lui, et se sert toujours le dernier. Il tend les cartes en tenant la masse
de la main gauche, et en les disposant de la droite,
en manière d'éventail, c'est-à-dire en les appliquant
diagonalement l'une sur l'autre, les couchant un
peu et les retenant par un seul point avec le pouce
droit. On doit faire attention à ce que l'on n'aperçoive pas le dessous des cartes en donnant.

Le reste des cartes, après la distribution, se

(1) Les joueurs sont remplis de préjugés. Une dame
disait qu'un de ses voisins la faisait perdre quand il cou-
pait ses cartes, *parce qu'il agissait sans réflexion.*

nomme le *talon*, et se met à l'écart. Si, en donnant, on laisse tomber et retourner une carte, il
faut consulter les joueurs pour savoir s'ils veulent
que la donne soit recommencée, ou s'ils préfèrent
que l'on *brûle* cette carte, c'est-à-dire qu'on la place
sous la dernière du talon, ou qu'on la mette à l'é-
cart, afin de n'en point faire usage.

Il est de bon ton de se servir de deux jeux de cartes
alternativement, pour aller plus vite, parce que,
tandis qu'à la fin d'une partie un des joueurs ramasse les cartes et les remet en ordre, le nouveau
donneur prend le second jeu, mêle, et fait couper.
Ordinairement l'un de ces jeux a le revers blanc, et
l'autre l'a de couleur avec dessin sablé, comme je
l'ai expliqué plus haut.

Il est bon quelquefois de s'assurer, avant de donner, si le jeu est *bon*, c'est-à-dire s'il n'y a point de
cartes doubles ou de cartes de moins; car si le jeu
était *faux*, les coups pourraient ne rien valoir : la
personne qui donne mal en est quitte pour remêler.

De la manière de tenir et arranger ses cartes. — A
mesure que le donneur distribue les cartes, il faut
les relever légèrement sans les laisser échapper, ou
les faire voir, puis les réunir en éventail. On sait que
cela signifie les étaler en les couchant, de manière
à ce qu'évasées largement par le haut comme en
éventail, elles soient toutes par le bas retenues entre
le pouce et l'index droits du joueur. Dans cette position, on les écarte ou les rapproche à volonté pour
lire dans son jeu, c'est-à-dire pour voir commodé-
ment et promptement ce que l'on a. Les cartes doivent être arrangées avec ordre; d'abord il ne doit point
s'en trouver de placées par le bas, puis il faut qu'elles
se suivent suivant leur valeur et leur couleur. Le
premier cas est le plus important, et, faute de prendre
l'habitude de ranger ses cartes d'après les coups particuliers à divers jeux (comme le piquet, l'impériale,
le romestecq, etc.), on courrait risque de perdre le
produit de ces coups; car si l'on s'aperçoit plus tard
de son oubli, on n'est plus reçu à le réparer : aussi
les bons joueurs mettent-ils la plus grande dextérité

non seulement à arranger leurs cartes, mais à les déplacer et replacer pour bien saisir tout l'ensemble du jeu, les coups multipliés que peuvent fournir certaines cartes, et même pour deviner quel peut être le jeu de leurs adversaires. Tout cela doit être fait avant la première carte jouée.

Du paiement des cartes. — C'est ici le cas de parler d'un usage plus que ridicule : je veux parler du paiement des cartes. Dans beaucoup de maisons, et dans les meilleures maisons, où l'on donne à jouer, on fournit chaque jour des cartes nouvelles, et chaque joueur, avant de quitter la partie, doit laisser sous un flambeau une rétribution convenue et assez forte pour les cartes. Cependant ces cartes, qui n'ont servi qu'une fois et pendant quelques heures, sont toutes neuves, et les laquais dont elles font les profits les revendent à la bourgeoisie, qui, moins fastueuse et moins intéressée à la fois, fournit gratis ces instrumens de plaisir aux gens qu'elle reçoit.

De tirer les cartes. — Pour tirer au sort la donne, ou autre chose, on convient de tirer à la plus grosse ou à la plus petite carte ; deux ou plusieurs personnes coupent, en regardant la partie coupée, et se déterminent d'après la carte que leur présente l'endroit coupé.

Quelquefois on donne à découvert à chaque joueur une carte, jusqu'à ce que la plus petite ou la plus grosse (selon ce que l'on a convenu) décide le choix du sort. (1)

Avant de commencer le jeu, il est de la politesse d'offrir des cartes, une de chaque couleur, aux personnes de la société que l'on veut faire jouer ensemble. Cette méthode est forcée pour les *jeux à partenaires*, comme nous le verrons plus tard. Ordinairement on substitue aux cartes une fiche de chaque couleur : cet usage est si général, que pour dire, Madame une telle jouera, on dit, *elle a accepté une fiche.*

_____

(1) Quand la donne est avantageuse, on tire à la plus haute carte, et à la plus basse quand elle offre du désavantage.

A mesure que l'on fait les levées, on les ramasse et on les place devant soi; on ne peut jamais regarder dans les levées des autres joueurs. Il est extrêmement grossier et déloyal de chercher à voir dans le jeu de son voisin. Mais il va sans dire que les parieurs qui s'attachent au jeu de quelqu'un ont le droit d'examiner son jeu; on sent que la délicatesse leur défend de regarder celui des autres joueurs. Quand une des personnes de l'assemblée veut conseiller un joueur encore novice, elle doit en demander la permission aux autres joueurs.

On ne doit jamais au jeu manifester d'emportement et d'humeur en cas de perte, ni une trop vive joie en cas de gain, de peur en ce cas d'indisposer les perdans; rien ne décèle davantage une mauvaise éducation, le manque d'usage du monde, et un vil esprit de cupidité. Les messieurs doivent toujours demander quel est le jeu des dames dont ils font la partie. Si l'on n'est que des femmes, ce sera aux plus jeunes à demander quel est le jeu des personnes, respectables par leur âge ou leur rang, avec lesquelles elles jouent. Les uns et les autres doivent se conformer au prix désigné sans la plus légère observation et la moindre marque de désapprobation.

Qui quitte la partie la perd, est un adage universel de jeu; mais indépendamment de l'intérêt, la politesse doit vous empêcher de laisser brusquement une partie commencée; seulement, quand elle est finie, vous êtes libre de remettre votre jeu à quelqu'un de la société. Souvent on peut jouer à moitié; et alors, après un certain nombre de tours, vous cédez la place à votre associé. Les personnes qui se retirent doivent *filer*, c'est-à-dire passer sans saluer devant les tables de jeu, afin de ne pas interrompre ou distraire les joueurs.

On ne doit jamais se faire demander deux fois les fiches et jetons que l'on a à payer; il est même plus convenable de prévenir la réclamation.

Il y a des maisons très distinguées où l'on est dans l'usage de jouer avec des gants, mais cela est extrêmement rare.

Jeu de la Bataille.

Voici le plus simple de tous les jeux.

Deux enfans se partagent également un jeu de cartes qu'ils tiennent les unes sur les autres : l'un d'eux retourne la première de son tas, et la met sur la table ; l'autre petit partenaire l'imite, et celui dont la carte est plus forte (les cartes ont leur valeur ordinaire) fait une levée et met ces deux cartes sous son tas ; il continue : quand deux cartes semblables se rencontrent, on dit *bataille*, et l'on joue pour voir à qui sera la bataille. Quelquefois le hasard veut qu'il y ait double, triple, quadruple bataille, et qu'ensuite celui qui joue un trois quand l'autre a mis un deux, emporte tous ces trophées. Le premier qui a emporté toutes les cartes de l'autre, gagne ; on mêle bien ensuite, on partage les cartes, et l'on recommence. Les cartes ont leur valeur ordinaire.

Jeu de l'Enfle.

Un des plus jolis jeux d'enfans est l'*enfle*. Les préliminaires s'arrangent selon la volonté des joueurs. Si l'on est beaucoup de monde, et que l'on veuille faire long-temps durer le jeu, on prend plusieurs jeux de cartes. Est-on peu de joueurs, et se propose-t-on de finir promptement la partie, on en prend peu. D'après la quantité de cartes et celle des partenaires, on donne de quatre à dix cartes, et même plus ou moins. La donne se tire au sort, parce qu'il est avantageux d'être premier à jouer. On convient, avant de commencer, à combien sera la partie.

Les cartes distribuées et l'enjeu mis, le joueur voisin de gauche du donneur jette la carte qui lui plaît, et nous supposerons que c'est un cœur. Chacun doit fournir de la couleur jouée : si tout le monde en a, celui qui a joué prend les levées comme à l'ordinaire ; mais si quelque joueur en manque, il est obligé d'*enfler*, c'est-à-dire de prendre dans son jeu toutes les cartes qui ont été jouées. S'il se trouve le second ou troisième à jouer, le mal est peu considérable, et il en est quitte pour enfler son jeu de deux ou trois cartes; mais si malheureusement il est le dernier, et que l'on soit beaucoup de joueurs, il a un jeu *enflé* d'une manière inquiétante; car, pour gagner la partie, il faut le premier se débarrasser de ses cartes. Cependant, chacun joue à son tour, et comme d'autres joueurs enflent comme le premier, l'équilibre se rétablit; ce n'est pas même une disgrâce que d'enfler au premier tour, et la raison en est, que lorsque l'enflé doit jouer, il jette une carte de la couleur dont il a enflé : comme cette couleur abonde dans son jeu, elle est par conséquent rare dans celui de quelques autres qui ne pourront pas alors éviter d'*enfler*. Chaque fois que l'on est forcé de ramasser les levées dans son jeu, il faut dire *j'enfle*. Ce jeu très amusant malgré et peut-être par sa simplicité, pourrait fort bien servir de jeu de distraction à une joyeuse société de jeunes personnes.

Jeu de Brelan de valets.

Ce brelan subalterne n'a aucun rapport avec le brelan qui a donné naissance à la bouillotte, car rien n'est plus simple et plus aisé. On convient du prix de la partie, on prend un jeu de piquet, on tire à qui donnera, puis chacun reçoit trois cartes, distribuées à la fois. Le donneur en étale ensuite trois sur la table et laisse le reste au talon. Ce talon est plus ou moins fort selon le nombre des joueurs qui n'est pas limité; c'est au premier en cartes à parler et à agir.

Le principal, ou plutôt l'unique coup du jeu est le brelan, c'est-à-dire la réunion de trois cartes de même espèce, comme trois rois, trois dames, trois as, etc. Le brelan par excellence est le brelan de valets, il l'emporte sur tous les autres; et lorsqu'un joueur l'a d'emblée, il gagne l'enjeu sans jouer; à son défaut les autres brelans ont du mérite et terminent aussi ordinairement la partie; mais il vaut bien mieux agir comme le font plusieurs joueurs, c'est-à-dire donner en commençant, à chacun, de six à quinze jetons, qui ont en argent une valeur convenue, et de faire donner par chacun un jeton au porteur de *brelans joués* (nous allons l'expliquer), deux aux brelans d'emblée, celui de valets excepté, et enfin trois jetons à ce coup supérieur, qu'il soit d'emblée ou joué : ce n'est aussi qu'à lui seul qu'il appartient de finir la partie.

Voici ce qui constitue les brelans joués : le but du jeu est de faire brelan. Or, le joueur en cartes qui a dans son jeu, je suppose un sept et deux dix, et qui en voit un sur la table, jette son sept et prend le dix; par conséquent, il a brelan de dix et l'annonce; son voisin trouve peut-être à s'arranger de son sept et le prend de la même manière, à moins qu'une des deux autres cartes ne lui convienne mieux, car il est libre de choisir. On peut même prendre deux cartes, mais l'on ne saurait les lever toutes trois. Si aucune carte ne peut être l'affaire d'un joueur, il doit échanger indifféremment, parce que s'il dit, *je passe* ou *je refuse*, il ne sera plus reçu à échanger. Quand le tour est fini on le recommence de la même manière, jusqu'à ce que l'un des joueurs ait un brelan de valets, ce qui termine le jeu, ou bien que chacun ait le brelan qu'il est parvenu à faire. Le brelan de sept paie au brelan de huit un jeton; celui-ci, au brelan de neuf; celui de neuf au brelan de dix; celui de dix au brelan d'as; le brelan d'as à celui de dame, et celui-ci au brelan de roi : ce dernier paie à son tour au brelan de valet, à moins que le plus fort brelan remporte seulement l'enjeu, ainsi qu'on a coutume de le faire.

Jeu du petit commerce.

Ce jeu a beaucoup de rapport avec le précédent : on y joue trois ordinairement; mais, si l'on veut, on peut doubler les couleurs et se réunir ce que l'on veut de joueurs. Le nombre cinq domine là. On ne laisse que cinq cartes à chaque couleur; savoir, l'as, le roi, la dame, le valet et le dix. Si l'on redouble, on met encore les mêmes cartes. On mêle ensuite le jeu le plus qu'il est possible, et on donne par deux et trois, ou par trois et deux, cinq cartes à chaque joueur; on en étale ensuite cinq sur la table. Le premier en cartes jette une de celles de la couleur dont il a le moins dans son jeu et l'échange contre une des cartes de la table. Les autres joueurs agissent successivement de même, jusqu'à ce que l'un d'eux ait dans la main ses cinq cartes de la même couleur, n'importe laquelle; alors il met son jeu sur la table et gagne la partie.

Jeu de la Freluche.

Quatre personnes ont un jeu de piquet dont elles prennent chacune cinq cartes, après avoir mis au jeu une valeur convenue, que représente pour chacun deux fiches et cinq jetons, qui font ving-cinq. Le donneur qui a distribué à chacun les cartes par trois et deux, met le talon à l'écart. Le premier en cartes jette celle qui lui convient, et chaque joueur est obligé de fournir de la couleur jouée. Si quelqu'un en manque, il dit *freluche* et passe; ce qui est fort désavantageux, car c'est celui qui se débarrasse le premier de ses cartes qui gagne la partie. Il n'est point du tout indifférent de jeter telle ou telle carte en jouant; il est important de se défaire de ses plus fortes en points, car les cartes qui ont la valeur ordinaire du piquet (c'est-à-dire comptent dix points par figure, et le nombre qu'elles représentent) se paient lorsqu'à la fin de la partie elles restent entre les mains du joueur inhabile ou malheureux qui n'a pu s'en défaire. Si le malheur veut qu'il lui reste un roi et toute autre figure avec un sept ou huit, voilà plus que ses vingt-cinq points engloutis au profit du gagnant, et il est *mort*, c'est-à-dire qu'il ne peut plus jouer, et se trouve forcé d'attendre l'issue de la lutte qui continue entre les trois autres joueurs.

Revenons à la manière de jouer. Je suppose que le premier en cartes ayant joué trèfle, a fait faire *freluche* au plus grand nombre de joueurs, celui qui le suit doit jouer dans la même couleur, toujours sa plus grosse carte, dans le double but de se débarrasser de ses points et d'empêcher ses compagnons d'y parvenir. Comme il reçoit des rétributions à mesure que l'on perd, et que ces rétributions augmentent ses chances de gain total, il ne néglige ordinairement pas de réduire les autres à *freluche*. Mais les hasards du jeu veulent souvent que le joueur qui n'a plus qu'un jeton et s'attend à mourir incessamment, gagne une partie, fait faire *freluche* à son tour et gagne définitivement.

Nous avons dit qu'à mesure qu'un joueur meure, il n'est plus que spectateur du jeu, sa mise étant perdue. Si tous sont morts, celui qui reste vivant, lorsqu'il n'aurait qu'un seul jeton, lève toutes les mises; mais le plus communément la partie se débat entre les deux derniers joueurs jusqu'à ce que l'un des deux rende le dernier soupir. On voit souvent les morts parier pour l'un et l'autre des joueurs. Enfin, il peut se faire que tout le monde, sur la fin, meure à la fois; alors chacun reprend son enjeu, ou on le consacre à quelque objet qui serve à toute la société.

Ce jeu, extrêmement plaisant quoique fort simple, pourrait, au besoin, faire partie des jeux de distraction.

Jeu de la petite Brisque.

Ce jeu est un diminutif de *la brisque*, ou *mariage*, qui a quelque analogie avec le jeu de piquet. Voici comment je le jouais étant enfant.

On joue à deux avec un piquet; le donneur distribue les cartes par deux et trois; quand son partenaire et lui en ont cinq, il retourne la onzième carte qui fait l'*atout*; l'autre jette la carte qui lui convient, et le partenaire y répond par une carte de même couleur, s'il en a; dans le cas contraire, il coupe par l'*atout*. A mesure qu'on fait une levée, on prend une carte sur le talon; on ne joue pas à son tour, mais la levée de chaque main donne le droit de jouer. On continue ainsi jusqu'à ce qu'il n'y ait plus de cartes au talon, et ensuite jusqu'à ce que l'un des joueurs soit parvenu à sa dernière carte. On compte alors le nombre des levées, et celui qui en a davantage est le gagnant.

Quand on a en main le sept d'atout, on peut le changer avec la carte qui retourne, quelle qu'elle soit, pourvu qu'on le fasse avant de prendre pour la dernière fois des cartes du talon.

~~~~~~

SECONDE SECTION.

JEUX COMMUNS.

———

CHAPITRE V.

Jeu de la Triomphe.

Au lourdaud la triomphe, dit-on, lorsqu'on veut exprimer que le succès couronne aveuglément les entreprises d'une personne bornée. Le proverbe annonce combien est connu le jeu qui lui a donné naissance; et, en effet, *la triomphe* est on ne peut plus familière aux classes inférieures de la société. De la modeste arrière-boutique du foyer de l'artisan, elle passe quelquefois dans les salons, quoique plus souvent encore elle s'arrête dans l'anti-chambre. Mais la fortune de l'*écarté*, qui a tant de rapports avec ce jeu, m'ordonne de l'enseigner aux gens distingués comme aux gens laborieux. Qui sait si la triomphe, maintenant dédaignée, ne fera pas bientôt les délices des élégantes et des courtisans?

Quoi qu'il en soit, au reste, du sort futur de la triomphe, c'est un jeu simple, assez amusant, et si facile qu'on l'apprend en le voyant jouer une fois ou deux; aussi est-il très-bon à jouer en famille. Voici comment il faut y procéder.

Prenez un jeu de cartes ordinaires, c'est-à-dire un piquet (de trente-deux cartes) dont la valeur est naturelle, le roi emportant la dame, la dame le valet, le valet l'as, l'as le dix, le dix le neuf, le neuf le huit, et le huit le sept, qui est la dernière carte du jeu.

On peut jouer un contre un, ou deux contre deux, et quelquefois même trois contre trois. Il y a encore d'autres variations à cet égard dont nous parlerons bientôt. Quand l'on joue des deux dernières façons, les deux associés se mettent d'un côté de la table, et les adversaires de l'autre côté; les premiers se communiquent leur jeu en se le montrant sans rien dire, et jouent ensuite chacun à leur tour suivant leur rang. On commence par tirer au sort quel sera le distributeur; la plus forte carte donne cette qualité, qui est assez désavantageuse. Celui-ci donne à chacun des joueurs cinq cartes, par deux et trois, il s'en donne autant en faisant les deux tours, puis il tourne la première carte de dessus le talon; cette carte, qui fait ordinairement l'atout, fait alors la *triomphe*, et rend *triomphes* les autres cartes de sa couleur : la retourne ou triomphe reste sur le talon, placé à droite du distributeur.

Le premier à jouer jette sur le tapis telle carte qui lui convient; les autres joueurs sont obligés de fournir la couleur de cette carte, s'ils en ont, et de lever, s'ils en ont de plus fortes. Au cas contraire, ils doivent couper avec des triomphes; s'ils n'avaient rien de tout cela, ils passeraient, mais ce fait est très rare.

La triomphe, qui ressemble si fort à l'écarté, veut de même que le gain soit en raison du nombre des levées : le joueur qui fait trois *mains ou levées*, marque *un jeu*, c'est-à-dire un jeton, et s'il fait la vole, il en marque deux. Or, la *vole* consiste à faire les cinq levées. C'est le *reversis* de la triomphe ; si on l'entreprend témérairement, sans pouvoir le faire, on perd deux jeux.

Il est permis à l'un des partis qui se trouve un mauvais jeu, de le donner à l'autre; si le parti contraire le refuse, il perd deux jeux, s'il ne peut faire la vole (coup très peu fréquent), tandis que s'il l'accepte, il gagne un jeu.

Comme chacun joue à son tour, il arrive souvent qu'une triomphe en emporte une autre ; par exemple, la dame emporte le valet de triomphe qui avait été jeté avant elle sur le tapis : il faut donc commencer par les plus fortes triomphes, si l'on en a ; si l'on n'a que de petites triomphes, et qu'il arrive que le roi ou la dame ait coupé une couleur dont on n'a pas, il faut absolument couper aussi par une triomphe, bien qu'on soit certain que la plus forte l'emportera.

Nous avons dit que lorsqu'on manque à la fois de la couleur jouée, et de triomphes, on renonce : c'est un grand désavantage, non seulement parce qu'on manque les levées, mais encore deux jeux. De plus, on perd la partie si l'on en est convenu en commençant.

La partie est ordinairement de cinq jeux ou points. Les parties sont en nombre indéterminé et indépendantes l'une de l'autre.

Voici deux autres manières de jouer la triomphe. Les règles de la première sont entièrement semblables à celles que nous venons de décrire, à l'exception que l'on peut y jouer, quatre, cinq ou plus de joueurs, sans pour cela s'associer ; au contraire, chacun a son jeu particulier, et lorsque deux des joueurs font deux levées chacun, celui qui les a eu plus tôt faites, gagne le jeu et marque comme s'il avait fait trois mains. On sent que la quantité des joueurs doit être relative au nombre des cartes ; ainsi, comme chacun doit en avoir cinq, et qu'il en faut une pour la retourne, on ne peut jouer plus de six personnes, car six fois cinq faisant trente, la carte de la retourne prise, il n'en reste plus qu'une au talon.

La seconde espèce de triomphe est la précédente, avec cette variation, qui veut que les as soient les premières cartes du jeu, et qu'ils emportent les rois ; les autres cartes restent dans l'ordre naturel.

Il y a à cette dernière triomphe un avantage pour le donneur : lorqu'il fait la retourne, s'il amène un as, il a le droit de le prendre, ce qui s'appelle *piller*, et d'écarter à la place de cette triomphe le sept, huit ou neuf de la même couleur, c'est-à-dire les moindres triomphes; il peut même écarter une carte d'une couleur différente, mais cela est peu usité. On en peut dire autant du droit de tourner, et de prendre au talon les cartes de la couleur de l'as, si elles se rencontrent sans interruption.

Il y a encore *la triomphe à l'as qui pille*, qui est cette règle dans tout son développement. Si l'un des joueurs a l'as de la triomphe en main, il pille comme le donneur avait seul le droit de le faire, c'est-à-dire qu'il prend la triomphe retournée, et les cartes qui suivent si elles sont de la même couleur, en mettant sous le talon autant de cartes qu'il en prend, afin qu'il n'ait pas dans la main plus que le nombre cinq. Il n'est pas rare qu'il ne garde que son *as pillard*, à moins qu'il n'ait d'autres triomphes. Cette modification de la triomphe, qui du reste ressemble en tout au jeu primitif, est plus agréable que celle qui borne le droit de pillage au donneur seulement.

Jeu de la Mouche.

Bien plus piquant que le jeu de la triomphe, celui-ci n'a pas beaucoup plus de difficultés : on n'en connaît ni l'origine, ni l'étymologie, mais on sait qu'autrefois, en attendant le souper qu'un rôti composait à neuf heures, la petite bourgeoisie s'y divertissait à peu de frais. Bien que les habitudes aient changé, celle de jouer à la mouche ne s'est point perdue chez cette classe de gens modestes, paisibles et laborieux.

Quand on joue trois personnes à la mouche, on se sert d'un jeu de piquet, et même plusieurs joueurs en retranchent les sept. Lorsqu'on y joue six, on ajoute toutes les petites cartes, afin de fournir aux cartes que le jeu demande. Il va sans dire, au surplus, que l'on augmente ou diminue le nombre des cartes, en proportion du nombre des joueurs. Les cartes retranchées doivent toujours être les plus petites; ainsi, l'on ôte d'abord les deux, puis les trois, etc.

Comme c'est un avantage de jouer la couleur que l'on veut, c'en est un d'être le premier à commencer : aussi est-ce le hasard qui décide à qui sera le rôle de distributeur. On prend ensuite un certain nombre de fiches et de jetons que l'on fait valoir plus ou moins selon que le jeu est plus ou moins élevé. Le donneur distribue les cartes comme il a été dit pour l'écarté et la triomphe : il fait la retourne qui marque *l'atout* et demeure sur le tapis. Il garde ensuite le talon dans ses mains.

De ce temps-là, le premier qui a examiné son jeu, s'il le trouve tout entier mauvais, et qu'il veuille le changer, remet ses cartes l'une sur l'autre et les place sous la retourne, en disant *cinq cartes* ou *cartes entières*. Alors le donneur lui distribue un nouveau jeu, soit en deux et trois, trois et deux, ou même en cinq, car cela ne fait absolument rien. Selon que le premier juge à propos d'écarter plus ou moins de cartes, il en nomme le nombre, et le donneur lui sert ce qu'il a demandé. Les cartes écartées ne se montrent jamais.

Quand le joueur trouve son jeu bon, ou qu'il craint d'en avoir un pire, enfin qu'il ne veut point écarter, il dit *je m'y tiens*, et alors il ne va *point à fond*, c'est-à-dire ne reçoit point de cartes.

Si le joueur trouve son jeu trop mauvais, avant que l'on ait commencé de jouer, il peut mettre toutes ses cartes à l'écart ou dessous le talon, et ne pas jouer ; mais pour cela il est important qu'il n'ait pas demandé de cartes, ni dit je m'y tiens, car dès qu'on a parlé, on est censé jouer.

Tous les joueurs ayant successivement choisi le parti qui leur convient, le donneur songe à son jeu ; s'il juge à propos d'écarter toutes ses cartes, ou même une moindre quantité, et qu'il n'y en reste pas assez pour les remplacer, il n'en peut mettre à bas qu'autant qu'il y a de cartes remplaçantes.

Si un joueur a le bonheur d'avoir ses cinq cartes de la même couleur, bien que ces cartes ne soient point d'atout, il a la *mouche*, et gagne sans jouer ; en ce cas les autres joueurs quittent leur jeu, et la

partie recommence. Cependant il arrive souvent que
le jeu continue parce que le possesseur de *la mouche*
n'est pas obligé de l'annoncer, et qu'il peut dire simplement *je m'y tiens* ; cela lui est plus avantageux ,
car les autres joueurs peuvent faire des mouches
(mettre des jetons, comme nous allons le voir) qui
lui appartiendraient ; c'est pourquoi il est bon d'inter-
roger le joueur qui *s'y tient*, en lui demandant s'il
sauve la mouche, car alors, s'il répond, il est obligé de
répondre juste : il peut, il est vrai, garder le silence,
mais cela équivaut à un aveu.

Lorsque plusieurs joueurs se trouvent avoir la
mouche ensemble, la mouche d'atout a la préférence : si celle-ci ne determine pas le choix, et que
les couleurs soient indifférentes , c'est alors le nombre
de points le plus fort qui l'emporte. A la mouche,
on compte les trois figures , et l'as qui va immédiatement après le valet, pour dix points, et les autres
cartes pour les points qu'elles marquent. Si elles
étaient égales en tout, la primauté gagnerait.

On dit à ce jeu, *faire la mouche*, *gagner la mouche*,
sauver la mouche. Expliquons ces diverses expressions : chaque donneur, avant de mêler et distribuer
les cartes, met dans un panier, ou en tas au pied
d'un flambeau, autant de jetons qu'il y a de joueurs.
Celui qui dans le cours du jeu n'obtient aucune levée , met également autant de jetons ou de marques
qu'il y a de joueurs ; ces deux cas s'appellent *faire la
mouche*. Une mouche est un nombre de jetons égal
au nombre des partenaires. Il arrive souvent qu'il y
a plusieurs mouches au jeu, et alors on dit mouche
double, triple, quadruple, etc.

On peut convenir de faire aller les mouches séparément, et de n'en laisser qu'une à la fois sur le jeu ;
mais comme les donneurs doivent successivement en
mettre une nouvelle, cela donne de l'embarras.

Chaque main ou levée vaut un jeton à celui qui
l'a faite ; quand la partie est jouée, chacun tire du
fond de la mouche les jetons qui lui reviennent. Si la
mouche est double, on en tire deux pour chaque levée , trois, si elle est triple, et ainsi de suite. On

13

voit que le *joueur-mouche* qui attend la fin du jeu
pour annoncer son coup, court risque de voir diminuer son fonds, mais ce n'est pas aussi de cette façon
qu'il agit. Après qu'il a dit *je m'y tiens*, sans prendre
de cartes, les autres joueurs vont leur train ordinaire. Supposons que l'un écarte plusieurs cartes,
qu'un autre renonce, qu'un autre encore s'y tienne
sans avoir la mouche; supposons qu'ils commencent
à jouer à leur tour; quand vient celui du joueur-
mouche, il montre ses cartes, lève tout ce qu'il y a
au panier (ce qui s'appelle *gagner* la mouche), et gagne
encore les mouches dues, soit par le joueur en renonce, soit par ceux qui jouent, ou plutôt s'apprê-
taient à jouer. Les dernières se composent d'autant
de jetons qu'il y en a sur le jeu; chaque joueur qui se
disposait à jouer en fait une. On voit maintenant combien le coup est profitable et combien il importe d'in-
terroger ceux qui se tiennent à leurs cartes, afin de
les empêcher de *sauver la mouche* (de la garder pour
l'annoncer dès que c'est à son tour de jouer), afin
que du moins ils ne gagnent que les mouches du
fonds, sans moissonner celles qu'ils font faire à leurs
partenaires. Avertis par son silence, ou éclairés par
son aveu, ceux-ci mettent tous *jeu bas* et n'ont rien
à payer.

La marche de la mouche est semblable à celle des
jeux précédemment indiqués : chacun joue à son
tour, et doit mettre, tant qu'il en a, de la couleur
jouée : il coupe d'atout à son défaut, ou *surcoupe*,
c'est-à-dire, met un atout sur un atout déjà joué.
En cas qu'il oublie de prendre, par une forte carte de
la couleur jouée, lorsqu'il le peut, qu'il manque à
jouer les atouts pour la coupe et la surcoupe, enfin
en cas de renonce volontaire ou forcée, il fait la
mouche d'autant de jetons qu'elle est grosse sur le
jeu.

On ne doit jamais remêler pour une carte tournée,
à cause des écarts. Il n'y a, à proprement parler,
point de partie à gagner à ce jeu; on comprend assez
que tout le gain est dans la mouche. Cependant,
lorsque personne ne la gagne et que le nombre de le-

vées décide le gain, c'est une sorte de partie que l'on prend sur la mouche mise au jeu.

Jeu de la Bête.

Le jeu de la bête est absolument la même chose que celui de la mouche ; les termes seuls sont changés (on y dit pourtant *bête* pour *mouche*), mais cela n'empêche pas que la mouche ne soit à la mode, tandis que la bête n'y est pas.

Jeu du Lenturlu.

C'est encore le même jeu, seulement dans les coups de mouche on dit faire *lenturlu*, et quand on obtient toutes les levées on nomme aussi cette vole le lenturlu.

Jeu du Pamphile ou du Mistigri.

Le valet de trèfle, auquel on donne le titre de *pamphile* ou *mistigri*, est l'atout par excellence ; il emporte tous les autres, et même le roi. Voici l'unique différence qu'il y ait entre la *mouche* et le jeu qui nous occupe : nous n'en dirons donc que peu de chose, puisque nous avons décrit le premier de ces jeux dans le plus grand détail.

Le joueur qui a le bonheur d'avoir le *pamphile* dans son jeu, reçoit de chacun un ou plusieurs jetons, selon la convention faite à l'avance ; et pour lui éviter la peine de les réclamer, le donneur les lui donne pour tous les autres joueurs. Chacun agit ainsi à son tour.

Si le donneur, en faisant la retourne, amène le *pamphile*, il peut le mettre en la couleur qui abonde le plus dans son jeu.

Cependant si parmi les cinq cartes de chaque joueur, un d'eux se trouvait avoir, dans son jeu, *pamphile* avec quatre cœurs, ou quatre piques, etc., et que l'atout fût en l'une de ces couleurs, il ne serait pas censé avoir *lenturlu* ou la *mouche*, puisqu'il est indispensable de réunir cinq cartes de couleur semblable pour ce coup, à moins toutefois que les joueurs ne fussent convenus, comme il arrive souvent, que *pamphile* prendrait la couleur de l'*atout*.

Jeu de Sixte.

C'est un genre de *triomphe* où domine le nombre six, duquel le jeu tire sa dénomination. On y joue six; chaque joueur reçoit six cartes, et la partie se compose de six jeux.

Les cartes se distribuent trois par trois : quand le jeu n'est composé que de trente-six cartes (un piquet avec les six), et que l'on veut avoir un talon, on ajoute les petites cartes, et par conséquent on se sert d'un jeu entier. (*Voyez*, du reste, le *jeu de la Triomphe* ci-dessus.)

Jeu de la Guinguette.

Le titre de ce jeu, les termes techniques, sa marche, tout le place spécialement dans la série des jeux communs, mais il n'en est pas moins amusant, et certainement vaut bien l'écarté. Selon toute apparence, il a été inventé dans une guinguette ou un cabaret des barrières de Paris, et il ne faut pas chercher plus loin son origine ou son étymologie.

On joue à la guinguette depuis trois jusqu'à huit personnes : dans le dernier cas, le jeu que l'on emploie doit être entier; si l'on est quatre, le jeu sera de trente-six cartes en ôtant les petites jusqu'au cinq, en commençant par les as, qui ne valent qu'un point, et sont les plus petites cartes du jeu.

Chaque joueur prend trente ou quarante jetons qui représentent une mise convenue: chacun reçoit quatre cartes par deux fois deux ; et comme il est avantageux de faire la main, on tire la donne au sort. Voyons maintenant quels sont les termes particuliers du jeu :

1°. *La guinguette.* C'est la dame de carreau; c'est aussi le nom d'une petite boîte placée sur la table de jeu, et dans laquelle chacun met un ou plusieurs jetons, selon la convention que l'on a dû faire.

2°. *Le cabaret.* Il se compose d'une tierce de valet, de dix et de neuf, et ainsi des autres cartes en descendant. Le roi et la dame ne font point tierce : la seconde boîte qui, sur la table, accompagne celle de la guinguette, porte aussi le nom de *cabaret*, et reçoit les mises pour cette espèce de tierce.

3°. *Le cotillon.* Ce surnom est celui du talon que l'on met sur la table après la donne : il y a aussi la boîte nommée *cotillon*, qui contient les jetons pour le *cotillon.*

4°. Il y a encore le *demi-septier*, la *chopine* et la *pinte.* Le demi-septier est un jeton qu'on met au cabaret, et un renvi que l'on fait sur ce qu'il contient déjà ; la chopine est deux jetons, et la pinte quatre.

5°. *Remuer le cotillon.* Voici la signification de ce mot : quand on ne croit pas avoir assez beau jeu, on écarte celle de ses cartes que l'on juge à propos, et on la place, sans la montrer, au milieu de la table, en disant : *Je remue le cotillon;* on met en même temps deux jetons à la boîte du cotillon, puis après avoir mêlé le talon on coupe et on tire la carte de dessous la coupe qu'on a faite : on ne doit ni tourner les cartes ni montrer celle qui vient.

Renvier le cotillon. C'est, lorsque vous l'avez déjà remué une fois, attendre que les autres joueurs aient parlé chacun à leur tour, et, soit qu'ils l'aient remué, renvié ou non, dire de nouveau : *Je remue le cotillon*, et agir comme précédemment quand arrive votre tour. Voici maintenant la marche du jeu :

Le premier en cartes a le droit de faire l'*atout* de la couleur la plus avantageuse à son jeu. Quand chacun a reçu ses quatre cartes, il examine s'il n'a point la *guinguette* : celui qui l'annonce doit la montrer, puis il tire les mises de la boîte correspondante (mises que l'on a réunies en commençant le jeu, et déterminées d'après une convention); faute de montrer la guinguette, il paierait deux jetons d'amende. Lorsqu'elle n'est pas dans le jeu, encore même qu'elle viendrait en remuant le cotillon, sa mise resterait et serait double pour le coup suivant.

On s'occupe, après la guinguette, à chercher si on a le cabaret : ceux qui l'ont, quelque médiocre qu'il soit, doivent l'annoncer, sans néanmoins en dire la qualité; mais ils peuvent, comme ils le jugent à propos, renvier d'un demi-septier, chopine ou pinte. Le plus fort cabaret emporte le plus faible; et s'il s'en trouve deux ou trois égaux, celui du premier à la droite du donneur aura la préférence. On exige aussi que le cabaret supérieur soit accusé et montré, avant que son possesseur n'enlève la boîte contenant les mises pour ce coup.

On est libre de renvier au cabaret de tant de demi-septiers, pintes et chopines qu'il convient : l'auteur du dernier renvi gagne, si les autres ne tiennent point, quand il aurait un cabaret plus bas qu'eux. Il en est de même que pour la guinguette. Le fonds du cabaret non levé double au coup suivant.

Vient ensuite le tour du *cotillon*. Le donneur dit cotillon, alors chacun met dans la boîte du cotillon un jeton, et le premier nomme l'*atout* qui lui plaît : il dit ensuite, *je joue*, et remet un second jeton au cotillon.

Si le joueur suivant, ou un autre, n'a pas jeu pour jouer, il remue le cotillon, comme je l'ai expliqué plus haut : il est alors censé avoir dit, *je joue*, et les cartes se jouent comme à la bête ou à la mouche. Celui qui renonce perd le cotillon, et se voit forcé de reprendre la carte, si ses partenaires l'exigent. Il est essentiel de se souvenir de l'atout nommé, car on ne le voit pas.

Quand on fait la vole, c'est-à-dire, comme on sait, toutes les levées, on tire un jeton de chaque joueur, le cotillon ordinaire et tous les cotillons renviés et dus.

Jeu du Gillet.

Dans l'impuissance de donner l'étymologie de ce jeu, je passe promptement à sa description.

Il se joue à quatre personnes, qui font leur jeu en particulier : elles se servent d'un piquet, et reconnaissent la valeur des cartes de ce dernier jeu. Chacun doit, avant tout, placer, dans deux corbillons qui sont au milieu de la table, un jeton, ou plus, selon que le détermine la convention. On tire ensuite la donne au sort, et chaque joueur reçoit trois cartes. Mais expliquons les termes particuliers du jeu.

Le gé. On appelle ainsi deux as, deux rois, deux dames, deux valets, etc. Un des corbillons (on le distingue par quelque marque) est pour le *gé*, et les joueurs renvient pour le *gé* les uns sur les autres. Celui qui se trouve alors le gé le plus fort (celui d'as), tire l'argent du corbillon du *gé* et des renvis, à moins que le coup suivant ne l'arrête.

Le tricon. Trois as, trois rois, trois dames forment le tricon : comme ce coup est supérieur à l'autre, le moindre *tricon* emporte le *gé* le plus fort, et par conséquent annule les prétentions du joueur de ce coup.

Le flux ou *point.* Avoir *flux*, c'est avoir trois cartes de semblable couleur, comme trois cœurs, trois piques, etc., n'importe les cartes, mais le plus haut point gagne toujours. Lorsque le *gé* est gagné, ou met la mise du second corbillon qui est pour le *flux.* Il dépend du premier joueur d'aller du jeu simple, ou de renvier de ce qu'il veut, et ainsi successivement pour chaque joueur lorsque chacun a parlé à son tour : on peut augmenter le renvi, ou céder sans vouloir y aller, si l'on craint de n'avoir pas assez beau jeu.

On joue donc à ce jeu sans jeter ses cartes : voici le compte de divers points.

Deux as en main valent vingt et demi ; un as et un roi, ou une autre qui vaille dix, et soit de la même couleur, valent vingt et un et demi ; deux as, un roi, ou un valet ou un dix, ont encore cette valeur ; ainsi des autres cartes qui valent comme à l'ordinaire, pourvu qu'elles soient de même couleur, pour ajouter les nombres des cartes l'un à l'autre. Après que l'on a poussé le renvi autant qu'on a voulu, ceux qui ont tenu, étendent leur jeu sur la table, soit qu'ils aient *flux* ou non. Comme nous l'avons dit, le flux l'emporte sur tout autre jeu ; en cas de plusieurs flux, le plus haut a la préférence.

Jeu de la Brisque, Briscan ou du Mariage.

La description abrégée que nous avons donnée de ce jeu dans les séries des jeux d'enfans, nous dispense d'en expliquer les préliminaires. Cependant nous en traiterons brièvement. On est deux joueurs, ayant chacun cinq cartes, prises dans un jeu de piquet : la onzième sert d'atout, et le donneur, qui la retourne, peut, quelle qu'elle soit, la changer avec le sept d'atout, s'il l'a en main.

A mesure que l'on fait une levée, on prend une carte au talon, et l'on a le droit de rejouer. Là se borne la brisque enfantine. Voyons ce que nous avons maintenant à y ajouter.

Avant de commencer la partie, on convient du nombre de points que l'on veut faire : ce nombre est ordinairement de six cents, et nous allons donner la manière de le compter. Il y a dans ce jeu à peu près les mêmes séquences qu'au piquet. (*Voyez* plus bas au chapitre des *Jeux de combinaison.*) Quand on a une fois compté une tierce, une quatrième ou une quinte dans une couleur, les cartes qui ont servi à former l'une des trois ne peuvent plus valoir, si ce n'est dans le cas de quatre as, ou quatre rois, ou quatre dames, quatre valets ou quatre dix. Ainsi, comptez-vous une tierce à la dame, et, après vous être défait du dix, arrivez-vous à tirer le roi, bien que ce roi avec la dame et le valet que vous avez en main forment une nouvelle tierce, elle ne peut valoir ; mais si, après cela, vous venez à avoir quatre dames ou quatre valets, vous pourrez en compter la valeur. Il en sera de même pour les autres tierces, quatrièmes ou quintes.

Quand, après avoir compté une tierce, une quatrième ou une quinte à la dame, on vient à lever le roi, et que la dame est encore dans le jeu, le *mariage* ou la *brisque* a lieu, et vont comme ci-après. On donne aussi le nom de *brisque* aux diverses séquences.

Manière de compter le jeu de brisque dont la partie est de 600 points.

Les quintes en atout valent :
La majeure........................ 600
Celle au roi....................... 300
Celle à la dame.................... 200
Celle au valet..................... 100
Les quatrièmes en atout valent :
La majeure........................ 200
Celle au roi....................... 160
Celle à la dame.................... 120
Celle au valet..................... 80
Celle au dix....................... 60
Les tierces en atout valent :
La majeure........................ 120
Celle au roi....................... 100
Celle à la dame.................... 80
Celle au valet..................... 60
Celle au dix....................... 40
Celle au neuf...................... 20

Ces séquences dans les autres couleurs valent la moitié de celles en atout.
Les quatre as valent.............. 150
Les quatre dix.................... 100
Les quatre rois................... 80
Les quatre dames.................. 60
Les quatre valets................. 40
Le mariage en atout vaut.......... 40

Les mariages dans les autres couleurs valent 20, et les mariages de rencontre ont la même valeur que ceux que l'on peut faire dans son jeu.

Lorsque le donneur retourne une figure, un as ou un dix, il peut compter dix points. Quand les cinq premières cartes de son jeu sont toutes des figures, on compte la moitié moins pour les cinq premières cartes blanches, et tant qu'elles continuent d'être blanches.

L'as d'atout, excepté le cas où il aurait déjà été compté, vaut 30; le joueur qui lève la dernière carte du talon compte 10. Si lorsque toutes les cartes du talon sont levées, les cinq qui restent dans la main sont d'atout, on compte trente encore. Celui qui fait les cinq dernières levées compte vingt. Quand toutes les cartes sont jouées, celui qui a le plus de levées compte dix.

Indépendamment de tous ces points à compter, chaque carte vaut séparément à son possesseur : l'as, 11 points ; le dix, 10 ; le roi, 4 ; la dame, 3 ; le valet, 2 ; le total des cartes que l'on peut compter monte à 120, car il n'y a que les trois dernières petites qui ne comptent point.

On a la liberté de renoncer tant qu'il y a des cartes au talon ; mais quand il n'en reste plus, il faut forcer ou couper la carte de celui qui joue ; si par hasard il arrive que l'un des joueurs fasse toutes les levées, cette vole lui vaut le gain de la partie.

Jeu de la Guimbarde ou de la Mariée.

C'est encore une sorte de triomphe, mais elle a des accessoires intéressans et particuliers.

On peut y jouer depuis cinq jusqu'à huit ou neuf personnes, et dans ce cas le jeu dont on se sert doit être entier ; mais si l'on n'est que cinq à six joueurs, on retranchera toutes les petites cartes, et alors on se servira d'un piquet.

Outre les cartes, il faut encore avoir à ce jeu cinq différentes petites boîtes carrées : la première sert pour la *guimbarde* ; la seconde pour le *roi* ; la troisième pour *le fou* ; la quatrième pour le *mariage*, et la cinquième pour le *point*. (Nous allons incessamment donner l'explication de ces divers termes.) Les boîtes sont rangées sur la table de cette manière.

Le point.....   Le mariage.....   Le fou.
　☐　　　　　　　☐　　　　　　　☐
Le roi.......   La guimbarde.....
　☐　　　　　　　☐

Chaque joueur met un jeton dans chaque boîte, après en avoir pris un certain nombre qu'on fait va-

loir à proportion de ce qu'on veut jouer ; ensuite le
donneur qu'a désigné le sort, distribuant les cartes
par trois et deux, en donne cinq à chacun, puis il
fait la retourne qui indique l'atout.

Passons maintenant à l'explication des termes du
jeu.

Le point. — Il faut trois, quatre ou cinq cartes
de la même couleur pour faire le point : le plus haut
emporte le bas, et en cas d'égalité le joueur qui a la
main, ou à son défaut le premier en cartes, gagne.

Le mariage. — Un des plus grands avantages est le
roi et la dame de cœur en main.

Le fou. — C'est le valet de carreau, qui est la
troisième triomphe du jeu, et qui ne perd jamais
ce privilége, quelle que soit d'ailleurs la couleur de
l'atout.

Le roi. — C'est le roi de cœur, nommé ainsi tout
court ; il est la seconde et constante triomphe du jeu,
parce qu'il a l'honneur d'être l'époux de la guimbarde.

La guimbarde. — C'est la dame de cœur, et la
carte par excellence et le principal atout, quelle que
puisse être la retourne.

Les joueurs ayant chacun leurs cartes, examinent bien s'ils n'ont pas quelques uns des jeux que
nous venons d'expliquer ; ils peuvent quelquefois
arriver tous cinq en un seul coup à un joueur.
ainsi, s'il avait le roi et la dame de cœur, il aurait
en même temps, *le roi*, la *guimbarde*, et le *mariage ;* le *valet* de carreau lui donnerait le *fou*, et
si ce valet était accompagné de deux autres cœurs
un peu forts, ce joueur favorisé tirerait toutes
les boîtes : mais l'on sent que ce jeu-là n'arrive pas
communément. Quand on a quelqu'un de ces avantages isolé, on tire la boîte qui y répond, en observant toutefois qu'il faut annoncer cet avantage et
l'étaler sur la table, avant de prendre la boîte, ainsi
que nous l'avons indiqué pour le jeu de la guinguette,
auquel, sous ce rapport, la guimbarde a quelque res-
semblance.

Le point levé, on met aux fonds chacun un jeton

dans la boîte du point, et c'est cette mise que gagne le joueur qui lève plus de mains que les autres ; il faut au moins qu'il en ait deux , car s'il n'en a qu'une de plus , le fonds le reste dans la boîte pour le coup suivant. Lorsque deux joueurs ont ensemble deux levées plus que les autres , celui qui les a faites le premier , gagne :

Le grand mariage en main , c'est-à-dire le roi et la dame de cœur , tire les trois boîtes du mariage , de la guimbarde , et du roi, plus deux jetons de chaque joueur : *quand il se fait sur table*, c'est-à-dire lorsque le *roi* est levé par la guimbarde, qui a ce privilége unique , il ne lève alors qu'un jeton de chacun.

Outre le *grand mariage*, ou le *mariage* proprement dit, il s'en fait encore d'autres, comme , par exemple , lorsqu'on joue un roi de carreau , de trèfle ou de pique , et que la dame de l'une ou l'autre de ces peintures a le dessus immédiatement. Lorsqu'un roi et la dame de couleur semblable se trouvent en main, le mariage vaut encore mieux. Dans le premier cas, le possesseur du roi marié tire un jeton de chaque joueur , à l'exception de celui qui lui a jeté la dame; dans le second , tout le monde doit payer.

On ne peut jamais refuser de jouer une dame quelconque sur son roi , lorsqu'on l'a et que l'on doit jouer, car alors on *romprait le mariage* et l'on paierait un jeton à chaque joueur.

Il est également défendu de couper un mariage avec le *roi*, la *guimbarde*, ou le *fou*. Le joueur qui gagne un mariage par atout, c'est-à-dire qui l'emporte dans la levée, ne gagne qu'un jeton des deux joueurs qui l'ont fait.

On paie un jeton à chacun quand on renonce, ou que pouvant forcer ou couper sur une carte jouée, on l'omet.

Ordinairement le fou joué vaut un jeton de chacun à celui qui l'a jeté: mais si indirectement ce personnage va s'embarquer dans le jeu, et qu'il soit pris par le *roi* ou la *guimbarde*, au lieu de faire payer il donne un jeton à celui qui l'emporte.

Les cartes se jouent, au surplus, comme à la triomphe, en tâchant autant que possible de faire deux mains au moins, afin d'emporter le fonds.

Jeu de la Brusquembille.

Ce jeu est assez original, et non moins amusant ; il tire son nom du titre de *brusquembille* que l'on donne aux dix et aux as.

On y peut jouer de trois à cinq personnes, mais il y a seulement une différence un peu singulière. Si les joueurs sont en nombre pair, de deux ou de quatre, on emploie un piquet entier : en nombre impair, trois ou cinq, on supprime deux sept, un rouge et un noir, n'importe de quelle couleur ; ce qui réduit le jeu à trente cartes. Quand on est quatre, le jeu de la brusquembille devient alors jeu à partenaires, car on s'associe deux contre deux : alors chaque joueur communique son jeu à son associé, et peut lui demander conseil sur la manière de jouer.

Après être convenu du prix de la partie, et de la quantité de points qui doit la composer, ainsi que du nombre de tours ou de coups qui l'achevera, on prend chacun un certain nombre de jetons, on met un enjeu convenu, on tire la main au sort, et le donneur qu'il a désigné distribue trois cartes à chacun, soit en une ou plusieurs fois, comme par une et deux, mais il ne peut donner les cartes une à une.

Les cartes données, il retourne la dernière qu'il a prise pour lui, et la place toute retournée sur le talon ; cette carte forme l'atout ou la triomphe. Le premier en cartes jette ensuite telle carte de son jeu qui lui convient, et chacun doit y répondre par une carte quelconque, car il n'y a point de renonce à la brusquembille. Si l'on manque de la couleur jouée ou d'atout pour couper, on peut mettre indifféremment la première couleur venue. Ces cartes se relèvent par le joueur qui a fourni une carte supérieure à toutes celles qui sont jouées, ou qui a coupé avec une triomphe. Ce joueur remplace la carte qu'il a jouée par une nouvelle qu'il prend au

14

talon, et chacun, en commençant à la droite du donneur, en fait autant. On continue de même jusqu'à la fin des cartes du talon : j'observerai en passant, que c'est un avantage de faire la première levée, parce qu'on emporte, en prenant le premier au talon, la carte qui fait la triomphe. Il y a des joueurs qui veulent qu'elle ne soit prise qu'à la dernière levée, afin qu'on puisse voir l'atout le plus long-temps possible. Cela me semble fondé en raison.

Celui qui a su réunir le plus grand nombre de points dans ses levées gagne la partie et enlève les enjeux. A défaut de la plus grande quantité possible de points, il suffit d'atteindre le nombre que l'on a fixé précédemment. Les points se comptent d'après la valeur des cartes. L'as vaut onze; le dix, le nombre qu'il représente; le roi, quatre; la dame, trois, et le valet, deux.

Occupons-nous maintenant du placement des *brusquembilles*. L'as est la brusquembille supérieure, surtout l'as d'atout, qui fait à celui qui le place recevoir deux jetons de chaque joueur. Le placement des autres as vaut également deux jetons, mais il faut qu'on fasse la levée; et s'il arrive qu'un as soit coupé par un atout, on est obligé de payer deux jetons à chaque joueur. Ces réglemens s'appliquent aux dix, avec la différence que les paiemens sont d'un seul jeton.

Jeu du Papillon.

On ne connaît presque pas ce jeu à Paris, mais en revanche on le joue assez souvent dans plusieurs provinces. Je pense que mes lecteurs me sauront quelque gré de le leur faire connaître.

Le *papillon* se joue à trois et au plus à quatre personnes. On emploie un jeu de cartes entier, et après être convenu des tours que l'on veut jouer, après avoir taxé l'enjeu, déterminé ce que l'on donnera à celui qui gagnera les cartes, comme c'est un désavantage de faire, c'est la plus basse carte qui désigne le donneur.

Celui-ci donne à chaque joueur et prend trois

cartes qu'il doit invariablement distribuer une à une ;
ensuite il étend sur la table sept cartes retournées,
qu'il prend de suite sur le dessus du talon ; cela se
fait ainsi quand on joue à trois personnes, manière
la plus ordinaire de jouer au papillon ; mais lorsqu'on
est quatre, le donneur n'étend que quatre cartes sur
le tapis, afin qu'elles se trouvent également justes.

Il doit y avoir au milieu de la table un corbillon
dans lequel chacun met l'enjeu, d'après la convention.

Le premier en cartes examine son jeu, et voit s'il
n'y a pas sur le tapis quelque carte qui puisse lui convenir. Il ne peut changer, au reste, que la couleur ;
car il faut nécessairement remplacer une carte par
une carte semblable : ainsi, un roi par un roi, une
dame par une dame, un valet par un valet, etc. Il
faut observer que pour les cartes blanches, on peut
agir autrement, et même en prendre plusieurs petites
pour une forte qui contiendrait les derniers points
disséminés dans les autres. Ainsi, par exemple, s'il
y avait sur le tapis un as qui vaut un point, un
quatre et un cinq, vous avez la liberté de prendre
ces trois cartes avec un seul dix, et l'on agit de
même pour toutes les autres basses cartes. On trouve
double avantage : premièrement, parce qu'on enlève
du tapis des cartes qui pourraient accommoder les
autres joueurs ; secondement, parce que l'on réunit
dans son jeu un plus grand nombre de cartes, et que
cela peut conduire à gagner les levées.

On n'échange les cartes qu'à son tour. On ne peut,
avec une carte quelconque, en lever deux semblables
qui seraient sur le tapis ; comme aussi lorsqu'on a
plusieurs cartes pareilles en main, et qui ont leurs
correspondantes sur le tapis, on ne peut toutefois en
jouer qu'une à chaque tour de son jeu.

Si votre tour est de jouer, et que faute de cartes
convenables vous ne puissiez point en lever sur la
table, vous seriez forcé de vous étendre ou jeter à
bas votre jeu, et de mettre au corbillon autant de
jetons que vous avez abaissé de cartes. Alors vous
ne jouez plus, jusqu'au moment où chacun ayant joué

ses trois cartes, ou par les levées qu'il a faites, ou en mettant son jeu à bas, le donneur donne, comme en commençant, trois cartes à chacun des joueurs ; il les distribue sans mêler ni couper, et tout à la suite du talon, et les joueurs recommencent ainsi que vous.

Après que chacun a levé à son tour une carte pour une des siennes, le premier en cartes jette sur la table celle qui lui convient, et chacun est contraint de fournir de la couleur jouée : s'il en manque, il renonce. Au troisième tour, on échange encore sur le tapis. Lorsque toutes les cartes sont données pour la seconde fois, celui qui se défait de ses trois cartes le premier, en prenant sur le tapis, gagne la partie ; et s'il y avait plusieurs joueurs qui s'en défissent à la fois, celui qui serait le plus près de celui qui a donné aurait la préférence ; cette préférence, par conséquent, appartient avant tout au donneur.

On voit par là que si la primauté a quelque avantage, elle a bien aussi ses inconvéniens. Lorsque personne ne *finit*, c'est-à-dire ne se défait de ses trois cartes, comme il arrive souvent, celui qui joue la dernière carte en s'étendant, outre qu'il ramène toutes les cartes qui sont sur le jeu pour servir à lui faire gagner les cartes, reçoit encore de chacun un jeton de consolation.

Plusieurs personnes se bornent à échanger des cartes, et ne les jouent pas entre les deux donnes.

Hasards du jeu de papillon. — 1°. *Le petit papillon.* Le joueur qui, en jouant, dans le courant de la partie fait ses trois cartes, gagne un jeton de chacun de ses partenaires, et fait *petit papillon*. J'ai dit dans le courant de la partie, puisque celui qui les lève, quand toutes les cartes sont jouées, gagne la partie.

2°. *Le hanneton.* — Il consiste dans le coup suivant. Avoir un roi, un valet, ou autre carte dans son jeu, et lever trois cartes de la même manière.

3°. *La sauterelle.* — Lever en jouant toutes les cartes, ou la dernière carte qui resterait sur la partie, constitue la *sauterelle* : ce qui fait gagner un jeton de chaque joueur, et force celui qui joue après, de s'étendre.

Des as. — Ces cartes ont un privilége spécial au jeu qui nous occupe : la personne qui, en s'étendant, étale un ou plusieurs as, obtient de chaque joueur autant de jetons qu'il a étendu d'as.

Lorsqu'en prenant des cartes sur le tapis on prend un ou plusieurs as, on se fait payer autant de jetons par chacun.

Le porteur d'un as, tirant un autre as sur le tapis, gagne deux jetons de chacun des joueurs. Le porteur d'un deux qui enlève deux as sur le tapis, gagne quatre jetons ; celui qui, avec un trois, leverait trois as placés sur la table, en gagnerait six ; enfin, le joueur qui, avec un quatre leverait les quatre as mis sur le jeu, obtiendrait huit jetons de chaque joueur. Mais ce coup est extrêmement rare.

Le joueur qui aurait trois cartes semblables, comme trois rois, trois dames, etc., dont la quatrième serait sur le tapis, pourrait la prendre avec ses trois, et gagnerait un jeton de chacun. Celui qui dans ses levées (soit que l'on ait ou non joué entre les donnes) a le plus grand nombre de cartes, gagne un jeton de chaque partenaire pour les cartes ; lorsqu'elles sont égales entre les joueurs, personne ne les gagne, mais elles se paient doubles au coup suivant.

Le donneur doit avertir, lorsqu'il n'y a plus que trois cartes pour chacun au talon, que ce sont les dernières cartes à donner.

Jeu du Cou-bas. (1)

Ancien et oublié, ce jeu sera une nouveauté pour presque toutes les personnes qui me liront. Le désir de ne rien omettre m'aurait seul décidée à l'insérer ; mais, indépendamment de ce motif, je pense que ce jeu mérite bien une place par lui-même ; il ressemble un peu du reste au jeu du papillon.

Cinq à six personnes, plus ou moins, peuvent

---

(1) Ce jeu s'appelait autrefois et s'appelle encore *culbas*; mais je pense que mes lecteurs me sauront gré de l'innovation.

jouer au *cou-bas*, pour lequel elles emploient un jeu
entier : elles règlent la valeur du jeu, celle des jetons
qui la représentent, puis tirent à la plus basse carte
à qui fera. Cette précaution annonce que la donne
n'est point un avantage, et en effet le donneur est
très mal partagé. Étant le dernier à prendre les cartes
étendues sur le tapis, il doit se contenter du rebut
que lui ont laissé les autres joueurs en s'accommo-
dant des cartes les plus avantageuses.

Le pauvre donneur distribue à chaque joueur cinq
cartes, par deux et trois, puis il prend huit cartes
de dessus le talon, les étale sur la table et met à
part le reste du talon, devenu inutile.

C'est l'instant où chacun examine son jeu. Le premier en cartes voit d'abord s'il n'a point de cartes
pareilles à celles qui sont étalées; comme, par exemple, un as, un roi, un dix, ou toute autre carte, et
il agira comme on doit le faire au jeu précédent. Tous
les autres joueurs successivement font de même ; et
si l'un d'eux n'avait point de cartes assorties à celles
qui sont sur la table, il est forcé de mettre son *cou-
bas*, c'est-à-dire de *s'étendre,* en étalant devant lui ses
cartes à découvert. Le joueur qui suit peut, s'il
trouve à s'arranger des cartes que le dernier vient de
mettre bas, s'en servir comme de celles du tapis;
cela peut l'empêcher de mettre *cou-bas* à son tour ;
on n'est réduit à cela que lorsqu'on n'a point dans
son jeu des cartes qui sont étalées sur le tapis.

La règle générale veut qu'on ne lève qu'une carte à
la fois; mais voici plusieurs exceptions. Un joueur
qui aurait dans son jeu trois cartes de valeur égale ;
comme trois dames, trois valets, etc., pourrait, avec
ses trois valets, prendre un valet ou une dame qui seraient étalés, et c'est un grand coup qui avance beaucoup le gain de la partie, puisqu'il ne reste ensuite
à se défaire que de deux cartes seulement. Les cartes
dont on s'en va, et celles qu'on lève, sont mises en
tas devant chaque joueur sens dessus dessous comme
cartes inutiles.

Les cartes marquées, comme les sept, les huit, etc.,
suivent la même exception, et celui qui se trouve le

quatrième huit, tandis que les trois autres sont sur le tapis, peut les lever tous ensemble; mais cela ne l'avance pas davantage, et il doit, s'il joue bien, prendre plutôt quelques autres cartes sur le tapis, s'il le peut, car celles-ci lui sont assurées.

Lorsque dans les cinq cartes il arrive à quelqu'un des joueurs quatre cartes pareilles, comme quatre dix, quatre sept, etc., il peut les écarter, en demander d'autres, ou en prendre lui-même, si c'est lui qui donne.

Celui qui s'est plus tôt défait de ses cinq cartes gagne ce que chacun a mis pour le *cou-bas* ou l'enjeu, et oblige les autres à lui payer autant de jetons qu'il leur reste de cartes en main, et ceux qui ont mis lui donnent autant de jetons qu'ils ont étalé de cartes.

Jeu de l'Homme d'Auvergne.

Les Auvergnats ayant fait subir quelques modifications à la triomphe, en ont fait le jeu dont nous allons traiter en peu de mots.

On joue l'homme d'Auvergne depuis deux jusqu'à six personnes. Si l'on est le dernier nombre de joueurs, on se sert d'un piquet; si l'on n'est au contraire que deux ou trois, le jeu est seulement de vingt-huit cartes, parce qu'on en retranche les sept. Les cartes ont la valeur qu'on leur donne à l'impériale, au piquet, etc.

Le donneur étant désigné par le sort, il donne à chaque joueur cinq cartes par deux et trois, et en prend autant pour lui. Cela fait, il tourne, et la carte tournée fait la triomphe ou l'atout. Alors chacun examine son jeu pour jouer de même qu'à la mouche. Lorsque personne n'a assez beau jeu, on dit *je passe;* quand tous les joueurs ont passé, ils peuvent *se réjouir,* c'est-à-dire supprimer la retourne, et retourner à sa place la carte qui vient immédiatement après. Cette pratique, qui a lieu, dans le même cas, au jeu de *la bête,* avec lequel *l'Homme d'Auvergne* a beaucoup de rapports, s'appelle aussi et plus justement *aller en curieuse :* c'est la seconde retourne qui porte spécialement ce dernier nom. On peut retourner jusqu'à trois fois (au jeu qui nous occupe), si les deux premières triomphes n'ont accommodé aucun des joueurs.

Pour gagner un jeu, il faut faire trois levées, ou deux au moins, pourvu qu'elles soient les premières, et qu'aucun joueur ne se trouve les avoir. Ordinairement un *jeu* est un tour, et la partie se compose de sept jeux. Celui qui gagne un jeu le marque, et à la fin des sept jeux le joueur qui a le plus de marques emporte les enjeux que l'on a mis à chaque jeu.

Ainsi qu'à la bête ceux qui ne font aucune levée sont *devolés* ou en *devole*, et paient un jeton à chaque joueur. Par la même raison, celui qui fait la vole, reçoit un jeton de chacun, au lieu de le payer.

Celui qui tourne le roi d'atout, en faisant la retourne, ou en allant à la curieuse, gagne un jeton. S'il a en main ce roi, il gagne un jeton, et en gagne encore autant qu'il a d'autres rois.

Celui qui renonce perd la partie, c'est-à-dire ne peut plus y prétendre; comme le jeu a de l'atout, la renonce est défendue avec raison.

S'il arrive qu'après s'être réjoui, quelque joueur vienne à perdre, en jouant, le roi de la triomphe précédente, parce qu'on le lui aurait coupé, celui qui aurait emporté ce roi dans la levée, gagnerait une marque sur l'ancien possesseur du roi coupé : il en serait de même des autres rois pour lesquels on gagne également des marques.

~~~~~~~~~~~~~~~~~~~~~~~~~~~~~~~~~~~~~~~

TROISIÈME SECTION.

JEUX DE SALONS.

CHAPITRE VI.

Jeu du Reversis.

LE reversis, d'origine espagnole, est un joli jeu, qui avait la plus grande vogue il y a une vingtaine d'années : la mode en est un peu passée, mais il se joue encore dans beaucoup de sociétés bourgeoises.

La règle qui veut que le joueur qui fait le moins de levées gagne les cartes, règle qui fait jouer ce jeu à l'inverse de tous les autres, est la raison pour laquelle on le nomme *reversis*.

Instrumens du jeu. — C'est un jeu de cartes, il est vrai, mais il exige un certain attirail : il faut pour le jouer *une boîte* dite *de reversis*. Cette boîte, longue de dix-sept pouces environ, et large de onze, est en bois de noyer ou de merisier ; sa hauteur, de deux pouces, est partagée entre le fond et le couvercle qui ferme à charnière, et se tient droit au moyen d'un ruban, lorsqu'on ouvre la boîte. Elle se partage longitudinalement en trois parties : à droite et à gauche sont deux cases égales, plus longues que larges, où se placent les quatre paniers des joueurs ; dans le fond est une case circulaire, destinée à recevoir un petit panier rond, qui est la corbeille des mises, et se nomme spécialement le panier. Au-devant de la boîte est une case carrée où se mettent les cartes ; la division du milieu où se voient ces deux dernières cases est plus large que les deux autres.

Les paniers, qui sont au nombre de quatre, sont un peu plus longs que larges, et partagés transversalement au tiers de leur longueur par une petite division qui doit contenir les *contrats*, espèce de fiche carrée. Le reste du panier renferme les fiches, au nombre de vingt, tandis qu'il n'y a que huit contrats. Un panier est garni d'un petit ruban blanc (de faveur), placé à plis creux tout autour du bord ; les fiches et les contrats sont de la couleur de cette garniture ; un autre panier est vert, un autre rose et un autre jaune. Le panier-corbeille est garni de ruban violet, et contient des jetons ordinaires, au nombre de trente-deux, plus ou moins, selon la convention des joueurs.

On joue quatre personnes au reversis : chacune prend un des paniers carrés, d'après la couleur qu'on a choisie. Le panier dans lequel on met les remises, et sous lequel on place les cartes du talon, circule constamment avec la donne, car il doit toujours se trouver à la droite du joueur qui doit donner.

On joue au reversis avec un jeu de cartes entier, c'est-à-dire, composé de toutes les cartes, à l'exception des dix que l'on ôte, et dont l'as est ordinairement destiné à marquer les tours. Dans le Languedoc et la Provence, on laisse les dix, afin de rendre le reversis plus difficile à faire.

Les petites cartes sont les plus avantageuses, puisque moins on fait de levées, et moins de points dans ses levées, plus on gagne. L'as prend le roi, le roi la dame, la dame le valet, ainsi de suite, et l'on ne renonce jamais, hors que dans le cas de *l'espagnolette*, modification du reversis que nous indiquerons plus loin.

On tire pour les places, pour la couleur des paniers, comme je l'ai déjà dit ; on tire aussi pour la donne, parce qu'il y a de l'avantage à donner les cartes ; puis la donne circule toujours par la droite.

Les quatre joueurs s'asseoient en face l'un de l'autre à une table ordinaire de jeu. Chacun met dans le panier, d'après ce que l'on est convenu de jouer la partie, et celui qui a la main donne onze cartes aux trois autres : il en prend douze, et étale sur la table les trois cartes restantes sans les laisser voir. Chaque joueur, après avoir arrangé rapidement son jeu, écarte une carte qu'il met sous le panier sans la laisser voir, et prend une des cartes étalées, non indifféremment, mais celle qui se trouve de son côté, c'est-à-dire que le joueur placé à droite prend la carte à droite; le joueur placé à gauche, la carte à gauche, et que celle du milieu reste pour celui qui est en face du joueur qui a donné. On n'est point obligé d'*écarter*, c'est-à-dire de changer une de ses cartes pour une de celles de la table, et quand on ne veut point le faire on peut regarder la carte qu'on laisse, puis on la place sous le panier (il ne faut point la laisser voir aux autres joueurs, car il est important que l'on ne connaisse pas du tout les cartes en repos ou en circulation). Le *donneur* écarte sans reprendre, de manière qu'il n'a que onze cartes comme ses partenaires, et qu'il se trouve quatre cartes à l'écart qui servent à composer la *partie*.

On compte quarante points au jeu; les as en valent quatre, les rois trois, les dames deux, les valets un. Ces points seuls se comptent dans les levées; les cartes blanches ne comptent rien.

De la partie. — La partie est formée par les quatre cartes de l'écart. Les points s'y comptent comme dans les levées, à l'exception de l'as de carreau, qui y compte cinq, et du valet de cœur, ou *quinola*, qui y compte trois. Aux points qui s'y trouvent on ajoute toujours quatre, et c'est proprement ce que l'on doit nommer la *partie*, attendu qu'il pourrait arriver que les quatre cartes de l'écart fussent toutes blanches, et que le gagnant n'eût absolument rien.

Celui qui fait le plus de points dans ses levées, perd la partie et la paie au joueur qui la gagne : et le gagnant est celui qui fait le moins de points, ou aucun point, ou point de levée.

Lorsque, comme il arrive souvent, deux joueurs ont le même nombre de points, celui qui a le moins de levées l'emporte. Si le nombre des levées est encore semblable, le *mieux placé* gagne; or, le *mieux placé* est d'abord celui qui donne, puis le joueur placé à sa gauche, et ainsi de suite, en passant toujours de ce côté. Il va sans dire que celui qui n'a point de levée a la préférence sur le joueur qui se trouve une levée blanche.

Ne point faire de levées est donc ce qu'il y a de plus désirable; néanmoins lorsqu'un joueur fait toutes les levées, la partie ne se compte point, et l'on nomme ce coup le *reversis* par excellence.

Du reversis. — Ce coup doit être spécialement nommé le *reversis*, car il est à l'inverse des principes ordinaires de ce jeu; c'est le coup le plus brillant, mais il offre bien des difficultés, et l'on ne l'entreprend pas toujours impunément.

Lorsqu'on a beaucoup de grosses cartes, on entreprend le *reversis*, sans en avertir toutefois ses partenaires. Quand les neuf premières levées sont faites, le *reversis* est entrepris et déclaré par le fait. Alors, si l'on ne peut faire les deux autres levées, le reversis est rompu; mais le plus terrible c'est lorsqu'il est rompu à *la bonne*, c'est-à-dire aux deux dernières levées.

Lorsqu'on fait *reversis*, on tire toute la remise, c'est-à dire on prend tout ce qui se trouve dans le panier : si on le manque, on fait la remise, puis on paie, comme il sera dit à l'article des paiemens.

De la remise. — Quand le jeu commence, chacun met au panier deux jetons ou dix fiches, et le *donneur* en met trois, ce qui fait le fonds des remises. Elles se renouvellent toutes les fois que le panier est vide ou qu'il y a moins que le *premier fonds*, c'est-à-dire neuf jetons : ce fonds se nourrit par la contribution d'un jeton à chaque donne par le joueur qui l'a faite.

Du quinola. — La remise est attachée au valet de cœur ou *quinola*, qui est la carte importante du jeu. Toutes les fois que l'on donne le *quinola* en renonce, on tire la remise, cela s'appelle *placer* ou *donner le quinola*. Au contraire, toutes les fois qu'on est obligé de le mettre sur un cœur, il fait payer la remise : cela s'appelle *forcer le quinola*. Pour éviter que le quinola soit ainsi forcé, il ne faut le garder qu'autant qu'il est *soutenu*, c'est-à dire accompagné d'un grand nombre de cœurs, et surtout du roi et de la dame, quand les petits cœurs sont en majorité. Dans votre jeu, lors même que vous n'auriez pas les autres figures, vous pouvez garder quinola, parce que vous donnerez vos petits cœurs à mesure que l'on en jouera, autrement il faut l'écarter.

Il est de principe que celui qui fait une levée, recommence à jouer ; aussi faut-il bien prendre garde, lorsqu'on a gardé son quinola à la *bonne*, c'est-à-dire à la fin de la partie, soit qu'on n'ait pas trouvé jusque-là l'occasion de le placer, soit qu'on ait retardé volontairement pour rendre le placement plus avantageux, car alors, si l'on est forcé de jeter le quinola, il est dit *joué* ou *gorgé*, et on fait la remise ; excepté le seul cas où le joueur qui aurait joué le quinola ferait encore le reversi (et encore faut-il qu'il ait joué le quinola avant la bonne), c'est-à-dire à l'une des neuf premières levées, et c'est le plus grand coup que l'on puisse faire à ce jeu, parce que l'on tire les revenus du reversis, et la remise.

Mais s'il arrive que le joueur ait joué le quinola à l'une des neuf premières levées, et qu'on lui rompe le reversis, il paiera d'abord le reversis rompu, puis fera encore la remise : c'est le coup le plus cher, mais aussi on courait la plus belle chance.

Si, en faisant le reversis, on joue le quinola à la dixième ou onzième levée, on ne tire point la remise, mais l'on se fait payer le reversis.

Si dans le reversis entrepris on force le quinola à la bonne, et que le reversis soit rompu, on ne fait pas non plus la remise, mais on paie le reversis manqué.

Dans les autres cas, où l'un des joueurs fait ou manque le reversis, et qu'un autre place le quinola, ou bien que son quinola lui est forcé, celui-ci ne tire ni ne fait la remise. En un mot, dès l'instant qu'il y a reversis, il n'y a point de remise, et le quinola perdant son importance, redevient simple valet de cœur, à l'exception des cas expliqués plus haut, où celui qui entreprend le reversis joue le quinola avant la dixième levée.

Des paiemens. — Le joueur qui donne un as en renonce, touche une fiche de celui qui fera cette levée:
si c'est l'as de carreau il en reçoit deux. En donnant
le quinola en renonce, on reçoit un jeton ou cinq
fiches; on paie tout de suite.

Celui à qui on force un as quelconque, paie au
joueur qui l'a forcé une fiche, et deux s'il s'agit de
l'as de carreau.

Si quelqu'un force le quinola, il touche un jeton de
chaque joueur, et deux du possesseur du quinola.

Un ou plusieurs as joués, de même que le quinola
joué ou gorgé, se paient comme s'ils eussent été
forcés, mais à celui qui gagne la partie; ainsi, ces
paiemens-là ne se font pas tout de suite, et c'est au
gagnant à s'en souvenir et à les demander.

Tous ces paiemens sont doubles en vis-à-vis, et
doubles encore à la première et à la dernière bonne,
que l'on appelle aussi *bonne et avant-bonne*; en sorte
que, si par hasard l'on forçait le quinola en vis-à-vis
à la première ou à la dernière bonne, on toucherait
huit jetons, ou quarante fiches, de son vis-à-vis et
deux jetons de chacun des autres joueurs; si on le
forçait ainsi de côté, celui-ci paierait quatre jetons,
le vis-à-vis en paierait quatre, et le troisième joueur
en donnerait deux. La partie se paie aussi double si
c'est le vis-à-vis qui la gagne.

Lorsqu'on ne veut point doubler en vis-à-vis on
en convient avant de commencer le jeu.

*Tous ces divers paiemens cessent dès qu'il y a re-
versis*, soit que ce coup se fasse ou qu'il soit rompu
à la bonne. Alors on prend tout ce qui s'était payé
pendant le reversis sans se le faire demander, c'est-à-
dire qu'on rend à celui qui a payé, afin que personne
ne perde ni plus ni moins que le reversis qui vaut
seize fiches de chaque joueur, et trente-deux du vis-
à-vis.

Celui qui rompt le reversis à la bonne, c'est-à-dire
qui fait une levée, reçoit soixante-quatre fiches du
joueur qui l'avait entrepris : les autres partenaires
n'ont rien.

De l'espagnolette. — Trois ou quatre as et le quinola, ou simplement les quatre as réunis dans la même main, font ce qu'on nomme l'*espagnolette*. Ce coup, souvent très compliqué, est difficile à jouer et renverse à peu près tout ce que nous venons de dire jusqu'ici. Le joueur qui porte l'*espagnolette* en prend le titre.

L'*espagnoletté* a le droit de renoncer en toute couleur pendant les neuf premières levées. Il place de cette façon le quinola, quoique souvent seul en sa main, et tire par conséquent la remise; il donne ses as à droite, à gauche, et gagne toujours la partie, de quelque manière qu'il se trouve placé. On dirait qu'on ne joue que pour lui; et, en effet, s'il est habile, il retire tous les avantages du jeu. Mais comme il n'a le droit de renoncer que pendant les neuf premières levées, il doit fournir de la couleur que l'on joue aux deux dernières, s'il en a; et s'il a eu la maladresse d'avoir gardé une grosse carte, par laquelle il se trouve dans la nécessité de faire une des deux dernières levées, il fait alors tous les frais de la partie; savoir :

1°. La perte de la partie, lors même que sa levée serait blanche; il la paie au joueur qui la gagne dans l'ordre ordinaire ;

2°. Il fait la remise s'il a placé le quinola, ou que l'ayant gardé dans l'espérance de le placer à la bonne, et étant entré maladroitement à la dixième levée, il le gorge à la dernière; mais il ne ferait pas la remise, si, étant seulement *espagnolette* de quatre as, un des autres joueurs plaçait ou forçait le quinola.

3°. Il doit aussi rendre *au double* les as ou quinola qu'il peut avoir donnés pendant le jeu, et qu'on lui a payés, ou bien aussi ceux que les autres joueurs ont pu se donner mutuellement.

On est libre de ne point se servir du privilége de l'*espagnolette*, et de jouer son jeu comme à l'ordinaire; mais on ne le peut plus dès qu'on a renoncé une fois en vertu de son droit.

L'*espagnolette* n'est pas censé avoir perdu son droit pour avoir fourni de la couleur que l'on demande, et même pour avoir pris : il faudrait pour cela que la levée lui restât; en un mot, il est libre et non forcé de renoncer.

S'il force le quinola, l'*espagnolette* en tire la consolation, à quelque époque du jeu que cela arrive : il n'y a que trois cas où cela se peut :

1°. Si, se trouvant le premier à jouer, il joue cœur, et que le quinola fût seul dans quelque main ;

2°. Si, par mégarde, ayant fait une levée dans le cours du jeu, il donne un cœur, et force;

3°. Si, étant entré malgré lui à la dixième carte, il lui restait un cœur à jouer, et qu'il forçât par ce hasard à la dernière levée.

Faire entrée est le synonyme de *faire levée*. Lorsqu'un joueur fait le reversis, l'*espagnolette* paie seul pour tous les partenaires.

Lorsqu'un joueur entreprend le reversis, et qu'un autre le rompt à la bonne, l'*espagnolette* paie tout le prix du reversis à celui qui rompt, ce qui est, comme on sait, soixante-quatre fiches.

L'*espagnolette* peut rompre un reversis à la bonne, et il en est payé comme à l'ordinaire; il peut aussi faire le reversis, et alors son jeu n'a plus rien de particulier.

Si l'*espagnolette* avait placé son quinola, et qu'il y eût reversis fait ou manqué, il ne tirera pas la remise, selon la règle générale *qu'en reversis il n'y a point de remise*, excepté pour celui qui entreprend le reversis.

Lorsque par as, roi, ou dame de cœur, l'un des joueurs forçait le quinola à l'*espagnolette*, à quelque époque du jeu que cela arrivât, il ferait la remise et paierait, ainsi que les deux autres joueurs, ce qui est dû à celui qui force, selon les règles établies précédemment, excepté toujours s'il y a reversis.

Si l'*espagnolette* n'entre pas d'ailleurs, il jouira de tous les autres droits énoncés ci-dessus. Récapitulons maintenant les diverses règles du jeu.

Règles du jeu. — On ne peut donner les onze cartes à chaque joueur qu'en trois fois, une fois par trois cartes, et deux fois par quatre, en se donnant toujours par quatre à soi-même : toute autre manière de donner est vicieuse.

Une mauvaise tournée fait refaire, à moins que les joueurs ne trouvent le coup bon, pour abréger.

Celui qui aura mal donné perd sa donne, mais il peut refaire en fournissant un jeton au panier.

Le donneur qui, ayant mal donné, ne s'en serait pas aperçu ou n'en aura pas averti avant que l'écart soit fait, paie quatre jetons d'amende au premier, et le coup est nul ; en outre, pour cette fois, il perd sa donne sans pouvoir la racheter.

Des trois cartes du talon, la première est pour le premier joueur à la droite, la seconde pour le second, et la troisième pour le troisième, comme je l'ai déjà expliqué.

Quiconque voit la carte de l'écart qui lui revient, et qui écarte ensuite, ne peut faire aucun coup, ni rien gagner ; qu'il force quinola, fasse, rompe le reversis, gagne la partie, il n'a rien à réclamer : cependant le joueur entre les mains duquel il force le quinola doit payer la remise. Il en est de même pour le joueur qui prend sa carte du talon et n'écarte pas, il ne peut non plus rien recevoir.

Lorsqu'on écarte deux cartes au lieu d'une, la règle précédente subsiste, mais avec un peu moins de rigueur ; car, si dans ce cas on rompt un reversis, ou force le quinola, on en reçoit la valeur.

Toutes les cartes qui se trouvent sous le panier comptent pour la partie, soit qu'il y en ait une de trop ou de moins.

Le joueur qui joue sa carte avant son tour, paie au panier ; mais cette règle me semble bien rigoureuse.

La levée appartient au joueur qui la ramasse ; cependant, tout autre joueur peut avertir et régler le coup avant que l'on ait rejoué, s'il le juge à propos. On peut examiner ses propres levées, en tirer des inductions sur les cartes qui restent à jouer ; mais on ne peut regarder celles de ses voisins.

Le joueur qui renonce sans avoir *l'espagnolette,* met une amende de deux jetons au panier, et ne peut réclamer aucun paiement pendant la partie. Il y a beaucoup de sociétés où l'on joue le reversis sans l'épisode de l'*espagnolette*.

Jeu du Boston.

Nous venons de voir, dans le reversis, le valet de cœur, décoré du titre de quinola, jouer un rôle important; c'est maintenant au tour du valet de carreau : sous le nom de *boston*, il est un personnage plus intéressant encore. De quelque couleur que l'on joue, il est toujours atout; maître partout, il l'emporte sur l'as, le roi, la dame, etc.; enfin, il donne son nom au jeu compliqué et piquant dont il est le héros.

Le boston nous vient, dit-on, d'Amérique; mais il est bien naturalisé français, car il y a très peu de temps qu'à Paris, et par suite dans tous les départemens, il jouissait de la plus grande faveur; quoique la vogue en soit un peu ralentie, il ne laisse pas que d'avoir encore de nombreux et surtout de fidèles amis. Comme il est un peu compliqué, tout le monde n'y peut réussir; il tend l'esprit dans les commencemens; mais, lorsqu'on en a l'habitude, il procure beaucoup de plaisir par la variété des chances et le piquant des combinaisons.

La boîte du reversis sert au boston; tous les paniers servent, car on y joue à quatre, et il doit y avoir un panier rond pour la mise du joueur, mais il faut que les paniers carrés contiennent chacun cent vingt fiches.

La partie est composée de dix tours, huit simples et deux doubles. Après la partie, il faut le consentement de tous les joueurs pour partager ce qui se trouve dans la corbeille, car si l'un d'eux refuse, on doit continuer le jeu jusqu'à ce qu'il n'appartienne plus rien au refusant, bien entendu qu'il ne fournit rien pendant cette continuation.

Après les dix tours joués, un des joueurs peut demander à cumuler ce qui appartient et ce qui est dû à la corbeille.

Pour savoir à qui donnera, un joueur prend indistinctement une place et partage un jeu de cartes en quatre parties; chacun prend un de ces tas, et celui qui trouve le valet de carreau doit donner le premier. Du reste, on tire les places au sort, et les places fixées on n'en peut changer tant que la partie dure.

Le jeu de cartes avec lequel on joue au boston doit être composé de toutes les cartes, et par conséquent en compter cinquante-deux. On remarque quatorze atout, le fameux valet de carreau qui l'est toujours, et les treize autres cartes de la couleur dans laquelle on joue.

Le *boston* voit pourtant s'évanouir ses priviléges lorsqu'on joue sa couleur, ce qui est un peu étrange : il n'est plus alors qu'un atout ordinaire, et le valet de cœur prend son rang.

Le jeu se règle à chaque coup par la demande qui se fait de la couleur dans laquelle le coup se présentera.

Manière de distribuer les cartes. — Après avoir, comme je l'ai dit, reconnu le valet de carreau dans son tas de cartes, le joueur auquel il appartient de donner, commence par mettre la corbeille à sa droite, pleine ou vide; il la garnit de dix fiches en tours simples, ou de vingt en tours doubles : elle peut être garnie d'une plus grande quantité, si les joueurs en conviennent avant la première coupe des cartes. Il aura soin de faire couper à gauche et de distribuer à droite, et de se donner en dernier, comme au reste il convient de le faire dans tous les jeux de ce genre. La carte qui lui reste après la distribution, est celle qui donne la couleur d'atout. Il laisse cette carte retournée sur le tapis jusqu'à l'instant où le premier à jouer a jeté sa carte sur la table, et la relève alors. Il peut également distribuer le jeu comme il le veut, en moins, ou en plus de cartes.

La règle essentielle du boston est celle-ci : *cartes vues, cartes rabattues;* s'il y va de la faute du donneur lorsque la carte a été vue avant le temps de la

montrer, il recommence la donne; dans le cas contraire, la donne passe au joueur suivant, mais sans
partage de corbeille.

Des couleurs. — Lors de cette première donne,
la dernière carte retournée qui fait l'atout se nomme
la belle, et reste belle pendant toute la partie. Pendant les donnes suivantes, la carte retournée s'appelle
petite. Toutefois, si le hasard ramène en retourne la
belle, elle reste belle encore. Ainsi l'on ne joue qu'en
deux couleurs, la belle et la petite.

Pour jouer dans les quatre couleurs, il faut absolument demander le *solo* ou l'*indépendance.*

Evitez la multiplicité des couleurs, la passe aug-
mentera la corbeille.

La corbeille qui se trouve à la droite du donneur,
aussitôt que les cartes sont coupées, indique le
joueur qui donnera après. Le donneur doit surveil-
ler la corbeille, et avoir soin de la faire garnir avant
que les cartes ne soient coupées; il répond de son
contenu.

Si ceux qui ont gagné la corbeille, ne la prennent
point avant les cartes coupées, elle leur échappe :
tout ce qui s'y trouve reste pour les gagnans à venir qui la prendront. Il faut observer que dès que la
corbeille est en place, et que les cartes sont coupées,
personne ne doit réclamer aucun paiement.

Des deux sociétés — Le boston est un jeu à *partenaires*, c'est-à-dire que les joueurs s'y associent
nécessairement, et dépendent l'un de l'autre. Les
gains, les pertes, les fautes, les combinaisons habiles, tout est commun aux deux joueurs associés, sauf
les exceptions que j'indiquerai bientôt à l'article des
levées et renonces.

De la parole. — On comprend assez que la parole
est l'action de parler chacun à son tour pour le réglement du jeu, et pour fixer la couleur et la passe.

L'annonce, *la demande*, *la passe*, composent la
parole. Ainsi, quand un joueur jette sa carte sur table, il *l'annonce* en nommant sa couleur; si par hasard il se trompait, et qu'en jouant pique, il annonçât

cœur, le cœur resterait, car la fausse annonce n'entraîne aucune peine.

Le joueur qui se trouve à la droite du distributeur, étant le premier en cartes, a le droit de parler le premier ; s'il veut jouer, il dit : *je demande*, et il désigne une couleur, mais il ne peut nommer ou désigner la carte qu'il dépose retournée sur la table.

Lorsqu'il veut s'abstenir de jouer, il dit : *je passe* ; ce mot une fois lâché, il ne peut plus demander ; comme aussi après avoir dit : *je demande*, le joueur ne peut plus passer ; il ne peut dans l'un et l'autre cas alléguer qu'il s'est trompé, et il est forcé de s'en tenir à ses premières paroles.

Le joueur qui est forcé de jouer, doit dire si c'est en belle ou en petite, et ne peut jouer que sur ce qu'il a annoncé.

S'il arrive que les quatre joueurs passent les uns après les autres, la corbeille passe de droit, telle qu'elle est, au joueur suivant le donneur ; il donne alors des cartes nouvelles. Si le premier en cartes demande, le second a le droit de passer ou d'accepter : si le second accepte, alors la première société s'établit volontairement entre les deux premiers joueurs, espérant gagner la corbeille et le coup ; en sorte que les deux joueurs forment la seconde société, et s'exercent à défendre le coup et la corbeille.

Le second joueur passant, la parole revient de droit au troisième ; si celui-ci passe encore, c'est au quatrième à parler pour demander ou pour accepter. Si néanmoins les trois premiers joueurs ont passé, et que le quatrième demande, la parole revient nécessairement au premier ; mais il ne peut qu'accepter seulement. Si ce premier passe encore, la parole revient successivement aux autres, pour accepter aussi successivement.

Toutefois, lorsqu'un des quatre joueurs a demandé, et qu'il n'a été accepté de personne, il est obligé de jouer seul, et les autres joueurs se réunissent pour le faire perdre : ce cas bizarre ne le contraint qu'à cinq levées.

De la préférence. — Si un joueur demande en petite, les autres peuvent rejeter sa demande par une autre en belle ; malgré cela, le joueur qui aurait fait la demande en belle, peut être repoussé par un autre joueur qui n'aurait pas encore parlé, et qui offrirait de jouer seul en l'une des deux autres couleurs ; c'est la seule circonstance où l'on puisse jouer dans les quatre couleurs ; ce cas particulier se nomme, comme nous l'avons déjà dit, proposer l'*indépendance* ou le *solo*.

Le joueur qui avait demandé le premier à jouer en petite couleur, peut aussi rejeter le solo proposé dans l'une des deux couleurs indifférentes, en offrant de jouer le solo dans la petite couleur de retourne. Mais il peut fort bien lui-même être relancé par le demandeur en belle en offrant de jouer seul en belle couleur. Malgré toute cette marche des joueurs, ils peuvent encore être repoussés par l'offre d'un joueur de faire seul neuf levées dans la couleur qu'il proposera.

Lorsque personne ne demande la préférence, à offre égale dans la belle ou la petite couleur, ou à offre supérieure dans une autre couleur, alors la parole reste à celui qui a proposé de faire seul les neuf levées.

Des levées. — Il faut au moins avoir fait huit levées, être payé de cinq par celui qui demande, et trois par celui qui accepte, pour gagner la corbeille.

L'associé du demandeur profite de l'excédant des cinq levées qui ont été faites, ainsi que des levées surpassant le nombre de trois que doit faire l'accepteur.

Le joueur qui n'a pas son compte quand l'autre associé n'a que le sien, empêche bien son associé de gagner, mais il ne le fait pas perdre ; il perd seul, et la corbeille reste : il la double alors, et c'est ce qu'en *boston* on appelle *faire la bête* ; de plus il est obligé de payer seul, à ses adversaires, le coup et la consolation.

Le demandeur et l'accepteur ne doivent pas confondre les levées qu'ils font, car il serait désagréable pour le premier de trouver un accepteur qui l'empêche de gagner : il ne doit pas être solidaire pour le paiement. Il en est de même pour la demande si elle a été mauvaise, et l'acceptation bonne. Quant aux défendeurs, ils peuvent confondre leurs levées, puisqu'elles leur sont communes; si les deux partenaires n'ont pas fait leur devoir, il est juste qu'ils paient la corbeille, la consolation et le coup, de moitié.

Si cependant le demandeur et l'accepteur n'ont fait à eux deux que leur devoir, ils partageront la corbeille, mais ils ne pourront recevoir qu'une simple consolation des deux autres joueurs; mais s'ils ont fait plus que leur devoir, ils recevront en outre ce qui est réglé au chapitre des paiemens, pour chaque levée excédante.

Celui qui demande, et qui n'est accepté de personne, joue seul, comme je l'ai dit plus haut ; s'il fait cinq levées pour son devoir, il prend seul la corbeille, et reçoit son paiement des autres joueurs.

Il est formellement défendu de relever les cartes jouées pour s'assurer de celles qui sont passées : il est cependant permis de demander à voir la dernière levée, si la suivante est encore sur le tapis.

Du chelem ou vole. — Lorsque toutes les levées ont été faites par les deux associés, le *chelem* a lieu: alors les joueurs gagnant en belle, prennent la corbeille (tour simple), se la partagent, et reçoivent des deux autres partenaires, quatre-vingt-seize fiches, payables par moitié, qu'ils partagent encore également. Le paiement n'est que de moitié si c'est en petite.

Le coup du chelem arrive encore lorsque le joueur n'ayant pas fait attention à son jeu qui se trouve très beau, propose une société au lieu d'une indépendance, quoiqu'elle ne soit acceptée de personne. S'il fait toutes les levées, il peut prendre la corbeille ; et comme ce n'est pas de sa volonté qu'il a joué l'indépendance, il recevra seulement des trois autres joueurs, quarante-huit fiches si c'est en belle, tour simple; et vingt-quatre, si c'est en petite, tour simple. Le tour double exige le double.

Le chelem a encore lieu quand on a joué volontairement l'indépendance ou solo : on prend la corbeille et on reçoit des autres joueurs le nombre de fiches désigné plus tard au chapitre des paiemens.

De l'indépendance ou *solo.* — Nous avons vu que ce coup se joue seul et volontairement, mais le joueur doit faire au moins huit levées. La demande peut être faite en toute couleur (à l'exception d'un seul cas dont nous allons bientôt parler). Le joueur qui la fait obtient la préférence, soit en belle, soit en petite, mais il risque d'être relancé.

Si lorsqu'on a demandé à jouer en société, en petite couleur de retourne, comme de carreau, on se trouve relancé par une demande en belle, qui serait trèfle par exemple, ou en solo de couleur indifférente, on ne peut alors jouer seul que dans la retourne (le carreau), parce qu'on a soi-même désigné cette couleur; de même qu'au joueur en tour de demander à passer, la parole ne peut revenir en ce cas, qu'en acceptant dans une couleur demandée par un autre. On peut toutefois retenir tacitement la parole, pour jouer seul en careau, parce qu'on n'a pas passé dans cette couleur.

De la misère. — Le coup est généralement reçu au boston dans quatre couleurs, mais très peu joué dans les deux : aussi en faut-il faire la convention avant la première coupe des cartes. La chose convenue, le coup se joue dans le sens du reversis, et le joueur qui n'a qu'un très petit jeu, dit *misère*, ce qui signifie ne point faire de levée en aucune couleur. Cela s'appelle *provoquer, tout le monde,* puisqu'avec un mauvais jeu on joue l'indépendance, et qu'on peut devenir chelem. Aussi le joueur de *misère* sera mal reçu à demander la grâce d'écarter plus ou moins de cartes; il doit jouer avec toutes cartes qu'il a reçues, et s'attendre à toutes les rigueurs. Il en est à cet égard au boston comme dans le monde.

Au cri d'alarme de *misère*, les trois autres joueurs sont anéantis; tout est ajourné, confondu; toute demande, même en préférence au solo, de quelque prétention que ce soit, est comme non avenue. Les atouts ne sont plus reconnus, le fameux boston n'est plus qu'un simple valet de carreau ; dans cette fâcheuse position ; les trois joueurs se réunissent pour attaquer et faire perdre la misère.

L'on pense bien que, puisqu'il n'y a plus d'atout, ce coup est seulement en petite couleur ; la demande doit s'en faire par le partenaire dont le tour est à parler, car s'il a d'abord demandé à jouer en société, ou en couleur, s'il a accepté ou passé, il ne peut ni ne doit préparer la misère.

Lorsque ce joueur de misère la gagne, il ne reçoit ni ne paie boston ; puisqu'il l'a réduit au simple rôle de valet : il reçoit seulement de chaque joueur le paiement du chelem en petite couleur. Mais aussi, quand une levée unique lui fait perdre son coup, il ne reçoit point le prix de boston s'il en était porteur, et, dans le cas contraire, il le paie, non seulement pour son compte, mais encore pour celui des autres joueurs : il lui faut en outre payer à ceux-ci sa misère manquée, sans oublier la levée qu'il a faite, et, qui plus est, le chelem en sens inverse.

Des cartes à jouer. — Le coup étant réglé par la parole, on ne doit voir sur le tapis que la carte de la retourne, afin que chaque joueur ait le temps d'examiner sa couleur ; aucune autre carte ne doit être aperçue. Celui qui laisserait tomber sa carte sur la table, peut être forcé de jouer l'indépendance dans la couleur de cette carte échappée. Il est ordonné d'attendre son tour pour jeter sa carte.

Rien ne force un joueur de couper quand il n'a pas de la couleur demandée, il est libre de se défaire de ses cartes indifférentes. On ne doit pas reprendre une carte jouée, règle qui concerne au reste tous les autres jeux.

Si l'on ne donne pas de la couleur demandée, et que l'on en ait cependant, les autres joueurs forcent d'en donner, et cela à peine de la renonce ; l'associé du joueur refusant ne participe point à cette punition. On ne doit jamais donner deux cartes en jouant, sans s'exposer à payer fortement, comme on va le voir à l'article de la renonce.

16

Lorsqu'un joueur, espérant faire le reste des levées, étale sur la table ce qui lui reste de cartes, il est obligé de faire le tout, et s'il manque d'une seule levée, il nuit à la fois à lui-même et à son associé, car la totalité de leurs cartes appartient à leurs adversaires.

De la renonce. — Celui qui renonce volontairement au jeu avant de commencer un coup, n'a aucune influence sur son partenaire et sur les autres joueurs. Mais il en est tout autrement du renonçant pendant le cours, ou à la fin d'un coup. Il est responsable de tout, et lors même qu'il ferait avec son partenaire huit levées ou plus, il ne gagnerait rien, il empêcherait le gain de ce dernier; il paierait seul la bête, quoique la corbeille restât.

On distingue la renonce en *société volontaire* et en *société nécessaire* (ces titres expliquent assez la nature de ces deux sociétés). Les règles que nous venons de donner regardent le premier cas; voici maintenant celles du second : le renonçant en société nécessaire, répond également de tout; s'il fait six levées avec son associé, ni l'un ni l'autre ne reçoivent rien des perdans. La corbeille reste, puisqu'elle est gagnée, et le renonçant la double; s'il ne fait que cinq levées ou moins, la corbeille se prend, puisqu'elle est également gagnée, malgré la renonce; toutefois le renonçant paie la bête à la corbeille par autant de fiches qu'elle en contenait : ainsi l'on voit à quoi se réduit son gain. Il paie ensuite la consolation, puis le coup, tant pour lui que pour son partenaire. Ce n'est pas tout encore : s'il y a plusieurs renonces dans le coup, il doit payer à la corbeille autant de bêtes qu'il y a eu de renonces; et cela, parce que le fonds de la corbeille ne doit eprouver aucune diminution.

Lorsque le coup est gagné en solo, le renonçant commence à payer la belle à la corbeille, puis le coup, et la consolation, pour ses associés et pour lui. Le solo se perd-il, le renonçant ne reçoit rien du perdant : la corbeille reste, et il est contraint de la doubler; puis il paie à ses partenaires ce que le perdant du solo devrait leur compter.

Si c'est le joueur en solo qui a renoncé, et qui gagne le coup, la corbeille reste, mais il ne reçoit rien des trois autres, et paie la bête à la corbeille; il ne donne cependant rien aux adversaires, puisqu'il a rempli son devoir; mais l'on use alors d'indulgence envers lui, car s'il était peu de bonne foi, et qu'avec intention il eût coupé mal à propos pour s'emparer de la main, et jouer ses forts atouts pour enlever ainsi du jeu de ses adversaires les petits atouts avec lesquels ses belles cartes étaient coupées; grâce à ce moyen peu loyal, il aurait au moins (en terme de jeu) fait son devoir, et serait quitte pour la bête de la corbeille, le paiement du coup étant évité.

Le joueur en solo, qui renonce et perd le coup, le paie à la corbeille comme une première bête; puis quand cette première bête est gagnée, il lui faut en compter une seconde pour sa renonce.

Celui qui coupe en renonçant garde la levée, si toutefois on ne le sur-coupe pas, et supporte seul l'événement du coup, quoique la main ne lui soit pas restée; il paie aussi la bête, à raison de sa renonce.

Réglement des paiemens. — L'article des comptes est chose importante; comme ils sont nombreux et compliqués, il faut, à moins d'une grande habitude, avoir sous la main une petite liste de ces paiemens, afin d'éviter les retards, l'embarras et les discussions. Voici cette liste, précédée de quelques légères observations :

1°. Le joueur qui néglige de se faire payer d'un coup ne peut plus rien demander quand un autre coup est commencé. Dès que la corbeille est en place, et que les cartes sont coupées, le coup est regardé comme commencé.

2o. Celui à qui boston est échu, le représente à chaque coup, et reçoit des trois partenaires deux fiches en tour simple, et quatre en tour double, lors même que ceux-ci auraient passé ou perdu en jouant, parce qu'on doit toujours *payer l'honneur.* Si on a coupé les cartes, on ne peut rien demander, mais il faut que les cartes aient été mêlées, et que la corbeille ait été mise en place.

LISTE DES PAIEMENS.

DEMANDE EN PETITE COULEUR ACCEPTÉE ET GAGNÉE.

Tour simple.

Les gagnans reçoivent chacun d'un autre joueur
le nombre de fiches suivant :
Pour le devoir de huit levées, que l'on
    nomme consolation................ 2 fiches.
Pour neuf levées................... 4
Pour dix........................... 6
Pour onze et le devoir............. 8
Pour douze......................... 10
A la treizième levée, le chelem fait payer double,
par conséquent :
Pour treize levées et 1o. le devoir...... 4
Et 2o. cinq levées en sus du devoir, à
    raison de quatre fiches par levée, ou
    le chelem simple, parce qu'il est joué
    à deux......................... 20

                Total......... 24

DEMANDE EN BELLE ACCEPTÉE ET GAGNÉE.

Tour simple.

Pour le devoir...................... 4 fiches.
Pour neuf levées.................... 8
Pour dix............................ 12
Pour onze........................... 16
Pour douze.......................... 20
A la treizième tout se double. En conséquence :
Treize levées, 1o. le devoir............ 8
2o. Cinq levées en sus du devoir, à raison
    de huit fiches par levée, ou le chelem
    simple 40

              Total............ 48

INDÉPENDANCE OU SOLO PETITE COULEUR, GAGNÉE, SE
PAIE DOUBÉE.

Tour simple.

Celui qui joue avec gain ce coup, reçoit
de chaque joueur, pour son devoir de
huit levées .... 16 fiches.
Pour neuf levées....................... 20
Pour dix................................. 24
Pour onze et compris le devoir........ 28
Pour douze 32
A la treizième levée, paiement double comme
précédemment.
Ainsi pour treize levées, 1°. le devoir.. 32
2°. Pour cinq levées en sus, ou le chelem,
à raison de huit fiches par levée 40
$$\overline{}$$
Total......... 72

Indépendance ou solo belle couleur, gagnée, se
paie double de la partie.
Pour le devoir....................... 32
Pour neuf levées..................... 40
Pour dix............................. 48
Pour onze 56
Pour douze et le devoir.............. 64
Pour la treizième levée, paiement double
64
Pour le chelem....................... 80
$$\overline{}$$
Total........ 144

DEMANDE EN PETITE COULEUR, ACCEPTÉE OU GAGNÉE.

Tour simple.

Les défenseurs du coup reçoivent chacun des de-
mandeurs perdans la quantité de fiches suivante :
1°. Devoir manqué.................... 2 fiches.
2°. Pour une levée perdue............ 2
$$\overline{}$$
Total.............. 4

Levées.		Levées.	
2..........	6 fiches.	8..........	18 fiches.
3..........	8	9..........	20
4..........	10	10..........	22
5..........	12	11..........	24
6..........	14	12..........	26
7 devoir man-			
qué......	15		

A la treizième levée, paiement double, par conséquent, 1°. le devoir manqué............ 4 fiches.
2°. Le chelem, à raison de quatre fiches
par levée............................. 52

Total.......... 56

DEMANDE EN BELLE COULEUR, ACCEPTÉE ET PERDUE.

Tour simple.

Dans ce cas, les perdans paient le double de ce
qui est réglé ci-dessus pour la *petite couleur*, tour
simple.

INDÉPENDANCE OU SOLO PETITE COULEUR, PERDUE.

Tour simple.

L'indépendance étant perdue en petite couleur,
le perdant paie à chaque joueur :
Pour solo manqué.................. 16 fiches.
Pour une levée perdue.............. 4

Total.......... 20

Levées.		Levées.	
2..........	24 fiches.	8..........	48 fiches.
3..........	28	9..........	52
4..........	32	10..........	56
5..........	36	11..........	60
6..........	40	12..........	64
7..........	44		

A la treizième, paiement double,

1°. Pour le devoir manqué.......... 32 fiches.

2°. Pour le chelem, à raison de huit

fiches par levée.................... 104

Total......... 136

INDÉPENDANCE OU SOLO BELLE COULEUR, PERDUE.

Tour simple.

Si l'indépendance est manquée en belle, le perdant compte à chacun des joueurs le double de ce que nous venons de détailler.

DEMANDE EN PETITE COULEUR, NON ACCEPTÉE ET GAGNÉE.

Tour simple.

Le joueur qui fait une demande, *et n'est accepté de personne*, est libre de ne faire seulement que cinq levées pour son devoir; il gagne alors le coup, et reçoit des trois joueurs.

Pour son devoir..................... 2 fiches.

Pour 1 levée en sus................. 4

Pour 2 levées...................... 6

Pour 3............................. 8

Pour 4............................. 10

Pour 5, y compris le devoir........ 12

Pour 6............................. 14

Pour 7............................. 16

Et comme à la huitième il fait chelem, tout est double; il a donc pour son devoir...... 4

Pour huit levées en sus de son devoir, à raison de quatre fiches par levée...... 32

Total......... 36

DEMANDE EN BELLE COULEUR, NON ACCEPTÉE ET GAGNÉE.

Tour simple.

Paiement double du précédent.

DEMANDE EN PETITE COULEUR, NON ACCEPTÉE ET PERDUE.

Le devoir de cinq levées n'étant pas fait par le demandeur en petite, il paie à chaque joueur,

Pour son devoir manqué.............. 2 fiches.
Pour une levée perdue............... 2
Total........... 4

Pour 2 levées..................... 6
Pour 3, y compris le devoir manqué.. 8
Pour 4.......................... 10
A la cinquième levée perdue, tout se paie double ; donc pour le devoir manqué........... 4
Pour 5 levées perdues, à raison de 4 fiches par levée.................... 20
Total.......... 24

DEMANDE EN BELLE COULEUR, NON ACCEPTÉE ET PERDUE.

Le paiement est double du précédent.

TOURS DOUBLES.

En tours doubles, tous les paiemens sont doublés : un seul exemple suffira pour l'indiquer et régler tout le reste.

DEMANDE EN PETITE COULEUR, ACCEPTÉE ET GAGNÉE.

Tour double.

Quand ceux qui demandent sont acceptés, et ga-

gnent en petite couleur, ils reçoivent chacun, des
autres joueurs, la quantité de fiches suivante :

Pour le devoir et 8 levées............. 4 fiches.
Pour 9 levées....................... 8
Pour 11, y compris le devoir........ 16
Pour 12........................... 20
A la treizième levée tout se paie double; donc pour
le devoir de 8 levées................... 8
Pour les 5 levées ou chelem, à raison
de 8 fiches par levée................... 40
                        Total.......... 48

DEMANDE EN BELLE COULEUR, ACCEPTÉE ET GAGNÉE.

Tour double.

Pour le devoir de 8 levées............ 8 fiches.
Pour 9 levées....................... 16
Pour 10............................ 24
Pour 11, y compris le devoir........ 32
Pour 12........................... 40
A la treizième levée tout se paie double; ainsi pour
le devoir de 8 levées................. 16
Pour les 5 levées en sus, ou chelem, à
raison de 16 fiches par levée........... 80
                        Total.......... 96

Ainsi de suite, en doublant tous les réglemens
faits pour les tours simples, tant pour la perte que
pour le gain.

Jeu de l'Écarté.

Ce jeu, assez commun, très facile et fort peu piquant, ne devrait pas trouver place dans cette série;
mais, puisque la mode veut que nulle assemblée, nul
bal, nulle réunion quelconque n'ait lieu sans une table
d'écarté, force est bien de l'admettre à cette place
d'honneur. Cette vogue, qu'il est difficile d'expliquer,
est générale, et d'échelon en échelon l'écarté se
trouve partout, depuis le salon royal jusqu'au réduit
de l'estaminet.

L'écarté, dont le titre annonce le caractère, est une espèce de triomphe qui se joue à deux, sur une table à jouer ordinaire. Mais, depuis que la mode a fait croire ce jeu si intéressant, on a *des tables d'é-carté* dont le pied est croisé : bien que ce soit aussi chose inutile, les élégans se servent de boîtes d'*écarté*. Ce sont de petits nécessaires plats (d'environ deux pouces de hauteur, et de six à sept de largeur, sur quatre de longueur), en bois de citron, de perdrix ou de tout autre bois précieux. Au milieu du couvercle de la boîte, en dessus, on lit le mot *écarté*, en légers clous d'acier brillant. L'intérieur est partagé en trois compartimens longitudinaux, dont deux (ceux de chaque bord semblables et celui du milieu une fois plus étroit) sont destinés à renfermer deux jeux de cartes, que l'on place dans les compartimens latéraux : comme la place est juste, on lève ces jeux au moyen d'un ruban passé en dessous. La case du milieu contient les jetons, à raison de quatre dans chaque compartiment; les uns sont bleus, et les autres rouges : les uns et les autres sont garnis quelquefois sur le bord d'un cercle blanc : en commençant la partie, on offre à choisir les jetons. Voyons maintenant la manière de jouer l'écarté.

Après être convenu de la somme qu'on expose, pour ainsi dire, au hasard, on tire la main, qui appartient à la plus forte carte. Le donneur prend un jeu de trente-deux cartes, et les distribue à volonté par deux et trois, ou trois et deux. La donne ne peut se changer dans la même partie, qui se joue en cinq ou sept points, au gré des joueurs.

Les cartes données, on tourne : si le roi vient, il compte un point pour le donneur qui l'a tourné; il compte également pour celui qui l'a dans la main; mais afin d'en profiter, il faut l'annoncer avant de jouer, en disant *j'ai le roi*, ou le jouer tout d'abord, ou enfin le mettre sur le tapis.

Le premier à jouer, c'est-à-dire le joueur qui n'a pas donné, propose toujours d'écarter : il procède à cet écart en annonçant le nombre de cartes qu'il désire, et en plaçant de côté, et à l'opposite du talon, les cartes rejetées; ce que l'un et l'autre joueur doivent faire avant la distribution des cartes demandées. Il n'est point permis de demander plus ou moins de cartes qu'on a d'abord déclaré en vouloir, ni de toucher à celles mises à l'écart, une fois qu'il est fait.

Immédiatement après avoir donné et retourné, le donneur garde le talon dans sa main pour servir son partenaire; dès qu'il lui a donné le nombre de cartes demandé, il regarde son propre jeu et voit s'il juge à propos d'écarter; il se sert, et l'on commence ensuite à jouer.

Quand le premier joueur (que j'appellerai Félix) joue sans proposer d'écarter, ou qu'Edmond (le dernier) refuse l'écart qu'a proposé le premier, s'ils ne gagnent le point, ils en perdent deux.

Dans le cas de mal donne, le coup ne se joue point et la main passe de droit quand elle se fait d'emblée.

Si Félix, après donne sur écart, a moins de cartes qu'il ne lui en faut, il prendra parmi celles qu'Edmond vient de se servir celles qui lui reviennent selon l'ordre naturel de la distribution. Si par hasard celui-ci les avait montrées, Félix compléterait son jeu avec le talon.

On perd un point quand, après donne sur écart, on joue avec plus de cinq cartes. Edmond perdrait en outre le droit de compter le roi.

Lorsqu'après donne sur écart, un joueur ayant porté ses cartes à vue, s'aperçoit qu'il a plus de cartes qu'il n'en doit avoir, et le déclare, on fait tirer au hasard, par l'autre joueur, ou par l'un des parieurs, s'il y en a, autant de cartes qu'il est nécessaire pour opérer la réduction. Ces cartes sont mises à l'écart.

Dans le cas précédent, tant que le joueur n'a pas mêlé les cartes demandées avec celles qu'il s'est réservées, et qu'il ne les a pas portées à vue, on ne peut extraire de cartes que parmi les dernières reçues.

Si, en donnant sur écart, Edmond retourne comme s'il donnait d'emblée, Félix peut demander un second écart, qui ne doit point lui être refusé. Le coup est nul de droit, si dans le jeu il se trouve quelques unes des premières cartes retournées, à moins toutefois qu'il n'y ait que la onzième.

Lorsqu'on s'aperçoit qu'il se trouve quelque carte retournée au-dessous de la douzième, si l'on n'a pas porté ses cartes à vue, on ne peut point exiger que le coup soit refait. Le coup ainsi joué sans aucune réclamation préalable de part et d'autre a son plein effet.

Quand on donne sur écart, s'il se trouve quelque carte retournée dans le talon, le coup est bon, et on donne les cartes retournées à qui elles reviennent de droit.

Ces règles accessoires et autres semblables, sur lesquelles s'étendent longuement les recueils de jeux, sans donner les préceptes principaux du jeu même, étant expliquées, voyons maintenant la manière de jouer l'écarté.

Les cartes ont, à ce jeu, leur valeur ordinaire; c'est-à-dire que le roi emporte la dame, la dame le valet, etc.; les plus grosses cartes sont les plus avantageuses, parce que le gain est en raison du plus grand nombre de levées. Celui qui en a le plus gagne la partie; celui qui fait trois levées marque un point : s'il en fait cinq, ce qui est le *nec plus ultrà*, il en marque deux.

Félix jette sa carte sur le tapis; Edmond doit lui donner la couleur semblable, s'il en a ; dans le cas contraire il coupe par un atout (les atouts sont les cartes de la couleur de la retourne). Que l'un ou l'autre fasse la levée, on joue chacun à son tour. Ce jeu a très peu de combinaisons : écarter les plus petites cartes, dans l'espoir d'en recevoir de plus fortes ; jouer ses plus mauvaises lorsque les gros atouts sont sur le tapis et que rien ne peut leur résister ; tâcher ensuite de faire le reste des levées, en ménageant ses cartes, voici la manière de se tirer avec un mauvais jeu : avec des atouts le jeu va de lui-même.

Jeu de la Bouillotte.

Ce jeu, que les messieurs ont spécialement adopté, est presque obligé dans les salons et quelques sociétés littéraires : on se sert d'une table ronde, au milieu de laquelle on place un flambeau, particulier à ce jeu : ce flambeau est ordinairement composé de deux quinquets qu'entoure une large bande de tôle vernie, verte à l'extérieur, et blanche intérieurement : cette bande circulaire est un peu aplatie longitudinalement. Le support du flambeau est un plateau de bois noir soutenu sur quatre pieds arrondis, et assez semblable aux plateaux qui servent de pied aux pendules et vases de prix ; il en diffère toutefois en ce qu'il porte un bord haut d'un pouce environ, et qu'à quelques lignes de ce bord il se trouve une rainure dans laquelle on plante perpendiculairement les cartes en certains cas. Du reste, on joue à la bouillotte avec des jetons et des fiches ordinaires, et un piquet dont on supprime les sept, ce qui le réduit à vingt-huit cartes.

On joue ordinairement cinq à la bouillotte ; le nombre cinq y domine : la mise de chaque joueur est de cinq jetons, et cinq fiches valant chacune cinq jetons ; ainsi la mise est de trente jetons.

Les places doivent être déterminées ; pour cela, on prend dans le jeu cinq cartes, savoir : un as, un roi, une dame, un valet et un dix ; il n'importe qu'elles soient ou non de même couleur ; en les tenant comme un éventail déployé, on les présente par l'extrémité où elles se trouvent étalées, et du côté blanc. Chaque joueur en choisit au hasard une qui marque sa place ; le porteur de l'as se met auprès du roi ; le porteur de celui-ci auprès de la dame, ainsi de suite. Les cartes rendues ensuite au jeu se mêlent avec les autres.

Cette espèce de tirage sert aussi à décider quel sera le donneur ; et quoique l'as soit la principale carte du jeu, il est d'usage que le joueur qui se trouve avoir le roi donne les cartes le premier ; par conséquent le premier en cartes est le porteur de la dame.

On convient ensuite du prix du jeu, et chaque joueur met un jeton au jeu ; le donneur met le dernier : ce jeton, comme la plupart des paiemens, se place au flambeau, c'est-à-dire au milieu du plateau

qui le supporte. Le donneur s'occupe ensuite de
mêler. Le premier en cartes peut, s'il le juge à propos, se *carrer*, c'est-à-dire mettre, plus un, autant
de jetons qu'il y a au jeu ; le second joueur peut *dé-
carrer* celui-ci en doublant le jeu, plus un jeton. Il en
coûte donc dans le premier six jetons, et sept dans le
second ; mais il y a deux avantages à être *carré* :
1°. si tout le monde passe, le carré (la mise de six ou
sept jetons) et le jeu vous appartiennent ; 2°. si quelque joueur fait le jeu, vous parlez le dernier.

Lorsque le jeu est fait, c'est-à-dire les jetons de
mise ou de carré placés au flambeau, le donneur distribue les cartes en les donnant une à une à chaque
joueur, qui doit en avoir trois : il se sert ensuite, puis
en retourne une qui est la seizième, et place le talon
à sa droite.

Le premier en cartes, que je nommerai Anatole,
parle le premier, s'il n'est point carré, car alors il
garde le silence ; s'il a jeu suffisant, s'il *voit le jeu
seulement*, c'est-à-dire les cinq jetons des mises ;
*s'il le voit avec telle quantité de fiches ou de jetons
qu'il lui plaît d'y ajouter en promesse*, alors il *annonce
et ouvre le jeu* ; s'il ne croit pas le jeu suffisant, il
passe.

Anatole ayant parlé, les autres partenaires répon-
dent successivement, soit en tenant le jeu couvert,
c'est-à-dire en conservant leurs cartes dans leurs
mains, soit en *relançant* Anatole (supposons que le
relanceur s'appelle Armand) ; Armand relance Anatole, en offrant de jouer plus que lui, telle quantité
de jetons et de fiches qu'il juge à propos de déterminer.

Lorsque Armand a relancé Anatole, et les joueurs
qui ont ouvert le jeu avec lui, et comme lui, ceux-
ci sont obligés de *tenir*, c'est-à-dire de jouer ce qu'on
leur propose ; alors ils sont dits *tenans*. S'ils ne veulent pas l'être, ils renoncent en payant autant de
jetons qu'il s'en trouve au jeu, ou autant qu'ils en
ont promis de tenir. Ils peuvent aussi relancer eux-
mêmes.

Quand tout le monde a parlé, si deux ou plusieurs joueurs tiennent, chacun *découvre* son jeu, c'est-à-dire en plante les cartes dans la rainure du plateau, de manière à ce que le dessous soit tourné du côté du flambeau, et le dessus du côté des joueurs (quand le flambeau manque de rainure, on découvre le jeu en le mettant sur la table); alors, les deux tenans cherchent dans le jeu des autres de quoi faire ou compléter le leur. On choisit selon sa position, c'est-à-dire qu'il appartient au premier en cartes ou à celui qui le suit (soit qu'il en soit séparé par un ou plusieurs joueurs qui passent ou qui renoncent), à prendre les cartes convenables dans le jeu de celui qui l'avoisine à gauche; bien entendu que si son voisin de gauche se trouve un tenant, il passe au jeu du joueur suivant.

Celui qui a le plus fort point gagne le coup. Or, le plus fort point se compose du plus grand nombre de cartes de même couleur, ou des plus forts en points; en cas de concurrence, le premier en cartes l'emporte.

On compte les cartes comme au piquet : l'as vaut onze points, les figures valent dix, et les autres cartes les points qu'elles portent. L'as étant la première carte du jeu attire à elle les autres cartes de sa couleur qui sont sur le jeu; ainsi, lorsqu'il s'agit, en tenant, de choisir dans le jeu d'autrui, le tenant qui a, je suppose, l'as de cœur, prend les cœurs qui se rencontrent dans les jeux divers.

Quand tout le monde passe, on recommence à mettre un jeton, et la donne se fait de nouveau. Le fonds du jeu alors se trouve double; mais si l'un des joueurs s'était carré, il prendrait le jeu, et la mise suivante serait simple comme à l'ordinaire.

Tous les joueurs au-dessus de celui qui ouvre le jeu peuvent *revenir*, quoiqu'ils aient passé, et tenir ou même relancer.

Lorsqu'un des joueurs a ouvert le jeu, tous ceux qui ont parlé ensuite ne peuvent plus rien faire, et le premier reçoit la loi de ceux qui tiennent contre lui.

Quand plusieurs joueurs tiennent, c'est au voisin de celui qui a ouvert le jeu à déclarer ce qu'il joue;

les autres agissent de même, successivement et par ordre, c'est-à-dire en allant toujours par la droite du premier en cartes. Quand celui qui a ouvert le jeu *tient sans plus*, c'est-à-dire sans vouloir jouer plus qu'il n'y a au jeu, celui qui le suit peut relancer, et alors le premier est contraint de *tenir* comme à l'ordinaire ou d'*abandonner le jeu*, c'est-à-dire de donner au gagnant autant de jetons qu'il y en a sur le jeu.

Personne ne peut jouer plus qu'il n'a devant lui, c'est ce qu'on appelle faire son *va-tout*, ou être *cavé*. Lorsqu'un joueur a perdu tout ce qu'il a devant lui, il se retire et fait place à un autre : on dit alors qu'il est *décavé*.

Au jeu de la bouillotte, il y a *le brelan simple* et *le brelan carré* : le premier se compose de trois cartes de même valeur ; celui d'as est le premier. Les cartes prennent ensuite rang comme au piquet. Le brelan l'emporte sur tous les autres jeux : chaque brelan simple donne deux jetons au flambleau : il en reçoit deux de chaque joueur.

Le second l'emporte sur tous les autres : il se compose de trois cartes semblables à la retourne. Le brelan carré donne quatre jetons au flambeau, et en reçoit quatre de chaque joueur.

On appelle avoir *jeu fait*, trente et un, vingt et un, et la retourne. On croit souvent devoir relancer avec ce jeu ; mais s'il ne se trouve dans le jeu des quatre autres joueurs qu'une carte de votre couleur, tandis qu'en levant avec un as seul, ou un roi, qui a le même privilége quand l'as ne joue pas, on en rencoutre six qu'il entraîne, vous perdez le coup.

Si personne n'ouvre le jeu, le donneur recommence la donne, et chaque joueur remet un jeton.

On ne peut jouer moins que le jeu.

Le joueur qui a passé avant que quelqu'un ait ouvert le jeu, peut revenir contre celui qui l'ouvre et tenir ; mais celui qui a passé lorsque le jeu est ouvert, ne peut plus le faire.

Quand plusieurs joueurs tiennent, c'est à celui qui se trouve le plus près à la droite de celui qui a ouvert, à déclarer combien il joue, sauf la relance des autres joueurs qui tiennent.

Le joueur qui, après avoir ouvert et tenu, ne veut pas tenir ce dont il est relancé, renonce en payant ce qu'il a joué.

S'il y a un *refait*, c'est-à-dire que tout le monde passe, on met sous le flambeau, pour les cartes, un des jetons de la seconde mise. Le second refait en seconde donne, ne met rien au flambeau. Le troisième refait en quatrième, donne deux jetons au flambeau.

S'il arrive qu'une carte soit retournée dans le jeu, on refait, mais néanmoins on continue la donne avant, pour vérifier s'il y a des brelans.

Qui se carre met aussi un jeton sous le flambeau.

Les parties ne sont point limitées à la bouillotte : elles durent aussi long-temps qu'il y a des joueurs pour remplacer ceux qui sont décavés. La bouillotte a beaucoup de rapports avec l'ancien jeu de brelan, qui lui a donné naissance.

Jeu de Brelan.

Espèce de jeu de renvi, qui se joue, ou plutôt se jouait à deux, trois, quatre ou cinq personnes, et où on ne donne que trois cartes à chacun.

On distinguait deux sortes de brelan : l'un qu'on nomme *brelan carré*, l'autre *bouillotte* (c'est le jeu actuel de la bouillotte).

Au premier, la partie est limitée à un certain nombre de coups : nous avons vu comme on en use à la seconde. Nous y renvoyons pour l'ordre des places, la parole et les renvis.

On a jeu sûr quand on a *brelan carré* ou *quatrième*, c'est-à-dire trois cartes de différentes couleurs, et de même sorte, et que la quatrième fait la retourne : c'est aussi le *brelan-tricon*.

Viennent ensuite le *brelan d'as*, *de rois*, *de dames*, *etc.* En général, un brelan est un jeu composé de trois cartes semblables.

Le *brelan favori* est celui qu'on est convenu de payer double en commençant à jouer.

Voici quelques uns des termes techniques du brelan. *Cave*, c'est le fonds d'argent que chaque joueur met devant soi. On *décave* en gagnant cet argent. Une *carte fausse* est celle dont on n'a pas l'as. *On file* quand on ne met précisément au jeu que ce qu'on est obligé d'y mettre. On nomme *jeu* ce que chaque joueur a mis au jeu. *J'y vois du jeu, j'y suis du jeu*, signifie qu'on joue ce qui compose le jeu. On *ouvre le jeu* en faisant la première vade. La *passe* est l'argent qu'on est convenu de mettre au jeu chaque fois qu'on recommence un nouveau coup. Enfin, on désigne par le nom de *rentrans* les joueurs qui remplacent à la bouillotte ceux qui sont décavés.

Quand sur le coup il y a deux *brelans*, le porteur du plus fort ne paie rien au plus faible, mais les autres joueurs paient chacun les deux brelans. Quand un joueur a perdu toutes ses caves, il peut s'en tenir à filer, c'est-à-dire mettre une seule pièce de ce que l'on joue, comme un jeton, un sol, un franc, un écu, etc. *Jouer le tapis*, c'est jouer la passe quand il ne reste plus rien devant soi. *Voler la passe*, se dit du joueur qui, ayant mauvais jeu, propose une somme considérable dans l'espoir qu'on ne tiendra pas, afin de gagner la passe sans contradiction.

Jeu du Quinze.

Moderne et distingué, ce jeu de hasard et de renvi a quelque analogie avec la bouillotte. Le nombre *quinze* qui est son coup important l'a fait ainsi nommer.

On y peut jouer deux, trois, quatre, cinq et six personnes, et l'on emploie deux jeux entiers. Une pratique particulière à ce jeu, veut que l'on réunisse ensemble, pour former un jeu, les piques et les trèfles des deux jeux, et d'autre part les cœurs et les carreaux; cela fait le *jeu rouge* et le *jeu noir*. On décide ensuite de combien de tours sera composée la partie.

Après cela on s'occupe de la place que les joueurs occuperont autour de la table. S'il y en a, par exemple, cinq, on tire du jeu cinq cartes, savoir : un roi, une dame, un valet, un dix et un neuf, qu'on mêle, et qu'on présente ensuite aux joueurs, pour que chacun en prenne une. Celui qui tire le roi choisit la place qui lui convient; la dame se place à la droite du roi, le valet à la droite de la dame, le dix à la droite du valet, et le neuf à la gauche du roi. Le neuf en outre désigne le donneur.

Alors chacun forme *sa cave*, en mettant devant soi l'argent qu'il veut risquer au jeu : on peut aussi former la cave de jetons en leur donnant une valeur convenue. Il est d'usage de convenir que la cave pourra bien excéder telle somme, mais qu'elle ne pourra être au-dessous. Chacun met ensuite un jeton, ou une pièce de monnaie suivant la convention, et ces mises forment ce qu'on appelle le *jeu* ou la *passe*.

Une chose remarquable à ce jeu, c'est que le donneur prend les cartes qu'il distribue, non en dessus, comme à l'ordinaire, mais en dessous du talon; il commence par en donner une à chacun. Alors chacun prend successivement la parole, et ou l'on *passe*, c'est-à-dire que l'on ne joue pas, ou l'on *propose* soit le *jeu*, soit une partie, ou même la totalité de sa cave. Le premier cas a lieu, non seulement lorsqu'on a mauvais jeu, mais encore lorsqu'il est beau, parce qu'alors on se réserve le droit de renvier celui qui jouera le premier.

S'il arrive que chacun passe, tout le monde remet au jeu, et l'on donne de nouvelles cartes. Cette seconde donne est confiée au donneur de la première, et il ne doit ni mêler, ni couper.

Il continue sa distribution jusqu'à ce qu'il ne reste plus au talon assez de cartes pour en donner une à chacun, et en conserver en outre deux dans la main.

Lorsqu'ayant la parole, un joueur ouvre le jeu,

soit en disant qu'il fait *le jeu* ou *la passe*, soit en proposant une somme quelconque, qui ne peut être inférieure à la passe (à moins qu'il n'ait plus qu'un reste de cave devant lui), le joueur suivant est obligé d'accepter la proposition, ou de dire qu'*il passe*. Alors il ne peut, en ce dernier cas, revenir sur le coup; mais s'il a accepté de jouer ce que l'autre a proposé, il peut, s'il le juge convenable, renvier, et si le premier joueur n'accepte point le renvi, il perd ce qu'il a d'abord proposé.

Remarquez que lorsque le joueur qui a la parole a passé sans qu'aucun joueur précédent ait ouvert le jeu, il peut rentrer en concurrence avec ceux qui viennent à ouvrir ou à proposer. La même règle s'applique à tous ceux qui ont passé, lorsque auparavant il n'a été fait aucune proposition.

Si celui qui a ouvert le jeu, ou proposé de jouer une somme quelconque, vient à être renvié, et qu'il accepte le renvi, il demande carte au donneur qui tient dans sa main le talon. Celui-ci détache alors une carte de dessous le talon et la lui tend : elle se met à découvert sur la première carte du joueur, et celle-ci reste couverte jusqu'à la fin du coup.

Sa carte reçue, le joueur prend la parole : il peut alors dire qu'il s'y tient, ou proposer en renviant. Dans l'un et l'autre cas, les joueurs qui sont engagés sur le coup peuvent renvier si cela leur convient; et ceux qui refusent d'accepter le renvi perdent ce qu'ils ont exposé avant leur refus.

Le joueur qui approche le plus du point de *quinze*, sans l'excéder, gagne ce qu'on a joué. Dans le cas où les points de deux personnes seraient égaux, la primauté l'emporterait. Cette primauté appartient au joueur qui est le plus près de la droite du donneur.

La valeur des cartes se détermine par la quantité de points qu'elles présentent. Ainsi l'as compte pour un point, le deux compte pour deux, etc. Les figures en marquent dix.

Lorsque les renvis proposés sur la première carte demandée sont terminés par l'acceptation des joueurs, celui qui a demandé une première carte peut en demander , s'il le juge à propos, une nouvelle, et successivement en prendre plusieurs autres, tant qu'il n'a point excédé le nombre de *quinze ;* mais s'il l'excède, il *crève* ou *brûle,* perd irrévocablement , et doit abandonner son jeu. On doit remarquer, du reste, qu'à chaque nouvelle carte demandée, tous les joueurs intéressés sur le coup ont la faculté de renvier.

Quand le premier joueur n'ayant point crevé, ne veut plus ajouter de cartes à celles qu'il a demandées pour former son jeu , il l'annonce en disant *basta* (il suffit), ce qui équivaut à s'y tenir.

C'est alors au joueur qui suit à former son jeu : pour cela il agit comme le premier, et ainsi successivement des autres. Quand tout le monde a formé son jeu, et qu'il n'y a plus lieu aux renvis, le premier accuse son jeu et le met à découvert. Si le second, sans avoir crevé, a un point supérieur, il le montre et gagne ; mais si le premier a gagné sur le second , celui-ci coule son jeu au rebut sans le montrer. Tous les autres joueurs agissent de même.

Jeu du Hoc.

Fort en vogue sous le ministère du cardinal Mazarin, ce jeu en avait pris le surnom , et s'appelait *hoc-mazarin,* et on le jouait un peu différemment du jeu primitif. Comme toutes les choses de circonstances, cette variation est oubliée, mais l'on se souvient encore du jeu dans plusieurs départemens. Il porte le nom de ses principales chances.

On peut y jouer à deux ou trois personnes. Dans le premier cas, on donne quinze cartes à chacun ; dans le second, douze : le jeu de cartes dont on se sert est entier ; les cartes ont l'ordre et la valeur ordinaire.

Le *hoc* est une sorte d'ambigu , puisqu'il est mêlé du *piquet,* du *brelan,* du jeu *de la belle,* du *flux* et du *trente et un,* et d'autres jeux de combinaison et de renvi. On y trouve les coups de la *séquence,* du *point* et du *tricon,* que nous avons expliqués aux ar-

ticles *Nain jaune*, *Commère*, *Accommodez-moi*, etc.
Nous renvoyons donc en conséquence à ces derniers
jeux.

Mais ce qu'il y a de particulier à celui-ci, ce sont
les cartes nommées *hocs*, qui sont dites faire *hoc* : ce
sont les quatre rois, la dame de pique et le valet de
carreau. Chacune de ces cartes vaut un jeton à celui
qui la place.

On met au jeu trois jetons, pris d'une somme de
jetons que l'on fait valoir un prix convenu : l'un est
pour le point, l'autre pour la séquence, et le troisième pour le tricon : le donneur est désigné par le
sort. Le premier joueur examine son jeu : s'il n'a
qu'un petit point, il passe ; s'il l'a fort, il renvie.
S'il passe, et que ses compagnons renvient, en disant, deux, trois ou quatre au point, il peut y *revenir* ; mais si l'un d'eux va jusqu'à vingt jetons et
au-dessus, on ne peut renvier : l'on peut renvier de
moins si l'on veut, et celui qui gagne le point le lève
avec tous les renvis sans que les deux autres soient
obligés de lui rien donner. Cela fait, on accuse la
séquence ; ou bien, si on le juge à propos, on dit :
je passe pour y revenir, au cas que les autres renvient,
comme je viens de l'expliquer.

Quand le jeu est simple, c'est-à-dire qu'il n'y a
point de renvi, le gagnant de la séquence tire un
jeton de chacun pour chaque séquence simple qu'il
a en main. La première qui vaut fait valoir les moindres à celui qui l'a. De la séquence, on passe au tricon, qu'on renvie de même que le point.

Mais s'il arrive que l'on passe pour tous ces coups,
on ne tire rien, on double l'enjeu pour le coup suivant ; alors le gagnant gagne double, bien qu'il ait
un jeu simple, et tire en outre un jeton de chaque
joueur.

Quand on a séquence ou tierce de roi, bien que
l'enjeu soit simple, on paie deux jetons au gagnant :
on en donne autant à celui qui gagne une séquence
simple, lorsqu'il a en main une séquence de quatre
cartes, c'est-à-dire une quatrième. Si le jeu est
double, on en paie quatre chacun.

On donne trois jetons pour la quatrième du roi, autant pour la séquence avec quinte ou à cinq cartes : quatre pour une quinte de séquence au roi; deux pour le tricon; quatre pour trois rois, ou pour quatre dames ou valets; huit pour quatre rois, et tous ces paiemens doublent quand le jeu est double.

Voyons maintenant la manière de jouer les cartes.

Supposé que le premier à jouer ait en main un, deux, trois, quatre, ou autres cartes, ainsi de suite, il les jouera comme au nain jaune, et quoique sans qu'elles soient de semblable couleur, et que les deux autres joueurs n'aient pas de quoi mettre au-dessus de la carte où il s'arrête, la dernière carte jetée lui est *hoc*, et lui vaut un jeton de chaque joueur : il recommence par les plus basses, parce qu'il est plus facile de rentrer par les hautes. On continue à jouer les cartes comme au nain, en disant, je suppose, six, sept, sans huit, si l'on manque de cette dernière carte; mais si le joueur qui manque de huit, soit pour continuer, soit pour couvrir, a un *hoc*, il peut l'employer pour cette carte, les *hocs* ayant le privilége d'être changés à volonté : il recommence ensuite à jouer la carte la plus avantageuse à son jeu.

Il est important de se défaire de ses cartes, puisqu'on paie deux jetons pour chaque carte qui reste en main, depuis dix jusqu'à douze, et un pour chaque carte au-dessous de dix. Lorsqu'il en reste deux, on paie quatre jetons, et six pour une seule.

Le porteur de cartes blanches sans figures gagne dix jetons de chacun; mais si deux joueurs en avaient, le troisième ne leur donnerait rien.

Jeu du Poque.

C'est le pendant du jeu précédent, avec lequel il a beaucoup de rapports, quoique plusieurs différences le distinguent. Il tire son nom de son caractère.

On joue à ce jeu depuis trois personnes jusqu'à six : n'est-on que trois ou quatre, on se sert d'un piquet; est-on six, on y ajoute les six. On tire la donne au sort, parce qu'elle est avantageuse. Les joueurs reçoivent chacun cinq cartes données par deux et trois : ils prennent chacun un enjeu, qui est ordinairement de vingt jetons et de quatre fiches (chaque fiche valant cinq jetons), dont on détermine la valeur conventionnelle.

On a ensuite six *poques*, c'est-à-dire six cassetins de la grandeur d'une carte, et fort bas de bord : on les met sur la table, au milieu, et chacun d'eux a son nom écrit : l'un est marqué as, l'autre roi, le troisième dame, le quatrième valet, le cinquième dix et neuf, et le sixième le *poque* proprement dit. Un jeton est mis par chacun dans chaque poque. Le donneur tourne alors la dernière carte du talon (celle qui vient après la distribution). Si cette carte répond à l'une de celles marquées sur les poques, il tire les jetons qui sont dans le poque correspondant à la retourne.

Cela fait, chacun examine son jeu, et regarde s'il n'a point *poque*, c'est-à-dire deux, trois ou quatre as, et ainsi des autres cartes inférieures, les as étant les cartes supérieures du jeu.

Le premier à jouer doit dire pour lever le poque, je *poque d'un jeton*, de deux, ou plus, s'il le juge à propos : si ceux qui le suivent ont aussi poque, ils peuvent tenir au prix où est porté le poque, ou bien renvier de ce qu'ils veulent, ou l'abandonner sans vouloir hasarder de perdre le renvi qu'il faudrait payer s'ils perdaient.

Les renvis faits, chacun dit quel est son poque et le met bas, et celui qui a le plus haut, non seulement gagne ce qu'il y a dans le poque, mais encore tous les renvis qui ont été faits. Quand quelqu'un des joueurs dit, *je poque du tout*, et que chacun se tait, soit qu'on n'ait pas *poque*, ou qu'on l'ait trop bas, le joueur qui a parlé le premier lève le poque, sans être obligé de montrer son jeu.

Le *poque de retour* (on nomme ainsi deux sept en main) et un *poque de retourne* valent mieux que les deux as en main, et ainsi des autres cartes. A plus forte raison, le poque de trois, de quatre cartes sont-ils successivement supérieurs l'un à l'autre, encore que le poque moindre par le nombre des cartes se trouvât plus fort en points.

Le poque étant levé, on voit dans son jeu si l'on n'a point l'as, le roi, la dame, le valet, ou le dix de la couleur de la retourne : celui qui a l'un ou l'autre, ou plusieurs, lève les poques marqués aux cartes correspondantes, et ceux qui ne sont pas levés restent pour le coup suivant.

Quant à la manière de jouer les cartes au poque, on doit toujours se défaire de ses plus basses, parce qu'il arrive souvent que, ne pouvant rentrer au jeu, elles resteraient dans la main, ce qui serait un grand préjudice ; car lorsqu'un joueur gagne la partie en se défaisant le premier de son jeu, il faut payer autant de jetons à chacun qu'on se trouve de cartes dans la main.

Il est prudent de se défaire promptement des as : il faut même les jeter avant toute autre chose, puisqu'on ne risque pas pour cela de perdre la primauté, et qu'on ne saurait mettre des cartes par-dessus ; il convient ensuite de jouer ses cartes autant de suite qu'il est possible, comme six, sept, huit, etc.

Supposé donc qu'on commence à jouer par un sept, on dira (si on a le huit de même couleur) sept, huit, car autrement, comme au *hoc*, on dirait sept sans huit, ainsi de suite. S'il arrivait que tous les joueurs ne se trouvassent pas avoir le neuf à la suite, celui qui a commencé à jouer recommence de la même manière. Cela se pratique jusqu'à ce que l'un des joueurs s'étant défait le premier de ses cartes, ait gagné la partie ; alors il tire un jeton pour chaque carte restant entre les mains des joueurs, sans que cela les dispense de payer à chacun encore un jeton pour chaque carte, comme nous l'avons dit plus haut.

Les levées appartiennent au joueur qui met la plus forte carte.

QUATRIÈME SECTION.

JEUX DE COMBINAISON.

CHAPITRE VII.

Jeu de *Whiste* ou *Whisk*.

L'ORTHOGRAPHE de ce jeu fait assez connaître son origine anglaise : effectivement, il a été inventé par les anglais , et fait à la fois le charme des réunions britanniques comme des salons français ; il a été de tout temps l'amusement de la bonne société, et jouit maintenant de beaucoup de faveur à la cour.

Voici l'éloge qu'en fait *l'Académie universelle des Jeux :* « C'est de tous les jeux de cartes le plus judicieux dans ses principes, le plus convenable à la société, le plus difficile, le plus intéressant, le plus piquant, et qui est combiné avec le plus d'art. » La multiplicité de ses combinaisons, les vicissitudes qu'il offre , les surprises qu'il excite en donnant aux basses cartes le droit de faire des levées auxquelles on ne s'attendait point ; enfin les espérances et les craintes successives qui piquent l'attention jusqu'au dernier moment, justifient complétement ce jugement favorable. Le hasard agit dans le whiste, mais la science y domine.

Préliminaires du jeu. — Le whiste se joue sur une table ordinaire, avec deux jeux complets, composés de cinquante-deux cartes chacun, dont on se sert alternativement. Comme on est quatre joueurs, on peut se servir des paniers de la boîte de reversis ; chaque joueur a toujours quatre jetons devant lui pour marquer les points. Avant de commencer la partie on convient de ce que vaudra la fiche.

Le whiste étant un jeu à *partenaires*, on y joue deux contre deux ; le sort décide ordinairement des associations, bien que l'on puisse convenir aussi de la formation de la double société. Dans le premier cas, on étend en ligne circulaire, avec le creux de la main à demi fermée, l'un des deux jeux sur la table, du côté du blanc. Les quatre joueurs retournent chacun une carte. Ceux qui ont tiré les deux plus petites sont associés : il en est de même pour ceux qui ont pris les deux plus hautes.

Lorsqu'il se trouve deux cartes pareilles, soit en nombre, soit en figures, les joueurs qui les ont amenées tirent de nouveau, si elles sont supérieures ou inférieures à celles des deux autres joueurs, jusqu'à ce qu'il y ait deux cartes plus hautes ou plus basses que celles de ces derniers.

Ce tirage désigne aussi le donneur : c'est celui qui a retourné la plus petite carte. Quand on tire au sort l'as est toujours la moindre de tout le jeu. Après le tirage, il devient supérieur au roi, et c'est le deux qui est la plus basse carte dans l'ordre des levées.

Que le donneur soit désigné par le sort, ou qu'il doive cet emploi à une convention, il a le droit de choisir la place et le jeu des cartes qui lui conviennent le mieux.

Les partenaires se placent l'un vis-à-vis de l'autre, et l'on convient de l'ordre des parties. Ordinairement on joue en *partie liée*, c'est-à-dire que pour être gagnant, il faut gagner deux parties de suite, ou deux sur trois. On appelle un *robre* ces deux parties réunies.

Marche du jeu. — Ces dispositions achevées, le donneur distribue les cartes après avoir fait couper par son adversaire à droite ; il les donne une à une au nombre de 13, pour chaque joueur, en commençant par sa gauche, puis il retourne la dernière qui fait la *triomphe* ou *l'atout* ; cette carte indique la couleur dominante dans chaque coup. Chaque carte de cette couleur, ou *d'atout*, peut, comme à la plupart des jeux de cartes (voyez *l'écarté*, *la triomphe*, *le piquet*, etc.), servir à faire la levée en cas de *renonce* (lorsqu'on manque de la couleur jouée). Il ne reste qu'une seule carte au talon.

Il importe de faire plus de levées, ou de gagner plus de points que les deux adversaires, et c'est là le principal objet du jeu ; pour y parvenir il faut beaucoup d'attention et s'abstenir de tout signe de satisfaction ou de mécontentement, dans le cours du jeu, car un seul mouvement imprudent peut nuire avec des adversaires habiles et observateurs.

L'as lève le roi, le roi lève la dame, celle-ci le valet, ce dernier le dix, et ainsi de suite jusqu'au deux, qui est, comme je l'ai dit, la plus basse carte.

Les levées se nomment aussi *tricks :* chaque trick que l'on fait au-dessus de six fait gagner un point. Pour gagner la partie il faut avoir dix points ; on gagne aussi des points par les *honneurs.*

On appelle ainsi la réunion de l'as, du roi, de la dame, et du valet d'atout, et même dans les autres couleurs, quoiqu'alors il ne soit pas susceptible d'un avantage particulier. Cette réunion prend le titre de *quatrième majeure.*

Deux partenaires comptent et marquent deux points, quand ils ont entre eux trois honneurs ; s'ils les ont tous les quatre, ils comptent quatre points.

Que les possesseurs des honneurs soient gagnans ou perdans par les levées, ils les comptent, excepté lorsqu'on est *à neuf,* c'est-à-dire qu'on n'a plus qu'un point à faire pour gagner la partie.

On doit avoir soin de marquer les points gagnés par les honneurs avant que la retourne de la donne suivante soit faite, car alors on n'est plus reçu à compter. Nous parlerons plus loin de la manière de compter les points et de faire les paiemens.

Ainsi qu'à tous les jeux précédens, le premier en cartes est le voisin de gauche du donneur. Adressons-nous à lui : Commencez par la couleur dont vous avez le plus grand nombre en main ; si vous avez une *séquence* (qui se compose de trois cartes d'une même couleur, qui se suivent sans intermédiaire, comme un sept, un huit, un neuf de cœur, de pique, etc.), et que cette séquence soit de roi, dame et valet, ou de dame, valet et dix, considérez-les comme de bonnes cartes pour entrer en jeu, qui vous feront immanquablement tenir la main, ou à votre partenaire, dans d'autres couleurs : commencez par la plus haute de la séquence, à moins qu'elle ne soit de cinq cartes; dans ce cas-là, jouez la plus petite, excepté en atout, parce qu'il faut alors toujours jouer la plus haute, afin d'engager votre adversaire à mettre l'as ou le roi; par ce moyen vous ferez passer votre couleur.

Si vous avez cinq des plus petits atouts, et point d'autre bonne carte dans une autre couleur, jouez atout : cela fera du moins que votre associé jouera le dernier, et tiendra par conséquent la main.

Avez-vous seulement deux petits atouts avec l'as et le roi de deux autres couleurs, et une renonce dans la quatrième, faites sur-le-champ autant de tricks que vous pourrez; et si votre partenaire a renoncé dans une de vos couleurs, ne le forcez point, parce que cela pourrait trop affaiblir son jeu.

Ne jouez que très rarement la même couleur qu'a déjà jouée votre partenaire, si vos cartes vous fournissent quelque *bonne couleur*, à moins que ce ne soit pour achever de gagner une partie, ou pour achever de la perdre. On entend par une bonne couleur, la séquence de roi, dame et valet, ou de la dame, du valet, et du dix.

Si vous avez chacun cinq levées et que vous soyez assurés d'en faire encore deux par vos propres cartes, ne négligez point de les faire, dans l'espérance de marquer de deux points le donneur, parce que si vous veniez à perdre la levée impaire, cela vous ferait une différence de deux, et que vous joueriez désavantageusement dans la proportion de deux à un.

Toutefois il y a exception à cette règle : c'est lorsque vous voyez une probabilité à pouvoir ou sauver la partie double, ou gagner le jeu; alors, dans l'un ou l'autre cas, il faut risquer la levée impaire.

Voyez-vous quelque probabilité à gagner le jeu, ne balancez point à hasarder une ou deux levées,

parce que l'avantage qu'une nouvelle donne procu-
rerait à votre adversaire sur la mise, irait au-delà des
points que vous risquez de cette façon.

Si votre adversaire a fait six ou sept points, et que
vous soyez premier à jouer, risquez hardiment une
levée ou deux, afin de rendre par là le jeu égal. Ainsi,
si vous avez la dame ou le valet et un autre atout,
sans bonnes cartes d'une autre couleur, jouez votre
dame ou votre valet d'atout; par là vous renforcerez
le jeu de votre partenaire s'il est fort en atouts, et
vous ne lui porterez point de préjudice, s'il n'en a que
peu.

Lorsque vous êtes quatre à jouer, il faut faire en
sorte de gagner la levée impaire, parce que, par là,
vous vous procurez la moitié de la mise. Pour y parvenir sûrement, faites atout avec précaution, bien
que vous soyez fort en atouts. Nous entendons par
cette expression avoir un honneur, et trois autres
atouts ou triomphes.

Quand vous avez neuf points de la partie, et que
vous êtes encore fort en atouts, si vous remarquez
qu'il y a apparence que votre associé puisse couper
quelques unes des couleurs que votre adversaire a en
main, ne jouez point atout, mais faites en sorte que
le premier parvienne à couper. Ainsi, par exemple,
si votre jeu est marqué un, deux ou trois, il faut
jouer *à rebours*, et aller à cinq, six ou sept, parce
que vous jouez pour quelque chose de plus qu'un
point dans ces deux derniers cas.

Si vous êtes le dernier à jouer, et que vous trou-
viez que le troisième joueur ne puisse pas mettre une
bonne carte dans la couleur que le partenaire a jouée,
et que vous n'ayez pas beau jeu vous-même, jouez
encore la même couleur, afin de faire tenir la levée à
votre associé, ce qui oblige souvent l'adversaire à
changer de couleur, et vous fait gagner la levée dans
la nouvelle couleur choisie.

Lorsque vous avez l'as, le roi, et quatre petits
atouts, jouez-en un petit, parce qu'il est probable que
votre partenaire a un meilleur atout que celui du dernier joueur; si cela est ainsi, vous pouvez faire trois

fois atout, sinon vous ne, pouvez pas les faire tomber tous.

En cas que vous ayez l'as, le roi, le valet, et trois petits atouts, commencez avec le roi, et jouez ensuite l'as, à moins qu'un de vos adversaires ne renonce, parce que la chance est pour vous et que la dame tombera.

Si, avec le jeu précédent (l'as excepté), vous avez un atout de plus, commencez par un des petits, parce qu'il est présumable que votre partenaire a un honneur. Il en est de même quand le valet remplace le roi.

Si le roi, la dame, le dix et trois petits atouts vous sont échus, commencez avec le roi, car vous courez la chance que le valet tombera au second tour; ou bien vous pouvez, par finesse, tirer bon parti de votre dix, en le jetant quand votre partenaire vous jouera atout.

Quand vous aurez la dame, le valet, le neuf et trois petits atouts, commencez avec la dame, parce que vous avez une belle chance que le dix tombera au second tour, ou vous pourrez tirer parti de votre neuf en faisant quelque *feinte*.

Avec le valet, le dix, et quatre petits atouts, commencez par un de ceux-ci, dans l'espérance que votre associé a un honneur.

Avec le valet, le dix, le huit, et trois petits atouts, commencez par le valet, afin d'empêcher que le neuf ne fasse sa levée. La chance vous est favorable, et vous pouvez espérer que les trois honneurs tomberont en faisant deux fois atout.

Avec six atouts inférieurs, commencez par le plus bas, à moins que vous n'ayez le dix, le neuf et le huit, et que votre adversaire ait tourné un honneur; car alors, si vous êtes obligé de passer en revue, à cause de l'honneur, commencez avec le dix, parce que vous forcerez votre adversaire de mettre l'honneur à son préjudice, ou du moins vous donnerez le choix à votre partenaire, s'il veut laisser passer ou non la carte.

Avec l'as, le roi, et trois petits atouts, commencez

par un des moindres, dans l'espoir de l'honneur de votre partenaire.

Si vous avez l'as, le roi, et le valet accompagnés de deux petits atouts, commencez par le roi, parce que cela apprendra à votre partenaire que vous avez encore en main l'as et le valet; en faisant en sorte qu'il tienne la main, il jouera sans contredit atout; cela terminé, faites à votre tour une feinte de valet: ce jeu réussit immanquablement, à moins que la dame ne se trouve seule derrière vous.

Avec le roi, la dame, le dix et deux petits atouts, commencez par un petit; avec la dame, le valet, et trois petits atouts, ou avec le valet, le dix, et trois petits atouts; ou bien enfin encore avec l'as, le roi et deux petits atouts, agissez de même, toujours dans l'espérance d'un honneur chez votre associé.

Faites la même chose, en cas que vous ayez encore seulement le valet, le dix, et deux petits atouts; ou bien le roi, la dame, et deux petits atouts, ou le dix et trois petits atouts.

Avez-vous le valet, le dix, le huit, et deux petits atouts, commencez par le premier, parce qu'il est probable que le neuf tombera dans deux tours; ou vous pourrez faire une feinte avec lui, si votre partenaire vous fait un retour en atout.

Vous arrive-t-il cinq atouts d'une plus basse classe, je vous conseille encore de commencer par le plus bas, à moins que vous n'ayez une séquence de dix, neuf et huit : dans ce cas, il faut entrer en jeu par la plus haute de la séquence.

Vous vient-il le roi, la dame, le dix, et un petit atout, commencez par le roi, et attendez jusqu'à ce que votre associé vous rejoue atout; faites alors une feinte avec le dix pour gagner le valet.

S'il vous vient la dame, le valet, le neuf, et un petit atout, commencez par la dame, afin d'éviter que le dix ne fasse sa levée.

Règles particulières. — Avec l'as, le roi, et quatre petits atouts accompagnés d'une bonne couleur, il faut faire trois fois de suite atout, sans quoi on pourrait vous couper la couleur que vous portez.

Ayant le roi, la dame, et quatre petits atouts, et en outre une bonne couleur, jouez atout du roi, parce que vous pourrez faire trois fois atout, quand vous serez premier à jouer.

Si vous avez le roi, la dame, le dix, et trois petits atouts avec une bonne couleur, faites atout du roi, dans l'espérance que le valet tombera au second coup. Ne vous amusez pas à faire une feinte avec le dix, de crainte qu'on ne vous coupe la forte couleur que vous portez.

Avec la dame, le valet, et trois petits atouts avec une autre bonne couleur, jouez atout d'un petit.

Si vous avez la dame, le neuf, et deux petits atouts avec une autre bonne couleur, jouez atout de la dame, dans l'espérance que le dix tombera au second coup. Ne vous amusez pas à faire une feinte avec le neuf; mais jouez plutôt atout une seconde fois par les raisons indiquées précédemment.

Avec le valet, le dix, et trois petits atouts, accompagnés d'une bonne couleur, faites atout d'un petit.

Si vous réunissez le valet, le dix, le huit, et deux petits atouts, avec une autre bonne couleur, faites atout du valet, dans l'espoir que le neuf tombera au second coup.

Ayant le dix, le neuf, le huit, et un petit atout, accompagnés d'une bonne couleur, jouez atout du dix.

Jeux particuliers au Whiste.

Lorsqu'un commençant a fait quelques progrès au whiste, il doit agir de la manière suivante en différens cas.

Supposé qu'il soit premier en cartes, et que son jeu se trouve composé du roi, de la dame, du valet de trèfle (ou toute autre couleur); de l'as, du roi, de la dame et deux petites cartes de pique; du roi et de la dame de carreau, et de trois petits atouts en cœur; comment devra-t-il jouer? Il commencera par un atout, ou par la meilleure carte de son jeu (l'as de pique), afin d'avertir son partenaire qu'il est maître dans cette couleur; mais il ne continuera pas

avec le roi de cette couleur; il fera atout, et s'il voit
que son associé n'est pas assez fort pour le seconder
en atouts, et que l'adversaire attaque sa couleur la
plus faible (le carreau), il reprendra le pique. S'il
s'aperçoit qu'un des adversaires la coupe, il jouera
en trèfle. S'il arrivait que les adversaires n'entrassent
point dans sa plus faible couleur et que son associé
ne le puisse seconder en atout, il continuera à jouer
en carreau tant qu'il sera premier; en voici la raison :
en supposant que son associé n'ait que deux atouts,
et que chacun de ses adversaires en ait quatre, il est
certain qu'en faisant trois fois atout, il n'en restera
plus que deux contre lui.

Premier à jouer. — Supposé que vous ayez l'as, le
roi, la dame, et un petit atout, avec une séquence
du roi, ou cinq cartes dans une autre couleur, et
quatre autres fausses, commencez par jouer la dame
d'atout, et continuez avec l'as; cela indiquera à
votre partenaire que vous portez le roi. Vous auriez
grand tort de faire atout une troisième fois, jusqu'à
ce que vous puissiez faire la grande couleur que vous
avez encore en main; en vous arrêtant ainsi tout
court vous donnez un signe certain à votre associé
qu'il ne vous reste que le roi et un seul atout, parce
que si vous aviez l'as, le roi, la dame et deux atouts
de plus, vous pourriez vous faire du tort en jouant
du roi pour la troisième fois.

Si vous jouez votre séquence, commencez par la
plus basse carte, parce que votre associé y mettra
l'as, s'il l'a, et vous facilitera par là le moyen de
pouvoir jouer les autres; et puisque vous avez mis
votre partenaire à même d'entrer dans votre jeu, il
jouera sûrement atout, dès qu'il sera le premier à
jouer, pourvu qu'il lui en reste encore un ou deux,
puisqu'il doit poser en fait que votre roi enlevera
tous les atouts de vos adversaires.

Second à jouer. — Je suppose que vous ayez l'as,
le roi et deux petits atouts, avec une quinte majeure
dans une autre couleur, que vous ayez aussi trois
petites cartes d'une autre, et une seule de la quatrième; supposé encore que l'adversaire de droite

commence par jouer l'as de la couleur dont vous
n'avez qu'une carte, et qu'il continue ensuite de
jouer le roi, ne le coupez point, mais jetez une
fausse carte. S'il continue encore à jouer la dame,
jetez de nouveau une fausse, et agissez de même au
quatrième coup, dans l'espérance que votre associé
pourra couper, et que, dans ce cas, il vous jouera
atout, ou entrera dans votre couleur forte. Par ce
moyen, si par hasard un des associés adversaires a
quatre atouts, et l'autre deux (ce qui n'arrive que
rarement), puisque votre partenaire est censé avoir
trois atouts des neuf, et que naturellement ceux-ci
n'en doivent avoir que six, votre couleur forte
oblige leurs meilleurs atouts, s'il y a quelque probabilité que vous fassiez seul la levée impaire ; au lieu
que si vous aviez coupé une des plus grosses cartes
de vos adversaires, vous auriez tellement affaibli
votre propre jeu, qu'il vous aurait été impossible
de faire plus de cinq levées sans l'assistance de votre
associé.

Supposons que vous ayez l'as, la dame, et trois
petits atouts; l'as, la dame, le dix et le neuf d'une
autre couleur avec deux petites cartes dans chacune
des deux autres couleurs, et que votre partenaire
joue dans celle où vous avez l'as, la dame, le dix et
le neuf : comme cette manière de jouer demande plutôt que vous trompiez vos adversaires que de mettre
votre associé au fait de votre jeu, ne jetez que votre
neuf, parce que vous engagerez par là le premier
à faire atout, dès qu'il aura gagné cette carte. Aussitôt qu'il aura fait atout, faites aussi atout à votre
tour, et de votre plus fort, afin que vous soyiez
maître de la main, en cas que votre adversaire ait
joué un atout que votre partenaire n'ait pu prendre.
Si cette feinte réussit, elle sera très avantageuse, et
il est peu à craindre qu'elle vous soit nuisible.

Si vous aviez l'as, le roi et trois petits atouts, avec
une quatrième de roi et deux petites cartes d'une
autre couleur; que votre adversaire joue une couleur
dans laquelle votre associé porte la quatrième majeure, que celui-ci y mette le valet et joue l'as en

suite, vous renoncerez à cette couleur, et vous vous
en irez d'une fausse. Si votre associé jouait le roi,
votre adversaire à droite le couperait, par exemple,
avec le valet et le dix : alors ne sur-coupez point, car
vous risqueriez de perdre deux ou trois levées en
affaiblissant votre jeu. Si votre adversaire jouait au
contraire dans la couleur où vous avez renoncé,
coupez alors et jouez la plus basse de votre séquence,
afin d'attirer l'as, soit de votre associé ou de votre
adversaire ; cela achevé, jouez deux fois atout dès
que vous aurez la main, puis jetez votre forte couleur. Si, au lieu de vous attaquer par votre faible,
vos adversaires jouaient atout, continuez d'en jouer
deux fois à votre tour ; tombez de là dans votre
couleur, et tâchez d'en rester le maître ; mais cette
méthode n'est guère employée que par les joueurs
peu habitués.

*Remarques à faire pour s'assurer que l'associé n'a
plus la couleur jouée.* — Supposons que vous com-
menciez par jouer la dame, le dix, le neuf, et deux
petites cartes, de quelque couleur que ce soit ; que
le joueur à votre suite mette le valet, et votre partenaire le huit, alors, puisque vous avez la dame,
le dix et le neuf, c'est une marque certaine qu'il
n'en a plus de cette couleur, pour peu qu'il sache
jouer. Dès que vous avez fait cette découverte, jouez
en séquence, ou en le forçant à couper, si vous êtes
fort en atout.

Supposons également que vous ayez le roi, la
dame et le dix d'une couleur ; si vous jouez votre
roi, et que votre associé jette le valet, c'est signe
qu'il n'a plus de cette couleur.

*Moyens de tromper et harceler ses adversaires et
d'indiquer son jeu à son associé.* — Supposé que je
joue l'as d'une couleur dans laquelle j'ai l'as, le roi
et trois petits atouts, et que le dernier en jeu ne
trouve pas à propos de le couper, quoiqu'il n'en ait
point, je me garderai bien de jouer le roi ensuite ;
car il faut que je reste maître de la couleur, et je ne
dois jouer qu'une petite carte, afin d'affaiblir par là
le jeu de mon adversaire.

Si l'on joue une couleur dont je manque, et qu'il soit probable que mon partenaire n'en ait pas non plus de meilleure, je jette une meilleure couleur, afin de tromper mes adversaires : néanmoins, pour ne pas faire donner mon associé dans le panneau, je me défais de mes plus mauvaises cartes dès que c'est à lui à jouer. Cette méthode réussit toujours, à moins que l'on ait affaire avec de trop habiles joueurs ; encore a-t-on, en ce cas, plus de gain que de perte.

Jeux particuliers dans lesquels on peut gagner trois levées en en perdant une. — Si, dans le cours du jeu, il se trouve que votre partenaire soit fort dans une couleur, et que vous y ayez le roi, le dix et un petit atout ; s'il joue l'as, jetez le dix, et au second tour votre roi : suivant les probabilités, vous empêcherez par là que votre associé trouve quelque obstacle à faire passer sa couleur.

Voici un autre exemple. Lorsque votre partenaire a l'as, le roi et quatre petites cartes dans sa couleur forte, et que vous avez à votre tour la dame, le dix et une petite carte : s'il joue son as, mettez votre dame ; ainsi vous risquerez une levée pour en gagner quatre.

Récapitulation des Règles du jeu.

1. Rappelez-vous que dix points font la partie, et qu'on en marque autant qu'on a d'honneurs ou de tricks.

2. Qu'il faut à propos faire usage des *fausses cartes*, c'est-à-dire celles qui ne tiennent à rien, qui n'ont, par conséquent, aucune valeur, et sont très propres à jeter.

3. Songez toujours à jouer votre plus forte couleur, et n'oubliez pas, lorsque vous avez beau jeu, de jouer *à rebours* ; cette expression signifie jouer d'une manière opposée à celle qu'on observe ordinairement ; exemple : si vous êtes fort en atout, et que vous procédiez comme si vous étiez faible, cela s'appelle *jouer à rebours.*

4. Il est bon de jouer à travers la couleur forte de votre adversaire, et jusqu'à la plus faible : jouez

19

atout si vous en avez quatre ou cinq, et beau jeu d'ailleurs.

5. Quant aux séquences, choisissez-les de préférence : la tierce (séquence de trois cartes), la quatrième (séquence de quatre cartes), la quinte (séquence de cinq cartes) doivent être mises à profit ; la dernière est la plus avantageuse : elle se compose de l'as, du roi, de la dame, du valet et du dix de même couleur.

6. Répondez à l'invite de votre associé, et point à celle de vos adversaires.

7. Ne jouez pas, mais seulement voyez venir dans une couleur dont vous avez l'as et la dame.

8. Si vous doutez sur quelque coup, attachez-vous à faire la levée.

9. Quand vous jouez de petits atouts, commencez par le plus haut. Ne coupez pas une couleur lorsqu'il est présumable que votre partenaire y coupe. Si vous n'en avez que de cette sorte, placez-les dès que vous le pouvez.

10. Si vous n'avez qu'une seule carte d'une couleur, et deux ou trois petits atouts, jouez cette carte unique.

11. Ne forcez jamais vos adversaires avec une très bonne carte, à moins que nous n'en ayez une meilleure encore. Conservez, autant qu'il se peut, une carte supérieure, afin de rentrer en main, et de jouer votre forte couleur.

12. Quand votre partenaire joue, tâchez de lui conserver le commandement en main.

13. Conservez le plus long-temps possible l'atout que vous avez *tourné*, c'est-à-dire la carte de la retourne.

14. Si vous êtes faible en atouts, et que votre associé le soit également, prenez bien garde à la manière de vous défaire des principales cartes de la couleur de votre adversaire.

15. Lorsqu'il vous paraît que les adversaires ont encore trois ou quatre atouts, et que ni vous ni votre partenaire n'en avez point, gardez-vous de le forcer à couper et à se défaire d'une fausse carte ; mais cherchez plutôt la couleur de votre partenaire, si

vous n'en avez point du tout, afin d'empêcher que les autres ne fassent leurs atouts séparément.

16. Jouez par la plus haute carte les séquences d'atout; les quintes par la plus basse, et les tierces ou quatrièmes par la plus haute.

17. Rappelez-vous que l'on donne la préférence aux couleurs dans lesquelles on porte des séquences, parce qu'elles sont les meilleures qu'on puisse jouer, et qu'elles font tenir la main dans d'autres.

18. Il faut tâcher de faire d'abord des levées quand on est faible en atout : on doit agir tout différemment en cas contraire.

19. Il convient de jouer une couleur dont on a l'as, dès qu'on a trois cartes de semblable couleur, à l'exception néanmoins des atouts.

20. Mais quand vous avez une couleur dont l'as est aussi dans votre jeu, gardez-vous de la jouer, si vous avez séquence ou quinte d'une autre couleur, parce que l'as viendrait au besoin au secours de cette couleur forte, et vous la ferait faire sitôt que les atouts sont tombés.

21. Ne surcoupez point votre adversaire lorsque vous êtes faible en atouts; mais, dès que vous y êtes fort, allez-y d'une fausse carte.

22. Si votre adversaire de droite entre par une couleur dont vous avez l'as, le roi et la dame, mettez l'as préférablement à cette dernière, parce que vous donnerez ainsi le change à votre adversaire, ce qui vous sera fort avantageux, même en induisant votre partenaire en erreur.

23. Déclarez votre couleur forte quand vous n'êtes fort que dans celle-là, et que vous faites atout pour pouvoir la passer; mais si vous êtes fort dans plusieurs ou dans toutes, il n'est pas nécessaire de la *déclarer* ou *découvrir*.

24. Jouez dans la couleur où vous avez le roi, de préférence à celle où vous avez la dame, bien qu'elles soient composées de cartes égales pour le nombre et la valeur : la raison en est qu'il y a deux à parier contre un que l'adversaire de gauche ne porte point l'as, et bien plus encore qu'il le porte; si l'on jouait

dans la couleur de la dame, on pourrait très probablement perdre cette carte, et jouer désavantageusement.

25. Quand vous portez les quatre meilleures cartes d'une couleur, jetez la meilleure, afin de faire connaître la situation de votre jeu à votre partenaire.

26. Si l'on tourne la dame à votre droite, et que vous ayez l'as, le dix et un atout, ou le roi à la place de l'as, laissez passer l'adversaire s'il entre à droite par un valet, parce qu'il est probable que vous ferez une levée, et que cette façon de jouer ne peut entraîner de perte.

27. Supposé qu'on ait joué quatre cartes, qu'on ait fait deux fois atout, et qu'il vous semble que votre partenaire n'en a pas de plus haut que le huit, bien qu'il en porte trois; supposé encore que, lorsqu'il joue son troisième, son voisin mette le valet; que le roi soit chez l'autre adversaire, et que vous portiez l'as et la dame d'atout, jouez la première de ces deux cartes, parce qu'il y a neuf à parier contre huit que le dernier joueur est porteur du roi; et si vous réduisez le nombre des cartes à deux, il y aura à parier deux contre un en votre faveur que vous ferez tomber le roi avec votre as. On peut se servir, en pareille occasion, de cette méthode dans toutes les autres couleurs.

De la feinte. — C'est un moyen qu'un joueur exercé fait valoir pour son avantage, et que nous allons expliquer. Quand on vous joue une carte dans la couleur de laquelle vous avez la meilleure carte, et une inférieure à celle-ci, vous vous décidez à jouer l'inférieure, en courant le risque que l'adversaire la prenne d'une supérieure; vous le faites, car si cela n'arrive pas, ou qu'il manque d'une carte supérieure, il y aura deux à parier contre un, à son préjudice, que vous ferez sûrement par là une levée.

De la navette. — On appelle *faire la navette*, quand chacun des associés coupe une couleur, et que chacun d'eux joue à son partenaire celle dans laquelle il coupe. C'est un coup fort avantageux.

De tenir le jeu (TENACE). — C'est quand on tient

une couleur de laquelle on a, par exemple, la première et la troisième des meilleures cartes, lorsqu'on
est dernier à jouer; on tient les adversaires en ha-
leine lorsque cette couleur se trouve sur le tapis :
comme, par exemple, si l'on avait l'as et la dame
d'une couleur, et que l'adversaire y jouât; on fait
alors ces deux levées, et de même toutes les autres,
quand même ce ne serait qu'avec des cartes inférieures.

De la favorite. — Depuis quelques années, et surtout dans les grandes sociétés de la capitale, on a
imaginé, pour donner plus d'intérêt et d'activité au
whisle, de l'augmenter d'une couleur *favorite*, qui
est fixée par celle de la retourne au commencement
de chaque partie, et chaque fois que cette couleur
est atout, tout double dans le cours de cette partie;
ainsi les trois honneurs, qui ne valent ordinairement
que deux points, en valent quatre alors ; les quatre
honneurs huit, et chaque levée se paie comme deux.
Cette nouveauté rend, comme on le voit, le jeu plus
vif et plus cher, puisqu'il est assez fréquent de gagner
le robre en deux coups; une levée et quatre honneurs faisant une partie, ainsi que trois levées et deux
hônneurs : de telle sorte que l'on peut facilement
faire dix, douze et même quinze robres dans une
soirée, tandis qu'ordinairement on n'en fait que quatre
à cinq lorsqu'il n'y a point de favorite. Il est à présumer que cette modification a été introduite, afin
d'égaliser les moyens des joueurs, et de diminuer la
supériorité de quelques uns d'eux, car la favorite
augmente les chances du hasard, et par conséquent
diminue l'influence des combinaisons.

De l'enfilade. — S'il est ordinaire de finir un robre
en deux coups, moyennant la nouveauté précédente,
grâce à celle-ci on peut le perdre ou le gagner en
un seul coup: cette manière de jouer, que l'on nomme
enfilade, consiste à transporter sur la partie suivante le nombre de points excédant les dix qui complètent la première partie. Ainsi, par exemple, si le
parti qui est à neuf, fait quatre points le coup suivant; comme il ne lui en faut qu'un pour gagner la

première partie , il en marque trois sur la seconde. En jouant à la fois la *favorite* et *l'enfilade* , on peut donc gagner le robre d'un seul coup , puisque six levées et quatre honneurs qui composent une partie ordinaire de dix points en font vingt en une favorite.

Quelquefois encore on paie à chaque coup les levées faites par le parti gagnant : mais cet usage, ainsi que les modifications dont nous venons de traiter, sont purement de convention; une société les admet, tandis qu'une autre les repousse. Avant de commencer le jeu il faut toujours s'informer des usages de son partenaire, et ne les point ignorer : voici pourquoi nous avons cru devoir expliquer ces deux additions du jeu de whiste.

Méthode facile pour aider la mémoire du joueur de whiste.

1. Rangez chaque couleur comme il faut dans votre main, les plus mauvaises cartes à gauche, et les meilleures à droite, dans leur ordre naturel : faites-en autant des atouts ou triomphes, que vous placerez à gauche de toutes les autres couleurs.

2. Si dans le cours du jeu vous apercevez que vous avez la meilleure carte qui reste dans une couleur, mettez-la à gauche de vos triomphes.

3. Si vous avez la meilleure carte, moins une bonne, d'une couleur dont il faille vous souvenir, mettez-la à la droite de vos triomphes.

4. Si vous avez la troisième bonne carte d'une couleur dont il faudra vous ressouvenir, mettez une petite carte de cette couleur entre les atouts, et cette troisième meilleure à la droite des triomphes.

5. Pour vous rappeler aisément de la première couleur dans laquelle votre partenaire est entré, posez-en une petite au milieu de vos atouts, si vous en avez plusieurs; et si vous n'en avez qu'un seul, à sa gauche.

6. Si vous donnez, mettez l'atout que vous avez tourné à la droite de tous les autres, et ne vous en défaites que le plus tard possible, afin que votre

associé voyant que cette triomphe vous reste, puisse
jouer en conséquence.

*Moyen de savoir quand les adversaires renoncent
dans une couleur, et de se rappeler dans laquelle.*

Supposez que les couleurs que vous avez placées
à droite vous représentent vos adversaires dans l'ordre dans lequel ils se trouvent au jeu, à droite et à
gauche : si vous soupçonnez que l'un d'eux renonce
dans une couleur, mettez une petite carte de cette
couleur parmi celles qui représentent cet adversaire ;
par cette méthode vous vous rappellerez non seulement qu'on a renoncé, mais encore qui a renoncé,
et dans quelle couleur.

S'il arrivait que la couleur qui représente l'adversaire soit celle dans laquelle on a renoncé, changez-la
contre une autre, mettez dans celle-ci, au milieu,
une petite carte de la couleur-renonce ; si vous n'en
avez point, mettez-en une autre à rebours, n'importe
de quelle couleur, à l'exception seulement des carreaux.

Ayant trouvé le moyen de vous rappeler la couleur dans laquelle votre partenaire est entré le premier, vous pouvez de même vous remettre en mémoire celle de vos adversaires, en mettant la couleur
par laquelle ils sont entrés, à la place qui les représente à droite et à gauche ; en cas que vous eussiez
déjà pris d'autres couleurs pour les représenter,
changez-les contre les couleurs dans lesquelles chacun des adversaires est entré.

Il faut se servir de cette méthode lorsqu'il est plus
important de se souvenir de la première entrée au
jeu des adversaires, que de rechercher la couleur dans
laquelle ils ont renoncé.

De la marque et des paiemens. — Nous savons déjà
que dix points composent la partie, et qu'ils se marquent ainsi que les honneurs.

Lorsque deux partenaires ont huit points, celui
qui a deux honneurs peut *appeler*, ou demander à
l'autre s'il a le troisième : si la réponse est affirma-
tive, la partie est gagnée d'emblée sans jouer.

Les points se marquent avec les quatre jetons que chaque joueur a devant lui.

Un, deux, trois points se marquent avec un, deux ou trois jetons, en plaçant l'autre à part, ou le plaçant sur ceux qui servent à marquer.

Les quatre jetons disposés en carré indiquent quatre points.

Pour marquer les points supérieurs jusqu'à neuf exclusivement, on place un jeton au-dessus ou au-dessous des autres disposés en ligne horizontale.

Quoique hors de ligne, ce jeton marque trois points lorsqu'il se trouve au-dessus, et cinq lorsqu'il est au-dessous.

Le nombre de neuf est indiqué par la disposition de trois jetons en ligne diagonale, le quatrième étant placé sur celui du milieu.

On marque ce que l'on gagne avec des fiches : nous avons dit qu'au commencement de la partie l'on convient de leur valeur.

La partie se paie une, deux ou trois fiches : ou bien simple, double ou triple, suivant le nombre de points qu'ont gagné les adversaires.

Elle est simple et ne vaut qu'une fiche, quand ils ont cinq points ou au-dessus : elle est double, et par conséquent en vaut deux, lorsqu'ils comptent quatre points et au-dessous : elle est triple, et se paie trois fiches quand ils ont le nombre de points fixé précédemment; elle est encore triple et se paie trois fiches quand les adversaires n'ont aucun point.

Outre le produit d'une, deux ou trois fiches qu'amène le gain de chaque partie, ceux qui gagnent les deux parties réunies ou le robre, reçoivent encore des *fiches de pari ou de consolation.*

La *consolation* est ordinairement de deux fiches : elle peut être plus forte si l'on en est convenu mais elle n'excède jamais quatre fiches.

Ainsi, deux partenaires reçoivent sept fiches quand ils ont gagné une partie triple et une partie double, et ils en gagnent neuf, s'il a été convenu que la consolation serait de quatre fiches.

Si les deux parties ne sont pas gagnées de suite,

on déduit le nombre des fiches qu'a produit aux gagnans le gain de la troisième partie ; de telle sorte que le produit d'un robre gagné , composé d'une partie triple ou d'une partie double , est réduit à six fiches quand les adversaires ont gagné la troisième partie simple.

Quand deux partenaires font ensemble toutes les levées, ce coup, qui se nomme la *vole*, ou le *chelem* (comme au boston), leur fait recueillir huit fiches, si la consolation est de deux, parce que le chelem par lui-même vaut six fiches ; mais alors on ne compte pas de points pour les levées et les honneurs, et la partie demeure comme elle se trouve.

Si, comme il arrive souvent, les joueurs conviennent à l'avance que le chelem ne sera pas payé, alors les tricks et les honneurs se paient comme à l'ordinaire.

Les probabilités du jeu de whiste sont très conjecturales et même très obscures ; cela est si vrai, que *Matthews*, auteur anglais qui a écrit sur ce jeu, dit que les calculs un peu compliqués de ces probabilités ne servent qu'à embarrasser les commençans. Je partage son opinion, et je m'abstiendrai d'ajouter d'autres choses aux indications que j'ai données sur le whiste : ces indications sont, je l'espère, parfaitement suffisantes ; et si quelque lecteur désire à cet égard du superflu, je le renvoie aux ouvrage de *Matthews*, de *M. Hoyle* et à l'*Académie universelle des Jeux*, pages 428, 431 et 457.

Jeu de *Tre-sette* ou *Trois-sept*.

Passons d'un jeu britannique à un jeu espagnol. Le tre-sette, fort à la mode il y a quelques années, fait ordinairement les délices des grand'mamans de bon ton : le nom de ce jeu provient de l'importance qu'il donne aux nombres sept et trois.

Ainsi que le boston et le whiste, c'est un jeu de partenaires ; on y joue à quatre personnes, qui forment deux associations : l'associé ou le partenaire d'un joueur se place vis-à-vis et non à côté de lui :

par conséquent chaque joueur se trouve entre ses deux adversaires.

Les tables à jouer ordinaires, les paniers de reversis servent à ce jeu : on convient en commençant de la valeur des fiches et des jetons. On emploie un jeu de cartes entier, dont on supprime les huit, les neuf, et les dix : il ne reste alors que quarante cartes.

Voici l'ordre des cartes au tre-sette. Le trois est supérieur au deux; le deux à l'as; l'as au roi; le roi à la dame; la dame au valet; le valet au sept; le sept au six; le six au cinq; et le cinq au quatre.

On fixe la durée du jeu à un certain nombre de coups; on tire la donne au sort, et le donneur, après avoir fait couper à sa gauche, distribue en trois fois dix cartes à chaque joueur : les deux premières fois il en donne trois, et la dernière quatre : il peut aussi donner par quatre, et puis par trois.

Des points. — Le tre-sette admet deux sortes de points : 1°. *les points d'annonce;* 2°. *les points de jeu.* Les premiers sont les points qui se trouvent dans le jeu de chacun, immédiatement après la distribution des cartes, et d'après les coups particuliers de ce jeu. Les seconds proviennent des levées qu'on a faites en jouant, et du nombre ainsi que de l'ordre de ces levées.

Les points d'annonce doivent se compter après qu'on a joué la première carte, et chacun à son tour, en commençant, comme à l'ordinaire, à la droite du donneur : il est défendu d'annoncer ou de fournir une carte avant l'ordre des places.

De la napolitaine. — La réunion du trois, du deux et de l'as d'une même couleur, compose la napolitaine, qui se marque trois points d'annonce; aussi le joueur qui l'a, doit l'annoncer, la montrer et la marquer tout de suite après avoir jeté sa première carte. Si la napolitaine est accompagnée de cartes qui la suivent immédiatement, comme le roi, la dame, le valet, le sept, etc., on les montre également, et l'on marque un point pour chacune. Lorsqu'on a trois trois, trois deux, trois as, on marque trois points; et si l'on a trois sept, on en marque quatre, car on fait *tre-setto,* ou *trois-sept.* Trois rois, trois dames, trois valets, trois six ou trois cinq, valent un point, et les trois six quelquefois en font compter un second.

Comptez les points de jeu de la manière suivante. Dans une levée, trois figures, de quelque couleur qu'elles soient, valent un point ; les trois et les deux comptent comme les figures et se mêlent avec elles ; l'as tout seul produit un point. Les autres cartes, depuis le sept jusqu'au quatre, se comptent uniquement dans l'annonce. La totalité des cartes donne dix points et deux figures ; la dernière levée fait seule un point. La partie se gagne, comme on le pense, au moyen des points d'annonce et des points de jeu : il en faut vingt et un, et on obtient une fiche. Si les associés ont fait le nombre exigé avant que leurs adversaires en aient marqué onze, la partie est payée double par ces derniers.

Des parties d'honneur.

Il y en a de cinq diverses sortes : la *strammasette*, le *strammason*, la *callade*, le *calladon*, le *calladondrion.*

La strammasette. — Quand deux partenaires font ensemble les neuf premières levées, ils gagnent cette première partie d'honneur, sans même qu'il se trouve dans aucune un as, ou les trois figures nécessaires pour produire un point. Les gagnans reçoivent des adversaires trois fiches pour ce coup, et comptent en outre les points qu'ils ont dans leurs levées, afin de parvenir à la réunion de vingt-un points qui fait gagner la partie ordinaire.

Le strammason. — Quand un joueur fait seul et sans l'aide de son partenaire les neuf premières levées, telles qu'elles doivent être pour gagner par *strammasette*, il gagne par strammason, et reçoit six fiches pour ce coup.

La callade. — Si deux joueurs associés font ensemble toutes les levées, ils gagnent par callade et remportent quatre fiches.

Le calladondrion. — Le joueur qui se trouvant le

premier à jouer, peut montrer une *napolitaine dixième*, c'est-à-dire suivie de sept cartes, gagne par calladoudrion, et obtient seize fiches pour ce coup.

Lorsqu'on gagne par des points d'annonce seulement la partie, soit simple ou double, on ne peut conserver l'excédant de ses points pour la partie suivante; mais quand on gagne par des points de jeu, on peut conserver pour la partie suivante les points qui excèdent le nombre de vingt et un.

On peut encore demander compte de l'annonce jusqu'à ce que la première levée soit couverte; mais il est trop tard dès qu'on a joué même la première carte de la seconde levée.

On convient quelquefois de payer une partie simple pour les *trois sept*, et une partie double pour les quatre; mais, si cette convention a été omise, les trois et quatre sept ne feront marquer que trois ou quatre points.

Manière de jouer les cartes. — Si vous êtes premier et que vous ayez une napolitaine, commencez par l'as.

Avez-vous un trois avec le deux, et une ou deux petites cartes de la même couleur, de telle sorte que vous ne puissiez pas espérer de faire tomber là-dessus l'as et toutes les grosses cartes, jetez le deux, afin d'avertir votre partenaire de prendre l'as en main, s'il l'a troisième ou quatrième : il doit vous l'indiquer en se défaisant d'abord d'une petite carte, puis d'une grosse de même couleur; en mettant, par exemple, sur le deux un six ou un sept, et sur le trois un valet ou une dame; en cas qu'il n'ait pas l'as il devra jeter sur le deux la plus forte de ses cartes.

Quand vous avez un trois cinquième par l'as, ou sixième par le roi, commencez par le trois; votre partenaire saura par ce moyen qu'il doit jouer le deux, s'il l'a. Sinon, il y a lieu de croire que les adversaires le joueront, et toute la suite des cartes sera pour vous.

Au tre-sette, il est d'usage de *faire une invite*, c'est-à-dire d'inviter, en jouant une carte, votre associé à jouer de la manière que vous lui indiquez :

il y a aussi la *fausse invite,* dont je parlerai plus tard. On sent que ces deux expressions conviennent à tous les jeux de partenaires.

La plus forte des invites est de jouer le deux, parce que cela suppose qu'il vous reste l'as avec une grande suite. Votre associé, en ce cas, doit relever avec le trois, s'il l'a, et jouer dans la même couleur, pourvu néanmoins qu'il n'ait pas lui-même, dans une couleur différente, une napolitaine qu'il n'a pas pu accuser. En pareille circonstance, il lui faut d'abord jouer ses hautes cartes, et rentrer ensuite dans l'invite qu'on lui a faite, ou dans quelque autre indiquée précédemment par les cartes jouées.

Lorsqu'on joue une basse carte, comme un quatre, un cinq, un six, ou un sept, c'est une invite sur un trois, un deux ou un as. Afin d'y répondre, le partenaire prend la levée avec sa plus haute carte, et rejoue une autre carte inférieure de semblable couleur.

Quand il s'empare de la carte jouée, et qu'il rejoue dans une autre couleur que celle que vous aviez désirée, cela s'appelle *faire une contre-invite.* Cette manière de jouer a lieu lorsqu'on a une suite de cartes qu'on suppose plus étendue que celle de son associé.

Si vous avez dans la main un ou deux trois, accompagnés seulement d'une ou deux figures, ou d'une ou deux petites cartes, ne faites point d'invite, attendu que votre partenaire venant à y répondre, et ayant une suite dans cette couleur, vous ne pourriez plus le remettre en jeu.

Si vous n'avez pas de quoi faire une bonne invite, c'est-à-dire, si vous n'avez pas un trois bien accompagné, ou un deux avec l'as, jouez une figure, tant pour connaître la couleur dominante du jeu de votre partenaire que pour lui procurer l'occasion de lever le deux de l'adversaire qui aura joué après vous.

Quand votre partenaire a annoncé trois trois et que vous n'avez pas une suite assez considérable pour faire une invite, vous devez jouer un deux, afin que votre adversaire le prenne, si cela lui convient.

Toute carte qu'il joue en cette situation est censée

20

être une invite, et vous devez jouer en conséquence.

Si la première carte que joue votre associé est un roi, vous êtes conduit à lui croire l'as gardé, ou une suite considérable dans la même couleur; car il joue-rait mal en commençant par une figure dans une couleur où il n'aurait qu'une ou deux cartes.

Lorsqu'un joueur ne craint aucune des parties d'honneur ci-dessus expliquées, et que n'ayant nul moyen de faire une bonne invite, il se trouve avoir un roi ou une dame cinquième, il doit jouer une petite carte dans cette couleur, pour tâcher de faire enlever à ses adversaires un ou deux as. Voilà ce qui s'appelle *faire une fausse invite.*

Au résumé, il faut toujours commencer par les plus petites cartes; bien examiner son jeu après l'avoir reçu, afin de ne pas omettre de napolitaine, et de réunion de trois; être bien attentif à se rap-peler toutes les cartes annoncées et montrées, toutes les invites qu'on a faites, toutes les cartes qui sont devenues rois par l'absence de ceux-ci, et en général tout ce qui a été joué.

Les couleurs n'ont aucune importance au tre-sette, et il n'y a point d'atout.

Jeu du Romestecq.

Le *romestecq*, jeu fort en usage dans la Basse-Normandie, mériterait d'être en honneur partout, car ses combinaisons demandent de l'intelligence, et procurent un amusement piquant et varié. Ce jeu, un peu difficile, tire son nom de deux de ses termes réunis, *rome* et *stecq.*

Le nombre des joueurs est variable; il peut être de deux, quatre ou six personnes. Si l'on est six, le joueur du milieu prend les cartes et les donne à couper à celui qui se trouve au milieu en face, pour savoir à qui fera; car c'est, dit-on, à six, fort avanta-geux de donner. Celui qui amène la plus haute carte peut mêler, ou ordonner à l'un des joueurs de le faire, si cela lui convient mieux. Lorsqu'on n'est que quatre, celui coupe la plus belle carte donne, et il y a beaucoup d'avantages à être à sa droite, parce qu'on est le partenaire du donneur qui vous communique le jeu : ce premier en cartes marque ordinairement le jeu avec des jetons qu'il reçoit dans ce but. A défaut de jetons il se sert d'un crayon. Quand la partie est à deux, celui qui ne donne pas, marque.

Le donneur donne à chaque joueur cinq cartes par deux fois deux et une, ou bien par trois et deux, il n'importe, pourvu qu'on observe de donner toujours de la même manière. Que l'on soit deux, quatre ou six joueurs, le jeu dont on se sert n'a que trente-six cartes, c'est-à-dire, depuis les rois jusqu'aux six. Il n'y a point de *triomphe* ou d'*atout* au romestecq, et le talon reste sur le tapis sans qu'on y touche.

Le nombre des points dont se compose la partie est égal à celui des cartes ; trente-six, lorsqu'on est six joueurs ; à deux ou à quatre elle est de vingt et un ; au reste, cela est de convention, ainsi que la valeur de la partie.

Quant à la valeur des cartes, elle est comme à l'ordinaire, sauf deux exceptions : la première est que l'as étant la principale carte du jeu, enlève toutes les autres ; la seconde, c'est que l'ordre de la couleur détermine la valeur des cartes ; c'est-à-dire, que pour qu'une carte supérieure enlève une inférieure, il faut qu'elle soit de couleur semblable ; car autrement, si l'inférieure est jetée la première sur le tapis, elle enlève la supérieure : cela doit être puisqu'il n'y a point d'atout pour couper.

Le *romestecq* a plusieurs termes assez bizarres dont, avant d'aller plus avant, je vais donner l'explication ; ces termes sont : le *virlique*, le *double ningre*, le *triche*, le *village*, la *double-rome*, la *rome*, et le *stecq*. Ces deux derniers forment le nom du jeu.

Le virlique. — Lorsque d'emblée il arrive en main à un joueur quatre as, ou quatre rois, ou quatre autres cartes quelconques, le *virlique* a lieu et fait gagner la partie ; si plusieurs joueurs ont des virliques, les plus hautes cartes l'emportent.

Le double ningre. — Ce coup se compose de deux as avec deux rois, ou de deux as avec deux dix, et ainsi des autres quatre cartes de deux façons, réunies d'emblée dans la même main ; il vaut trois points quand on ne le *gruge* pas, c'est-à-dire, si la partie adverse ne peut le lever.

Le triche. — C'est la réunion de trois as, trois rois, trois dames, trois valets ou autres cartes inférieures ; le triche d'as ou de rois vaut trois points, s'il n'est point grugé : d'autres cartes, il n'en compte que deux.

Le village. — Assez singulier, ce coup exige deux dames et deux valets de même couleur, par exemple, si les dames sont de trèfle et de carreau, il faut que les valets soient de couleur pareilles ; ainsi des neuf et des dix, des sept et des huit et autres cartes plus basses : si les couleurs se contrarient, le village est détruit ; s'il est bon, il vaut deux points à son possesseur.

La double rome. — Deux as ou deux rois venus d'emblée composent ce coup, qui se paie deux points : si les as ou rois ne sont point grugés, il en vaut quatre.

La rome. — Deux valets, deux dix ou deux neuf, ou deux autres cartes d'une même espèce, font la la rome qui produit un point au joueur qui l'a.

Le stecq. — Est une marque qu'on efface pour celui qui fait la dernière levée.

Une chose particulière à ce jeu, c'est que les cartes ne doivent pas, lorsqu'on les jette sur le tapis, être nommées par des noms propres, comme roi, dame, etc. Ainsi, par exemple, si vous jouez les cartes du second coup, composé d'un as de cœur et d'un as de pique, d'un roi de trèfle et d'un roi de carreau, au lieu de les désigner ainsi il faut dire en jetant une de ces cartes : *double ningre, pièce de ningre,* etc., et de même pour les autres coups, *pièce de virlique, pièce de village, pièce de double rome,* etc. On perdrait la partie pour avoir oublié seulement ces noms.

La marche du jeu se conçoit maintenant : commencer par bien examiner son jeu pour voir si l'on a quelques coups ; jouer à son tour en les annonçant à mesure qu'on jette les cartes; faire attention à pouvoir fournir de la couleur jouée, ou, à son défaut, jeter les plus basses cartes, et prendre garde que celles des coups ne soient pas grugées ; tâcher en même temps de faire le plus de levées possible, et prendre garde surtout de faire *stecq*, c'est-à-dire la dernière, qui, à nombre égal de levées, détermine le gain : voici ce qu'il faut pour réussir au rome-stecq.

Le premier en carte marque pour tous les joueurs à mesure qu'ils annoncent un coup, ou pour mieux dire, il efface, car il a commencé par marquer les trente-six ou vingt et un points de la partie ; et quand l'un des joueurs a fait le nombre convenu, il a gagné.

Jeu de la Sizette.

Passant de la Normandie dans les départemens voisins en allant vers le nord, nous y trouverons le jeu de la sizette, ainsi nommé parce qu'on y joue six personnes, qu'on y fait usage d'un jeu de trente-six cartes dont le roi est la plus haute, et le six la plus basse, et que chaque joueur y reçoit six cartes. C'est ordinairement le jeu des personnes âgées, parce qu'il exige beaucoup de calme et d'attention : je crois néanmoins qu'il pourrait plaire à de plus jeunes joueurs.

Comme il est fort avantageux d'être le premier à jouer, on tire au sort à qui fera ; celui qui tire la plus haute carte, commande à son voisin de droite de mêler.

Le donneur doit commencer par la droite sa distribution.

Ainsi que je l'ai dit plus haut, chacun doit recevoir six cartes, et ces six cartes doivent être toujours données par deux fois trois : le donneur tourne la dernière qui sert à marquer l'atout; elle lui appartient nécessairement, et il la remet dans son jeu, ou la prend pour la jouer lorsqu'il le juge à propos.

Les six joueurs jouent trois contre trois, et la sizette par conséquent doit être rangée parmi les jeux de partenaires; on y est placé alternativement, c'est-à-dire, de telle sorte qu'il ne se trouve pas l'un près de l'autre deux joueurs du même parti. Ceux qui sont premiers à jouer sont dits *avoir la main*, et c'est parmi eux que l'on choisit le *gouverneur* du jeu.

Quand les cartes sont distribuées et que la dernière est retournée, chacun examine attentivement son jeu, et le gouverneur demande à chacun ce qu'il a, et dès qu'il est informé de leur jeu, il fait jouer le premier en cartes par celle qui lui convient : supposons que ce soit un trèfle.

Cette carte jetée, les joueurs du parti contraire qui n'ont encore rien dit du jeu, se demandent l'un à l'autre l'état de leur jeu, ou le disent à leur gouverneur, qui agit comme celui de l'autre parti ; après qu'ils ont fait leurs conventions, le joueur qui doit jouer, met du trèfle s'il en a, ou coupe d'atout s'il n'a pas de trèfle, et qu'il le juge à propos ; car si l'on manque de cette couleur, on n'est pas obligé de couper, même en le pouvant, et soit que la levée appartienne à ses adversaires ou à ses amis.

La partie se nomme *le jeu :* il est gagné par ceux qui font plus tôt trois levées ; il se paie double quand on les fait toutes six. Celui qui renonce perd deux jeux ; le jeu de renonce ne se jouant pas, on jette les cartes et l'on redonne, comme si le jeu avait été joué : le joueur de renonce paie à celui qui a commencé à jeter la carte.

Souvent deux joueurs préfèrent étaler leur jeu sur la table, plutôt que d'en faire le détail : en ce cas, il faut nécessairement que le troisième (le gouverneur) les imite.

On ne peut changer de place pendant une partie, ni même pendant plusieurs liées. Si l'un des trois joueurs fait quelque faute, tous les autres du même parti la supportent. Quand ceux qui font des fautes n'ont pas de points à démarquer pour ces erreurs, les adversaires les marquent pour eux-mêmes.

L'habileté du gouverneur consiste à connaître le jeu de ses partenaires, sans néanmoins le leur faire expliquer trop ouvertement, et à savoir également quel est le jeu des aversaires, d'après les détails imparfaits et laconiques que les uns et les autres donnent

ordinairement. Quant aux joueurs, leur adresse consiste tout entière à déclarer leur jeu de manière à le faire
connaître à leur gouverneur respectif, sans trop se dé-
voiler à leurs adversaires : ils doivent répondre seulement et brièvement aux questions de leur chef, sans expliquer leurs renonces et les autres ressources du jeu.

Jeu de la Comète.

Le boston a détrôné ce jeu, qui naguère était en
grande faveur dans les meilleures sociétés. Malgré
l'oubli où il est maintenant tombé, je vais en donner
quelques détails.

Ce jeu, fort compliqué, exige à la fois de l'intelligence et de la mémoire ; on y emploie deux jeux entiers dont on a ôté les as, et chaque jeu se trouve
réduit à quarante-huit cartes. De ces quarante-huit
cartes il y en a quarante-sept noires dans un jeu, et
quarante-sept rouges dans l'autre. On ajoute aux premières un *neuf* rouge, et aux dernières, un *neuf*
noir ; ces deux cartes sont *la comète*.

On joue ordinairement à deux à ce jeu, mais on
peut aussi y jouer trois, quatre et cinq. Les comptes
se font avec des fiches et des jetons qui ont une valeur convenue ; la partie ordinaire est composée de
douze rois, ou tours : chaque roi comprend deux
ides, et chaque ide, deux coups.

On donne une fois par ide en changeant le donneur : les cartes sont données par trois, au nombre
de dix-huit.

Les cartes se jouent comme au *hoc*, au *poque*, au
nain jaune, etc.; on fait valoir et on change la *comète*
comme on fait pour les *poques* ; elle a le privilége de
faire *hoc* partout.

Si un joueur file toutes ses cartes sans interruption
depuis la première jusqu'à la dernière, il fait *opéra*.
La comète simple se paie deux jetons au joueur qui
l'a dans son jeu, et qui l'emploie avant d'avoir jeté
toutes ses autres cartes : dans la même circonstance
elle se paie double, triple, quadruple, quintuple, si
elle est restée deux fois, trois fois, quatre, cinq
fois, etc., dans le talon ; alors si vous faites *opéra*,

on multiplie autant de fois les paiemens que nous avons dit devoir être faits, selon les fois qu'elle est restée précédemment au talon.

Quand un joueur a cartes blanches, il compte cinquante points, et même cent s'il a la *comète*, et empêche par là que l'autre ne puisse faire opéra.

On nomme *queue* la totalité des jetons que dans le cours de la partie on a mis aux paris des placemens de la comète. Le joueur qui, à la fin, gagne le plus, emporte la queue.

Jeu de l'Impériale.

On croit qu'un empereur, que l'on se dispense de nommer, mit en vogue ce jeu auquel il donna son nom : cette assertion est bien vague, mais heureusement elle importe peu aux joueurs, qui s'inquiètent beaucoup plus qu'un jeu leur apporte du plaisir, et surtout du gain, qu'une étymologie fondée.

On joue ordinairement à deux à l'impériale : si l'on veut être trois, il faut nécessairement admettre les six dans le jeu de piquet dont on fait usage; mais l'on joue très rarement de cette dernière façon.

Avant de commencer, l'on détermine la valeur du jeu et le nombre d'impériales qui composera la partie; la convention est tout-à-fait libre, quoique assez communément on se décide pour cinq impériales. Le donneur est tiré au sort, car il est avantageux de l'être.

Le donneur, après avoir bien mêlé les cartes, donne alternativement à son adversaire et à lui-même douze cartes, par trois à trois, ou quatre à quatre; il tourne ensuite la carte qui suit dessus le talon (la vingt-cinquième) et la laisse dessus : cette carte, nommée la *retourne*, marque la *triomphe* ou l'atout. Souvent, lorsqu'il tourne d'un as ou d'un roi, le donneur peut les prendre, pourvu qu'il ait le sept de même couleur, qui lui sert à remplacer cette retourne. Qu'il ait ou non ce privilége, il marque un point pour la retourne dans ces deux cas.

Chaque joueur a cinq jetons qui lui servent à marquer. Lorsqu'on n'a pas déterminé le nombre des impériales, et que par conséquent la partie n'est point liée de cette manière, c'est celui qui a plus tôt fait passer ses jetons de sa gauche à sa droite qui gagne.

Mais si l'on est convenu de jouer à un certain nombre d'impériales, on place au bout de la table, à l'opposite du donneur, un panier rond ou corbillon rempli de fiches et de jetons qui serviront à marquer le jeu. Quatre points se marquent avec un jeton, et ainsi de suite, toujours un jeton par chaque fois quatre points, jusqu'à ce qu'on en ait six de marqués; car alors on échange les six jetons contre une fiche qui vaut vingt-quatre points ; cette fiche est dite *impériale*, parce que chaque impériale vaut un nombre égal. Lorsqu'on a autant de fiches que l'on doit avoir d'impériales, d'après la convention, on a gagné la mise ou l'enjeu, qui se fait en argent, et se place au milieu de la table ou dans le coin opposé au corbillon.

Les cartes ont leur valeur ordinaire : le roi est la première de toutes, et le six (si l'on joue à trois) la dernière. Dans ce dernier cas, il n'y a point de talon; la dernière carte du jeu sert à faire la retourne.

Dès que les cartes sont données, chacun des joueurs examine attentivement son jeu : il en a besoin, car il lui faut en peu d'instans voir s'il a le *point*, et les deux sortes d'*impériales ordinaires*, plus l'*impériale tournée*, et l'*impériale tombée;* mais ces deux dernières arrivent fort rarement, et fort rarement aussi sont admises.

On s'occupe d'abord du point, c'est-à-dire on assemble la couleur dont on a le plus de cartes, on en compte les points, à raison de dix par figure; les autres cartes valent les points qu'elles représentent. Les deux joueurs agissent de même et de concert, mais le donneur se tait ; c'est à l'autre à dire *point de tant.* Si le premier a un point inférieur, il répond, *il est bon;* s'il en a un de valeur égale, il dit *primauté,* ce qui indique que son adversaire l'emporte sur lui; mais cette règle n'est point générale, car il arrive souvent qu'en cas de point égal, ni l'un ni l'autre ne le marque ; enfin , si le donneur a un point supérieur, il *pare* celui de son adversaire, en disant *ne vaut pas*. Il faut détacher son point de son jeu et le montrer sur la table lorsqu'on est prêt de le marquer. Le point compte quatre points ou un jeton, que l'on place à droite.

Il est important, avant d'accuser son point, de regarder si l'on a quelque impériale ; car il faut la montrer auparavant, ou même simultanément, en disant *impériale et le point ;* car plus tard elle n'aurait aucune valeur. Quelle que soit son espèce, chaque impériale vaut vingt-quatre points.

Première impériale. — La première espèce d'impériale, et la plus avantageuse à cause des levées qu'elle produit, est le roi, la dame, le valet et l'as d'une même couleur.

Deuxième impériale. — La seconde se forme de quatre rois, ou quatre dames, ou quatre valets, ou quatre sept. Lorsqu'on joue à trois et que les six sont au nombre des cartes, il y a l'impériale des quatre six.

Comme il peut arriver que l'on ait ces deux sortes d'impériales, il faut jeter les yeux sur toutes ses cartes pour ne point omettre de faire jouer à quelques unes d'entre elles un double rôle ; ainsi, je suppose que l'on ait la première impériale en cœur, et trois autres as ; l'as de cœur qui sert à la première impériale peut servir aussi pour la seconde.

Impériale tournée. — Cette impériale n'appartient qu'au donneur. Lorsqu'il tourne une des cartes qui servent à former la première sorte d'impériale, et qu'il a dans son jeu les trois autres cartes de la tourne, il prend cette tourne et en compose une impériale. Ainsi, par exemple, si j'ai la dame, le valet, l'as et le sept de trèfle, et que le roi de trèfle retourne, je prends ce roi et je complète l'impériale. Si encore j'ai dans mon jeu les dames de pique, cœur et trèfle, et que la dame de carreau retourne, j'ai la liberté de prendre cette dernière pour achever mon impériale : ce privilége est quelquefois commun aux deux joueurs : cela dépend de la convention faite entre eux.

Impériale tombée. — Cette impériale, la plus rare de toutes, et qui n'a lieu qu'en atout, arrive lorsqu'ayant le roi, la dame et les autres triomphes, on gagne par les levées, les autres cartes qui sont nécessaires pour former l'impériale de la première espèce. Quelquefois les joueurs conviennent que l'impériale d'atout sera payée double ; mais ce qui a toujours lieu, c'est qu'il est inutile de jouer contre celui qui a une telle impériale et le point, parce qu'on est sûr qu'il aura toutes les levées ; il peut les compter à l'avance en étalant son jeu ; il marque, et chacun remet au talon ses cartes sans avoir joué.

Les impériales et le point comptés et marqués, le premier en cartes joue telle carte qu'il juge à propos. Son adversaire est obligé de fournir de la même couleur, s'il en a : son intérêt est de prendre, afin de jouer ensuite la couleur qui lui convient ; quand on manque de la couleur jouée, on coupe avec l'atout. Si l'on commence à jouer atout, l'adversaire est obligé d'en mettre ; aussi le joueur fort en atout les jette-t-il tous, et tout de suite, afin d'user les légers atouts de l'autre joueur, qui à la fin ne pouvant plus couper, lorsqu'il lui sera joué une couleur quelconque, est obligé, lorsqu'il n'a pas de cette couleur, d'en mettre une autre, et de voir que ses rois et ses dames sont enlevées de cette façon par les plus basses cartes de son adversaire, qui a su se ménager la main. Lorsque toutes les cartes sont jouées, chacun compte ce qu'il a de levées : celui qui en a le plus compte quatre points pour chaque levée qu'il a en sus des six qu'il doit avoir.

Il n'est pas rare de voir, surtout quand le point est fort, qu'il contient une impériale, et qu'il est premier à jouer, le joueur laisser ses cartes sur table, et les jeter l'une après l'autre : je n'aime guère cette méthode, car elle semble narguer l'autre joueur.

Lorsque le jeu est à trois, le premier en cartes est toujours obligé de commencer par un atout ; du reste, le jeu est absolument le même, si ce n'est que les six comptent dans l'impériale de la première espèce, et la rendent un peu plus difficile à faire.

Des honneurs. — Le jeu de l'impériale a des cartes qui portent le nom d'*honneurs*. Pour un jeu de trente-deux cartes, les honneurs sont le roi, la dame, le valet, l'as et le sept; et pour un jeu de trente-six, on ajoute le six à ces cartes. On voit qu'une impériale de la première sorte est la réunion des honneurs.

Le donneur qui tourne un des honneurs marque un jeton; le joueur qui coupe avec l'un des honneurs de triomphe, ou qui en commençant à les jouer fait la levée, marque autant de jetons, qui valent chacun quatre points, qu'il a levé par ses honneurs. Mais quand vous jouez un honneur qu'emporte un honneur plus fort, ou que cet honneur de plus grande force vous force à mettre un honneur plus faible, comme la dame sur le roi, ou le valet sur la dame, etc., le joueur qui a saisi votre faible honneur avec son plus fort, les compte tous les deux pour lui, et vous n'avez rien. Pour esquiver ce coup, il ne vous est pas permis de refuser un honneur, quand on vous en joue. La renonce serait déloyale et sans profit, car elle se découvrirait à l'instant.

Lorsque les levées sont égales, le premier en cartes compte pour sa primauté; mais plus communément on ne compte ni l'un ni l'autre.

Voici quels sont les différens points que l'on compte, et qui, assemblés, composent une fiche ou impériale : ces points peuvent être effacés lorsqu'ils sont au-dessous de vingt-quatre ou de six jetons. Par exemple, si l'un des joueurs avait, du coup précédent, vingt points ou moins, et que son adversaire eût une impériale en main, ou retournée, lorsqu'elles ont lieu, ce dernier rendrait nuls les vingt points de l'autre qui serait obligé de démarquer; tout en l'obligeant ainsi de démarquer, il ne démarquerait point lui-même, à moins que son adversaire, se trouvant aussi une impériale en main, l'obligeât d'effacer également ses points antérieurs, s'ils étaient au-dessous de vingt. C'est ainsi que les parties se prolongent, tout en rendant le jeu vif, piquant, et le semant de retours variés. En commençant à marquer la première impériale de six jetons assemblés, on efface également le nombre inférieur de points que peut avoir l'adversaire. La partie dure jusqu'à ce qu'un des deux joueurs ait fait la quantité d'impériales ou de fiches à laquelle est fixée la partie.

Voici l'ordre à suivre pour compter : la retourne d'abord, puis les impériales que l'on a en main, ou de la tourne, puis le point ; les honneurs viennent après sur les levées qu'elles font faire, puis enfin le surplus des levées.

Lorsqu'il n'y a plus qu'un ou plusieurs points pour finir la partie, la tourne est reçue à la terminer plutôt qu'une impériale en main ; celle-ci plutôt que l'impériale tournée, ce dernier coup est reçu plutôt que le point, le point plutôt que l'impériale tombée, et cette impériale est reçue plutôt que les honneurs ; enfin les honneurs sont reçus plutôt que les cartes, qui sont les derniers points du jeu.

Jeu du Vingt-quatre.

C'est un joli dérivé de l'impériale, dont il suit presque entièrement les règles : la principale différence est qu'à ce jeu on peut jouer jusqu'à cinq joueurs et que la retourne prend le nom de *virade.*

Quand on est deux personnes au *vingt-quatre*, on prend un jeu de cartes depuis les rois jusqu'aux cinq. Est-on trois, on ajoute les quatre ; quatre joueurs, on ajoute encore les trois ; et cinq, les deux.

Dans tous les cas, les joueurs reçoivent douze cartes chacun. Les cartes ont leur valeur ordinaire ; l'as, comme à l'impériale, ne vaut qu'un point.

Il y a au vingt-quatre, le *jeu de points* et le *jeu de figures* alternativement. Ainsi en commençant la première partie par le jeu de figures, la seconde aura le jeu de points ; mais c'est ordinairement de convention, quoique pourtant il est plus ordinaire de commencer par le jeu de figures : il est important au reste d'en convenir, car au jeu de points, l'as, le deux, le trois, le quatre et le cinq (et si l'on n'est que deux, le six et le sept), se comptent à la virade ; tandis qu'au jeu de figures, c'est le roi, la dame, le valet, le dix et le neuf qui ont le privilége de compter. Cette disposition amène fréquemment des contrariétés piquantes. Quand on est au jeu de points, la virade est d'une dame, ou autre carte analogue ; vient-on au jeu de figures, la virade arrive d'un as, ou autre petite carte.

Les impériales sont de deux sortes : ou quatre rois, quatre dames, quatre as, etc., ou la réunion, sans interruption, des principales cartes de semblable couleur ; dans ce dernier cas, les impériales sont au moins de cinq cartes ; elles sont préférables de six, et sont encore meilleures de sept et plus ; ainsi toujours en augmentant : elles s'emportent comme au piquet par la force des cartes. S'il y a concurrence, la couleur de la virade ou de l'atout l'emporte, autrement la préférence est au joueur qui a la main.

Le point et les marquans, soit impériales, ou cartes que fait valoir la virade, se comptent chacun pour quatre points, ou un jeton, et sont marqués en faveur de celui qui les obtient. Les levées excédant le nombre de six se marquent ainsi qu'à l'impériale ; le joueur qui a plus tôt acquis vingt-quatre points, gagne la partie et recueille ce qu'on a mis au jeu. Il est inutile d'ajouter que c'est de ce nombre vingt-quatre que ce genre d'impériale tire son nom.

Jeu du Quarante de rois.

Le nombre de points que produit le coup principal du jeu en a fourni le titre. Ce jeu, assez peu connu, mais intéressant, est dit à *partenaires*, car il se joue entre quatre personnes, associées deux à deux.

On se sert pour le quarante de rois d'un piquet ; les cartes ont leur valeur ordinaire ; la plus haute est le roi, et la plus basse, le sept.

Les associations s'indiquent par le sort : nous avons déjà donné la manière de les obtenir, mais en voici encore une autre, spécialement propre à ce jeu. Les cartes mêlées et coupées, un des joueurs les retourne et les jette l'une après l'autre devant chaque joueur, jusqu'à ce qu'il ait paru un roi ; alors on s'abstient de continuer à jeter des cartes devant la personne à laquelle le roi est échu, mais on en jette devant les autres joueurs, jusqu'à ce qu'ils aient chacun un roi. Cette manœuvre terminée, les deux possesseurs des rois rouges sont partenaires l'un de l'autre, et ceux qui se trouvent avoir les rois noirs deviennent leurs adversaires. Si le hasard voulait que les mêmes joueurs eussent les quatre rois, on réunirait alors ces rois, et, en les tournant du côté blanc, on les ferait tirer aux quatre joueurs.

Les associés convenablement placés, et le sort ayant désigné le donneur, on fixe le prix de la partie, et l'on convient ordinairement que le gain en exigera cent cinquante points : toutefois, ce nombre peut être augmenté ou diminué, à la volonté des joueurs. Il est assez d'usage que les associés restent ensemble jusqu'à ce qu'un des deux partis ait gagné et donné la revanche.

Le donneur distribue huit cartes à chacun, par une fois deux, et deux fois trois, ou deux fois trois et une fois deux : cet ordre, une fois adopté, ne doit plus être interverti. Le donneur termine par retourner la dernière carte qui lui appartient, et qui marque l'atout. Cette carte doit rester sur le tapis, jusqu'à ce que le donneur parvienne à son tour de jouer.

La parole appartient successivement à tous les joueurs, en commençant par la droite du donneur. Ainsi, avant de jouer, chacun doit annoncer les *marquans* de son jeu, car aussitôt qu'on a joué une carte, ce qui a été oublié est perdu.

Des cliques. — Les marquans à annoncer sont ce que l'on nomme les *cliques;* elles consistent en trois ou quatre valets, trois ou quatre dames, et trois ou quatre rois ; mais il n'y a à chaque coup qu'une seule de ces cliques qui puisse être valable et produire des points. Trois valets peuvent être infirmés par trois dames ; trois dames, infirmées par trois rois; trois rois, infirmés par quatre valets, ou quatre dames, et quatre dames, infirmées par quatre rois, qui forment le *quarante de rois.* Ainsi, par exemple, si le premier joueur dit, *trois valets*, et que le second ait trois dames ou rois, il répond : *cela ne vaut pas.* La parole passe ainsi à tous les partenaires, et celui qui a la clique supérieure marque les points qu'elle fait compter. Ces points sont de six pour trois valets, reconnus bons ; de huit pour trois dames ; de dix pour trois rois ; de treize pour quatre valets ; de vingt pour quatre dames, et de quarante pour quatre rois.

Après avoir annoncé et marqué sa clique, s'il en a une, le premier à jouer jette la carte qui lui plaît ; le joueur suivant fournit de la couleur jouée, s'il le peut, mais il n'est pas obligé de forcer : il peut d'ailleurs renoncer pour couper et pour surcouper. L'objet que doivent se proposer les associés, est de réunir dans les levées qu'ils font l'un et l'autre, le plus de figures possible, parce qu'il n'y a que les figures qui produisent les points. Un roi en vaut cinq, une dame quatre, et un valet trois. Il s'ensuit donc qu'à chaque coup de la partie il y a quarante-huit points à gagner en jouant, sans compter les points de la clique reconnue valable.

Un principe de rigueur, c'est que les partenaires doivent se favoriser mutuellement : ainsi, quand l'un a connaissance qu'une levée où se trouve déjà une figure, peut être prise par son associé, il doit, selon les circonstances, ajouter à cette levée une autre figure, par préférence à une basse carte qui ne compte pas.

Le coup étant joué, les partenaires réunissent leurs levées, et comptent les points qu'elles contiennent, puis les ajoutent aux points marqués précédemment.

Lorsqu'on sait que son associé a des rois dans son jeu, ou qu'on en a soi-même, on doit s'efforcer de faire tomber les atouts, afin qu'il n'en reste plus pour couper les rois lorsqu'on viendra à les jouer.

Par le même motif, les adversaires doivent éviter de jouer leurs atouts, afin d'en conserver pour couper les rois des autres joueurs.

Jeu du Médiateur.

Grâce au whiste qui l'a remplacé, le médiateur n'est plus du tout en usage : mais ce n'est point une raison pour l'omettre ; car il peut à son tour, et bientôt peut-être remplacer le whiste.

Ce jeu, qui ressemble à la fois au *boston*, à l'*hombre*, au *pique-medrille* ou *maryland*, à la *bête-ombrée*, et autres jeux de renvi et de combinaison, se joue entre quatre personnes avec un jeu entier, dont on supprime les dix, les neuf et les huit.

L'enjeu se nomme *prise*, et contient ordinairement dix contrats, vingt fiches et dix jetons, renfermés dans un panier ayant la forme d'un carré long. Les places se tirent au sort comme à la bouillotte ; il y a, comme au maryland, la couleur de *préférence* ou *favorite*. Les poulans, les *matadors supérieurs*, les *matadors surnuméraires*, les *faux matadors*, la *parole*, le *sans-prendre*, les *renvis successifs*, les *bêtes*, l'action de *codiller*, d'*être en cheville*, le *nom* et la *fonction* de l'hombre, *son association*, ses risques et ses gains ; la manière de *coster*, et de se *défausser*, la *vole* (1), entreprise faite ou manquée, les tours doubles, etc. ; tout est semblable à ce que nous avons dit aux jeux précédemment décrits, principalement au *quintille* et au *pique-medrille*. Ce qu'il y a de particulier au *médiateur*, c'est que ce mot exprime une manière de jouer, laquelle consiste dans l'obligation que contracte l'*hombre*, de faire six levées seul, mais avec le secours du roi qu'on lui donne en échange d'une autre carte et d'une fiche. On dit *demander en médiateur* ; il y a aussi la *demande simple* ou la *demande de permission*, par laquelle l'hombre annonce qu'il n'a pas un jeu suffisant pour faire seul les six levées de rigueur, et réclame le secours d'un partenaire. Le *médiateur* se paie quatorze jetons par chaque joueur, et le double en couleur favorite. S'il est manqué, il perd autant que ce qu'il aurait gagné s'il eût réussi. Toutes les bêtes appartiennent aussi au

---

(1) Voyez plus bas.

médiateur gagnant. Les dix levées composent la vole. (*Voyez*, au reste, tous les jeux nommés ci-dessus.)

Jeu de Maryland.

C'est le jeu de boston, à quelques légères différences près; par exemple, on nomme *favorite* la couleur en *belle* ou *petite*, avec laquelle on joue le boston; le sort la désigne ordinairement. La *surfavorite* est une couleur que le sort a désignée en commençant la partie, pour, en cas de concurrence réciproque, être préférée à la favorite.

Jeu triple de la Belle, du Flux et du Trente et un.

On peut jouer en grand nombre à ce jeu : le jeu de cartes que l'on emploie doit être entier. Son nom vient de ses chances principales.

On fixe la partie à une certaine quantité de coups: on prend un enjeu de vingt-cinq ou trente jetons ou plus, que l'on fait valoir à son gré d'après la convention de tous. On met partie de cet enjeu dans les trois corbillons placés sur la table; l'un pour la belle, l'autre pour le flux et le dernier pour le trente et un : supposons que l'on mette un jeton dans le premier corbillon, deux jetons dans le deuxième, et trois dans le troisième: il faut toujours cette proportion. On tire ensuite à qui donnera : cette mesure est pour la forme, car la donne est indifférente.

Le donneur distribue d'abord deux cartes à chaque joueur, du côté blanc comme à l'ordinaire, puis une troisième qu'il retourne pour chacun. Celui qui a la plus haute des cartes retournées, gagne la *belle*, et tire le corbillon où l'on a mis pour ce coup. Avant d'aller plus loin, je dois faire observer que, quoique l'as vaille onze pour le trente et un et le flux, il est au-dessous des figures pour la *belle*.

Après ce coup, on regarde dans son jeu si on a le *flux*, c'est-à-dire trois cartes de la même couleur, et quel est le plus fort en points. Si personne n'a le flux, on le remet au coup suivant, en l'augmentant, ou le laissant simple, à volonté; si quelqu'un l'a, il tire la mise du corbillon destiné pour le flux.

Ces deux premiers coups tirés, on songe au trente

et un : chacun examine son jeu, compte à part soi les points qui le composent; et s'il est trop éloigné du nombre de trente et un, il demande *carte,* comme on fait à la *ferme* et au *vingt et un :* mais le donneur n'accorde qu'une carte à chacun des joueurs qui lui en demandent, et n'en donne une autre que lorsque le tour est achevé; il peut en prendre aussi lui-même, s'il le juge à propos, mais à son tour et une seule à la fois.

Si l'on est trop près de trente et un, et qu'on craigne de *crever,* on s'y *tient :* l'as ne vaut que onze, et on ne peut le faire valoir de deux manières comme au vingt et un. Quand un des joueurs a trente et un, soit par son propre jeu, soit en allant *à fond* (demandant carte), il gagne le troisième corbillon : en cas de plusieurs trente et un, celui qui l'obtient le premier gagne; aussi faut-il le déclarer aussitôt qu'on l'a. Quand deux, trois ou plusieurs joueurs l'ont ensemble dans un même tour, ou dans leur jeu, on renvoie le coup à la partie suivante.

Quand personne n'a de trente et un, c'est le joueur qui a le point le plus proche de ce nombre qui gagne : aussi, lorsqu'on a vingt-huit, vingt-neuf ou trente, il est prudent de s'y tenir de crainte d'avoir une carte qui passe le point de trente et un.

Jeu de Tritrille.

On joue à trois à ce jeu avec un jeu de médiateur, c'est-à-dire un jeu entier, duquel on a supprimé les sept, les huit et les neuf; on en retranche encore le six de cœur et tous les carreaux, excepté le roi, et, par conséquent, le jeu n'a plus que trente cartes. Les carreaux, si maltraités, sont pourtant la couleur *favorite,* et le roi conservé se nomme *manille,* et devient second matador.

Au reste, ce jeu se joue absolument comme le *médiateur,* sauf qu'on a retranché l'association de l'hombre, ou la *demande en permission.* On ne joue pas non plus les coups où tous les joueurs passent : on tire seulement sur ces coups les fiches des poulans qui appartiennent à baste et à spadille; la fiche destinée à la manille reste pour le premier coup qui vient à se jouer.

Jeu du Médiateur solitaire.

C'est le jeu précédent joué entre quatre personnes. Il a suivi le sort du précédent et de tous les jeux dérivés du médiateur, c'est dire assez qu'il ne se joue plus.

Jeu de Pique-medrille.

Ce jeu, qui tient à la fois de la nature du *piquet* et du *médiateur*, en a à peu près reçu le nom. Il tient du premier en ce qu'il se joue entre deux personnes, et qu'on y fait des écarts; il tient du second en ce qu'il veut un jeu de cartes semblables, et pour le reste de ses réglemens : comme ce dernier, il se joue très rarement.

Les cartes dont on se sert sont un jeu entier dont on a supprimé les dix, les neuf et les huit. On prend un enjeu quelconque qu'on nomme la *prise*. On indique à la fois la couleur favorite et le joueur qui doit donner, en retournant alternativement une carte pour l'un et pour l'autre. Le premier roi, retourné de cette manière, fait donner le joueur qui le reçoit. Le donneur place devant lui cinq fiches nommées *poulans*, et deux jetons, et son adversaire met deux jetons seulement. Ces quatre jetons, et l'une des fiches, forment la poule; les autres *poulans* sont destinés aux matadors. On prend ensuite chacun dix cartes, et il en reste vingt au talon.

Quant à l'ordre des cartes, aux matadors, *voyez* le jeu de l'*Hombre* sans exception.

Il n'y a que les trois premiers matadors (*spadille*, *manille* et *baste*), comme à l'hombre, qui aient droit aux poulans : spadille en lève deux, et les autres matadors chacun un. On appelle *faux matadors*, trois, quatre ou cinq cartes qui se suivent après la manille.

La parole, le saus-prendre, le droit de renvier, les bêtes, le codille, la vole, tout est absolument sem-

blable à l'*hombre*; le joueur, qui se nomme *la triomphe*, se nomme *hombre* également.

On paie simple en couleur simple, et double en
couleur favorite.

Jeu de la Manille.

Il est tout simple que le hasard fasse le succès des
jeux, mais ce hasard est quelquefois bien étrange :
ainsi le jeu de la manille, fort original et fort intéressant, qui, de plus, eut l'honneur de faire le premier divertissement de Louis XV, est si bien passé
de mode, que bien des gens ne le connaissent pas,
même de nom : on va juger s'il mérite cet oubli.

On joue à la manille depuis deux personnes jusqu'à
cinq : à deux il est moins agréable qu'à trois et au-
dessus. Quel que soit le nombre des joueurs, l'enjeu
est de neuf fiches, qui valent dix jetons chacune ; ce
qui donne quatre-vingt-dix jetons : l'on peut donc
perdre aisément à ce jeu deux ou trois mille jetons.

Le jeu de cartes doit être entier, et toutes les cartes
doivent être distribuées aux joueurs, quel que soit
leur nombre : ainsi le donneur en donnera vingt-six,
si l'on joue à deux personnes; dix-sept, si l'on est
trois; treize, si l'on est quatre, et dix, si l'on est
cinq : en ce dernier cas, il en reste deux qui
forment un talon que l'on ne doit ni toucher ni voir.
Les cartes se distribuent toujours trois à trois, ou
quatre à quatre.

Comme il est avantageux d'avoir la donne, elle
sera tirée au sort avant de commencer le jeu, en
même temps il sera bon de convenir de la valeur du
jeu : si l'on veut jouer gros jeu, on convient de donner autant de jetons qu'il se trouvera de points dans
les cartes restantes aux joueurs à la fin du coup; si,
au contraire, on désire jouer un petit jeu, on convient de ne donner de jetons qu'autant qu'il reste de
cartes. On convient encore si l'on paiera neuf jetons,
ou un seul pour la manille non placée (d'après la précédente convention); si placée, elle vaudra un certain nombre de jetons ou une fiche de chaque joueur;
si, enfin, la mise au corbillon au commencement du

jeu est d'une ou de deux fiches. Pour éviter les répétitions, nous supposerons que l'on a choisi les plus gros paiemens.

Les cartes ont leur valeur ordinaire : l'as compte pour un point, chaque figure pour dix, et les autres cartes valent les points qu'elles représentent; il y en a cependant une particulière, le neuf de carreau, que l'on nomme par excellence la *manille* : on le fait valoir ce que l'on veut, et on peut le rendre roi, dame ou valet, et autres cartes inférieures, comme il convient au joueur qui l'a en main; il est important de le placer à propos.

A mesure que les cartes se distribuent, chacun les range dans l'ordre ordinaire : ainsi l'on place l'as, puis le deux, le trois, le quatre, etc., jusqu'au roi, toujours de la même couleur. Chacun ayant arrangé son jeu, le premier en cartes jette celle qui lui convient, ou plutôt il commence par la plus forte de celles qui sont les plus nombreuses : supposons qu'il ait une suite de piques depuis le sept jusqu'au roi, il les jette l'un après l'autre, en disant : roi, dame, valet, dix, neuf, huit, sept; s'il lui en manquait quelques unes, comme le valet et le huit, il dirait en jouant : roi, dame sans valet, dix, *neuf sans huit*, et ainsi de suite pour toutes les cartes qui pourraient lui manquer. Le joueur suivant, qui se trouverait avoir la carte manquante à son voisin, continuerait en la jetant, et dirait, ainsi que celui-ci, jusqu'à ce qu'il fût arrêté par une carte manquante, ou qu'il fût arrivé à l'as, car alors il recommencerait par une autre série de cartes.

Il est bon de jouer à la suite les cartes de même couleur; mais cela n'est point indispensable, pourvu qu'elles se suivent sans interruption : quand le joueur, qui vient après celui qui a dit *neuf sans huit* (ou toute autre carte), n'aurait pas le huit manquant, ce serait au troisième joueur à le dire; si celui-ci ne l'avait pas non plus, cela viendrait ensuite au quatrième. S'il arrivait qu'aucun des joueurs ne l'eût, comme cela peut arriver lorsqu'il reste deux cartes au talon, ou que la partie est fort avancée, le joueur qui le premier a dit *neuf sans huit*, reçoit un jeton de chacun, et recommence à jouer la carte qui lui convient.

On conseille ordinairement de commencer à jouer par la moindre carte de la suite, comme, par exemple, de dire : sept, huit, *neuf sans dix* (si le cas écheoit), et de pousser toujours en montant jusqu'au roi; mais comme il est important de se défaire, autant qu'on le peut, de ses plus fortes cartes, parce qu'on doit donner à celui qui gagne autant de jetons que les cartes qui restent en main à la fin du coup portent de points, je pense qu'il vaut infiniment mieux commencer par jeter les figures qui valent dix, et les dix, les neuf, etc.

Cette règle souffre cependant une exception : c'est la nécessité de se défaire promptement des as (la plus basse carte du jeu), parce que, si l'on attend trop, il est difficile de les remettre dedans, à moins qu'on n'ait quelque roi pour rentrer. Le joueur qui pousse jusqu'au roi, peut commencer à jouer par la carte qui lui plaît, et même au milieu de la suite : c'est aux circonstances et à la sagacité du joueur à lui conseiller ce qu'il doit faire.

Le neuf de carreau, ou la manille, étant la carte essentielle, celui qui la porte doit la jouer avant qu'un des joueurs se soit défait de toutes ses cartes ; car, s'il ne peut la jouer avant, il donnera une fiche à chaque joueur, et paiera, en outre, au gagnant, neuf jetons pour le nombre de points que contient la manille. (Nous savons qu'en petit jeu il donnerait quelques jetons aux divers joueurs, et une fiche au gagnant.) Quand le porteur de la manille la place convenablement, il reçoit une fiche de chacun : il doit la faire payer dès qu'elle est sur le tapis ; car la levée faite, il n'est plus reçu à demander ce qu'on lui doit.

Pour faire valoir la manille, on peut, lorsque dans une suite de cartes il en manque une, qui, jetée par le joueur suivant, le rendrait maître du jeu, transformer la manille en cette carte manquante.

A mesure que l'on jette un roi sur table en jouant

son jeu, on gagne un jeton de chaque joueur. Si les
rois restent, on paie également pour chacun un jeton
à chaque joueur, si l'on paie par carte ; et dix jetons,
si l'on paie la valeur des points.

Le joueur qui a le premier jeté toutes ses cartes,
gagne la partie, qui se compose de la mise de chacun,
et des points des cartes restantes entre les mains des
joueurs.

JEU DE PIQUET.

Piquet simple.

Ce jeu, qui prend, selon moi, son titre du second
des hasards qu'il offre (le *pic*), est, dit-on, ainsi
nommé, parce qu'il est très piquant : ces deux éty-
mologies sont également justes, car le piquet est,
avec raison, regardé comme l'un des jeux les plus
intéressans, les plus vifs et les plus ingénieusement
combinés. Une seule observation fera apprécier son
mérite ; il a survécu à une foule de jeux, la mode ne
peut rien sur lui, et c'est véritablement un jeu *classique*, que tout le monde sait ou veut savoir.

On ne joue ordinairement que deux au piquet : le
jeu qu'on emploie en prend le nom. Il se compose de
trente-deux cartes, où les as sont au-dessus des rois ;
le reste garde sa valeur ordinaire. Toutes les cartes
valent les points qu'elles marquent, à l'exception de
l'as qui vaut onze, et qui emporte toujours le roi,
pourvu qu'elle soit de couleur semblable : chaque
figure vaut dix points.

On convient du prix du jeu, et du nombre de
points que l'on jouera ; ce nombre est de cent pour
l'ordinaire, et l'on dit communément faire *un cent
de piquet*, pour dire une partie de piquet. On peut
prendre une quantité de fiches et de jetons formant
le nombre cent (à dix jetons la fiche), pour connaître
en marquant quel est le joueur qui a, le premier,
fourni ce nombre ; mais le plus communément on se
sert d'une carte coupée sur les quatre faces : d'un
côté sont quatre coupures pour les unités, et une
cinquième entaille à l'extrémité pour le nombre cinq ;

de l'autre côté, il y a également quatre coupures pour les dixaines, et une cinquième aussi à l'extrémité pour le nombre cinquante. Le coup n'est pas plus tôt fini, que chacun doit marquer ce qu'il a fait de points jusqu'à ce que la partie s'achève.

On tire à la plus basse carte à qui donnera. Le donneur distribue les cartes deux à deux, ou trois à trois, mais jamais une à une, jusqu'à ce que chacun en ait douze : il n'en reste donc que huit, qui forment le talon, et que l'on pose sur le tapis, sans faire de retourne, car il n'y a point d'atout au piquet : ce sont les meilleures cartes de la couleur jouée qui font la levée. Ces huit cartes du talon serviront aux écarts, dont nous allons bientôt parler.

Chacun ayant ses douze cartes, il les examine et arrange ses couleurs : il remarque d'abord s'il a *cartes blanches*, c'est-à-dire des cartes qui ne sont point figures. Ces cartes, qui valent dix points, ne peuvent être comptées qu'après que l'autre joueur *a fait son écart*. Alors, leur porteur les étale sur le tapis en les comptant l'une après l'autre : elles se comptent avant le point même et servent à faire le *pic*, le *repic*, dont nous allons bientôt traiter.

Qu'il ait cartes blanches ou non, le premier s'occupe de prendre son écart; c'est-à-dire, que depuis une jusqu'à cinq il choisit dans son jeu les cartes qui lui semblent le moins nécessaires, les supprime et les remplace par autant qu'il prend à la suite dessus le talon. Comme il est libre d'écarter entièrement ou de ne pas le faire, de ne prendre qu'une ou deux cartes s'il lui plaît, il est le maître de regarder les cartes qu'il laisse, et qu'il pourrait prendre; mais il ne l'est pas de regarder les trois dernières qui appartiennent nécessairement au donneur; il est obligé d'écarter au moins une carte, et peut regarder son écart tout le temps que dure le coup, s'il lui convient.

Le donneur, ou dernier à prendre, s'occupe ensuite de faire son écart; ainsi que le premier, s'il laisse des cartes, il peut les voir, et celui-ci le peut aussi, pourvu qu'il accuse la couleur par laquelle il doit jouer. Dès qu'il a nommé une couleur, il est forcé de la jouer; car s'il s'avisait de la changer, son adversaire aurait le droit de le faire commencer par la couleur qui lui conviendrait.

On fait l'écart dans le but de gagner les cártes et d'avoir le point, ce qui oblige à ne retrancher que les cartes de la couleur la moins nombreuse et la plus faible. Quand le jeu va bien, il ne faut pas, dans l'intention de le rendre encore meilleur, s'exposer à le gâter, et c'est alors que l'écart doit être seulement d'une carte.

Des quatorzes. — L'écart est encore et spécialement destiné à faire des *quatorzes.* On nomme ainsi quatre as, quatre rois, quatre dames, quatre valets et quatre dix. Le premier l'emporte sur tous les autres; et, grâce à lui, on peut compter ce dernier quatorze, lors même que l'adversaire en aurait un de rois, de dames ou de valets, parce que le quatorze le plus fort annulle le plus faible. Comme au défaut des quatorzes, on compte trois as, trois rois, trois dames, trois valets, trois dix, il est encore bon de chercher à les avoir. Remarquez que les trois as valent mieux que les trois rois, et que le moindre quatorze empêche de compter trois as, et ainsi des autres, et qu'à la faveur d'un quatorze on compte, non seulement d'autres quatorzes moindres, mais encore trois dix, ou autres trois, pourvu qu'ils ne soient pas de neuf, de huit ou de sept, bien que l'adversaire eût un trois d'une valeur supérieure.

On observe la même chose relativement aux dix-huitièmes, dix-septièmes, seizièmes, quintes, quatrièmes et tierces auxquelles un joueur qui fait son écart doit avoir égard pour tâcher de s'en procurer par sa rentrée.

Les joueurs s'occupent ensuite de leur *point.* C'est l'assemblage des cartes les plus nombreuses du jeu et d'une couleur quelconque, et dont on en réunit les points pour les annoncer. On se rappelle la valeur des cartes, et par conséquent on voit que pour former le point, l'as qui vaut onze, et chaque figure dix, sont indispensables pour en former la base.

Le point assemblé, le premier en cartes l'annonce en ajoutant *vaut-il?* Si l'adversaire a un point moindre, il répond, *il vaut* ; en a-t-il un semblable , il dit, *égal* ; en a-t-il un plus fort, il dit, *ne vaut pas*. Celui qui a le point le plus fort compte pour cela autant de points qu'il a de cartes ; si le point est égal, personne ne peut le compter ; il en est de même quand les deux joueurs ont les mêmes tierces, quatrièmes, cinquièmes, etc., à moins que par une quinte, ou quatrième, ou tierce supérieure, un d'eux ne rende bonnes les tierces, quatrièmes ou cinquièmes qui pourraient être égales à celles de son adversaire.

Des hasards. — Il y a au piquet trois sortes de hasards, qu'on appelle *repic, pic* et *capot*.

Le repic a lieu lorsque, sans que l'adversaire puisse compter, ou du moins ne pare pas, on compte dans son jeu jusqu'à trente points ; en ce cas, au lieu de dire seulement trente , on annonce quatre-vingt-dix et au-dessus, à mesure qu'il y a des points à compter au-dessus de trente.

Le pic arrive lorsqu'ayant compté un certain nombre de points sans que l'adversaire ait rien compté , l'on va en jouant jusqu'à trente ; en ce cas, alors, au lieu de dire trente, l'on compte soixante , et l'on continue de compter les points que l'on fait au-dessus.

Le capot. — Lorsqu'un des joueurs fait toutes les levées, il rend l'autre *capot*. Ce coup lui vaut quarante points , tandis que le seul gain des cartes n'en vaut que dix. On peut réunir les trois hasards et faire son adversaire *pic, repic* et *capot*. Cela arrive même assez ordinairement, et, par ce motif, on peut faire les trois hasards d'un seul coup ; en voici l'exemple : Supposé qu'un des joueurs ait les quatre tierces majeures, et que son point soit bon ; s'il est premier à jouer, il entrera par quatre du point (la tierce majeure, bonne pour le point, vaut quatre) et douze des tierces majeures, c'est seize. Seize et quatorze d'as, c'est quatre-vingt-dix (*repic*) ; quatre-vingt-dix et vingt-huit des deux quatorzes de rois et de dames feront cent-dix-huit ; puis, en jouant ses cartes, le joueur ira à soixante-un qui, joints aux quarante pour le *capot*, feront deux cent un point d'un coup.

Mais ce coup, quoique possible, est tellement rare, qu'il n'est peut-être arrivé qu'une seule fois.

Pour faire *pic*, c'est-à-dire pour compter soixante au lieu de trente, on doit être premier; car, si vous ne l'êtes pas, et que votre adversaire jette une carte qui marque, il comptera un; et vous, quand vous auriez compté dans votre jeu vingt-neuf, si vous levez la carte jetée, vous ne compterez cependant que trente, à moins que l'autre ne jette une carte qui ne compte point; alors, après avoir levé cette main, vous pouvez continuer de jouer votre jeu jusqu'à trente, et compter soixante, le hasard étant bien fait.

Voici le temps de compter les cartes blanches dont nous avons parlé plus haut; viennent ensuite le point, les tierces, quatrièmes, quintes, etc.; après cela, les points que l'on compte en jouant, et enfin les dix points des cartes ou les quarante du capot.

Nous reviendrons sur ce compte, pour le mieux développer en son temps. Occupons-nous maintenant des séquences que l'on nomme *tierce*, *quatrième*, etc.

Des tierces. — Il y en a de six espèces : la première, que l'on nomme *majeure*, se compose d'un as, d'un roi et d'une dame; la deuxième, appelée de *roi*, se compose d'un roi, d'une dame et d'un valet; la troisième, nommée de *dame*, se forme de la dame, du valet et du dix; la quatrième, désignée sous le nom de *tierce de valet*, contient un valet, un dix et un neuf; la cinquième, dite *tierce de dix*, offre un dix, un neuf et un huit; enfin, la sixième, que l'on nomme *tierce basse* ou *fine*, a le neuf, le huit et le sept. Il va sans dire que toutes ces cartes doivent être de couleur semblable, et cette obligation regarde toutes les séquences suivantes.

Des quatrièmes. — C'est la même marche que pour les tierces : il y a cinq sortes de quatrièmes : 1°. la première, nommée *quatrième majeure*, veut l'as, le roi, la dame, le valet; 2°. vient ensuite celle de *roi*, où le dix remplace l'as, mais en ne venant qu'à la suite du valet; ainsi pour toutes les autres quatrièmes; 3°. celle de *dame*, où le neuf remplace le

roi ; 4°. celle de *valet*, où le huit remplace la dame ;
5°. la *quatrième basse*, où le sept remplace le valet et
se met à la fin.

Des quintes. — Comme les quatrièmes ont une
espèce de moins que les tierces, les quintes en ont
une de moins que les quatrièmes : observation qui, du
reste, s'applique à toutes ces différentes séquences,
qui vont toujours en diminuant d'une, à mesure que
les cartes dont elles sont composées augmentent d'une
aussi. Il y a donc quatre quintes : 1°. la *quinte majeure*, formée de l'as, du roi, de la dame, du valet
et du dix ; 2°. la *quinte du roi*, où le neuf remplace
l'as ; 3°. celle de *dame*, où le huit remplace le roi ;
4°. la *quinte basse*, ou *au valet*, où le sept remplace
la dame.

Des sixièmes. — Il y a trois sortes de sixièmes :
1°. la *sixième majeure*, où l'on trouve l'as, le roi, la
dame, le valet, le dix et le neuf ; 2°. celle de *roi*, où
le huit tient la place de l'as ; 3°. celle de *dame*, ou
basse (on dit encore *sixième à la dame*), où le sept
remplace le roi, mais dans un ordre différent.

Des septièmes. — Il n'y en a que deux : la *septième
majeure*, où l'on compte les sept premières cartes ;
la *septième du roi*, où, après avoir retranché l'as, on
compte encore les sept cartes suivantes.

Des huitièmes. — Il n'y a qu'une seule huitième,
qui se compose de toutes les cartes d'une couleur :
c'est la séquence la plus rare.

Voici la valeur de ces séquences. Une tierce *bonne*
vaut au joueur qui la compte, trois points ; une quatrième, quatre ; un quinte, quinze ; une sixième,
seize ; une septième, dix-sept ; et la huitième, dix-
huit, outre les points qui sont accordés pour le point.
Ainsi, un joueur qui aurait une quinte majeure dont
le point serait bon, compterait à la fois quinze pour
la quinte, et cinq pour le point, ce qui lui ferait
vingt. Quant à la quatrième, elle lui vaudrait quatre
pour elle-même, et quatre pour le point ; et ainsi de
toutes les autres séquences que nous venons d'expliquer.

Le porteur des tierce, quatrième, quinte majeures, etc., annulle toutes celles qui sont plus basses. Par exemple, une tierce majeure annulle celle de roi, et la quatrième de roi, celle de dame ; ainsi pour toutes les autres séquences. Observez néanmoins que la moindre quatrième annulle la plus haute tierce ; que la moindre quinte efface la *quatrième majeure* ; que la *sixième basse* rend nulle la plus haute quinte, et qu'enfin la huitième annulle toutes les autres sortes de séquences.

Remarquez également qu'à la faveur d'une tierce, quatrième, quinte, etc., qui sont bonnes, on fait passer les moindres tierces, quatrièmes, etc., quoique l'adversaire en ait de plus fortes, et l'on accumule par là les points qu'elles produisent, le jeu de l'ad- versaire étant annulé par la séquence supérieure ; s'il y a égalité dans la plus haute séquence entre les joueurs, celui qui s'en trouverait plusieurs autres majeures ou moindres, n'en compterait pas une pour cela, car la plus noble est la plus égale.

Revenons à la manière de jouer. Après avoir compté le point, chacun des joueurs examine s'il a dés tierces, quatrièmes, quintes, etc., afin de les comp- ter, si elles ne sont parées par l'adversaire. Le point, et toutes ses séquences, doivent être étalés sur la table, afin qu'on puisse en compter la valeur ; car, si un joueur qui aurait annoncé le point, ou des sé- quences, et à qui l'on aurait répondu *valoir*, ou *cela vaut*, oubliait de les montrer et jouait sans les avoir comptées, il ne pourrait plus y revenir ; alors son ad- versaire compterait son point et ses séquences, quoi- que tout fût inférieur. Si ce dernier oubliait aussi de les montrer avant de jeter sa première carte, ni l'un ni l'autre ne compteraient.

Lorsqu'on a examiné et compté les séquences, il importe d'examiner si l'on a quelque quatorze. Un quatorze bon compte quatorze points ; le supérieur annulle l'inférieur, et permet de compter à sa faveur trois as, trois rois, etc., comme on l'a déjà vu.

De la manière de compter. — Après que chacun a examiné son jeu, et connu, par les interrogations faites, ce qu'il peut y avoir de bon, le premier com-

mence à compter (nous lui supposerons un jeu fourni
pour servir d'exemple) : 1°. il compte les cartes
blanches, et dit : dix de cartes blanches valent dix (il
étale ensuite le point, et supposé qu'il ait cinquante
en points), dix et cinq pour le point, c'est quinze;
(vient la quatrième bonne qu'il étale également, et
ajoute) quatre points à quinze, qui font dix-neuf;
dix-neuf et quinze précédens font trente-quatre;
(vient un quatorze) quatorze pour le quatorze et
trente-quatre font quarante-huit, et quarante-neuf,
continue-t-il en jetant une carte sur le tapis, si cette
carte est un as, un roi, une dame, un valet ou un dix.

Le premier ayant compté ainsi et joué sa carte,
l'autre joueur, avant de jouer, l'imite; et, après avoir
additionné comme lui tout ce qu'il peut avoir à
compter, il lève la carte jouée s'il le peut, en en mettant une plus forte, ou bien une plus faible, mais de
la même couleur; lorsqu'ensuite il prend la levée, il
joue par la couleur qui lui plaît.

On nomme toujours la couleur dont on joue; en
même temps on ajoute au compte de son jeu autant
de points que l'on joue de figures, d'as ou de dix; lors
même qu'on n'en joue point, on ne laisse pas de nommer de temps en temps son point pour ne pas l'oublier; aussi entend-on presque continuellement les
joueurs de piquet répéter entre leurs dents le nombre
qu'ils espèrent accroître.

Lorsqu'il lui arrive que le point et les diverses
séquences ne sont pas bons, parce que ceux de l'adversaire sont meilleurs, le premier commence à
compter par un en jetant sa carte. Il va sans dire que
le premier annonce ses séquences et quatorze de la
même manière que le point, et que les réponses sont
semblables, suivant les cas.

Celui qui prend la levée rejoue toujours; on continue de la sorte jusqu'à ce que les douze cartes soient
jetées, et celui qui obtient la dernière levée compte
deux points. Chacun compte ensuite ses levées; celui
qui en a le plus compte dix pour les cartes, ce qui
s'appelle *les gagner*; lorsque les levées sont égales,
personne ne compte.

Quand le nombre convenu des points est terminé, et que l'on recommence une partie, si le perdant veut jouer, on coupe pour savoir à qui fera le premier, à moins qu'au commencement de la partie on ne soit convenu que la main suivrait.

Lorsque par erreur on a écarté une carte qui faisait un quatorze, et que les trois restantes sont bonnes, on doit le dire à l'adversaire, s'il le demande à temps. Si l'on n'a qu'un seul *quatorze* qui doit valoir, on n'est pas tenu de spécifier; on dit seulement *quatorze*; mais si l'on peut en avoir plusieurs, on est obligé de les nommer.

Piquet à écrire.

Nous avons donné les règles du piquet; c'est maintenant aux joueurs à s'exercer pour arriver à connaître, par le jeu que l'on a et les cartes qui ont été étalées, ce que l'adversaire peut avoir, et ce qu'il a dû écarter. L'habitude et la sagacité naturelle font parvenir à cette connaissance, qui est indispensable pour la sorte de piquet dont nous allons maintenant nous occuper, car elle est plus compliquée que le piquet ordinaire et demande une suite de calculs et de combinaisons auxquels ne pourraient atteindre de malhabiles joueurs.

Il y a deux façons de jouer à ce genre de piquet. *Au malheureux* et *à tourner*. Dans le premier cas, on joue d'abord deux personnes : celle qui est marquée reste à jouer, et celle qui marque est relevée par celui des joueurs qui attend qu'on lui cède la place, après le coup fini : on voit par là que chacun joue à son tour. En effet, le piquet à écrire admet trois, quatre, cinq, six et même sept personnes. Le *malheureux* est le joueur remplacé.

Dans le second cas, on joue tous ensemble, en *tournant*, c'est-à-dire, en commençant et tournant toujours du même côté, comme au surplus pour tous les jeux à plus de deux personnes où l'on va par la droite, avec diverses modifications. Ainsi, je commencerai la partie avec le joueur placé à ma droite : après que nous aurons achevé notre coup, il jouera un nouveau coup avec le joueur de sa droite, et ainsi des autres ; c'est la manière la plus égale de jouer le jeu ; aussi doit-on la préférer.

Quelques uns des termes du piquet à écrire diffèrent de ceux du piquet simple. Ainsi, avant de commencer à jouer, on convient combien l'on fera de *rois* ou de *tours* ; un *roi* fait deux *tours*, et un *tour* fait deux coups. Il faut pour qu'un tour soit joué, que chacun des deux joueurs ait donné une fois : on convient ensuite de la valeur de chaque point, soit deux, cinq centimes, etc. On tire ensuite à qui sera la donne.

L'on joue, au reste, d'après les règles du piquet.

Cependant l'on compte à demi-tour les points que l'on fait de plus que son adversaire ; en les comptant avec des jetons, par exemple, on suppose que du premier coup l'un des deux joueurs ait fait vingt points et son adversaire dix : ce sont dix points que le premier a de plus, et qu'il marque avec des jetons jusqu'à ce que le second coup soit joué. Si dans le second coup le possesseur des dix points n'en faisait encore que dix, et que le second joueur en obtînt quarante, ce serait vingt points que celui-ci aurait de plus que lui de ce second coup, parce que de quarante points il faudrait en soustraire vingt ; savoir, dix du coup précédent, et dix du coup suivant ; par conséquent, il resterait vingt points, que l'on écrirait pour le perdant, et ainsi des autres coups. Au surplus, la table suivante indiquera la méthode qu'il convient d'employer pour marquer ceux qui perdent : on observera seulement que tous les points qui se trouvent au-dessous de cinq sont comptés pour rien, et que cinq points au-dessus sont comptés pour dix. Par cette raison, quinze points en vaudront contre le marqué autant que vingt-quatre, c'est-à-dire qu'ils seront marqués pour vingt, et ainsi des autres. Si l'on est trois joueurs, on fait trois colonnes ; à la tête de chacune on met le nom du joueur, et on marque sur cette colonne à mesure qu'il est marqué.

Table de douze rois ou vingt-quatre tours joués.

Julien.	Justin.	Alexandre.
30	30	60
40	40	100
100	30	40
30	50	90
70	50	70
90	60	100
50	30	30
60	80	20
470	370	510

Voilà les colonnes de chaque joueur marquées des points qu'ils ont perdus dans le cours de douze rois qu'ils ont joués. Les totaux sont de 470, 370, 510, qui produisent ensemble 1,350 points qu'il faut diviser en trois personnes, ce qui fait pour chacune 450 points ; cette division faite, chacun prend sa rétribution, de telle sorte que Justin qui n'a que 370 points, en gagne 80, parce qu'il manque de nombre pour se remplir des 450 qui font son tiers de 1,350 points ; et Julien, marqué de 470 points, en perd 20, parce qu'il a le même nombre au-dessus de 450 : et par la même raison Alexandre perd 60 points. Lorsqu'il y a quelque dixaine de surnuméraire elle est au profit de celui qui perd le plus.

On paie ordinairement une consolation à ce jeu ; elle est de 20 par marque, plus ou moins, selon qu'on en est convenu : de manière que si elle est de 20, le joueur marqué de 30 par le jeu, a 50 en perte, et ainsi des autres : cette consolation est pour le gagnant.

Nouvelle manière de jouer le piquet à trois et à cinq,
sans écrire.

Cette modification du jeu qui nous occupe, donne
beaucoup moins d'embarras que la précédente, en
ce qu'il n'y est besoin de plume, ni de crayon, ni
de papier, et qu'on n'y fait point d'addition : la voici.

Chacun prend la valeur de six cents marques en
cinq fiches et dix jetons : chaque fiche vaut dix jetons, et chaque jeton est compté pour dix marques ;
en sorte qu'un joueur marqué de trente, paie en
mettant trois jetons.

Le jeu va du reste comme en écrivant, mais au
lieu d'avoir au bout .de la table une écritoire, on a
un corbillon dans lequel on met ce dont on est marqué,
et que l'on partage également entre tous les joueurs
à la fin de la partie.

La consolation se paie par le marqué comme il
vient d'être dit ; mais au lieu de dix dont il est marqué par le jeu, il en met trente (ou trois jetons)
dans le corbillon, et cinquante au lieu de trente,
ainsi du reste ; outre cette consolation, il en doit
payer une autre, et celle-ci est de deux jetons
pour celui qui l'a marqué, et d'un jeton aux autres
joueurs : il reçoit cette seconde consolation lorsqu'il
marque, ou que les autres jouent entre eux.

Quand les coups de deux joueurs sont égaux, ou
qu'il ne reste pas à l'un plus de quatre points plus
qu'à l'autre, il y a *refait ;* alors, celui qui est marqué après ce refait, paie au corbillon vingt marques
de plus : après deux refaits il paie quarante, et ainsi
de suite ; à moins cependant que l'on ne soit convenu qu'afin d'empêcher les refaits on marquera à un
point ; en ce cas, pour que le refait ait lieu, il faut
que les deux coups soient parfaitement égaux.

La partie étant achevée, ce qu'indique la carte où
l'on a marqué le nombre de tours convenus, et que
le corbillon est partagé par égales parties entre les
joueurs, chacun, sans embarras, voit ce qu'il perd
ou gagne, et les jetons impairs et surnuméraires qui

n'ont pu être partagés, sont le bénéfice du joueur qui perd davantage.

Piquet normand, ou Piquet à trois.

Toutes les règles du piquet à deux sont applicables à celui-ci, sauf les exceptions suivantes :

On distribue dix cartes à chaque joueur, par deux et par trois, mais jamais par quatre : les deux cartes qui restent au talon peuvent servir à faire faire un écart au donneur, s'il y trouve son avantage.

Si, après avoir compté son jeu, le premier en cartes parvient jusqu'à vingt, sans avoir jeté aucune carte sur la table, il compte quatre-vingt-dix, et la partie est presque gagnée : s'il ne parvient à ce nombre qu'après avoir joué une ou plusieurs cartes, il compte seulement soixante.

Le capot arrive fréquemment; les quarante points qu'il vaut, comme à l'ordinaire, se partagent entre les deux autres joueurs, et chacun compte vingt points. Mais quand deux sont capots, le troisième joueur qui parvient à faire toutes les levées marque quarante points pour lui seul.

Celui du trio qui atteint le premier le nombre cent, ou cent cinquante, ou deux cents, selon que la partie est convenue, se retire ; les deux autres joueurs continuent à lutter au piquet à deux, et celui qui succombe, perd la partie contre les deux joueurs.

Piquet voleur, ou Piquet à quatre.

C'est un piquet à partenaires, on y joue deux contre deux : les cartes distribuées par deux et trois sont au nombre de huit pour chacun, et par conséquent il ne reste point de talon, et il n'y a point d'écart.

Ce jeu n'est qu'une très légère modification du piquet simple. (1)

_____

(1) Je termine la description du jeu de piquet par une petite anecdote qui peut servir de leçon aux joueurs que-

Jeu de l'Ambigu.

Ce titre dit assez que ce jeu est un mélange de plusieurs autres ; en effet, il tient de la *bouillotte*, du *romestecq*, et d'autres jeux encore.

Les cartes avec lesquels il se joue sont un jeu entier dont on a supprimé les douze figures, ce qui lui est particulier ; chaque carte a la valeur des points qu'elle représente. Ainsi l'as est la plus basse, et la plus haute est le dix.

On y joue depuis deux jusqu'à six personnes : on convient d'abord du temps que durera la partie, ou du nombre de coups dont elle se composera. Le donneur est désigné par le sort ; après que chaque joueur a mis au jeu un ou plusieurs jetons, selon la convention qu'on en a faite, qui forment la *vade* ou la *poule*, le donneur distribue deux cartes l'une après l'autre à chacun, en commençant par la droite : quelquefois la poule ne se met que cette fois ; souvent aussi elle a lieu plus tard, comme nous allons l'expliquer.

Celui auquel les deux cartes conviennent, dit *basta* (mot italien qui signifie, il suffit) ; cette réponse, et une seconde mise d'un ou de deux jetons, selon la convention faite précédemment, annoncent qu'il est satisfait. Si, au contraire, ses cartes lui déplaisent, il les écarte toutes deux, ou en garde une à son choix, et le donneur les lui remplace avec le talon qu'il a à la main : il lui donne les deux cartes qui se

---

relleurs. Une jeune dame perdait beaucoup au piquet, et se lamentait encore davantage. Au dernier coup pour gagner la partie, elle s'aperçoit que son adversaire doit avoir le quatorze d'as : Allons, dit-elle à son adversaire, en jetant ses cartes avec dépit sur la table, c'est fini, vous avez tout ! encore un quatorze d'as, grand dieu ! — Non, madame, je ne l'ai point, reprend l'adversaire. — Comment ? — Voyez, continue-t-il, en lui montrant son écart, j'ai écarté trois as ; car je préfère votre repos à mon gain.

trouvent dessus. Cette manœuvre a lieu pour cha‑
cun des joueurs.

Quand tout le monde a examiné, gardé, ou changé
ses deux premières cartes, le donneur mêle une se‑
conde fois le talon; et après la coupe, il distribue à
chaque joueur deux nouvelles cartes, et par consé‑
quent chacun en a quatre.

On examine encore ces dernières; lorsqu'on est sa‑
tisfait, on dit : *Je m'y tiens* ; au cas contraire, on
dit : *Je passe*. Si tout le monde passe, le donneur,
qui se trouve le dernier à parler, met deux jetons au
jeu, et oblige par ce moyen tous les autres à garder
leur jeu : il peut cependant changer le sien, et don‑
ner de nouvelles cartes comme la première fois, et
jusqu'à ce que le talon soit épuisé.

Outre la poule que forment les simples ou doubles
enjeux (ainsi qu'on est convenu), il y a encore la
batterie : voici en quoi elle consiste. Le joueur qui
croit avoir beau jeu peut proposer la quantité de
jetons qui lui plaît ; ces jetons composent la batterie.
Si personne ne les tient, il la lève, et le donneur
lui donne deux jetons, à moins qu'il ne fasse lui‑
même la *vade*.

Lorsque plusieurs joueurs veulent *tenir la vade*,
chacun peut écarter les cartes qu'il juge à propos,
sans qu'il ait alors le droit de *renvier* (de mettre une
certaine quantité ou de jetons ou somme d'argent
par‑dessus la vade), avant que les joueurs qui tien‑
nent la vade aient écarté, et qu'on leur ait distribué,
jusqu'au nombre de quatre, autant de cartes qu'ils
en souhaitent. Les écarts terminés, chacun parle
selon son rang : celui qui a ou qui veut feindre d'a‑
voir un mauvais jeu, dit qu'il *passe;* si chacun l'i‑
mite, la *vade* reste pour le coup suivant.

Cependant si l'un des joueurs a ou veut persuader
qu'il a un jeu favorable, il renvie en mettant au jeu
quelques jetons de plus que ceux qui s'y trouvent;
les autres joueurs alors peuvent *tenir ces jetons*, ou
passer: chacun même peut renvier de nouveau ; mais
si nul n'a tenu le premier *renvi* (la quantité mise par‑
dessus la vade), celui qui l'a fait lève tout, et se fait

payer par les autres joueurs la valeur de tout ce qu'il a en points. Lorsqu'au contraire le renvi est tenu, et que, hors le tenant, chacun a cessé de renvier, les joueurs intéressés au coup doivent mettre leur jeu à découvert, afin de connaître le gagnant.

Le point. — C'est la première chance de gain : le joueur qui *gagne le point* reçoit de chacun un jeton, et emporte la poule, la vade et les renvis. Or, le point consiste dans la réunion de diverses cartes dans la même main, car une seule carte ne compte pas pour le point : ainsi, bien qu'un dix représente dix points, il ne vaut pas un deux et un trois réunis, qui ensemble n'en représentent que cinq. Par la même raison, trois cartes l'emportent sur deux, et quatre sur trois, quand même ces dernières contiendraient un plus grand nombre de points que les autres.

La prime. — La seconde chance de gain est la prime que forment quatre cartes, dont chacune est de couleur particulière ; elle l'emporte sur le point : le joueur qu'elle favorise perçoit deux jetons, et la poule ainsi que la vade et les renvis lui appartiennent ; si la prime compte plus de trente points, c'est alors *la grande prime ;* et en cas de concurrence, celle-ci l'emporte.

La séquence. — Le whiste nous a déjà appris ce qu'est cette troisième chance ; la séquence de l'ambigu est comme celle de ce jeu, trois cartes de même couleur qui se suivent sans intermédiaire, comme un trois, un quatre, un cinq de carreau, de pique, etc. Cette chance l'emporte sur le point et la prime, et son possesseur recueille de chaque joueur, trois jetons, plus la poule, la vade et les renvis. La séquence la plus fournie en points est préférée en cas de concurrence, excepté toutefois s'il se rencontrait une séquence de quatre cartes, car celle-ci l'emporterait, lors même qu'elle contiendrait moins de points que la séquence de trois cartes.

Le tricon. — Quatrième chance de gain, le *tricon* est formé de trois cartes semblables pour le point, et différentes pour la couleur ; ainsi trois as, trois deux, trois quatre composent un tricon. Cette chance l'emporte sur toutes les précédentes : comme à celles-ci, le joueur favorisé enlève la poule, la vade, les renvis, et reçoit quatre jetons de chaque partenaire. Si plusieurs tricons se rencontraient ensemble, le gagnant est celui qui représente le plus grand nombre de points.

Le flux. — Voici la cinquième chance de gain : quatre cartes de même couleur, comme quatre carreaux, quatre trèfles, etc., la composent : cette chance, supérieure à toutes les autres, exige cinq jetons de chacun, indépendamment de la poule et des accessoires que recueille son possesseur. Toutes ces chances se nomment *jeux simples.*

Jeu double. — On appelle ainsi la réunion de plusieurs jeux simples : ainsi, par exemple, on a le tricon réuni avec la prime, lorsqu'on se trouve trois dix ou trois cartes d'un même point, et qu'il s'y joint une quatrième carte d'une couleur différente de celle des trois autres ; cette chance l'emporte sur tous les jeux simples, et vaut à celui qu'elle fait gagner ce que chacun de ces jeux lui produirait en particulier.

Le flux joint à la séquence, produit les mêmes effets que le tricon avec la prime, et l'emporte sur cette dernière chance.

Le fredon. — C'est une sorte de prime, puisqu'il se compose de quatre cartes ; mais il faut qu'elles soient de valeur semblable, comme quatre deux, quatre trois, etc. Le joueur qui a cette chance, la meilleure de toutes, reçoit huit jetons des autres, puis deux ou trois jetons pour la prime qu'elle contient, selon que les points qu'elle représente sont au-dessous ou au-dessus de trente ; enfin il enlève la poule, la vade et les renvis. Ainsi qu'aux autres chances, le fredon le plus fort en point est préféré au plus faible ; celui d'as est le moindre, et celui de dix le plus haut.

Quand les jeux sont égaux, le premier en cartes l'emporte.

Des renvis. — Celui qui a fait le second renvi ne

peut renvier ensuite au-dessus des autres qui en ont
été, dès que les cartes ont été données pour la seconde fois. Un des joueurs peut renvier sur les autres
quand ils sont tous passés, et qu'ils s'y sont engagés :
le premier alors peut être de ce renvi comme les autres, et même renvier au-dessus, si son jeu le lui permet. L'on peut encore, d'un commun consentement,
régler les renvis, afin de ne point s'exposer à une
trop grande perte.

Quelque renvi qu'on fasse, chacun ne peut perdre ni gagner que ce qu'il a de jetons devant lui, ou
ceux qui lui sont dûs par les autres joueurs, et on
ne peut l'obliger à tenir davantage, ainsi qu'à la
bouillotte ou cave : c'est-à-dire on reprend de nouvelles marques lorsqu'on a perdu tous ses jetons, mais
il faut les payer auparavant, parce que l'ambigu ne
souffre point de crédit : il faut toujours qu'un joueur
paie comptant. On doit caver avant que les cartes
ne soient distribuées de nouveau, après le coup où
l'on se trouve ne plus rien avoir, parce qu'on ne
doit pas se déterminer à caver d'après l'espérance
qu'offrent les cartes.

Quoiqu'on n'ait rien de reste devant soi, ou que
tout soit engagé au renvi, on ne laisse pas de payer
la valeur du jeu à celui qui le gagne, c'est-à-dire
le prix des diverses chances, bien qu'on ne fût ni
des vades ni des renvis.

Jeu de l'Hombre à trois.

Les Espagnols nous ont transmis ce jeu, qui plaît
beaucoup aux personnes appliquées et tranquilles ;
il se joue peu maintenant, si ce n'est en quelques salons de province ; on le joue plus fréquemment à
deux personnes, quoiqu'alors il soit bien éloigné de
l'agrément qu'il offre à trois : nous allons nous en occuper d'abord.

Lorsqu'on joue l'hombre à deux, il faut ôter une
couleur rouge, cœur ou carreau, à volonté, et prendre chacun huit cartes. A trois, on emploie un jeu
de quarante cartes, c'est-à-dire un jeu entier dont

on a supprimé les dix, les neuf et les huit; on se
sert aussi de fiches et de jetons qui ont une valeur
convenue.

L'ordre selon lequel les cartes sont supérieures
l'une à l'autre, varie suivant les couleurs : en couleur noire, c'est-à-dire en trèfle et en pique, le roi
est supérieur à la dame; la dame l'emporte sur le
valet, le valet sur le sept, le sept sur le six, le six
sur le cinq, le cinq sur le quatre, etc., jusqu'à la fin
des petites cartes, l'as excepté; car les deux as noirs
étant toujours triomphes forment une classe à part.

En couleur rouge, c'est-à-dire en cœur et en carreau, le roi est supérieur à la dame, la dame passe
le valet, celui-ci l'as, l'as le deux, et ainsi de suite
en montant jusqu'au sept : ainsi l'as rouge comptant,
il y a en couleur rouge une carte de plus qu'en couleur noire; par la même raison, les atouts en rouge
sont au nombre de douze, et de onze en couleur noire.

Triomphes noires. — La première est l'as de pique,
nommée *spadille;* la seconde, le deux de pique ou de
trèfle, qu'on nomme *manille;* la troisième, l'as de
trèfle, appelée *baste;* la quatrième, le roi; la cinquième, la dame; la sixième, le valet; la septième,
le sept; la huitième, le six; la neuvième, le cinq; la
dixième, le quatre, et la onzième, le trois.

Triomphes rouges. — En cette couleur spadille est
toujours la première triomphe; le sept, qu'on appelle
manille, est la seconde; baste, la troisième; l'as de
cœur ou de carreau, qu'on nomme *ponte,* la quatrième; le roi est la cinquième; la dame, la sixième;
le valet, la septième; le deux, la huitième; le trois,
la neuvième; le quatre, la dixième; le cinq, la onzième, et le six, la douzième.

Lorsque le sort a indiqué les places des joueurs, et
qu'ils ont mis chacun au jeu trois jetons pour former
la poule, le donneur distribue successivement en
trois parties égales neuf cartes à chacun. On ne doit
donner que par trois fois trois. La parole appartient
ensuite au premier en cartes, qui doit dire s'il *passe*
ou *joue.* S'il passe et que les deux autres joueurs en
fassent autant, chacun remet deux jetons à la poule,

et l'on donne de nouveau. Cela se continue à chaque passe. S'il joue, les autres joueurs peuvent y mettre obstacle en le renviant. On renvie celui qui joue simplement, en déclarant qu'on joue *sans prendre;* et l'on renvie celui qui joue sans prendre, en déclarant qu'on entreprend la vole.

Observez que si vous renviez par une proposition de *sans prendre,* celui qui a joué simplement, il peut lui-même jouer sans prendre, et il a'la préférence.

Lorsque personne ne renvie celui qui joue simplement, et qui se nomme l'*hombre,* il nomme la couleur dont il veut faire la triomphe. Il fait en même temps un écart composé d'autant de cartes qu'il juge à propos, en échange desquelles il en prend une égale quantité au talon, en sorte que son jeu se trouve composé de neuf cartes. Ensuite le talon passe successivement aux joueurs qui sont après l'*hombre,* et chacun écarte comme lui. On conçoit que le nombre des cartes écartées ne doit pas s'étendre au-delà de la quantité de celles qui restent au talon.

Quand tout le monde a écarté, et qu'il reste des cartes au talon, le dernier en cartes peut les regarder, mais alors il doit les montrer aux autres joueurs.

· Les jeux étant formés, le premier en cartes jette la carte qui lui plaît ; les autres joueurs sont tenus de fournir de la couleur jouée, sous peine de faire la bête; mais ils ne sont pas contraints de forcer, et peuvent mettre à leur gré la plus haute ou la plus basse carte de cette couleur. Faute de couleur jouée, on n'est point obligé de couper, bien qu'on ait de l'atout, et l'on se défait de la carte que l'on juge à propos.

Quand on joue atout, celui qui n'a qu'un ou plusieurs des trois premiers matadors (ou premières triomphes) n'est point tenu de jouer aussi atout. Cependant, quand le premier à jouer jette atout de spadille, et qu'un des joueurs suivans n'a pour atout qu'un matador inférieur à celui-ci, comme manille, baste, le roi, il doit le jouer. Et encore si l'on a fait atout de manille, le possesseur de baste est obligé de le mettre.

. Mais il en serait autrement si le premier en cartes
faisant atout avec une autre triomphe qu'un matador, le second mettait spadille sur cette triomphe.
Dans ce cas, le matador inférieur qui serait seul
dans la main du troisième joueur, ne serait point
tenu d'obéir, et ce joueur pourrait se défaire de la
carte qu'il voudrait.

Le joueur qui fait la levée joue le premier ensuite
pour la levée suivante. C'est du nombre des levées
que dépend le gain de la poule : pour la gagner,
l'hombre en doit faire cinq, ou quatre au moins, et
il faut qu'aucun des autres joueurs n'en fasse autant.
Quand l'hombre ne gagne pas la poule, il fait une
bête qui égale la somme qu'il aurait tirée s'il eût
gagné.

Du gano. — Comme il importe de faire perdre
l'*hombre*, l'un des joueurs qui défendent la poule
venant à demander *gano* à son partenaire, celui-ci
doit accepter, à moins que cela ne nuise à ses intérêts. Cette demande de gano consiste à inviter le
joueur associé, pour défendre la poule, à laisser
passer la carte que l'autre associé a jouée. Ainsi
Camille et Louis sont associés pour défendre la poule
contre Désiré qui est l'*hombre*. Le premier joue la
dame de carreau, et demande *gano*. Louis, qui a en
main le roi de carreau, avec le quatre de même
couleur, et qui veut accepter, jette son quatre; mais
s'il avait le roi seul, malgré son désir, il serait contraint de le jouer, sous peine de faire la bête.

Lorsqu'un des défendeurs de la poule frappe sur
la table en jouant la carte, c'est un avis à son associé
de couper d'une forte triomphe pour obliger l'hombre
d'en mettre une plus forte encore.

Du codille. —Quand un joueur autre que l'hombre
gagne en faisant plus de levées que tout autre, il
fait *codille*; ainsi *gagner codille*, c'est gagner sans
avoir fait jouer.

Un coup est censé joué, lorsqu'un des trois joueurs
n'a plus de cartes, ou que l'*hombre*, ayant fait cinq
levées, vient à baisser son jeu.

On fait la bête quand on renonce. Lorsque l'*hombre*

perd le jeu et qu'il renonce en outre, il fait deux bêtes, qu'il peut faire aller ensemble ou séparément. Quand il y a plusieurs bêtes, on doit jouer la plus forte après qu'on a tiré celle qui est au jeu.

Lorsqu'un des défendeurs de la poule fait cinq levées, il gagne *codille* : il en est de même quand il fait seul quatre levées, et il tire ce que l'hombre aurait tiré s'il n'avait pas fait la bête.

L'*hombre* ne peut, sous peine de faire la bête, demander *gano*, dans la vue d'empêcher le codille. En toute circonstance, *gano* lui est interdit. Le joueur qui aspire au codille ne doit non plus jamais demander gano, ni à la troisième ni à la quatrième levée.

Si, par mégarde, l'*hombre* nommait une couleur pour une autre, il ne pourrait se rétracter : il lui faudrait jouer la couleur nommée; il pourrait seulement changer son écart, si la rentrée n'était pas encore jointe à son jeu.

Quand l'*hombre* gagne, non seulement il tire la poule, et les bêtes qui vont sur le coup, mais chaque joueur est encore obligé de lui payer trois jetons de consolation; puis s'il a les matadors, on lui donne un jeton pour chacun.

Des matadors. — Quoique rigoureusement il n'y ait que trois matadors, qui sont spadille, manille et baste, on étend néanmoins cette dénomination aux cartes qui les suivent immédiatement quand elles les accompagnent. Ainsi, lorsque l'hombre se trouve avoir en couleur noire, avec les trois matadors, le roi, la dame, le valet, etc., ces dernières cartes sont également nommées matadors, et il est dû un jeton pour chacune d'elles, comme pour les matadors primitifs.

Du jeu de sans prendre. — Tout ce que j'ai dit du jeu simple, qui admet l'écart, doit aussi s'appliquer au jeu de sans prendre. Il y a seulement cette différence, que quand l'hombre vient à gagner sans prendre, chaque joueur est obligé de lui payer quatre jetons, indépendamment de la poule, des bêtes et de la consolation qui lui sont acquises. Par la même raison, quand l'*hombre* perd en jouant sans prendre, il doit en outre de la bête, quatre jetons à chaque joueur.

De la vole. — La vole s'entreprend, ou en renviant celui qui a joué sans prendre, ou quand on joue encore après avoir fait les cinq premières levées. Dans les deux cas, les adversaires de l'*hombre* peuvent se communiquer leur jeu, et agir de concert pour empêcher la vole.

Si l'*hombre* réussit à faire la vole, il reçoit deux fiches de chaque joueur, et tire toutes les bêtes, tant celles qui vont sur le coup, que celles qui étaient destinées pour le coup suivant. S'il n'y a point d'autres bêtes que celles qui vont sur le coup, on doit lui payer double de ce qui est au jeu. Ainsi, en supposant qu'il y ait trois passes, qui font vingt-sept jetons, et une bête de neuf jetons, le tout revenant à trente-six, chacun des joueurs paie dix-huit jetons à l'*hombre* qui fait la vole.

Puis d'ailleurs on doit payer à l'*hombre* le sans prendre, s'il a joué, sans écarter, les matadors, et la consolation, comme à l'ordinaire.

Quand l'*hombre* regarde les cartes qu'il a écartées après avoir vu celles qu'il a prises au talon, il ne peut plus faire la vole.

Si l'*hombre* qui a entrepris la vole la manque, il paie deux fiches à chaque joueur, et ceux-ci partagent entre eux les passes et les bêtes : puis il fait une bête égale à la somme des bêtes et des passes qu'il aurait tirées s'il eût gagné; au reste, s'il a fait cinq levées, il sera payé du *sans prendre* et des matadors, s'il les a.

L'*hombre* ne peut ni demander la remise ni s'en aller quand sa rentrée n'est pas favorable. Les matadors ne se paient que quand ils sont dans la main de l'*hombre*.

Des hasards de l'hombre. — 1°. *Le bon air.* Ce hasard consiste dans la réunion d'un sans prendre avec quatre matadors. Le joueur qui gagne en ayant ce hasard, tire une fiche de ses compagnons ; mais il la leur paie s'il vient à perdre.

2°. *Le charivari.* Il consiste dans la réunion de quatre dames.

3°. *La discorde.* C'est la réunion des quatre rois.

4°. *Le fanatique.* C'est celle des quatre valets.

5°. *La chicorée.* Quand l'*hombre* joue avec trois ou quatre faux matadors, il a le hasard de la *chicorée*.

6°. *La guinguette.* Quand il joue sans avoir aucun as noir, ce hasard a lieu.

7°. *Le mirliro.* Les deux as noirs sans matadors, ou l'as de trèfle avec les deux as rouges, forment ce hasard.

8°. *La partie carrée.* Elle consiste dans trois rois et une dame.

9°. *Les yeux de ma grand' mère.* Les deux as rouges dans le jeu de l'*hombre* composent ce hasard si burlesquement nommé.

10°. *Le parfait contentement.* Il consiste à jouer sans prendre avec cinq matadors. C'est un jeu sûr pour lequel chaque joueur est obligé de payer une fiche à l'*hombre*.

11°. *La triomphante.* Ce hasard a lieu lorsqu'en commençant, l'*hombre* joue atout de spadille. S'il gagne simplement, chaque joueur lui paie une fiche, et deux, s'il fait la vole; mais s'il perd, il doit une fiche à chacun.

Quant aux neuf premiers hasards, l'hombre reçoit aussi une fiche de chaque joueur, et la paie s'il vient à perdre.

Afin qu'il n'y ait que peu de coups inutiles, on convient assez souvent de jouer *spadille forcé*. Alors quand tout le monde a passé, et que spadille n'est pas au talon, le joueur qui l'a est contraint de jouer, quelque mauvais jeu qu'il puisse avoir d'ailleurs. Il nomme alors sa couleur et fait son écart, comme à l'ordinaire.

On appelle *gano* renoncer à faire la levée en mettant une carte inférieure sur celle qui est jouée, quoiqu'on ait une supérieure.

Jeu de la Bête ombrée.

C'est le diminutif du jeu précédent. On y joue deux, trois, quatre ou cinq personnes, avec un piquet et des jetons, ayant une valeur convenue pour faire l'enjeu : chaque joueur reçoit cinq cartes, distribuées par deux et trois, ou trois et deux.

Ainsi qu'à l'*hombre*, on a la parole pour *passer*, *demander, jouer sans prendre* ou *renvier*. On agit du reste absolument de même : seulement il ne faut que trois levées pour gagner le coup ; il n'y a qu'une couleur de triomphe ordinaire, sans les matadors de l'*hombre* (le joueur premier la nomme à son gré quand les autres passent sans renvier) ; néanmoins celui qui réunit dans son jeu le roi, la dame et le valet d'atout, a ce qu'on nomme trois *matadors* : s'il y joint l'as et le dix de couleur semblable, il a cinq matadors, et les autres joueurs lui doivent un jeton par chaque matador.

Lorsqu'il entreprend la vole et la manque, il paie le jeton au lieu de le recevoir.

Comme à l'*hombre*, il y a aussi *codille*; mais trois levées suffisent pour cela.

Le joueur qui renonce fait la bête; il en est de même de celui qui *sous-force*, c'est-à-dire lorsqu'ayant deux cartes de la couleur jouée, dont une supérieure à la carte jouée et l'autre inférieure, il fournit la dernière. Au reste, ce jeu est parfaitement semblable à l'*hombre* quant aux *bêtes*, à la vole, etc.

Jeu de Quadrille.

Le *quadrille* est le *médiateur* joué à quatre personnes. (Voyez *Médiateur*.)

Jeu de Quintille.

Le nom de ce jeu vient de ce que l'on y joue à cinq personnes.

Pour ne pas inutilement répéter les mêmes règles, je vais composer presque entièrement cet article de renvois. Ainsi, pour le placement de cinq joueurs, je renvoie à la *Bouillotte;* pour la composition de ce jeu, au *Pique - Medrille;* pour la couleur *favorite* ou de *préférence*, et pour les fiches nommées poulans, encore à ce dernier jeu. Quant à l'ordre, à la valeur des cartes, aux matadors, aux renvis, à la parole, au sans prendre, j'engage le lecteur à lire l'*Hombre ;* comme au *Pique-Medrille* et au jeu précédent, les cartes qui suivent les trois premiers matadors soñt matadors *surnuméraires.* Le joueur qui ouvre et conduit le jeu, se nomme aussi l'*hombre ;* les autres cherchent à le faire perdre et à faire codille.

Voici cependant quelque chose de particulier à ce jeu : Les petites cartes d'une couleur autre que celle d'atout se nomment *fausses cartes*, et l'action de s'en défaire s'appelle se *défausser.* On dit qu'on est en *cheville*, quand on n'est ni le premier ni le dernier à jouer. *Coster*, se dit d'un joueur en *cheville*, qui, ayant une carte-roi et une autre inférieure, jette celle-ci plutôt que celle-là, parce qu'il espère que la carte supérieure à celle qui n'est pas roi, ne se trouvera pas dans la main de la personne avant laquelle il joue. On *obéit*, c'est-à-dire on fournit de la couleur jouée. La *remise* est le coup où l'*hombre* fait la bête sans que son adversaire ait gagné codille.

L'*hombre* peut s'associer à quelqu'un, et alors il partage la perte et le gain avec son partenaire. Si, dans leur partage, il se trouve un jeton impair, l'*hombre* le paie en cas de perte, et le recueille en cas de gain.

Tous les paiemens, pour lesquels je renvoie aux jeux ci-dessus nommés, se font doubles depuis le neuvième tour de la partie, que, pour cette raison, on nomme *tour double :* c'est le dernier. A mesure que les bêtes se multiplient, elles augmentent de quinze jetons.

24

CINQUIÈME SECTION.

JEUX DE DISTRACTION.

CHAPITRE VIII.

Jeu de la Ferme.

JE vais m'occuper avec plaisir de cette série de jeux ; seuls peut-être ils permettent que le mot jouer soit synonyme de se divertir ; car, pour la plupart des autres, ce mot signifie étudier, s'appliquer avec fatigue, ou se ruiner et se corrompre.

La *ferme*, qui donne le nom au jeu, est la *banque*; mais cette banque n'est pas redoutable comme celle des jeux de hasard. Plus on est de joueurs, plus la *ferme* est intéressante; on y joue jusqu'à dix ou douze. Le jeu de cartes dont on se sert doit être entier, excepté les huit, parce que si on les y laissait, le nombre seize arriverait trop fréquemment, et l'on déposséderait trop tôt le fermier. Par le même motif, on ne laisse que le six de cœur, en supprimant les trois autres, parce que leur rencontre avec les dix amenerait trop fréquemment seize. Le *six de cœur* est nommé par excellence, le *brillant*.

Ces préliminaires font pressentir qu'il faut faire seize pour gagner: effectivement, ce nombre est l'objet principal du jeu. Les cartes valent ce dont elles sont marquées, l'as un point, ainsi des autres, et chaque figure dix.

Le donneur est le *fermier;* le sort le désigne, et il prend alors la ferme à un prix quelconque, dix, quinze ou vingt sous, et même plus haut, selon que l'on fait valoir les jetons; il met à part sur un coin de la table le prix convenu pour la ferme, puis il mêle, fait couper, et donne à chacun des joueurs une carte du dessus du jeu ; alors il s'arrête et regarde le premier à jouer, en tenant toujours le talon à la main : celui-ci demande *carte*, et le donneur lui en donne une prise dessous le talon. Si le joueur n'est point satisfait, il répète *carte*, et il est servi de nouveau de la même manière ; s'il n'en veut pas davantage, il dit, *je m'y tiens.* Tout le monde agit ainsi afin d'avoir seize. Celui qui a un certain nombre de points, et qui craint de passer le nombre seize, est libre de s'y *tenir*, de ne point prendre de cartes, et ne donne rien en ce cas au fermier, mais il perd l'espérance de le déposséder ; celui qui, prenant une seconde ou troisième carte, dépasse le nombre exigé pour déposséder le fermier, c'est-à-dire le nombre seize, lui paie autant de jetons qu'il le surpasse de points. Par exemple si, ayant un dix en main, il lui arrive une figure, il paiera quatre jetons au fermier, parce qu'ayant vingt il dépasse seize de quatre points ; il en est ainsi pour les autres joueurs. Il va sans dire que lorsqu'on a justement seize, en dépossédant le fermier, on gagne le prix de la ferme, ainsi que les jetons que chacun a mis en commençant au jeu ; outre cela, on en prend l'emploi, à moins qu'il n'ait été convenu que le fermier n'aurait pas de successeur, ou que chacun le sera à son tour.

Lorsqu'on a un point approchant de seize, il est, pour deux raisons, convenable de s'y tenir : l'une, parce qu'on ne court pas le risque de payer au fermier ; et l'autre, parce que l'on peut gagner le jeton que chacun a mis au jeu, et que celui qui a le point le plus voisin de seize gagne, lorsqu'il ne se trouve personne qui dépossède le fermier.

Il semble que la condition de celui-ci ne soit pas avantageuse ; mais il n'en est rien ; car il est suffisamment indemnisé par les jetons que chaque joueur lui donne du surplus des seize points.

Quand il y a deux points égaux pour tirer le jeu, celui qui a la primauté le gagne.

Il y a une autre manière de jouer à la ferme ; mais comme elle est compliquée et peu intéressante, je la passerai sous silence.

Jeu du Vingt et un.

Ce joli jeu, que l'on ne trouve pas dans les recueils ordinaires, a beaucoup de rapport avec la ferme, quant au fond; car il en diffère par les accessoires.

On y joue en nombre indéterminé, augmentant les cartes relativement à la quantité des joueurs; on prend ordinairement un jeu entier pour huit, dix, et même douze personnes. Chacun prend vingt-cinq ou trente jetons, qu'il fait valoir ce qu'il veut. On tire ensuite au sort à qui mêlera, et le donneur prend le titre et la qualité de *banquier*. Après avoir mêlé et fait couper, il donne deux cartes en deux fois à chaque joueur, et tenant toujours le talon en main, il regarde son jeu, tandis que les autres examinent aussi le leur. Si quelqu'un a vingt et un, il dit *vingt et un d'emblée* et met ses cartes à bas. Le banquier agit de même s'il a le même vingt et un. Mais voyons d'abord la valeur des cartes et la manière la plus convenable pour obtenir vingt et un.

Toutes les cartes ont la valeur ordinaire, c'est-à-dire comptent les points qu'elles marquent, et les figures valent dix; mais, par un privilége particulier, les as valent à la fois un et onze. Ainsi, pour le vingt et un d'emblée, on a, ou un dix et un as, ou une figure et cette même carte. Supposé que l'on ait deux as, qu'on demande *carte*, et qu'il vienne un neuf, on prend un des as pour onze, l'autre pour un, ce qui fait douze, afin d'avoir vingt et un; on a toujours la ressource de changer ainsi la valeur des as à volonté.

Comme le vingt et un d'emblée est le coup supérieur, le joueur qui l'a, reçoit deux jetons du banquier, et jette ses cartes au bas du flambeau, et les autres jouent. Si le vingt et un est entre les mains de celui-ci, chaque joueur lui paie deux jetons, et tout le monde jette son jeu au flambeau, sans jouer. En s'abstenant de mêler et de faire couper (ce qui ne se fait que la première fois), le banquier donne de nouveau, et s'il n'a pas vingt et un d'emblée, il tient le talon de la main droite, et attend que le premier à jouer parle. Si celui-ci ne trouve pas son jeu à son gré, il de-

mande *carte*, et le banquier la lui donne de dessus le
talon, en la jetant sur la table sans la retourner. Si
cette carte ne suffit pas, le joueur dit *carte encore*,
et ainsi de suite, jusqu'à ce qu'ayant ce qui lui convient, il dise, *je m'y tiens*. Quand on dépasse le point
de vingt et un, on est *crevé*, et il faut payer au banquier un jeton, et jeter ses cartes au flambeau; cependant on est libre de ne le faire qu'à la fin du tour,
parce que si le banquier crevait on ne lui paierait
rien; mais cela étant sujet à discussion, il faut convenir à l'avance de ce que l'on fera : il me semble
qu'il vaut mieux payer tout de suite lorsque l'on
crève.

Quand tous les joueurs sont servis, et que vient le
tour du banquier, il met cartes sur table, et se met
en devoir de jouer; il se donne successivement des
cartes; s'il obtient vingt et un, il ne reçoit qu'un jeton
des joueurs qui ont un point inférieur; ceux qui ont
vingt et un comme lui ne lui donnent rien, non plus
que ceux qui ont crevé. S'il crève lui-même, il doit
un jeton à chaque joueur (les crevés exceptés), et
même à ceux qui se sont tenus au plus bas point.
Lorsqu'il *s'y tient*, crève, ou fait vingt et un, tout le
monde met cartes sur table, et le banquier paie un
jeton s'il a crevé, ou qu'il y ait des vingt et un lorsqu'il n'en a pas.

Il est prudent de ne point trop *forcer*, c'est-à-dire
de ne pas demander *carte* lorsqu'on approche du
nombre vingt et un, dans la crainte d'en voir arriver
une grosse qui ferait crever. Passé quinze, il faut
ordinairement s'y tenir; à ce nombre, on a encore
l'espérance d'obtenir un quatre, un cinq, un six;
mais à seize, c'est trop chanceux; toutefois il est
peu probable que le banquier se tiendra à ce point;
mais comme il est également probable qu'il crèvera,
et que dans le cas qu'il ne le ferait pas, on ne paierait
toujours qu'un jeton, il vaut mieux *s'y tenir* et
courir cette chance, que de payer tout de suite en
risquant de crever. Le banquier ne peut et ne doit
point calculer ainsi, parce que s'il s'en tient à un
nombre bien bas, comme seize ou dix-sept, il est

presque assuré que les deux tiers des joueurs auront des points plus forts, et que par conséquent il vaut bien mieux qu'il s'efforce d'avoir un vingt et un. Lorsqu'il a un point supérieur à ceux d'un autre joueur, sans que ce point soit vingt et un, comme je suppose vingt, il dit *je paie en cartes* et ne donne rien.

La charge du banquier n'est pas inamovible : quand il a épuisé le jeu de cartes, il prend une partie de celles que l'on a mises au flambeau à mesure que les tours ont été joués, et, après les avoir mêlées et fait couper, il donne pendant un tour, et cède au tour suivant son emploi à son voisin de droite.

Quand un tour est fini, les joueurs doivent réunir toutes les cartes jouées et les mettre au flambeau. Quand un joueur a perdu sa mise, il ne quitte pas le jeu pour cela, il est libre de mettre une nouvelle mise ou d'emprunter des jetons de l'un des riches joueurs, ou mieux encore de donner la valeur que représente l'enjeu de vingt-cinq jetons.

Jeu du Trente et un.

C'est la même chose que le jeu précédent, sauf que chaque joueur prend trois cartes et que le coup principal est de trente et un : deux figures, ou deux dix et un as, forment le trente et un d'emblée.

Jeu de la Tontine.

Les règles de la tontine sont faciles, comme, au reste, celles de tous les jeux de cette division ; on peut y jouer douze ou quinze personnes, et plus on est plus on s'amuse. Un jeu entier est nécessaire. Avant de commencer, chacun des joueurs prend douze, quinze ou vingt jetons, plus ou moins, qu'il fait valoir ce qu'il juge à propos. Un corbillon, placé au centre de la table, reçoit trois jetons de chacun, et se nomme la *tontine*, puis le donneur tourne une carte de dessus le jeu pour chaque joueur, et en prend une pour lui. Le talon se place à l'écart pour mêler avec les cartes du jeu au coup suivant.

Celui qui se trouve avoir un roi, tire du corbillon trois jetons; a-t-il une dame, il en tire deux; un valet, il en tire un; celui qui a un dix, ne tire ni ne met rien. Le possesseur d'un as donne un jeton à son voisin de gauche; celui d'un deux, paie deux jetons à son second voisin de gauche; a-t-on un trois, on paie trois jetons à son troisième voisin du même côté. Celui qui a un quatre, met deux jetons au corbillon ou tontine; un cinq n'en doit qu'un au même endroit; un six paie deux, un sept un, un huit deux et un neuf un. Il est important de payer ou de se faire payer tout de suite, de crainte d'oubli; ensuite le premier à jouer ramasse les cartes et les mêle : le coup se joue toujours de la même façon et chacun donne à son tour.

Ceux qui ont perdu tous leurs jetons sont *morts :* mais ils peuvent ressusciter à gauche par les cartes qui paient de ce côté, comme nous l'avons vu; et un joueur ayant un seul jeton, joue comme s'il en avait dix ou douze; et s'il perd deux jetons ou trois d'un coup, il est quitte en donnant celui qui lui reste. Les morts ne reçoivent de cartes et ne mêlent, quoique leur tour vienne, que lorsqu'on les ressuscite, ne serait-ce qu'avec un jeton; dans ce cas, ils jouent de nouveau, et enfin le joueur qui reste seul avec quelques jetons, gagne la partie, et tire ce que chacun a mis au corbillon.

Jeu de la Loterie.

Le nombre des joueurs n'est point borné à ce jeu : on le joue à douze et même davantage; on emploie pour ce jeu deux jeux de cartes entiers : l'un sert pour faire les *lots* de la loterie, et l'autre les billets. Chaque joueur prend un certain nombre de jetons, et les fait valoir ce qu'il veut; ensuite il donne les jetons qu'il a pour sa prise, et le tout mis ensemble dans une boîte ou bourse au milieu de la table, compose le fonds de la loterie. Après avoir bien battu les cartes, un des joueurs fait tirer trois cartes qu'on place non retournées au milieu de la table, et on distribue sur ces cartes les jetons de la bourse, de manière qu'ils forment trois lots d'inégale grosseur : il y a le *gros*, le *moyen*, le *petit lot*. Cela achevé, le joueur voisin de droite de celui qui a placé les lots prend le jeu des billets, et donne trois cartes à chaque joueur, qui les étale à mesure sur la table, sans les retourner : ces cartes sont les *billets*. Quand chacun est servi, on retourne les cartes des lots; et ceux qui se trouvent avoir des cartes pareilles aux cartes des lots, emportent les jetons placés dessus. Selon que l'on veut faire durer le jeu, on donne une, deux ou trois cartes.

Jeu de la Loterie-commerce.

C'est le même jeu que le précédent, mais on y ajoute un accessoire qui le rend plus vif et plus piquant. Quand chacun a reçu ses *billets*, avant de les retourner, on propose à son voisin de faire du commerce, c'est-à-dire de vendre telle carte de son jeu, ou d'en acheter une du vôtre : le marché se débat, se conclut à un ou plusieurs jetons, simultanément quelquefois entre tous les joueurs. Le commerce achevé, on retourne *lots* et *billets* : si les cartes des lots, par exemple, sont une dame de trèfle, un roi de cœur, un as de carreau, les porteurs de ces cartes tirent les lots, et bien souvent le possesseur de l'une de ces cartes l'a vendue, ou en a acheté une mauvaise à la place; comme aussi, quelquefois pour un jeton il achète la carte qui lui vaut le gros lot de douze ou vingt jetons.

Jeu de l'Espérance.

Ce jeu se joue avec deux dés entre plusieurs personnes. On tire au sort qui aura le dé : avant de commencer, on distribue à chaque joueur un certain nombre de jetons auxquels on prête une valeur convenue; chacun en met alors un ou deux au jeu, ce qui fait la *poule*.

On commence. Si le joueur qui a le dé amène un

as, il donne un jeton à son voisin de gauche ; s'il amène un six, il met un jeton à la poule ; si ces deux dés présentent un as et un six, et qu'il lui reste plusieurs jetons, il en donne un à son voisin de gauche, et en met un autre à la poule ; s'il n'avait qu'un jeton, la poule aurait la préférence.

Le joueur, qui n'amène ni un as ni un six, n'a rien à payer, tous les autres nombres étant insignifians : seulement il quitte le dé, et passe le cornet à son voisin de droite ; celui-ci agit absolument comme son prédécesseur. Quand un joueur amène un doublet, il conserve le cornet pour jouer un second coup ; s'il fait encore un doublet, il joue un troisième coup ; s'il a le bonheur d'amener un troisième doublet, il gagne la partie ou la poule. Une autre manière plus fréquente de gagner la partie, est lorsque le porteur du dé ayant encore un ou plusieurs jetons, il n'en reste plus aux autres joueurs.

Celui qui n'a plus de jetons est *mort*, et ne peut plus recevoir le cornet à son tour ; mais il a l'*espérance* de *ressusciter*, c'est-à-dire de rentrer au jeu, et voici comment : Quand le joueur, placé à sa droite, amène un as, il en reçoit un jeton, et, par conséquent, peut jouer et gagner de nouveau.

Ce jeu, purement de hasard, m'a semblé devoir être placé dans la série des *jeux de distraction*, parce qu'on y peut y jouer en grand nombre, et que ces chances sont fort amusantes : il s'agit seulement de ne pas trop l'intéresser.

Jeu de l'Emprunt.

Le nom d'*emprunt* désigne parfaitement ce jeu, car effectivement on n'y fait qu'emprunter. Il a quelques rapports avec le *Hoc*, dont nous avons parlé plus haut.

Après être convenu de ce qu'on jouera à la partie, et tiré au sort à qui donnera, on détermine le nombre de cartes que l'on distribuera à chaque joueur : car ce nombre varie suivant celui des personnes. Si l'on est six, on reçoit huit cartes chacun ; cinq, dix

chacun; si l'on n'est que quatre, la quantité est encore
de dix cartes : mais on retranche les deux dernières
espèces de cartes, comme les as et les deux (l'as, à
l'emprunt, ne comptant qu'un point). N'est-on que
trois joueurs, on a chacun douze cartes; mais alors
on retranche les trois. Ainsi, de quarante cartes dont
se compose maintenant le jeu, après la distribution,
il n'en restera que quatre.

On convient ensuite de ce que l'on paiera pour les
cartes qui resteront en main aux derniers joueurs;
on met chacun un jeton au jeu, et le premier en
carte en met deux : le grand avantage qu'il y a à
jouer le premier exige cette double rétribution. Quand
celui-ci a jeté celle de ses cartes qu'il juge à propos,
le second joueur est contraint de jouer celle qui suit
de même couleur : ainsi, par exemple, si le premier
a joué la dame de pique, il est obligé de mettre le
valet de cette couleur; s'il ne l'a pas, il l'emprunte
à son voisin de gauche, en lui payant un jeton pour
cet emprunt; si son voisin ne l'avait pas, il l'emprun-
terait à un autre, et à son défaut il chercherait dans
le talon, et le prendrait en payant au jeu ce qu'il
aurait payé à un des joueurs. Vient ensuite le tour du
troisième joueur : si le valet a été placé, il mettra le
dix de pique, s'il l'a, et dans le cas contraire, il
l'empruntera en payant un jeton, comme nous l'avons
dit. Le quatrième fera de même, et ceux qui suivront
aussi, en allant toujours par la droite jusqu'à ce que
l'on revienne au premier joueur, auquel on emprunte
souvent pour répondre à sa couleur.

Celui-ci recommence à jouer telle carte qui lui
plaît : s'il a encore des piques, supposons qu'il en
jette encore, ce qui est son intérêt, pour forcer ses
partenaires d'emprunter, et de leur faire rester le
plus possible de cartes dans la main. Si ce premier
joueur avait un grand nombre de cartes de couleur
semblable, on sent qu'il gagnera presque sans effort.
Mais cela arrive peu, surtout quand on est beaucoup
de joueurs, à cause des emprunts successifs qu'on
fait au premier : au surplus, ces emprunts même
avancent son jeu et son gain. On joue toujours en

empruntant, jusqu'à ce que l'un des joueurs se soit entièrement défait de ses cartes, soit en prêtant, soit en jouant. Le premier qui se trouve ainsi débarrassé de son jeu, gagne la partie; il tire par conséquent la mise, et prend ce qu'on est convenu de payer pour les cartes qui restent aux autres joueurs. On compte les points, et l'on paie selon la convention. Les cartes ont leur valeur naturelle.

On recommence ensuite à mêler les cartes et à faire une nouvelle partie. Ce jeu, très facile, est très gai : les emprunts en chassent le silence, le sérieux qui règnent dans les jeux de calcul et de salon; les plaisanteries, les ris l'animent : aussi n'ai-je point hésité à le mettre parmi les jeux de distraction.

Jeu du Nigaud ou de la Patience russe.

Ce jeu n'est point comme certains personnages; il mérite bien sa double dénomination : il y a douze à quatorze ans qu'il a été pendant quelque temps à la mode, et maintenant on ne s'en souvient plus. Quoiqu'il mérite un peu son nom, ce jeu a pourtant des chances fort plaisantes.

On joue en nombre indéterminé avec un ou plusieurs jeux entiers, en s'arrangeant de manière à ce que chaque joueur ait un tas de cinq à six cartes environ : on peut même en donner moins. On commence par tirer le *chef* du jeu au sort. Ce chef perçoit en argent l'enjeu dont on est convenu, et en fait trois lots que l'on place au milieu de la table : le premier de ces lots est gros, le second de médiocre grosseur, et le troisième petit, ou, pour parler plus justement, les deux derniers diminuent progressivement d'un tiers. Le chef, après avoir mêlé et fait couper, distribue ensuite les cartes une à une à chaque joueur, qui les place en tas devant lui et retournées, à mesure qu'il les reçoit.

La valeur des cartes est naturelle; ainsi le roi emporte la dame, etc., jusqu'à ce qu'en descendant le deux emporte l'as : voilà tout le secret du jeu. Le premier en cartes regarde quelle est la carte qui se trouve sur son tas, et celle qui est sur celui de son voisin de droite : supposé qu'il ait un valet, et ce dernier un dix, il pose ce valet sur cette carte ; le voisin l'imite ; et si le troisième joueur a un neuf, il pose le dix sur le neuf, puis le valet sur le dix ; et si, par un hasard qui arrive souvent, il se trouve avoir à la suite la dame et le roi, il ajoute ces deux cartes aux précédentes. Le jeu se continue, et chacun à son tour se décharge sur son voisin, s'il y a lieu ; car, lorsque les cartes ne se suivent pas, on passe. Le premier qui s'est débarrassé de ses cartes emporte le gros lot, et attend la fin du jeu ; le second prend le second lot ; le troisième, le dernier ; et les autres joueurs n'ont rien.

Il est très piquant de voir que lorsqu'un joueur, n'ayant plus qu'une carte, saisit déjà le lot principal dans sa pensée, son voisin, chargé d'un gros tas de cartes qu'on vient de lui donner, les lui passe toutes à la suite, ce qui s'appelle la *débâcle* : c'est alors que l'on fait la *patience* ou le *nigaud* ; mais par bonheur la débâcle circule.

Quand on recommence, il faut mêler et faire couper les cartes plusieurs fois.

Jeu du Coucou (1).

Contre l'ordinaire des jeux de cartes, celui-ci prête beaucoup à rire ; mais peu distingué, il n'est connu que dans quelques très petites villes de province.

On joue au coucou depuis cinq à six personnes jusqu'à vingt ; lorsqu'on est en grand nombre, on emploie un jeu entier, autrement l'on fait usage d'un piquet, en observant toutefois que les as sont les plus basses cartes du jeu.

On convient du prix du jeu, et l'on prend huit ou dix jetons ou *marques* ; on tire la donne au sort et à la plus haute carte, car elle est d'un grand avan-

---

(1) Ce jeu porte aussi le nom de *her* : alors quand on refuse d'échanger la carte, on répond *her* au lieu de *coucou*.

tage comme nous le verrons bientôt. Les cartes mêlées et coupées, le donneur prend une carte dessus le
talon, et sans la découvrir la tend à chaque joueur,
qui, l'ayant regardée, dit, si la carte lui convient,
je suis content, ou par abréviation, *content;* si la
carte est un as, ou toute autre basse carte, il s'a-
dresse à son voisin de droite, et dit : *contentez-
moi;* alors celui-ci est obligé de changer de carte
avec lui, à moins qu'il n'eût un roi, car dans ce cas
il refuse en disant *coucou*, et le joueur qui cherchait
à se faire *contenter*, est forcé de garder sa mauvaise
carte ; les autres agissent de même, jusqu'à ce que
l'on soit venu au donneur ; alors, quand on lui demande à être *contenté*, il doit donner la carte de dessus le talon, à moins que ce ne soit un roi.

Le tour ainsi fait, chacun met sa carte sur table,
et ceux qui ont la plus basse paient chacun un jeton
qu'ils mettent dans un corbillon placé au milieu de
la table. Il arrive assez souvent que plusieurs joueurs
paient à la fois, et c'est toujours la plus basse espèce
des cartes étalées qui paie ; les as paient toujours
quand il y en a sur le jeu : à leur défaut, les deux,
au défaut des deux, les trois, et ainsi des autres.

Quand on demande à être *contenté*, et que le voisin donne sa carte, si l'on est trompé dans son attente
et que cette carte soit inférieure à celle que l'on avait
d'abord, il faut en prendre son parti.

Nous avons dit qu'il est fort avantageux de donner,
parce qu'il revient trois cartes au donneur, qu'ainsi
il peut choisir, et que par conséquent il ne paie presque jamais. Le joueur qui le premier a perdu tous
ses jetons se retire du jeu, et celui qui en a encore,
quand chacun les a tous perdus, n'en conserverait-il
qu'un seul, gagne et tire tout ce que l'on a mis au jeu.

Jeu de ma Commère, accommodez-moi.

L'esprit d'accommodement qui préside à ce jeu
lui a fait donner ce titre.

Il peut y avoir sept à huit joueurs : ils emploient
un jeu entier, et prennent un enjeu d'un certain

nombre de jetons; on donne à chaque jeton une
valeur proportionnée à ce que l'on veut jouer.

Le donneur, tiré au sort, donne à chaque joueur
trois cartes par deux et une, ou toutes trois à la fois;
puis il met le talon sur la table sans retourner, parce
qu'il n'y a point de triomphe. Les cartes distribuées, on songe à tirer au *point*, à la *séquence*, et
au *tricon*: ces coups s'emportent l'un l'autre en re-
montant: le plus fort enlève le plus faible, et en cas
d'égalité, les premiers à jouer ont la préférence.

Les cartes ont la valeur ordinaire; cependant l'as
est au-dessus du roi, et vaut onze points. Le *point*
en ce jeu consiste à avoir en main trois cartes de
couleur semblable, et fait tirer la poule à son porteur: il se nomme aussi flux.

La *séquence* consiste en trois cartes de couleur
semblable, et dans leur ordre naturel, comme as,
roi et dame; cinq, six et sept, n'importe de quelle
couleur; elle fait gagner la poule et un jeton de chaque joueur. Le tricon est la réunion de trois dix,
trois valets, etc.; il fait gagner, avec la poule, deux
jetons de chacun.

Pour *s'accommoder* et tâcher d'avoir les avantages
qui lui manquent, chaque joueur arrange ses cartes,
et voulant se défaire de celle qui lui nuit, ou lui est
inutile, la prend, et la donnant à son voisin de droite
lui dit: *Ma commère, accommodez-moi.* Le voisin
lui rend à la place, la carte de son jeu qui lui est
aussi la plus inutile; si le premier n'en est pas satisfait, n'importe. C'est maintenant au tour du voisin
à s'accommoder, et ainsi de suite pour tous les
joueurs, jusqu'à ce que l'un d'eux ait rencontré de
quoi faire point, séquence, ou tricon; il va sans dire
que ces coups d'emblée, qui lui donnent leur produit
habituel, lui font aussi gagner la partie. Lorsqu'on
les a, on étale son jeu sur la table.

Souvent, après avoir bien promené leurs cartes, les
joueurs ne trouvant point à s'accommoder dès la première donne, conviennent que chacun écartera une
carte, la donnera au donneur, qui la placera sous le
talon, et la remplacera par une carte prise dessus le

talon. Cela ne se peut que d'un commun accord.
Quand on a pris chacun une nouvelle carte, on recommence à jouer comme auparavant, en s'accom-
modant l'un l'autre, et l'on pourrait même recommencer à prendre des cartes au talon si les joueurs
ne s'accommodaient pas ; mais cela arrive rarement,
et l'on ne fait guère que deux donnes à ce jeu.

Jeu du Commerce.

On joue à ce jeu depuis trois jusqu'à dix ou douze
personnes, avec un jeu de cartes entier : elles conser-
vent leur valeur naturelle, à l'exception de l'as qui
vaut onze et qui lève le roi ; le roi lève la dame , et
ainsi des autres.

Le donneur distribue en une fois, ou l'une après
l'autre, trois cartes à chaque joueur ; la première
manière est préférable, afin d'éviter d'amuser le tapis,
c'est-à-dire de jouer avec lenteur.

Chacun prend un certain nombre de jetons, vingt-
cinq ou trente par exemple, leur donne une valeur
quelconque, et en met un au jeu en commençant. Les
coups essentiels au jeu de commerce, c'est de tirer
au *point*, à la *séquence* et au *tricon* (voyez ces mots
dans les jeux de l'ambigu, du whiste, etc.); le tricon
gagne de préférence à la séquence, et celle-ci préférablement au point.

Le donneur se nomme *banquier* ; le talon, *banque*,
et les joueurs s'appellent *commerçans*. Après que les
cartes sont distribuées, le banquier ne tourne point,
car ce jeu n'a pas d'atout, il met le talon devant lui,
en disant : *Qui veut commercer ?* Le premier en cartes , après avoir examiné son jeu , garde le silence s'il
ne veut point commercer, on dit *pour argent*, ou
troc pour troc , ainsi qu'il le juge à propos; il en est
de même pour tous les autres joueurs.

Commercer pour argent. — C'est demander au
banquier une carte du talon à la place d'une autre
carte que donne le commerçant; pour avoir cette
carte du talon, il faut payer un jeton au banquier ;
la carte donnée en échange est mise dessous le talon.

Commercer troc pour troc. — C'est changer une carte avec son voisin de droite, et il n'en coûte rien pour cela ; ainsi chacun des joueurs, l'un après l'autre, et suivant son rang, commerce jusqu'à ce qu'il ait trouvé, ou que quelque autre ait obtenu ce qu'il cherche.

Le joueur qui le premier a rencontré le point, la séquence ou le tricon, montre son jeu, et n'est point obligé d'attendre que les autres commerçans recommencent le tour lorsqu'il est fini ; et si celui qui a un certain point auquel il veut se tenir, étend son jeu avant de commencer, ceux qui, du même tour, viennent après lui, ne peuvent commercer et s'en tiennent à leur jeu : si ce joueur-là était premier, personne ne commercerait.

Lorsqu'un des joueurs a ainsi arrêté le commerce, celui qui a le plus fort point, la plus haute séquence, ou enfin le plus fort tricon gagne, et l'on recommence un autre coup. La donne passe à chacun à tour de rôle.

Le banquier commerce à la banque, et ne donne rien à personne.

Dans le cas où il ne se trouve dans un coup, ni séquence, ni tricon, et qu'entre plusieurs joueurs le point soit égal, le banquier gagne la poule de préférence aux commerçans, et quoiqu'il ne donne rien pour commercer et prendre des cartes du talon, il tire un jeton de chacun quand il gagne la partie.

Le banquier *commerce au troc* comme les autres, et doit fournir à son voisin de gauche une carte de son jeu, quand celui-ci veut *commercer au troc* avec lui.

Voilà bien des avantages ; voici maintenant les inconvéniens.

Quelque jeu qu'il puisse avoir en main, le banquier, lorsqu'il ne gagne pas la poule, est forcé de donner un jeton au gagnant, parce qu'il est censé avoir toujours été à la banque. S'il se rencontre avoir point, séquence ou tricon, et que malgré tout cela il ne lève pas la poule, parce qu'un autre joueur aurait ces coups plus forts, il donnerait un jeton à chaque joueur, ce que les autres ne sont point tenus de faire.

Ce jeu était fort à la mode autrefois, surtout dans

les provinces : on y joue encore fréquemment dans les sociétés sans cérémonie.

Jeu du *Nain jaune* ou *Lindor*.

Il faut, pour jouer à ce jeu, une sorte de tableau représentant dans l milieu un *nain* de couleur jaune, tenant à la main un sept de carreau ; aux quatre coins du tableau on voit quatre cartes figurées ; en haut et à la droite du nain est la dame de pique, et à la gauche le roi de cœur ; en bas du tableau, à gauche, se voit le valet de trèfle, et à droite le dix de carreau : si l'on n'avait pas ce tableau, on pourrait y suppléer en attachant sur le tapis en carré au milieu de la table, une figure de nain, et les cartes ci-dessus nommées.

Les joueurs sont au nombre de trois au moins et de huit au plus ; on donne à chacun une certaine quantité de jetons qui ont une valeur convenue. Le sort désigne à qui fera, et le donneur prenant un jeu de cartes entier distribue en cinq fois, c'est-à-dire par trois, quinze cartes à chaque joueur : quand on ne joue que trois, il reste alors sept cartes au talon. A quatre, on ne donne que douze cartes à chacun, et le talon en a quatre. Est-on cinq, on distribue à chacun neuf cartes et le talon en compte sept ; s'il y a six joueurs, ils en ont chacun huit, et le talon est de quatre cartes. A sept, on a chacun sept cartes, et il en reste trois au talon ; enfin, à huit personnes, chacun n'en reçoit que six, et le talon en a quatre.

Avant de distribuer les cartes à chaque coup, on procède à la garniture du tableau qui fait la mise en jeu.

Chacun met sur le dix de carreau, un jeton ; sur le valet de trèfle, deux jetons ; sur la dame de pique, trois jetons ; sur le roi de cœur, quatre jetons ; sur le nain jaune ou le sept de carreau, cinq jetons.

La plus haute carte du jeu est le roi, et la plus basse l'as ; du reste, les cartes ont leur valeur et leur ordre ordinaire.

De la suite des cartes. — Le premier en cartes commence à jouer par celle qui lui convient, quand la donne est achevée, et en se proposant de se défaire de toutes ses cartes avant ses adversaires : il est fort avantageux d'avoir plusieurs cartes de la même couleur qui se suivent, comme, un quatre, un cinq, un six, etc., parce qu'on peut jouer à la fois jusqu'à celle qui manque toutes les cartes qui se suivent. Ainsi, lorsqu'un joueur a, je suppose, quatre cartes se suivant de cette manière, il les joue et les nomme en disant six de trèfle, sept, huit, neuf sans *dix* ; si le joueur qui le suit à droite a le dix, il le met, ainsi que les autres cartes qu'il peut avoir de suite, jusqu'au roi. Lorsqu'un joueur a son jeu disposé de manière à pouvoir se défaire de toutes ses cartes de suite, la première fois qu'il est en tour de jouer, il fait *opéra*, ou *main pleine*, c'est-à-dire qu'il enlève tout, et la garniture du tableau et les jetons que chaque joueur doit donner pour autant de points qu'il lui reste en main. Si ce coup arrive au premier en cartes, on voit dès-lors que personne ne joue, et que chacun, gardant tout son jeu, doit énormément de points ; mais par bonheur ce coup est des plus rares.

La levée appartient à celui qui a joué en dernier lieu une carte supérieure aux autres cartes jouées ; il rejoue de nouveau, sans avoir égard à son tour, et s'arrête comme il est dit précédemment à la carte dont il lui manque la suivante. La même marche continue jusqu'à ce qu'un des joueurs, s'étant défait de toutes ses cartes, ait par ce moyen gagné le coup. Alors les autres étalent leur jeu et paient chacun, au gagnant, un jeton pour chaque point que présentent les cartes qu'ils n'ont pu jouer.

Comme au *nain jaune* il ne se trouve point de renonce ni d'atout, on peut jouer sur une carte d'une couleur quelconque la carte suivante d'une autre couleur. Ainsi, par exemple, si vous jouez le six de cœur, je puis indifféremment le couvrir avec le sept de pique, de trèfle ou de carreau.

Les cartes correspondantes à celles qui sont figurées sur le tableau se nomment *belles cartes*, et sont, ou fort onéreuses, ou d'un très grand avantage. Elles sont onéreuses quand elles vous restent en main, parce qu'alors vous faites une bête égale au nombre

de jetons qui se trouvent sur les cartes figurées : elles
sont avantageuses, en ce que lorsqu'on parvient à les
jouer on enlève la mise que portent les cartes figurées. Ainsi, le roi de cœur joué emporte la mise de
jetons du roi de cœur figuré; la dame de pique du
jeu, lève la mise de la dame de pique du tableau, etc.

Le coup fini, c'est-à-dire la partie gagnée par le
joueur qui s'est défait le premier de ses cartes, on
garnit de nouveau le tableau, et la donne passe au
voisin de droite du donneur précédent, ainsi qu'il est
toujours d'usage.

Jeu de l'Hymen.

C'est un jeu de tableau auquel on joue avec des
dés et des jetons auxquels on attribue une valeur convenue. Le nombre des joueurs peut s'étendre depuis
deux jusqu'à vingt. Le tableau dont on se sert, ou
pour mieux dire se servait, car ce jeu est totalement
oublié, est composé de quatre-vingt-dix cases qui
ont chacune un numéro et une dénomination particulière, analogues aux sentimens, aux peines, aux
plaisirs de l'amour; comme l'*espérance* (cette case revient plusieurs fois), le *tête-à-tête*, les *sermens*, les
sacrifices, les *caresses*, la *mélancolie*, le *refroidisse-
ment*, l'*explication*, la *déclaration*, les *refus*, le *retour*, etc.; la neuvième case est celle du *palais de
l'hymen*. Il faut que chaque joueur ait une marque
particulière pour constater les points qu'il amène, et
la case sur laquelle il s'arrêtera.

Les règles sont celles du jeu de l'oie; mais ce jeu
est bien plus piquant, à raison des rapprochemens
que produisent les *pas rétrogrades*. Ainsi, si l'on
arrive à la case des *ailes de l'amour* (23), on va se
placer à la case de l'*entrevue*; la case de la *discrétion*
vous renvoie à celle du *plaisir*, etc.

Je ne m'étendrai pas davantage sur ce jeu, car ce
serait en pure perte, puisqu'il est maintenant parfaitement inconnu. Au reste, si le caprice de la mode
le ramène, on en pourra voir une plus ample description dans le *Dictionnaire des Mathématiques*,
pages 110, 111 et 113.

TROISIÈME PARTIE.

SIXIÈME SECTION.

JEUX DE HASARD.

CHAPITRE IX.

Jeu de dés.

Ce jeu, par la nature de ses instrumens, semble appartenir à la classe des jeux composés; mais comme il est en quelque sorte la source et le type des jeux de hasard, il doit commencer cette série, que, je l'avoue, je ne traite qu'à regret, et en engageant mes lecteurs à la plus grande modération dans l'exercice de ces jeux. Si j'achevais toute ma pensée, j'aurais écrit la plus grande défiance. (1)

Au reste, pour que les divisions soient de la plus grande exactitude, je subdiviserai encore les jeux de hasard, 1°. en *jeux de hasard composés;* 2°. en *jeux de hasard avec cartes.*

JEUX DE HASARD COMPOSÉS.

Le jeu qui nous occupe maintenant est des plus anciens : Hérodote en attribue l'invention aux Lydiens. Sophocle, Pausanias et Suidas la rapportent

---

(1) Les sages de tous les temps ont blâmé cette espèce de jeu. Caton le Censeur ne cessait de crier aux Romains : *Citoyens, fuyez les jeux de hasard.*

à Palamède. Des Grecs il passa aux Romains, comme la plupart des usages et des divertissemens de cette première nation.

Les dés antiques étaient des cubes comme les nôtres; mais ils étaient au nombre de trois, tandis que nous n'en employons que deux.

On joue deux, sur une table ordinaire, avec chacun un cornet de cuir dans lequel on met les deux dés; après être convenu de ce que l'on veut jouer, et pris un nombre convenu de jetons pour représenter l'enjeu, on met les dés dans le cornet, et le tenant de la main droite, tandis qu'on le couvre de la gauche étendue à plat, on parie que l'on amènera tel nombre; on agite ensuite les dés, et on les lance sur la table. Si l'on fait le nombre désigné on gagne un ou plusieurs jetons, selon qu'il a été convenu; dans le cas contraire, on paie ce nombre et l'on tend les dés à son adversaire : celui-ci joue de la même manière, et ainsi de suite, jusqu'à ce que l'on ait épuisé l'enjeu. Pour tous les cas où les coups des dés sont bons, *voyez* ce qu'il est dit à ce sujet aux jeux du *Trictrac* et du *Revertier*.

Au jeu de dés, les doublets, c'est-à-dire lorsque les deux faces des dés présentent un nombre semblable, se nomment *rafles* et se payent doubles si on les a devinées, et simples si le joueur s'est trompé. Ce coup forme même un jeu particulier dont nous allons nous occuper bientôt.

On voit que la description de ce jeu est des plus simples; mais il n'en est pas tout-à-fait de même pour les combinaisons propres à révéler les probabilités des coups. Ces calculs toutefois ne sont point difficiles, et grâce à quelque peu d'habitude et d'attention, on peut connaître assez les chances que l'on doit raisonnablement attendre.

Nous avons déjà expliqué, à l'article *Trictrac*, la manière de prévoir à peu près les coups les plus fréquens; mais il est bon d'y revenir avec d'amples développemens; ainsi, tout en renvoyant le lecteur à cette première instruction, nous allons l'entretenir en détail sur cet objet.

Nous savons qu'avec deux dés on amène trente-six coups différens, parce que chacune de six faces du dé 'peut se combiner six fois avec chacune des six faces de l'autre. De même avec trois dés on peut amener 36×6, ou deux cent seize coups différens ; car chacune des six combinaisons des deux dés peut se combiner six fois avec les six faces du troisième dé. Par conséquent, en général, avec un nombre de dés $= n$ le nombre des coups possibles est de $6 n$.

Donc il y a trente-cinq contre un à parier qu'on ne fera pas *rafle* de 1, de 2, de 3, de 4, de 5, de 6, avec deux dés (voyez *Rafle*). Mais on trouverait qu'il y a deux manières de faire 3, trois de faire 4, quatre de faire 5, cinq de faire 6, et six de faire 7 ; cinq de faire 8, quatre de faire 9, trois de faire 10 ; deux de faire 11 ; une de faire 12 : on voit que plus les nombres augmentent de force, plus ils deviennent rares. La table suivante exprime les trente-six combinaisons, et démontre ce que nous venons d'énoncer.

2	3	4	5	6	7
3	4	5	6	7	8
4	5	6	7	8	9
5	6	7	8	9	10
6	7	8	9	10	11
7	8	9	10	11	12

Dans la première colonne verticale de cette table, je suppose qu'un dé tombe successivement sur toutes ses faces, et que l'autre dé amène toujours 1 ; dans la deuxième colonne, qu'un dé amène toujours 2, et l'autre ses six faces, etc. Les nombres pareils se trouveront sur la même diagonale (jetez sur le tableau les yeux un peu de côté, de manière à voir les chiffres semblables sur une ligne diagonale). On voit tout de suite que 7 est le nombre qu'il est le plus avantageux de parier qu'on amènera avec deux dés ; et que 2 et

12, les deux extrémités des lignes diagonales, sont ceux qui offrent le moins d'avantages. Si l'on prend soin de former ainsi la table des combinaisons pour trois dés, on aura six tables de trente-six nombres chacune, dont la première aura 3 à gauche en haut, 13 à droite en bas, et la dernière 8 à gauche en haut, et 18 à droite en bas : l'on verra également, par un regard sur les diagonales, que le nombre de fois que le chiffre 8 peut arriver est égal à $6 + 5 + 4 + 3 + 2 + 1$, c'est-à-dire à 21 ; et qu'ainsi il y a vingt-un cas sur deux cent seize à parier que ce nombre arrive ; qu'il y a quinze cas pour amener 7, dix pour 6, six pour 5, trois pour 4, et un pour 3.

Que pour amener 9, il y a un nombre de combinaison $= 5 + 6 + 5 + 4 + 3 + 2 = 25$;

Que pour amener 10, il y a $4 + 5 + 6 + 5 + 4 + 3 = 27$;

Que pour obtenir 11, il y a $3 + 4 + 5 + 6 + 5 + 4 = 27$;

Que pour amener 12, il y a $2 + 3 + 4 + 5 - 6 + 5 = 25$;

Que pour amener 13, il y a $1 + 2 + 3 + 4 + 5 + 6 = 21$;

Que pour amener 14, il y a 15 ;

Que pour amener 15, il y a 10 ;

Que pour amener 16, il y a 6 ;

Que pour amener 17, il y a 3 ;

Et qu'enfin pour amener 18, il n'y a qu'une seule combinaison.

Par conséquent 10 et 11 sont les deux nombres qu'il est le plus avantageux de parier qu'on amenera avec trois dés ; il y a à parier 27 sur 216, c'est-à-dire 1 contre 8 qu'on les amenera ; viennent ensuite les nombre 9 ou 12 ; ensuite 8 ou 13, etc.

On peut, par une méthode semblable, déterminer quels sont les nombres qu'il y a le plus à parier qu'on amenera avec un nombre donné de dés, ce qu'il est bon de connaître dans beaucoup de jeux, comme nous l'avons déjà vu.

Jeu de la Rafle.

Il est inutile de dire quels sont les préliminaires de ce jeu ; ce que nous venons d'expliquer relativement au précédent nous en dispense : il l'est également de rappeler ce que l'on entend par *rafle*, et quels sont les doublets que l'on fait ordinairement avec les deux dés : la plus légère inspection de ces instrumens, montre qu'on ne peut amener que depuis double un jusqu'à double six (*Voyez* Trictrac).

Avant de commencer le jeu, l'on convient de ce qu'il sera payé par chaque rafle déterminée ; tous les autres coups sont nuls. Comme l'on joue chacun à son tour, celui qui amène fréquemment des nombres impairs ne se trouve en quelque sorte pas jouer du tout. Ce jeu n'a point de partie déterminée ; on joue toujours tant que l'enjeu n'est point épuisé, et on le renouvelle pour recommencer ensuite.

On peut combiner ce jeu et le précédent, en attachant le pari à la *rafle* ; par exemple, avant d'agiter le cornet, l'on dit : *je parie faire rafle-terne* ou *rafle-bezet*, etc. Si l'on adresse juste, on enlève ce qu'il avait été mis pour enjeu au milieu de la table, ou au pied du flambeau, ainsi que les jetons d'amende que l'on doit payer lorsqu'on se trompe. Cette amende et l'enjeu doivent être réglés à l'avance par une convention (1) ; quand on est plusieurs personnes on joue tour à tour, ou plutôt on s'associe aux paris des joueurs. Sitôt que l'on a parlé pour annoncer le pari, il n'est plus permis de se reprendre. L'action de prendre les jetons, ou l'argent sur la table, s'appelle *rafler*.

Si vous voulez connaître le parti du joueur qui entreprendrait d'amener en un coup, avec un ou plusieurs dés, une rafle déterminée, terne, par exemple, vous considérerez que s'il l'entreprenait avec deux dés, il n'aurait qu'un hasard pour gagner, et 35 pour perdre, parce que deux dés peuvent se combiner en trente-six manières diverses, c'est-à-dire que leurs faces, qui sont au nombre de six, peuvent avoir trente-six assiettes diverses, comme le montre la table suivante.

------

(1) On convient aussi si l'on pourra *barrer les dés*, c'est-à-dire annuler le coup ; c'est la même chose que *rompre les dés*. (Voyez *Trictrac*, *Krabs*.)

1,1	2,1	3,1	4,1	5,1	6,1
1,2	2,2	3,2	4,2	5,2	6,2
1,3	2,3	3,3	4,3	5,3	6,3
1,4	2,4	3,4	4,4	5,4	6,4
1,5	2,5	3,5	4,5	5,5	6,5
1,6	2,6	3,6	4,6	5,6	6,6

Ce nombre 36 étant le carré du nombre 6 des faces des deux dés, s'il y en avait trois, au lieu de trente-six carrés de 6, on aurait 216 pour le nombre des combinaisons entre trois dés; s'il y avait quatre dés, on aurait le carré 1296, du même nombre 6, pour le nombre des combinaisons entre quatre dés; et ainsi de suite.

Il suit de là qu'on ne doit mettre que 1 contre 35 pour faire une rafle déterminée. Le même raisonnement démontre qu'on ne doit mettre que 3 contre 213 pour faire une rafle déterminée avec trois dés en un coup, et 6 contre 1290, ou 1 contre 215 avec quatre dés, ainsi de suite, parce que des deux cent seize hasards qui se trouvent en trois dés, il y en a trois pour celui qui a le dé, puisque trois choses se peuvent combiner 2 à 2 en trois façons, et par conséquent deux cent treize contraires à celui qui tient le dé; et que des mille deux cent quatre-vingt-seize hasards qui se trouvent entre quatre dés, il y en a six qui sont favorables au joueur qui tient le dé, puisque quatre choses se combinent 2 à 2 en six façons, et par conséquent mille deux cent quatre-vingt-dix contraires à celui qui tient le dé(1).

Mais si vous désirez savoir le parti de celui qui entreprendrait de faire une rafle quelconque du premier coup avec deux ou plusieurs dés, il ne sera pas difficile de connaître qu'il doit mettre 6 contre 30, ou 1 contre 5 avec deux dés, parce que, si des trente-six

---

(1) Ce jeu a donné lieu à l'expression proverbiale de *tenir le dé,* qui signifie, s'emparer de la conversation, y dominer, réduire les autres interlocuteurs à écouter, et à ne répondre que rarement.

hasards qui se rencontrent entre deux dés, on ôte
six hasards qui peuvent produire une rafle, il reste 3o.
On connaîtra aussi très aisément qu'avec trois dés,
il peut mettre 18 contre 198, ou 1 contre 11, parce
que si des deux cent seize hasards qui se trouvent
entre trois dés, on en ôte 18 qui peuvent amener une
rafle, il reste 198.

Jeu du Quinquenove.

Les cornets et les dés sont encore les instrumens
de ce jeu de hasard ; le nombre des joueurs est illimité : chacun prend le cornet et les dés à son tour,
en allant toujours par la droite de celui qui a commencé à jouer ; celui qui les a joue seul contre tous ;
aussi est-il nommé *banquier,* et tous les autres joueurs
se nomment *pontes.*

Chaque ponte met au jeu la somme que l'on a jugé à
propos d'exposer, et le banquier couvre cette masse
d'une somme égale ; si ce dernier amène un doublet
ou les points de 3 ou de 11, qu'on appelle *hasards,* il
gagne toutes les mises ; si, au lieu de cela, il amène
les points de 5 ou de 9, nommés, les *contraires,* il
perd tout ce qu'il a mis au jeu, et les pontes se le
partagent.

Mais lorsque le banquier amène les points de 4,
de 6, de 7, de 8 ou de 10, personne ne gagne le
coup ; il faut jouer de nouveau, et le coup se déci-
dera en sa faveur, en cas qu'il ramène les mêmes
points avant d'amener les *contraires* (5 ou 9) ; les
pontes gagneront, si l'une de ces dernières chances
arrive avant celle où ils auront risqué leur argent.

Il est, je crois, superflu d'observer combien un pareil jeu est traître.

JEUX DE HASARD AVEC CARTES.

Jeu du Lansquenet.

Un jeu de cartes entier compose tout l'attirail du
jeu de lansquenet.

Le nombre des joueurs est illimité ; ceux qui tiennent alternativement la main se nomment *coupeurs,*

et les autres sont appelés *pontes* ou *carabins* (1) ; disposition qui, du reste, se rencontre presque toujours aux jeux de hasard.

Quand les cartes sont mêlées, et que le coupeur qui tient la main a fait couper, il donne une carte à chacun des autres coupeurs en commençant par sa droite. C'est le hasard qui décide quels seront les coupeurs, et quel sera entre eux le donneur ; à cet effet, on tire à la plus grosse carte ; le nombre des coupeurs est proportionné à celui des joueurs.

Les cartes distribuées comme je viens de l'expliquer sont appelées *cartes droites*, pour les distinguer de celles qui doivent être tirées ensuite ; chaque coupeur met sur sa carte droite une somme convenue.

D'autre part, tous les joueurs peuvent, avant que la carte du donneur soit tirée, mettre ce qui leur convient à une chance qu'on nomme *la joie* ou *la réjouissance*, et qui se place au milieu de la table.

Le jeu étant fait, tant sur les cartes droites que sur la réjouissance, le donneur se donne une carte qu'il découvre, puis il tire celle qui doit décider du sort de la réjouissance.

Il tire ensuite d'autres cartes, et c'est de la prompte ou tardive arrivée d'une carte semblable à celle qu'il s'est donnée que dépendent la perte ou le gain de tous les joueurs intéressés dans la partie.

Quand le donneur donne une carte droite double à l'un des joueurs, c'est-à-dire, une carte de même espèce que celle déjà donnée à un autre coupeur, il gagne la somme convenue que celui-ci a dû mettre sur sa carte : mais il est contraint de tenir deux fois cette somme sur la carte double.

Par la même raison, lorsqu'il arrive que le donneur donne une carte triple à l'un des coupeurs (l'on comprend qu'il s'agit d'une carte semblable à celles qu'il a précédemment données à deux autres coupeurs, lesquelles formaient la carte dite double), il gagne

---

(1) On désigne généralement sous le nom de *carabins* tous les joueurs qui ne sont pas *coupeurs*.

ce qu'on a dû jouer sur cette carte double, mais il
est tenu de mettre quatre fois la somme convenue
sur la carte triple. La somme convenue s'appelle *le
fonds du jeu.*

S'il advient que le donneur donne une carte quadruple à l'un des coupeurs, il reprend ce qu'il a mis sur
ses cartes droites simples ou doubles, s'il s'en trouve
au jeu, mais il perd ce qui est sur la carte triple, et
quitte aussitôt la main, sans donner aucune autre
carte.

Enfin, si la carte quadruple que tire le donneur,
est pour lui, il gagne tout ce qu'il y a sur les cartes
des autres coupeurs, et sans donner d'autres cartes,
il recommence la main.

Observez que s'il arrive que la carte de la réjouissance soit quadruple, cette chance ne va pas, et
chacun retire l'argent qu'il y a mis.

Remarquez encore que lorsque la carte d'un coupeur vient à être prise, il doit payer le fonds du jeu
à chacun des autres coupeurs qui ont une carte devant eux ; c'est ce que l'on nomme *arroser* ; mais,
dans ce cas, le perdant ne paie pas plus aux cartes
doubles ou triples qu'aux cartes simples.

Toutes les fois que le donneur amène une carte
semblable à quelqu'une de celles qu'il a tirées précédemment, il gagne ce qu'on a joué sur la carte
tirée la première ; mais si, avant d'amener des cartes
semblables à celles qu'il a déjà tirées, il amène la
sienne, il perd tout ce que les pontes ou carabins ont
mis sur les différentes cartes qu'on a pu tirer jusqu'alors.

Je suppose, par exemple, que la carte du donneur soit un as, et qu'il y ait d'ailleurs sur le tapis
un six, un sept, un valet, etc., chargés de l'argent
des carabins ; si quelques unes de ces cartes arrivent
avant l'as, le donneur gagnera ce qu'on y a mis ;
mais si l'as est amené auparavant, il est obligé de
doubler, au profit des pontes, l'argent qui se trouve
sur ces mêmes cartes.

Vous voyez, d'après ce que je viens d'expliquer,
que la partie ne finit que quand le donneur a re-

tourné une carte pareille à la sienne. Par conséquent, s'il arrivait que dans le cours de la partie il retournât les douze cartes qui diffèrent de la sienne, et qu'ensuite il en retournât douze autres semblables à celles-là, il ferait ce qu'on appelle *pleine-main*, ou *opéra*, car il gagnerait tout ce que les carabins auraient joué dans cette partie; mais si, après avoir retourné les douze cartes qui diffèrent de la sienne, il en retournait une semblable à cette dernière, il serait tenu de doubler, au profit des carabins, tout ce qu'ils auraient joué sur ces douzes cartes, et il éprouverait ce qu'on appelle un *coupe-gorge*.

Si la carte du coupeur qui donne se trouve double, c'est-à-dire, si ce sont deux valets, deux sept, deux cinq, etc., il ne va, en ce cas, que la réjouissance et le fonds du jeu qui se trouve sur les cartes droites. Pour que les carabins puissent, en pareille circonstance, jouer sans désavantage, il importe qu'il se trouve sur le tapis d'autres cartes doubles que celle du donneur, car autrement il y aurait de l'inégalité dans les risques; il serait probable alors que n'y ayant plus dans le jeu que deux cartes semblables à celle du donneur, elles viendraient plus tard que celles qui seraient au nombre de trois.

Il peut encore arriver que la carte du donneur soit triple d'une autre façon, c'est-à-dire qu'elle soit composée de trois cartes semblables, comme trois rois, trois dames, trois dix, etc. Il ne va également, en ce dernier cas, que la réjouissance et le fonds du jeu placé sur les cartes droites; il faut alors, avant que les carabins puissent jouer, qu'il soit venu d'autres cartes triples pour établir l'égalité des risques.

Il y a encore au lansquenet les *partis* : ces partis consistent à mettre trois contre deux, quand on joue avec carte double contre carte simple; ou deux contre un, si l'on joue avec carte triple contre carte double; ou enfin trois contre un, quand on joue avec carte triple contre carte simple.

Comme il y a de l'avantage à tenir la main, le coupeur qui donne ou qui *taille* a le droit de la conserver chaque fois qu'il lui arrive de gagner les cartes droites des différens coupèurs, quand même il n'en gagnerait aucune autre.

Ce jeu, très compliqué, très dangereux, et par la multitude des coups de hasard qu'il présente, et par les facilités qu'il offre aux chevaliers d'industrie, fut défendu autrefois par cette dernière raison : on ne le joue plus aujourd'hui.

Jeu du Passe-dix.

Passer dix en lançant trois dés est le principal ou plutôt l'unique objet de ce jeu. Il y a deux sortes de parties : 1°. à deux joueurs ; 2°. avec un banquier et des pontes.

On compte encore deux manières de jouer à ce jeu. Quelquefois tous les coups de dés sont décisifs, et d'autres fois un coup ne finit que quand deux dés présentent chacun un point semblable.

Dans l'un et l'autre cas, les joueurs ont les dés chacun à son tour. Le joueur qui tient le dé parie toujours avant de l'agiter qu'il amènera plus de dix (c'est la formule de rigueur). Tant qu'il passe, c'est-à-dire qu'il gagne son pari, il est libre de conserver les dés ; mais alors il est obligé de tenir tont ce qu'on lui propose, jusqu'à la concurrence de l'argent qu'il a d'abord exposé, et de celui qu'il a gagné ensuite au moyen de sa mise.

Il va sans dire qu'en commençant le jeu, l'on convient de la mise, et que chaque fois que les joueurs *passent*, ils reçoivent l'un et l'autre un jeton que l'on tire de sa mise respective; celui dont la mise a passé entre les mains de son adversaire a nécessairement perdu, et doit recommencer à en fournir une autre pour jouer encore. Les trois dés avec lesquels on joue au passe-dix sont susceptibles de deux cent seize variations. (Voyez *Jeux de Dés, de Trictrac,* etc.)

Si l'on est convenu que l'on exigera que pour la décision d'un coup, deux dés présentent chacun un point semblable, ou fassent un doublet, ou rafle, il y aura dans les deux cent seize coups dont je viens de parler, quarante-huit coups de passe, quarante-huit coups de manque et cent vingt coups nuls. Si l'on *joue à toutes chances*, c'est-à-dire, de telle sorte qu'il n'y ait aucun coup nul, il y aura cent huit coups de passe et cent huit coups de manque. Ainsi, dans l'un comme dans l'autre cas, le *passe-dix* est un jeu parfaitement égal.

Mais il en est tout autrement quand la partie est collective, c'est-à-dire qu'elle a lieu entre un banquier et des pontes : alors, le premier a toujours les dés; il les jette avec un cornet ordinaire dans une espèce de double entonnoir, dont les parties évasées sont à chaque extrémité. Alors les pontes parient contre lui, les uns qu'il *passera*, et les autres qu'il ne *passera* pas. Celles qui parient que le banquier fera plus de dix points, mettent leur argent à la place indiquée pour ce pari, tandis que les pontes d'opinion contraire mettent leur argent dans l'endroit consacré aux mises de ce dernier pari.

Les mises faites, le banquier lève l'entonnoir et découvre les trois dés qu'il y a jetés. S'il a passé, il gagne l'argent des pontes qui ont parié qu'il ne ferait pas, et double les mises de ceux qui ont parié qu'il passerait; alors tout est égal : mais cette égalité cesse par une clause spéciale à l'avantage du banquier.

S'il amène le point de 4, il gagne l'argent des pontes qui ont soutenu qu'il passerait, et ne paie rien aux autres. Si, au contraire, il amène le point de 17, il gagne l'argent des pontes qui ont parié qu'il ne passerait pas, et il ne paie rien à ceux qui ont parié qu'il passerait. Donc il a un avantage de trois et un huitième pour cent, ou de quinze sous par louis; aussi la place du banquier est-elle toujours tirée au sort.

Quand, pour la décision d'un coup, il est nécessaire qu'il y ait deux dés qui présentent chacun un même point, et qu'on parie que le premier jet de dé terminera la partie, il faut que celui qui soutient la négative mette cinq contre quatre, car autrement le pari serait inégal.

Le joueur qui parie neuf contre quatre, qu'une

telle partie sera finie en deux coups, a un avantage
de cinq sous six deniers par louis.

Jeu du Hasard.

Le cornet et les dés sont encore les instrumens de
ce jeu, qui dépend tout entier du hasard, comme
l'annonce son titre. On y joue à deux ou à plusieurs
joueurs, et le nombre alors en est indéterminé ; mais
une chose particulière à ce jeu, c'est que, quelque
nombreux que soient les joueurs, on ne joue réellement que comme s'il n'y en avait que deux ; l'un, qui
joue le premier, et l'autre, personnage collectif, qui
représente la réunion de tous les joueurs. Ne nous
occupons donc que de deux joueurs seulement, et
nommons le premier Evariste, et Alexis celui qui
agit pour les autres partenaires. Évariste prenant les
dés, les poussera jusqu'à ce qu'il ait amené, ou 5,
ou 6, ou 7, ou 8, ou 9. Celui de ces nombres qui se
présentera le premier lui servira de chance ; Alexis
poussera ensuite les dés à son tour pour avoir une
chance. Or, ses chances sont, ou 4, ou 5, ou 6, ou 7,
ou 8, ou 9, ou 10, en sorte qu'il en a deux de plus que
son adversaire, savoir, 4 et 10. Tous les joueurs que
représente Alexis ont la même chance que lui. Observez maintenant :

1°. Que si Évariste, après avoir donné à Alexis
une chance qui soit ou six ou huit, amène au
deuxième coup la même chance, ou douze, il gagne ;
et que s'il amène bezet, ou deux et as, ou onze, il
perd ;

2°. Que s'il a donné à Alexis la chance de cinq ou
de neuf, et qu'il amène au coup suivant la même
chance, il gagne ; mais que s'il fait un bezet, ou
deux, etc., ou onze, il perd ;

3°. Que lorsqu'il donne à son adversaire la chance
de 7, il amène le coup suivant, ou la même chance,
ou onze, il gagne; mais que s'il amène ou deux, etc.,
ou douze, il perd ;

4°. Évariste s'étant donné une chance différente de
celle d'Alexis, gagnera, s'il amène sa chance avant

que d'amener celle de celui-ci, et perdra s'il amène la chance d'Alexis avant que d'amener la sienne.

5°. Quand tous les deux ont perdu, on recommence le jeu en donnant de nouvelles chances; mais Évariste ne quitte le dé pour le donner au joueur qui le suit que lorsqu'il a perdu.

Jeu de la Belle.

Voici le dernier des jeux de hasard composés : ses instrumens sont d'abord, et spécialement, un tableau aux numéros duquel correspondent d'autres numéros renfermés dans un sac, d'où on les tire pour indiquer les parties gagnantes du tableau. Treize colonnes de huit numéros chacune divisent ce tableau, qui, par conséquent, contient cent quatre numéros.

Un sac de peau, qui contient cent quatre étuis en forme d'olives, dans chacun desquels se trouve un parchemin roulé, où est écrit un numéro du tableau, est le second instrument du jeu dont nous traitons. Ce sac est surmonté d'une sorte de casque à la partie inférieure, où se trouve une ouverture garnie d'un ressort, par laquelle un ponte introduit dans ce casque un des étuis dont on a parlé, et que le ressort empêche de rentrer dans le sac.

Lorsque le sort a désigné le banquier, et que le ponte, placé à sa droite, se dispose à commencer, le premier remue fortement le sac, et les autres pontes le secondent, afin que le hasard dirige seul l'événement : le premier ponte agit comme nous venons de l'expliquer, et de ce temps-là, les autres joueurs *font leur jeu*, c'est-à-dire qu'ils placent sur le tableau les jetons ou l'argent qu'ils veulent risquer : la mise est subordonnée à la volonté des pontes. Leur jeu étant fait, le banquier ouvre le casque avec la clef destinée à cet usage ; il en tire l'étui, en fait sortir le numéro, qu'il montre à la galerie et lit à haute voix. Il s'occupe ensuite du soin de payer les parties que ce numéro fait gagner. Quand les paiemens sont achevés, tout ce qui reste sur le tableau appartenant au banquier, il le retire, remet l'étui et le numéro sorti dans le sac, et les pontes placent de nouveau ce qu'ils veulent jouer.

Des chances.—Elles sont singulièrement variées et multipliées. Les principales sont,

1°. *Le plein.* C'est la mise que fait un ponte sur un seul numéro.

2°. *Le demi-plein.* La mise que fait un ponte sur la ligne qui sépare deux numéros l'un de l'autre.

3°. *Le carré.* Quatre numéros groupés, entre lesquels, et dans l'angle qui leur est commun, on place sa mise.

4°. *La colonne droite.* Réunion de huit numéros.

5°. *Deux colonnes droites groupées.* On obtient six fois la mise placée sur ces colonnes.

6°. *La colonne transversale.* C'est une suite de douze numéros pris sur la même ligne dans les six premières et les six dernières colonnes droites.

7°. *Deux colonnes transversales groupées.*

8°. *Le petit côté et le grand côté.* L'un est la totalité des numéros que renferment les six premières colonnes droites, et l'autre la totalité que renferment les six dernières.

9°. *Le pair et l'impair.* Totalité des nombres pairs des six premières et des six dernières colonnes.

10°. *La couleur noire et la couleur rouge.*

11°. *Le pair du petit et du grand côté.*

12°. *L'impair,* ibid.

13°. *La couleur noire,* ibid. Numéros peints en noir sur le tableau.

14°. *La couleur rouge,* ibid. Numéros peints en rouge.

15°. *Les terminaisons.*

16°. *La bordure du tableau.* Trente-huit numéros, qui sont les seize formant la première et la dernière colonne, et le premier et le dernier numéro de chacune des colonnes droites.

17°. *L'intérieur du tableau.* Il comprend tous les numéros qui ne sont pas de la bordure, et sont au nombre de soixante-six. S'il sort un numéro de cette chance, le ponte qui l'a jouée reçoit quatre-vingt-seize fois la soixante-sixième partie de ce qu'il a exposé.

Il y a encore *la colonne du banquier* : c'est la colonne du milieu du tableau, laquelle s'étend depuis le n° 49 jusqu'au n° 56 inclusivement; elle est ainsi appelée à cause des avantages qu'elle produit au banquier, en lui faisant gagner la totalité des mises qui ont été faites au pair, à l'impair, aux côtés, etc. L'avantage du banquier de *belle* est de la treizième partie de tout l'argent qu'exposent les pontes. Cet avantage énorme et certain a beaucoup contribué à faire défendre ce jeu, le 12 décembre 1777 et le 1er mars 1781.

Jeu du Biribi.

Déjà bien vieilli, le biribi a une grande analogie avec la belle, dont nous avons parlé précédemment. Comme à ce dernier jeu, on se sert d'un tableau aux numéros duquel correspondent d'autres numéros renfermés dans un sac, d'où on les tire pour indiquer les parties qui viennent à gagner. Il y a toutefois cette différence entre le tableau de la belle et celui du biribi, que le premier contient cent quatre numéros, et que le second n'en compte que soixante-dix.

Ainsi que le jeu qui précède, le biribi a un banquier et des pontes en nombre illimité. Le banquier est tiré au sort : le premier à jouer, parmi les pontes, est toujours la personne placée à sa droite; elle agit comme il a été expliqué pour la belle : le numéro est introduit dans le casque du sac, le jeu des pontes se fait, le banquier tirant et proclamant le numéro, paie les parties gagnantes sur lesquelles il s'étend, absolument comme à la belle. Le paiement consiste en une somme équivalente à soixante-quatre fois la mise du ponte sur le numéro sorti.

Les paiemens achevés, on recommence une nouvelle partie, comme il est d'usage à la belle. Le tableau a la même chance et ne diffère que parce qu'il n'a que soixante-dix numéros, tandis que le tableau de la belle en a cent quatre. Le banquier a les mêmes avantages, et le jeu est également dangereux.

Jeu de Cavagnole.

C'est une sorte de biribi qui se joue dans les départemens du midi. Tous les joueurs ont des tableaux,
et tirent les boules l'un après l'autre ; du reste, il est
si semblable aux deux jeux précédens, qu'il est superflu de le traiter : il porte même le nom de *cava-
gnole-biribi*.

Jeu du Hoca.

Encore un jeu du genre des deux précédens : d'origine italienne comme eux, et plus qu'eux encore, il
peut faciliter une foule d'escroqueries ; aussi causait-
il tant de désordres à Rome, au milieu du dix-sep-
tième siècle, que le pape fut contraint de chasser
ceux qui en tenaient la banque, et même les joueurs
qui s'y livraient. (1)

On joue au *hoca* de la manière suivante. On commence par étaler sur la table de jeu une grande carte
divisée par raies diversement coloriées. Ces raies qui
se croisent, forment des carrés qui contiennent des
numéros : le joueur qui joue contre le banquier,
met une somme quelconque sur l'un ou plusieurs de
ces numéros.

Le jeu est tenu par un banquier, et le nombre des
pontes est illimité. Le premier tient entre ses mains
un sac, dans lequel sont des boules marquées des
mêmes numéros qui sont écrits sur la carte. Après
que ces boules ont été bien brouillées, en les remuant

---

(1) Ce fut pourtant à cette époque que le *hoca* fut naturalisé en France. Les Italiens qu'avait amenés le cardinal Mazarin obtinrent du roi la permission de faire jouer
ce jeu dans Paris. Cependant le parlement rendit deux
arrêts contre eux, et menaça de les punir sévèrement.
Je ne vois nulle part, dit madame de Sévigné, *que la peine
ait été capitale*. Malgré le parlement, et peut-être à cause
du parlement, les grands seigneurs étrangers et français
continuèrent avec ardeur à goûter ce pernicieux plaisir.

autant que possible, un des pontes qui a mis au jeu (car cent personnes peuvent mettre en même temps), tire une des boules : on en regarde le numéro; et si celui qui y correspond sur la carte est couvert de quelque somme, le banquier est obligé d'en payer vingt-huit fois autant. Tout ce qui est couché sur les autres numéros est perdu pour ceux qui l'ont mis, et demeure au banquier, qui a toujours pour lui deux de ses raies de bénéfice : car il y en a trente sur lesquelles on met indifféremment, et il n'en paie que vingt-huit pour le numéro qui se rencontre. Ce jeu a donc beaucoup de rapport avec le biribi et la belle; mais la chance y est plus avantageuse au banquier. On conçoit combien on y peut faire de pertes considérables, soit par le funeste attrait du jeu, soit par la déloyale adresse du banquier.

Jeu de *Croix* ou *Pile.*

Ce jeu très simple a exercé l'esprit des savans, jaloux de calculer les coups du hasard. Il consiste à jeter en l'air une pièce de monnaie ou une médaille, après être convenu d'appeler un côté *croix* et l'autre *pile.* Cette pièce tombée présente nécessairement une de ses deux faces. Or, en la jetant, un des joueurs a dit (je suppose *pile*) : si la face présente *pile*, il a gagné; et, dans le cas contraire, il a perdu. L'autre joueur prend la pièce à son tour et la lance, en disant *croix* ou *pile,* à son choix; car il n'y a aucun réglement sur l'ordre des mots que l'on doit prononcer, et un joueur est libre de dire toujours *croix,* s'il le juge à propos. Dans le *Dictionnaire des Mathématiques* on examine combien il y a à parier qu'un joueur amenera *croix,* en jouant deux coups de suite. Suivant les principes ordinaires, il y a quatre combinaisons.

Premier coup.

Croix.	Croix.
Pile.	Croix.
Croix.	Pile.
Pile.	Pile.

27

De ces quatre combinaisons, une seule fait perdre et tróis font gagner. Il semble donc qu'il y ait trois contre un à parier en faveur du joueur qui jette la pièce. Si l'on pariait en trois coups, on trouverait huit combinaisons, dont une seule fait perdre et sept font gagner : ainsi il y aurait sept à parier contre un ; mais il n'est point prouvé que ce calcul soit bien exact. Suivant la remarque de d'Alembert, et pour ne prendre ici que le cas de deux coups, ne faut-il pas réduire à une, dit ce savant géomètre, les deux combinaisons qui donnent *croix* au premier coup, puisque, dès qu'une fois *croix*, par exemple, est venu, le jeu est fini, et le second coup est compté pour rien. Il s'ensuit de là que, selon son opinion, il n'y a dans cette hypothèse que deux contre un à parier. Par la même raison, il faut dire que, dans le cas de trois coups, au lieu de sept, il n'y en a que trois contre un à parier. (*Voyez*, au surplus, les développemens de ce problème, à l'article *Croix* ou *Pile* du *Dictionnaire des Mathématiques.*)

Quand on veut que chaque joueur joue plusieurs fois de suite, on en convient avant de commencer le jeu. (1)

Jeu de la Roulette.

En m'occupant des jeux de hasard, j'éprouvais bien malgré moi un sentiment pénible ; mais jusqu'ici les jeux dont j'ai parlé, oubliés pour la plupart, ne m'ont pas été si pénibles que le titre seul de celui-ci. Hélas ! il est en pleine vigueur, et sans doute à l'instant où je le décris il fait de nouvelles victimes ; il leur prépare l'hôpital, la prison ou l'échafaud ! Puissent les détails que je vais donner de ce jeu funeste en éloigner tous mes lecteurs.

---

(1) Dans ses *Pensées sur la religion*, Pascal applique le problème du jeu de *croix ou pile* à la croyance de l'immortalité de l'âme. Voltaire traite ce calcul de *pitoyable raisonnement*, et lui préfère avec autant de raison que de chaleur les preuves de sentiment.

Voici d'abord les instrumens du jeu. A la droite et
à la gauche d'une grande table, sont inscrits sur le
tapis trente-six numéros, depuis un jusqu'à trente-
six. La moitié de ces numéros est marquée en rouge,
et l'autre moitié en noir : ils sont placés de cette manière, en trois colonnes :

$$1, 2, 3$$
$$4, 5, 6$$
$$7, \cdot \cdot$$

Des lignes les séparent l'un de l'autre ; au-dessus
de ces numéros sont un zéro rouge, et un double
zéro noir ; dans les parties latérales sont tracées trois
cases, marquées ainsi d'un côté : *rouge*, *impair*,
manque, et de l'autre, *noir, pair, passe*.

Au milieu de la banque est un cylindre que fait
tourner un des banquiers ou tailleurs (ceux qui ont
les fonds et dirigent le jeu). La partie supérieure de
ce cylindre porte une sorte de plateau qui présente
les trente-six numéros, le zéro et le double zéro, mé-
langés et inscrits dans de petites cases où va retom-
ber, en s'amortissant, une boule d'ivoire que le tailleur, en même temps qu'il a fait tourner le cylindre,
a lancé et fait tourner dans la partie supérieure.

Le numéro de la case où s'arrête la boule est le numéro gagnant qui détermine le sort des joueurs. Par
exemple, si le numéro sûr lequel la boule s'est
arrêtée est le cinq, qui est rouge, tous les joueurs
qui ont placé leur argent sur le numéro cinq, ou sur
la couleur rouge, ou sur le *manque* (les dix-huit
premiers numéros étant pour *manque*, les dix-huit
derniers pour *passe*), ont gagné ; tous les autres ont
perdu.

Il y a beaucoup de manières d'engager son argent à
la roulette, et cette malheureuse variété lui donne
un attrait auquel on a peine à résister, parce que
flattant à la fois l'amour-propre et piquant la cupidité, ce jeu agit fortement sur les principaux mobiles
des actions de l'homme. Aussi, quoique dangereux,
l'exercice habituel de beaucoup d'autres jeux, peut

ne produire qu'un goût; mais, à la roulette, cette habitude est toujours passion , et souvent passion
forcenée.

Si vous avez placé votre argent en plein sur un seul
numéro, et qu'il vienne à tomber, on vous paie
trente-six fois votre mise ; on vous la paie dix-huit
fois si vous avez mis sur deux numéros voisins l'un
de l'autre, et si l'un des deux tombe ; on vous la paie
neuf fois si vous gagnez sur un carré, et six fois si
vous gagnez sur un sixain.

Vous pouvez placer votre argent sur le zéro ou sur
le double zéro , comme sur les numéros.

Observez que le joueur a dix-huit chances pour
lui, et vingt contre lui, à cause du zéro et du
double zéro , qui sont en bénéfice pour la banque.

Vous pouvez jouer sur les douze numéros d'une
colonne ; si vous gagnez, vous recevez le double de
votre mise : vous pouvez encore jouer sur deux colonnes ; mais, en ce cas, si vous gagnez , vous ne recevez
que la moitié de votre mise.

Enfin, vous pouvez placer votre argent sur ce que
l'on nomme les *chances*, qui sont : *pair, impair,
passe, manque, rouge, noir.*

Quant à ce que l'on entend par les termes techniques de *paroli* et de *martingale*, voyez le jeu du *Trente
et quarante*, le *Pharaon.*

Jeu du Krabs.

Ce jeu anglais se joue avec des dés et un cornet,
qui produisent trente-cinq variations.

Le joueur qui a le dé annonce le point sur lequel il
veut que roule tout le jeu : c'est ce qui s'appelle
donner la chance. Elle se donne seulement depuis
cinq points jusqu'à neuf, et par conséquent il y a
cinq chances ; savoir : cinq, six, sept, huit et neuf.
Si du premier jet ou coup de dés, le joueur qui
tient le cornet amène le point de chance qu'il a
nommé, il gagne la partie, et par suite l'enjeu que
son adversaire a mis sur la table en commençant ;
mais comme il faut qu'il puisse perdre, il y a des
krabs (des coups de dés) qui donnent lieu à la chance

opposée que l'on ne connaît pas encore. Ces *krabs* sont au nombre de quatre, et sont les points, deux, trois, onze et douze.

Si la chance donnée est composée des points de cinq, ou de neuf, et que le joueur ayant le dé amène du premier coup un des *krabs*, il perd la partie.

S'il a donné la chance de six ou huit, et qu'il amène les *krabs*, deux, trois ou onze, il perd encore, excepté s'il vient à faire le *krabs* douze. Si, pour chance, il a donné le point de sept, il a contre lui les *krabs* deux, trois, douze, et seulement le douze en sa faveur.

Il est à remarquer que les *krabs* n'ont d'effet que du premier coup. Si ce premier coup amène quelque autre point, celui-ci devient l'opposé du point qui d'abord a été donné pour chance. Mais, au lieu que le point de chance soit au premier coup en faveur du joueur portant le dé, il est à tout autre coup au bénéfice de ses adversaires; et ceux-ci ont contre eux le point amené en opposition au point de chance.

Le *krabs* n'est point du tout un jeu égal, comme le croient plusieurs personnes; car il est toujours désavantageux au joueur qui tient le dé.

On fait quelquefois des paris sur la manière dont un point sera formé. Ainsi, l'un parie que le point de huit sera composé de cinq et trois, tandis que l'autre soutient qu'il le sera de six et deux; mais alors, en ce cas, on ne peut pas mettre en opposition l'une de ces deux manières avec quatre et quatre, parce que celle-ci est simple et que les autres sont composées.

On dit au *krabs, barrer les dés*, c'est annuler leur coup. Si quelque joueur poussait avec le bord du cornet les dés lancés, de manière à les retourner, ces dés alors seraient dits *mêlés*, et on aurait le droit de les barrer.

Jeu des Quatre Fleurs.

C'est un jeu analogue, ou plutôt semblable à ceux de la *belle* et du *biribi*. Les chances sont les mêmes; les avantages du banquier sont pareils; la manière de

jouer ne diffère en rien; il n'y a d'exceptions que
dans le nombre des numéros et des accessoires du
tableau; il contient quatre-vingts numéros, et *quatre
fleurs*, lesquelles fournissent le titre du jeu. Il est
donc inutile d'expliquer le jeu des *quatre fleurs*, et
même de rappeler qu'il est dangereux : il suffit de
renvoyer le lecteur aux jeux nommés ci-dessus.

Jeu du Pharaon. (1)

Jouissant de la plus grande vogue sous Louis XIV
et même sous Louis XV, le pharaon, auquel on ne
pense plus aujourd'hui, se jouait avec un jeu composé de cinquante-deux cartes. Les joueurs, dont le
nombre est illimité, portent le nom de pontes, et
sont présidés par un banquier.

Après que les cartes ont été mêlées et que le banquier a fait couper, les pontes mettent chacun sur
une ou plusieurs cartes qu'il leur plaît, l'argent qu'ils
veulent risquer. Lorsque le jeu est ainsi fait, le banquier tire d'abord une carte qu'il met à sa droite, et
ensuite une autre qu'il met à sa gauche.

De ces deux cartes, quand elles ne forment point
un doublet, la première fait gagner au banquier la
mise que les pontes ont faite sur cette carte, et la
seconde oblige le banquier de doubler au profit des
pontes l'argent dont ils l'ont couverte.

L'*avantage* du banquier consiste dans les doublets,
et dans la dernière carte ; quand il arrive un doublet,

_____

(1) On ne peut traiter d'un jeu sans se rappeler l'aveu-
glement où la funeste passion du jeu, la cupidité enflam-
mée par l'espérance et l'orgueil, plonge sans bornes et
sans ressources. Un malheureux domestique avait volé
son maître pour couvrir des numéros qui lui semblaient
devoir immanquablement gagner. Surpris et condamné à
mort, il dit froidement à ses juges : « Je ne vous demande
qu'une grâce, c'est de couvrir au profit de mes enfans les
numéros que j'ai choisis. » Et marchant au supplice, il
répétait encore : *Je suis certain qu'ils gagneront.* »

c'est-à-dire quand deux cartes semblables, comme deux rois, deux dames, etc., sont tirées, l'une à droite et l'autre à gauche, le banquier gagne la moitié de l'argent que le ponte a risqué sur la carte arrivée en doublet.

L'avantage du banquier, quant à la dernière carte, consiste en ce qu'il est dispensé de doubler l'argent que les pontes y ont joué, quoiqu'il ait tiré celui qu'ils avaient mis sur la pénultième.

Il y a communément trois doublets dans deux tailles. Si tout le jeu était joué également, l'avantage du banquier serait de dix-sept sous trois deniers par louis ; mais, comme cette égalité n'a pas lieu, et que la probabilité des doublets et la situation de chaque jeu varient tous les coups, on ne peut apprécier au juste cet avantage.

A l'exception du cas où une carte est encore dans le jeu, il est peu de positions où le risque de tomber à la dernière carte ne soit plus grand que le désavantage d'essuyer un doublet. Le ponte peut diminuer ce désavantage en choisissant, par exemple, la *carte de face* ou la *carte anglaise* (la première que le banquier place à sa gauche). Il est moindre sur ces cartes que sur celles qui ne sont pas encore sorties.

Le *pharaon* est un jeu très attrayant par l'illusion que font les *parolis*, les paix (1), soit de sept et le va. (sept fois la vade), et les autres plis qui empêchent que le ponte s'aperçoive de ce qu'il joue. Souvent on ne chercherait pas à faire de grands coups, tels qu'un sept et le va, le quinze et le va, le trente et le va, etc., si la somme était sur la carte en espèces.

---

(1) On nomme ainsi une manière de jouer qui consiste à plier une carte pour annoncer qu'on ne joue que ce qu'on a gagné sur cette carte, avec l'argent qu'on a mis dessous pour justifier l'étendue de la mise.

Il y a la *paix simple*, qui s'applique à une mise simple ; la *paix de paroli*, qui s'applique à ce que produit le paroli, distraction faite de la première mise ; la *paix de sept et le va*, etc.

Toute carte qui a souffert taille doit rester jusqu'à ce que le sort en soit décidé. Un jeu fait ne peut pas non plus se changer, ou se transporter, à moins que le banquier n'y consente.

Au surplus, il est d'usage que, lorsqu'il ne reste plus qu'environ huit cartes dans la main du banquier, il l'annonce aux pontes. C'est une manière de prévenir ceux qui voudraient encore mettre, de ne pas risquer à un jeu devenu alors trop chanceux.

Lorsque le banquier met deux cartes de suite sur un même tas, soit à gauche, soit à droite, il fait ce qu'on appelle *fausse taille*. Il en est de même, si, sans un juste motif, tel que le cas d'une mise trop forte, ou de la perte de la banque, il ne taille pas à fond.

Jeu de la Bassette.

Les jeux sont presque aussi sujets que les vêtemens aux caprices de la mode. Celui-ci, qui fut autrefois d'un très grand usage en France, est maintenant presque entièrement oublié : il est vrai que la mode seule n'a pas produit cette défaveur, car la bassette fut défendue par l'autorité sous le règne de Louis XIV; mais si la mode n'avait fait exécuter celte volonté supérieure, il est plus que probable que ce jeu ferait encore fureur. On prétend qu'il est dû à un noble vénitien, qui fut payé par l'exil de l'invention de ce divertissement. Ce jeu si dangereux est une espèce de Pharaon, qui le remplace maintenant.

Jeu du Pair et de l'Impair.

Ce jeu de hasard se joue avec trois dés, un tableau, un instrument qui est une sorte de double entonnoir, et un cornet. Le tableau est divisé en deux parties, dont l'une représente imprimé le mot *pair*, et l'autre, le mot *impair*. Le double entonnoir est disposé de telle sorte qu'en y versant les dés avec le cornet, ils reçoivent différentes directions avant de tomber sur le tapis.

Les joueurs sont un banquier et des pontes dont

le nombre n'est pas limité. Quand le premier a jeté avec le cornet les trois dés dans l'entonnoir, chaque ponte met la somme qu'il juge à propos sur la partie du *pair* et de *l'impair*; les mises faites, on lève l'entonnoir et l'on compte les points que présentent les dés sur la face supérieure : si ces points réunis forment un nombre *pair*, le banquier recueille ce que les pontes ont mis au jeu sur la partie de *l'impair*, et il leur paie une somme égale à ce qu'ils ont joué sur la partie du *pair*; si, au contraire, les points réunis forment un nombre *impair*, le banquier recueille ce que les pontes ont placé sur le *pair*, et leur paie une somme égale à ce qu'ils ont joué sur la partie de *l'impair*. Jusque-là tout est égal; mais ce qui ne l'est point, c'est ce qu'il gagne lorsque les trois dés présentent les nombres quatre ou dix-sept : dans le premier cas, le banquier gagne ce qu'il y a sur la partie de *l'impair*, et il est dispensé de payer ce qu'on a placé sur le pair; dans le second cas, il recueille ce qu'on a mis sur la partie du *pair*, sans rien payer pour les mises faites sur *l'impair*. N'est-il pas trop évident que ce jeu de hasard, comme presque tous, est un jeu de dupes.

Jeu du Treize.

Cette sorte de jeu de hasard a du piquant et de l'originalité, mais je n'en conseille pas moins de s'en défier, et de ne jamais y exposer de sommes considérables. Cet avis donné, ou plutôt répété en passant, commençons l'explication du jeu.

Il se joue avec un jeu entier (de cinquante-deux cartes). Les joueurs sont un banquier et des pontes, et le nombre de ceux-ci n'est pas fixé.

On tire au sort à qui sera le banquier : chaque ponte met au jeu une somme convenue; puis le banquier mêle les cartes, et fait couper par le joueur placé à sa gauche; il les pose ensuite au milieu de la table, et les lève l'une après l'autre en les montrant. En levant et découvrant la première; il prononce *as*; deux en découvrant la seconde; trois en décou-

vrant la troisième ; quatre en découvrant la quatrième ; cinq en découvrant la cinquième ; six en découvrant la sixième ; sept en découvrant la septième ;
huit en découvrant la huitième ; neuf en découvrant
la neuvième ; dix en découvrant la dixième ; *valet* en
découvrant la onzième *; dame* en découvrant la douzième ; et *roi* en découvrant la treizième.

Dans cet appel de ces treize cartes, si le banquier
n'en découvre aucune telle qu'il l'a désignée, il double l'enjeu de chaque ponte (car chacun a mis en
commençant au jeu une somme égale et convenue)
et il cède la main au joueur qui se trouve à sa droite.
Ce dernier devient alors banquier, et agit comme
son prédécesseur, qui devient ponte à sa place.

Mais s'il arrive qu'en appelant les treize cartes, le
banquier en découvre une qui répond au titre de
convention qu'il lui donne forcément, et qu'ainsi, par
exemple, cette carte se trouve être une dame, lorsqu'à la douzième il a appelé *dame*, il recueille alors
tout ce que les pontes ont mis au jeu, et il conserve
la main pour recommencer comme auparavant.

Lorsqu'il gagne et recommence plusieurs fois, et
qu'il n'a plus assez de cartes pour étendre son
appel nominal depuis l'as jusqu'au roi, il remêle les
cartes, fait couper de nouveau, et tire ensuite du
jeu le nombre de cartes nécessaire pour la continuation du jeu, en commençant par la carte qui suit celle
qu'il a nommée la dernière avant de remêler, et qu'il
aurait immédiatement nommée après s'il eût encore
eu des cartes dans la main. Par exemple, si en découvrant la dernière carte il a nommé un dix, il
doit, après avoir remêlé, nommer un valet en découvrant la première du jeu nouvellement coupé, puis
successivement une dame et un roi, jusqu'à ce qu'il
ait gagné ou perdu. On sent bien que cela n'inter-
vertit nullement l'ordre du jeu.

A mesure que le banquier découvre et nomme
une carte, il la pose à plat sur la table, en face de lui,
et à peu de distance du jeu ; il place successivement
les cartes tirées l'une auprès de l'autre, de manière
que tous les joueurs peuvent les voir.

Jeu du *Trente et Quarante* ou *Trente et un*.

Ce jeu, dont les joueurs sont un banquier et des pontes, a cela de particulier qu'on y joue avec trois cent douze cartes, c'est-à-dire avec six jeux entiers qu'on a mêlés ensemble.

Comme il se trouve dans les cartes deux couleurs, la rouge et la noire, on met sur le tapis deux cartons, un noir et un rouge. Les pontes, dont le nombre est illimité, *font leur jeu* ensuite : le lecteur est assez familiarisé avec les termes de jeu de hasard pour savoir faire son jeu et placer la somme que l'on veut risquer. Au trente et quarante, elle se place sur l'un des cartons, au gré de chaque ponte, qui met autant d'argent qu'il le juge à propos. Cet important préliminaire achevé, le banquier, dont l'emploi a été tiré au sort, mêle les cartes, les fait couper, en découvre une qu'il met à plat au milieu de la table, tenant toujours le jeu de la main gauche; il continue, de la droite, à découvrir les cartes, et à les placer l'une auprès de l'autre, jusqu'à ce que les points qu'elles présentent étant réunis, ils ne sont pas au-dessous de trente et un et ne s'élèvent pas au-dessus de quarante.

Les figures se comptent dix points, et les autres cartes autant de points qu'elles en présentent : ainsi l'as se compte un point, les deux pour deux points, les trois, de même, etc. A mesure que les cartes sont tirées, le banquier en appelle les points; ainsi (supposons ce coup) il tire une dame, et dit *dix* ; un as, et dit *un, onze* ; un huit, et dit *huit-dix-neuf* ; sept, et dit *sept-vingt-six* ; cinq, et dit *cinq-trente-un*, etc. Il y a cependant des joueurs qui tirent et posent les cartes en silence, mais il est préférable d'appeler.

Les cartes tirées en premier lieu sont pour la couleur noire, et celles qu'on tire ensuite sont pour la couleur rouge.

Si le point amené pour la couleur noire approche plus du *trente et un* que celui qui est amené pour la couleur rouge, les pontes gagnent une somme égale à celle qu'ils ont mise sur le carton noir, et le ban-

quier l'annonce en disant : *la rouge perd*. Il tire
alors ce qu'on a mis sur le carton rouge, et double
ensuite ce qu'il y a sur le carton noir.

Par la même règle, si le point qui approche le
plus de *trente et un* est amené pour la couleur rouge,
le banquier l'annonce en disant : *la rouge gagne*.
En ce cas, alors, il tire ce qu'on a mis sur le carton
noir, et double les mises que porte le carton rouge.

Lorsque les points amenés pour la couleur rouge
sont égaux à ceux amenés auparavant pour la couleur
noire, il en résulte un *refait*, c'est-à-dire qu'il n'y
a ni perte ni gain pour personne, quand les points
égaux sont de *trente-deux* à *quarante*. Le *refait* est
donc un coup nul.

Jusque-là le jeu est parfaitement égal, mais nous
connaissons la marche des jeux de hasard, et nous
prévoyons que cette égalité va bientôt disparaître à
l'avantage du banquier : nous ne nous trompons pas.
Lorsque celui-ci, ayant amené *trente et un* pour la
couleur noire, ramène encore le même point pour la
couleur rouge, il tire la moitié de l'argent qu'on a exposé sur les deux cartons. Cet avantage est un objet
qu'on évalue à six sous deux deniers un quart par louis.

Observez que des dix points de *trente et un* à *qua-*
rante, les uns arrivent plus facilement que les autres :
ainsi, par exemple, celui de quarante ne peut se
faire que quand la dernière carte est un dix ou une
figure.

Le point de *trente-neuf* se fait par 10 et 9 ;
Le point de *trente-huit* par 10, 9 et 8 ;
Le point de *trente-sept* par 10, 9, 8 et 7 ;
Le point de *trente-six* par 10, 9, 8, 7 et 6 ;
Le point de *trente-cinq* par 10, 9, 8, 7, 6 et 5 ;
Le point de *trente-quatre* par 10, 9, 8, 7, 6, 5 et 4 ;
Le point de *trente-trois* par 10, 9, 8. 7, 6, 5, 4, et 3 ;
Le point de *trente-deux* par 10, 9, 8, 7, 6, 5, 4,
3 et 2 ;
Le point de *trente et un* enfin, par 10, 9, 8, 7, 6, 5,
4, 3, 2 et 1.

Comme il est constant que les effets se reproduisent
en raison du nombre de leur cause, on peut établir

Que le point de 31 arrivera............... 13 fois ;
Tandis que celui de 32 n'arrivera que.... 12 fois ;
Celui de 33 n'arrivera que.............. 11
Celui de 34, que..................... 10
Celui de 35, que..................... 9
Celui de 36, que..................... 8
Celui de 37, que..................... 7
Celui de 38, que..................... 6
Celui de 39, que..................... 5
Et celui de 40, que.................. 4

Comme il faut la réunion de deux de ces points pour former un coup, et que le nombre proportionnel ci-dessus se monte à 85, le carré de cette somme est la quantité où tous les événemens doivent se reproduire, en raison du nombre des causes qui leur appartiennent.

Le *trente et quarante* ne comporte point de fausse taille. Si le banquier vient à se tromper en comptant, comme tous les pontes comptent avec lui, ils peuvent sur-le-champ lui faire remarquer une erreur, et une carte tirée de trop est réservée pour le coup suivant. Si deux cartes tombent accidentellement ensemble, on distingue toujours aisément celle des deux qui doit être comptée la première, et du reste, le banquier détache les cartes trop à découvert pour être soupçonné. Comme il ne craint pas la spéculation des joueurs de figures, il agit librement, et ne peut pas plus suspecter les pontes que ceux-ci ne le peuvent suspecter lui-même. On conçoit que s'il y avait fausse taille, en cas de cartes doubles, on pourrait la faire naître à chaque instant, puisque les cartes passent par toutes les mains : il serait facile de les coller ensemble exprès.

La seule circonstance où l'on pourrait faire quelque difficulté serait le cas où le banquier ne finirait pas la taille, attendu qu'il est d'usage de tailler à fond, et même de prouver évidemment que les cartes qui restent sont insuffisantes pour former un coup. N'en tirez pourtant point la conséquence qu'il y aurait fausse taille si le banquier refusait cette satisfaction aux pontes, parce que, lorsqu'il ne peut y avoir de tromperie, on ne doit prononcer aucune punition. Or, dans le cas dont il s'agit, toute tromperie est impossible, puisque l'événement est incertain, et que le nombre de cartes exigé pour le décider écarte totalement l'idée du soupçon.

A aucun jeu le banquier n'est reçu à se prévaloir du *saut de sa banque*, pour éluder de payer en entier ce qu'il vient de perdre, parce qu'avant de tirer le coup, c'est à lui d'examiner s'il a les fonds nécessaires pour acquitter ce qu'on pourra lui gagner. Il suit de là que si la banque est insuffisante pour payer le coup, le banquier reste débiteur envers les gagnans. Au reste, il dépend de lui de régler et de limiter son jeu comme il le juge à propos, et les pontes ne peuvent l'obliger de jouer au-delà de ce qui lui convient.

Bien que nous ayons dit que le *trente et quarante* ne comporte point de *fausse taille*, à raison de la nature du jeu, qui rend les pontes témoins et observateurs des fautes du banquier, néanmoins lorsqu'il arrive que celui-ci commet une erreur grave non aperçue d'abord, il est obligé ensuite, lorsqu'elle se découvre, à doubler ce que les pontes ont mis au jeu.

On joue aussi à la *martingale*, qui, comme l'on sait, est une manière de jouer qui consiste à jouer toujours ce que l'on a perdu.

Quand on fait *paroli* on met le double de ce qu'on a joué la première fois : faire *sept et le va*, c'est doubler sept fois la première mise.

Il ne nous reste plus qu'à parler du *refait du trente et un*; c'est un coup qui fait gagner au banquier la moitié des mises qu'ont exposées les pontes. Ce *refait* a lieu quand, après avoir amené *trente et un* pour la couleur noire, le même point se reproduit pour la couleur rouge; au reste le vocabulaire explicatif récapitulera l'explication de tous ces termes de jeu.

Jeu du Florentini ou de la Dupe.

Le nom italien de ce jeu en décèle l'origine : il se

joue avec un jeu entier entre un banquier et des pontes dont le nombre est illimité. (1)

Après avoir mêlé les cartes, le banquier, que désigne le sort, les fait passer devant les pontes qui sont autour de la table, afin que chacun puisse les mêler s'il le juge à propos : préliminaire qui, par parenthèse, me paraît peu propre à justifier le second titre de ce jeu. Les cartes revenues au banquier, il les mêle de nouveau, et fait couper par celui des pontes qu'il lui plaît de choisir ; il retourne ensuite la première carte, et la place devant lui : elle se nomme *la carte du banquier*. Supposons qu'elle soit un roi, c'est de l'arrivée plus prompte ou plus tardive d'un autre roi que dépendra le sort des joueurs.

Après que le banquier a retourné et placé sa carte, il en retourne une seconde, qu'il met sur le tapis (supposons que ce soit un as). Les pontes qui pensent que l'as sortira plus tôt que le roi se déterminent alors à placer leurs mises sur l'as. Quand les mises sont faites, le banquier les couvre avec des sommes égales à celles que les pontes ont jugé à propos de risquer. Il retourne une troisième carte (supposons-la une dame), et l'on joue sur cette dame comme on a joué sur l'as ; l'on agit de même sur toutes les cartes que retourne le banquier, lorsqu'elles ne sont pas semblables à celles qui sont déjà sur le tapis.

Quand arrive enfin une carte pareille aux cartes déjà retournées, comme un as, une dame, etc., le banquier gagne tout ce que les pontes ont mis sur

(1) Les Italiens, auxquels, comme nous l'avons vu, nous devons le plus grand nombre des jeux de hasard, sont des joueurs effrénés. En 1722, à Naples, la foudre tomba en globe de feu sur une maison où étaient rassemblés des joueurs. Le terrible globe parcourut les appartemens, et s'arrêta au-dessus de la table de jeu. La plupart des joueurs n'en virent rien ; l'un d'eux, ébloui par la lueur de l'effroyable phénomène, secoua machinalement la main pour l'écarter et continua tranquillement de jouer.

l'as. Si une dame sort ensuite, il gagne tout ce qui est sur la dame ; mais si le banquier retourne un roi avant ces cartes, il perd tout ce qu'il a joué contre les pontes, parce qu'il a rencontré sa propre carte, et la partie finit à cette rencontre.

Si le hasard voulait que le banquier retournât, dans le cours de la partie, les douze cartes différentes de la sienne, et qu'ensuite il retournât successivement douze cartes semblables à ces douze-là, il ferait ce qu'on appelle *pleine main*, ou *opéra*, car il gagnerait généralement toutes les mises des pontes ; mais si, après avoir retourné les douze cartes qui diffèrent de la sienne, il en retournait une semblable à cette dernière, il perdrait autant que les pontes auraient mis sur ces douze cartes, et il éprouverait ce que l'on nomme un *coupe-gorge*.

Lorsqu'il arrive que les deux premières cartes retournées se ressemblent, comme deux valets, deux dix, etc., ces deux cartes sont pour le banquier, et l'on dit que sa *carte est double*. Il faut alors, avant que les pontes puissent jouer, qu'il y ait sur le tapis deux cartes de la même espèce, et différentes de celles du banquier ; car autrement, ils joueraient avec désavantage, puisqu'il serait probable que, n'y ayant plus dans le jeu que deux cartes pareilles à celles du banquier, elles se montreraient plus tard que celles qui seraient au nombre de trois.

Par la même raison, lorsqu'il arrive que les trois premières cartes retournées sont semblables, comme trois sept, trois neuf, etc., ces trois cartes sont également pour le banquier, et alors il a *carte triple* ; aussi faut-il qu'il y ait sur le tapis des cartes triples avant que les pontes puissent jouer, et cela, afin d'établir des risques, comme nous l'avons précédemment expliqué.

Le banquier est dit *tenir la dupe* : il conserve toujours la main.

APPENDICE.

JEUX ÉTRANGERS. — JEUX DE COMBINAISON GYMNASTIQUES.

JEUX ÉTRANGERS.

Premier jeu des Tarots.

MALGRÉ tous les soins que je donne à ce Manuel, je ne puis pas répondre qu'il ne laissera rien à désirer, quant à l'exécution ; mais quant au nombre des jeux, je puis l'affirmer ; car il est impossible de trouver un recueil de jeux plus complet. Cet appendice achèvera de le prouver.

Les tarots sont des cartes particulières dont on se sert en Allemagne, en Espagne, et dans plusieurs autres pays. Au lieu d'être distinguées comme les nôtres par des cœurs, des carreaux, des trèfles et des piques, elles le sont par des coupes, des deniers, des épées et des bâtons, appelés en espagnol *copas*, *dineros*, *espadillas* et *bastos*. L'envers des cartes est ordinairement orné de divers compartimens.

Les jeux de tarots sont composés pour le moins de soixante-dix-huit cartes ; plusieurs vont jusqu'à quatre-vingts, et même davantage. Le plus ou moins est indifférent, parce que chaque couleur a son nombre ; les jeux de France ont treize cartes par couleur, et les tarots quatorze ou plus. Les jeux de tarots ont pour chaque partie : le roi, la reine, le chevalier, le valet, le dix, le neuf, le huit, le sept et le six, avec l'as d'épée ; ainsi, l'on a le roi, la reine, le chevalier, etc., de coupes, de deniers, de bâtons, comme on a le roi, la reine, le chevalier, etc., d'épée. Le tout fait cinquante-six cartes, et le surplus se nomme *atout* ou *triomphe* : ces triomphes sont au nombre de vingt et une cartes, depuis celle qu'on nomme *bateleur* jusqu'à la carte appelée le *monde* (*voyez* à la fin des *Jeux des tarots*). Remarquez qu'une carte particulière appelée le *fou* est dite *servir d'excuse* ; et voici ce que signifie cette expression. Lorsqu'un joueur vous jette une haute carte de triomphe, soit un roi, une reine, ou quelque carte que vous ne puissiez pas prendre, vous montrez votre fou, vous donnez une carte de vos levées, et vous mettez la carte du fou à la place de vos levées.

Le premier jeu des tarots se joue avec la quantité de cartes que l'on veut : on peut n'en garder que très peu, si on le juge à propos, et d'après le nombre des joueurs, qui est indéterminé ; on donne douze cartes à chacun. On convient quelquefois que le premier qui aura fait cinquante points gagnera la partie. Or, le fou vaut cinq, et sert d'excuse ; les rois valent quatre ; le monde et le bateleur valent aussi quatre chacun ; la reine vaut trois, le chevalier deux, le valet un, et les autres cartes valent les points qu'elles représentent. Chaque carte que l'on gagne par les levées au-dessus des douze données en commençant, compte autant de points qu'elle en marque.

Après que l'on a mis au jeu ce qui a été convenu, on joue comme à la triomphe ; celui qui a davantage de rois, reines, chevaliers, valets, ou qui compte dans ses levées le monde, le fou et le bateleur, gagne. Au résumé, celui qui a le plus de points gagne l'enjeu.

De la rigueur. — Ce jeu se joue encore d'une autre manière. Alors, les quatorze cartes d'épée se nomment la *rigueur,* et emportent les autres triomphes de bâtons, coupes et deniers ; c'est, du reste, aussi le jeu de la triomphe, et lorsque vous manquez de la couleur jouée, vous coupez avec de la rigueur ; mais si l'on vous jette d'une autre triomphe, dont vous avez, vous êtes obligé d'en mettre, et la plus haute alors l'emporte. Le fou marque cinq et sert d'excuse comme précédemment.

Second jeu des Tarots.

Les jeux de tarots ne sont pas bien variés : c'est toujours la triomphe forcée avec plus ou moins de cartes, et entre plus ou moins de joueurs ; mais celle-ci a quelques règles particulières.

Chaque joueur reçoit cinq cartes, et il n'y a point de retourne, par conséquent point d'atout.

Celui qui dans ses cinq cartes a le fou, ou le bateleur, retire son enjeu. Le joueur à qui arrive la carte nommée la *force*, emporte deux enjeux ; enfin, celui qui se trouve avoir la carte appelée la *mort*, léve tout ce qui est au jeu, sans que personne en puisse rien prétendre ; puis, les joueurs, ainsi favorisés, jouent ensuite pour savoir à qui aura plus de levées, ou les premières levées : ceux qui n'en font point, ou ne font que les dernières, paient les gagnans. Il va sans dire que l'on convient avant le jeu de ce que l'on doit mettre à l'enjeu, et donner à ceux qui gagnent les levées.

Troisième jeu des Tarots, ou Tarots suisses.

Les Suisses jouent avec les tarots un jeu peu compliqué où domine le nombre trois. Les joueurs sont trois, et reçoivent toutes les cartes à la réserve de trois, que s'approprie le donneur, qui écarte de son jeu trois autres cartes, telles qu'il lui convient : ce privilége indique assez que la donne doit être désignée par le sort. Ce jeu se joue en trois parties. Le joueur qui gagne le premier ces trois parties emporte ce que l'on est convenu de jouer. C'est du reste le jeu de la triomphe sans atout, les vingt et une cartes de triomphe servant à couper. Le bateleur, le monde, les rois des quatre façons, valent cinq ; les quatre diverses reines, quatre chacune ; et les chevaliers, trois. Voici les noms assez bizarres des vingt et une triomphes des tarots.

1. Le Bateleur ;
2. La Papesse ;
3. L'Empereur ;
4. L'Impératrice ;
5. Le Pape ;
6. L'Amoureux ;

7. *Le Chariot ;*   15. *Le Diable ;*
8. *La Justice ;*   16. *La Maison de Dieu ;*
9. *L'Hermite ;*   17. *L'Étoile ;*
10. *La Roue de fortune ;* 18. *La Lune ;*
11. *La Force ;*   19. *Le Soleil ;*
12. *Le Pendu ;*   20. *Le Jugement ;*
13. *La Mort ;*   21. *Le Monde.*
14. *La Tempérance ;*

Jeux de combinaison gymnastiques.

Ces jeux, qui sont traités pour la plupart et en détail dans le *Manuel des Jeux de Société* (1), sont en quelque sorte l'intermédiaire entre cet ouvrage et le manuel qui nous occupe maintenant. Tenant au premier par l'exercice qu'ils procurent, ils se rattachent au second par leurs calculs. Je crois donc devoir lier ces deux manuels par la description de ces jeux ; mais comme ils ont (à l'exception de la courte-paume et du mail) été déjà décrits longuement, et qu'il faut éviter les répétitions, comme aussi il importe d'insérer maintenant les jeux où les combinaisons l'emportent sur la gymnastique, je me décide pour ces deux-là, en renvoyant le lecteur au chapitre déjà indiqué.

Jeu de la Courte-Paume ou Paume fermée.
(Voyez Jeu de la Paume.)

Dans ce jeu, fermé et borné de murailles, qui est tantôt ouvert et tantôt découvert, on joue, à ce genre de paume, à deux ordinairement, avec les balles ordinaires, des raquettes ou des battoirs, des petits bâtons et un panier. On commence par tourner la raquette pour savoir à qui sera dans le jeu : celui qui n'y est pas, doit servir la balle sur le toit, en la poussant avec la raquette : le premier coup de ser-

(1) Voyez au chapitre IV de la première partie de cet ouvrage les jeux des jeunes gens, tels que la *balle empoisonnée*, la *boule*, le *ballon*, le *siam*, les *quilles*, et spécialement la *longue-paume*.

vice s'appelle le *coup des dames*, et ne compte pas. L'on convient ensuite de la valeur du jeu, et l'on joue à l'ordinaire.

Les parties se jouent en quatre jeux : si l'on convient trois jeux à trois jeux, on dit *à deux de jeu;* c'est-à-dire qu'au lieu de finir en un, on remet la partie en deux jeux. On peut aussi jouer en six jeux, si cela convient; mais, en ce cas, il n'y a point d'*à deux jeux*, si ce n'est du consentement des joueurs.

On doit encore, avant de commencer à jouer, tendre la corde à telle hauteur qu'on puisse voir le pied du dessus du mur, du côté de l'adversaire, et le long de cette corde est un filet attaché dans lequel les balles donnent souvent : il n'est jamais permis, en poursuivant une balle, d'élever la corde. S'il arrivait, par hasard, qu'en jouant, la balle demeurât entre le filet et la corde, et qu'elle donnât dans le poteau qui tient cette corde, le coup ne vaudrait rien.

Les joueurs de paume, tant à la longue-paume qu'à la paume fermée, ont ordinairement des *marqueurs :* ce sont proprement les valets du jeu. Ils marquent les chasses, et comptent le jeu des joueurs, et les servent de diverses façons.

Ces marqueurs marquent au second bond de la balle, et à l'endroit qui touche le bond : ils doivent encore avertir les joueurs tout haut quand il y a *chasse* et dire *chasse* (1); ou *deux chasses*, si elles ont lieu, à tant *de carreaux ;* et crier aussi : *à tel carreau la balle la gagne.*

Si les joueurs disent *chasse morte*, elle demeure telle, et les marqueurs gardent le silence.

On joue, pour l'ordinaire, partie, revanche et le tout : ou bien partie liée si l'on en est convenu précédemment.

Le joueur qui, en servant la balle (en la lançant), ne sert que sur le bord du toit ou sur le rabat seule-

(1) Voyez pour ce terme et les suivans les règles de la longue-paume, *Manuel des Jeux de Société.*

ment, doit recommencer à servir; car le coup est nul, à moins que l'on ne joue à *qui fault, il boit.*

Qui met sur l'ais de volée en servant, ou sur les clous qui le tiennent, gagne *quinze;* il en prend autant quand il met dans *la lune :* on nomme ainsi un trou de la muraille qui est au côté du toit où l'on sert.

Quand on ne veut pas être servi, on dit *pour rien,* mais avant que l'autre joueur ait lancé, et jamais on ne le fait aux coups de hasard. Celui qui sert ne peut pas dire *pour rien :* servir, c'est pousser la balle sur le toit.

Quand on a *quarante-cinq,* on dit *chasse morte.*

A la *courte-paume,* on donne *avantage* et *bisque* aux plus faibles joueurs, ainsi qu'à la longue-paume.

Jeu du Mail.

Pour jouer au mail, il faut avoir des boules, un *mail* (abrégé de maillet), sorte de bâton court et renforcé pour faire rouler les boules. Il faut enfin avoir un *jeu,* ou terrain de *mail,* c'est-à-dire une longue et large avenue en plein air, bien unie de crainte d'accident. On joue à deux ou plusieurs autres joueurs. Il va sans dire que ce jeu convient seulement aux hommes.

Il y a quatre manières de jouer au mail : 1°. au *rouet;* 2°. en *partie;* 3°. aux *grands coups;* 4°. à *la chicane.*

Jouer au *rouet,* c'est jouer individuellement pour soi et par tête : un seul joueur, en ce cas, passant au pair, ou au plus quand il se trouve en ordre, gagne le prix dont on était convenu pour la passe.

On joue en *partie* quand plusieurs joueurs sont opposés les uns aux autres en pareil nombre : si le nombre est inégal, on peut faire jouer deux boules à un seul joueur du côté faible jusqu'à ce qu'il survienne un nouveau joueur.

Jouer *aux grands coups* signifie que deux joueurs se disputent à qui poussera la boule plus loin : quand l'un est plus fort que l'autre, il accorde avantage à son partenaire, soit par distance d'arbres, soit par distance de pas.

Reste la *chicane* : on y joue en pleine campagne, et partout où l'on se trouve; on débute ordinairement par une volée, et l'on finit la partie en touchant un arbre ou une pierre marquée qui sert de but, ou bien en passant par certains détours dont on est convenu à l'avance. Le joueur dont la boule franchira le but, ou sera la plus loin (supposé que les joueurs soient du pair au plus), aura gagné; lorsqu'on manque tout-à-fait sa boule, ce qui s'appelle *faire une pirouette*, on perd un coup : *mettre sa boule en beau*, c'est la disposer à rouler.

De la passe. — La passe est l'action de faire rouler la boule jusqu'au point donné.

Du début. — C'est le premier coup que chacun joue à toutes les passes que l'on fait.

Du tournant. — Quand un joueur a sa boule dans le tournant du jeu, il ne lui est pas libre de s'élargir : il doit jouer du lieu où se trouve sa boule sur la ligne droite. On dit *être tourné*, quand on a passé cette ligne; et être en vue, quand de l'endroit où est sa boule on voit l'*archet de la passe*, ou le but donné.

On peut jouer en trois ou quatre coups de mail, suivant les conventions préliminaires, et cela s'appelle *ajuster*.

Ceux qui arrivent les premiers à la *passe*, achèvent leur coup, sans que les autres joueurs puissent les interrompre.

Faire sauve. C'est préserver la boule d'un joueur, et contribuer à la conduire vers la passe.

La passe a plusieurs degrés. Qui passe au pair, *gagne;* qui passe à deux de plus, oblige, c'est-à-dire qu'il gagne, si celui qui joue en même temps, reste à un point de plus après lui, et manque de passer. Si ce dernier passe, il gagne tout.

Qui tirant au pair, ou au plus à la passe, rencontre une boule et la met derrière lui, la force à y rester.

(*Voyez*, pour le surplus des réglemens de ce jeu, et ce qui concerne les boules *sorties*, *arrêtées*, *pous-*

sées, *perdues, changées, cassées et défendues*, l'Académie universelle des Jeux). Ces détails ne me
semblant pas valoir la peine de les transcrire, et surtout de les tirer de la confusion qui règne dans cet
ouvrage.

———

VOCABULAIRE

DE TOUS LES TERMES USITÉS DANS LES JEUX.

A.

Abattre le jeu. Au pamphile, c'est avertir qu'on ne veut pas jouer.

Abattre du bois. C'est prendre au trictrac les dames du talon.

Accoupler ses dames. C'est au même jeu les mettre deux à deux sur une flèche.

Acquit. Mise d'un joueur au billard.

A deux de jeu signifie, à la courte-paume, remettre la partie en deux jeux, au lieu de la finir par un seul, quand ils sont de nombre impair.

Adouber. Au jeu de dames et de trictrac, c'est arranger les pions, et les toucher sans jouer.

Aller à fond. Demander carte. (*Voyez* ce mot.)

Aller en curieuse. Voyez *Se réjouir.*

Ambe. Deuxième hasard du loto.

Alexandre. C'est le roi de trèfle.

Ambezas. Se dit, au trictrac, quand on amène deux as.

Amoureux. La sixième triomphe du jeu des tarots.

Amuser le tapis. Jouer avec lenteur.

Annoncer. A la bouillotte, au piquet, à l'impériale, etc., c'est déclarer son jeu.

A prendre. C'est quand, aux dames, un pion passe sur un autre pour se placer derrière lui.

Argire. C'est la dame de trèfle.

Arranger ses couleurs. C'est assortir ses cartes.

Arrivé à dame. Pion arrivé à la base de l'échiquier.

Arroser. Au lansquenet, se dit lorsque le coupeur dont on a gagné la carte droite, paie aux carabins la somme convenue.

As. Dernière carte du jeu dont la valeur varie suivant les combinaisons des jeux.

29

Atout. Carte qui emporte toutes les autres et sert à couper.

Avancer. Ce mot, au trictrac, signifie *prendre son coin.*

Avantages. A la courte-paume, aux dames, au trictrac, aux échecs, etc., on fait des avantages aux plus faibles joueurs pour maintenir l'égalité du jeu.

B.

Bande de la boîte du trictrac et du billard.

Bander les dames au trictrac. Les charger, en mettre trop sur une flèche.

Banque. Le fond du jeu, au quinze, au vingt et un, à la roulette, etc.

Banquier. Le chef du jeu, qui tient l'argent, surtout aux jeux de hasard.

Batadour. Sur-cases que l'on fait au revertier, en mettant deux dames sur une case, où il y en a déjà deux accouplées.

Bâtonner. Au billard, frapper d'abord une bille sur son centre, puis une seconde fois par un des côtés de la queue.

Batterie. A l'ambigu, la quantité de jetons que propose un joueur.

Battre le coin. Tomber dessus à coups de dames.

Battre une dame. Au trictrac, au revertier, etc., c'est mettre une dame sur la flèche où était placée celle de son adversaire.

Belle. Jeu de hasard; couleur d'atout au boston; titre de la carte d'honneur.

Bête. Amende que l'on paie à divers jeux. Nom d'un jeu.

Bezet. Au trictrac et autres jeux semblables, deux as en dés.

Billarder. Chasser au billard les deux billes à la fois d'un même coup.

Billard (jeu de). C'est aussi le nom de la table sur laquelle on s'exerce à ce jeu.

Billes. Boules ou balles sphériques en ivoire de diverses couleurs pour jouer au billard.

Bille collée. Conduite près de la bande du billard.

Billets. Nom des cartes que l'on tire du second jeu de cartes, au jeu de la loterie, et que l'on donne aux joueurs pour servir de billets.

Bisque. Avantage donné au jeu de paume.

Bistoquet. Sorte d'instrument employé pour éviter de billarder.

Blouses. Les trous pratiqués aux quatre coins de la table de billard pour recevoir les billes.

Blouser. Faire entrer la bille dans une blouse.

Blouse défendue. Partie de billard qui va en huit points.

Bois. Les dames du trictrac, du revertier, etc.

Bon air. Quatre matadors à l'hombre.

Bonne couleur. Au whiste, c'est la séquence principale.

Bonne. La dernière levée au reversis : la *première bonne* est la première levée.

Bouder. Manquer d'un dé convenable au jeu de domino, et en tirer un au talon.

Boston. Le valet de carreau au jeu de ce nom.

Bredouille. Douze points pris au trictrac ; le jeton qui marque la bredouille.

Brelan. Au jeu de ce nom, et à la bouillotte, c'est la réunion de trois cartes semblables.

Brelan carré. C'est trois cartes semblables, dont la quatrième fait la retourne.

Brelan-tricon. Ibid.

Brelan cavé. Celui où la partie est limitée.

Bricole. Le chemin que fait la bille après avoir frappé une des bandes du billard.

Bricoler. Jouer de bricole.

Brisque. Atout au jeu de ce nom.

Brûler. Dépasser le point de 15, 21, aux jeux de ces noms.

Brûler une carte. La mettre au rebut.

Brusquembilles. Les as et les dix dans le jeu ainsi nommé.

C.

Cabaret. Une tierce au jeu de la *guinguette*. C'est

aussi le nom du corbillon qui contient la mise de cette seconde chance du jeu.

Callade (gagner au *tre-sette*). C'est quand deux joueurs font toutes les levées.

Calladon (Ibid.). Quand un seul joueur fait toutes les levées.

Calladondrion. C'est quand le premier à jouer montre une napolitaine. (Voyez ce mot.)

Carabins. Surnom des pontes au lansquenet.

Capot. Premier hasard du jeu de piquet : lorsqu'un des joueurs fait toutes les levées.

Caramboler. Au billard, toucher deux billes avec la sienne.

Carme. Double quatre au trictrac, quand les dés amènent tous deux ce point.

Carrer (*se*) à la bouillotte. Mettre au jeu autant de jetons qu'il y en a à la vade, plus un.

Carreau. Deuxième couleur rouge des cartes : terme du jeu de paume.

Cartes blanches. Les cartes qui ne représentent point de figure : elles se trouvent aux jeux de la comète, du piquet, etc.

Cartes peintes. Celles qui représentent des figures.

Carte du banquier. Celle que le banquier tire pour lui au *florentini*, et sur laquelle jouent les pontes.

Carte double, triple, etc. C'est, au jeu précédent, quand les premières cartes retournées sont pareilles.

Case. A plusieurs significations. Aux jeux de tableau, il signifie les parties, ou étroites divisions qui contiennent chaque numéro ou chaque figure, comme aux jeux de l'*oie*, d'*histoire*, de *mappemonde*. Aux échecs, aux dames, ce mot signifie les carrés qui partagent l'échiquier et le damier ; au trictrac, il se dit de deux dames posées sur une même flèche.

Case de l'écolier. La dixième case du tablier de trictrac : on l'appelle aussi la travanais.

Case du diable. La septième, ainsi nommée parce qu'elle est fort difficile à faire.

Cases basses. Les plus proches du trictrac.

Cases contiguës de la première espèce. Ayant un côté commun à elles deux et une couleur différente.

Cases contiguës de la seconde espèce. N'ayant qu'un angle de commun, et une même couleur.

Casement (*le*). La manière de faire des *cases*, aux dames et au *trictrac*, *toutes-tables*, *revertier*, etc.

Caser. L'action de faire des cases : c'est accoupler deux dames ensemble aux jeux précédens, et du *jacquet*, *garouguet*.

Cavaliers. Seconde espèce des grandes pièces des *échecs;* il y a le *cavalier* du roi, de la dame.

Cave. L'argent que met devant lui chaque joueur au *brelan*, à la *bouillotte* ou au *quinze*.

Caver. L'action de mettre cet argent.

Charivari. La réunion de quatre dames à *l'hombre*.

Chelem. Au *whiste* et au *boston*, c'est l'action de faire toutes les levées.

Chicane. Au *mail*, jouer en pleine campagne.

Chicorée. C'est quand l'hombre joue avec trois faux matadors.

Chopine. La valeur de trois jetons au jeu de la guinguette.

Chouette (*faire la*). Jouer seul contre deux autres joueurs.

Clique. C'est la réunion de trois ou quatre as, trois ou quatre dames, etc., au jeu du *quarante de rois*.

Cœur. Première couleur rouge des cartes.

Codille (*faire ou gagner*). A *l'hombre*, au *médiateur*, *piquemédrille*, etc., c'est lorsqu'un joueur autre que l'hombre fait plus de levées que tout autre.

Codiller. Gagner ou faire codille.

Coin du repos. Au trictrac, dit aussi proprement le coin, c'est la onzième case.

Coin bourgeois. La case de *quine* et *sonnez.*

Coller. Approcher la bille de la bande du billard.

Commercer pour carte. Changer sa carte avec celle de son voisin de droite au jeu de *commerce*, et donner un jeton en sus.

Commercer troc pour troc. Echanger sa carte sans rien payer.

Comète. Le neuf de couleur noire, et celui de couleur rouge ajoutés au jeu de ce nom.

Consolation. Bénéfice de plusieurs jetons que l'on donne dans plusieurs jeux à ceux qui gagnent.

Contrer. Lorsqu'à la *bête* un joueur croyant pouvoir faire trois levées, déclare jouer *contre*.

Contre-invite. Aux jeux de partenaires, jouer une couleur différente de celle que l'on avait jouée d'abord.

Corbillon. Petit panier ou corbeille, pour recevoir les mises.

Cornet. Sorte de vase allongé en corne dans lequel on agite les dés.

Coster. Au quintille, se dit d'un joueur en cheville, qui, ayant une carte-roi, et une carte inférieure, jette la dernière, parce qu'il espère qu'elle ne sera pas levée.

Cotillon. Au jeu de la guinguette, c'est la troisième chance et le talon.

Cou-bas (*mettre son*). Etaler ses cartes au jeu de ce nom.

Couper les cartes. Les partager après qu'on les a mêlées.

Couper avec l'atout. C'est emporter avec l'atout la couleur dont on manque.

Coupe-gorge. Quand le banquier amène premièrement une carte semblable à la sienne, ce qui lui fait perdre tout de ce coup-là.

Coup de repos. Aux dames, position dans laquelle un joueur prend plusieurs fois de suite, et l'autre joueur autant de fois librement.

Coups du jeu. Chance ou partie.

Coups de passe. Au passe-dix, coup de gain.

Coups de manque. Coups manqués.

Coucou (*dire*). C'est, au jeu de ce nom, refuser d'échanger sa carte parce qu'on a le roi.

Couvrir une dame au trictrac, et à ses dérivés. C'est mettre deux dames l'une contre l'autre.

Crever. Excéder le point convenu du jeu.

Croix (Voyez *Pile*).

D.

Dame. La seconde grande pièce des échecs.

Dame. La seconde figure des cartes.

Dames. Au jeu de dames, au trictrac, etc., ce sont des morceaux d'ivoire, d'os, d'ébène ou d'autres bois, plats et arrondis : on les appelle aussi *tables.* Il y a les blanches et les noires.

Dames accouplées (voyez *accoupler les dames*).

Dames couvertes (voyez *ibid*).

Dame découverte. C'est une dame seule placée sur une flèche.

Damer un pion au jeu de dames, c'est le *rendre dame* en le couvrant d'un autre pion de même couleur.

Damier. Tablette marquée de cases noires et blanches pour jouer aux dames.

David. Nom du roi de pique.

Dés pointus. A nombre impair.

Dés carrés. A nombre pair.

Dés. Petits cubes d'ivoire portant depuis 1 jusqu'à 6 sur toutes leurs faces.

Débredouiller. Au trictrac, c'est lorsqu'ayant marqué deux jetons, on est obligé d'en ôter un.

Décoller. Eloigner une bille de la bande de billard.

Demi-septier. A la guinguette, c'est la valeur de deux jetons.

Défausser. Se défaire de ses fausses cartes.

Demander en médiateur. Se dit quand *l'hombre* prend l'engagement de faire six levées.

Demander la permission, ou simplement *demander.* Se dit quand l'hombre annonce que n'ayant pas assez beau jeu pour faire six levées seul, il lui faut l'aide d'un associé.

Demander en *belle*, en *petite*, en *solo*, etc. C'est commencer, ou jouer ces différens coups au boston.

Dévoler. Manquer la vole : on dit aussi être en *dévole*.

Discorde. La réunion de quatre rois au jeu de l'hombre.

Domino (faire). Placer le premier ses dés au jeu de domino.

Domino. Dé plat et allongé.

Donner. Distribuer les cartes.

Donner la chance, au krabs, annoncer le point sur lequel roulera le jeu.

Donneur. Le distributeur des cartes.

Donne (la). Le privilége de donner les cartes.

Double (à la). Lorsque, par une convention faite en commençant, les parties sont doubles, et les paiemens se répètent tous.

Double-ningre au *romestecq.* C'est la réunion d'emblée de deux as et deux rois, ou deux as et deux dix, etc.

Double-rome, au même jeu. C'est deux as, ou deux rois.

Doublet. Jeu de dés amenant deux points semblables, comme deux 3, deux 4, etc.

Double-doublet. C'est un jeu de dés double.

Double-dé au domino. C'est lorsque le dé répète son point, comme double 2, double 6, etc.

Dupe. La banque au *florentini* : on dit *tenir la dupe.*

E.

Ecarter. Choisir et retrancher une ou plusieurs cartes de son jeu, et les remplacer par autant de cartes prises du talon.

Ecart. Ce que l'on fait en écartant.

Ecole. Au jeu de trictrac, on dit : *faire une école, envoyer à l'école, marquer une école*, et l'école a lieu quand on oublie de marquer les points que l'on gagne.

Ecole impossible. Quand au jeu précédent on amène des points, qu'on ne peut marquer par impuissance, et qu'on vient à les oublier.

Echecs. Les pions au jeu de ce nom.

Echec. C'est quant aux échecs on joue une pièce qui met le roi en danger d'être pris le coup suivant.

Echec du berger. Quand le fou prend le pion du fou du roi.

Echec et mat. Quand le roi est pris et la partie gagnée aux échecs.

Echiquier. La tablette sur laquelle on joue aux échecs.

Empiler les dames. C'est les mettre en tas sur la première flèche du trictrac.

Emprunter. C'est, au jeu de l'emprunt, demander à son voisin, pour un prix convenu, celle des cartes qu'il faut jouer et qu'on n'a pas.

Enfilade, au trictrac. C'est une série de dés contraires résultant d'une mauvaise position, qui vous mettant dans l'impossibilité de jouer vos dames et vous forçant de relever, laisse gagner votre adversaire.

L'enfilade au *whiste* consiste à transporter sur la partie suivante le nombre de points excédant les dix qui complètent la première partie.

Enfiler son adversaire, au trictrac. Lui boucher les passages par où il pouvait couler ses dames.

Enfler, au jeu de l'enfle. C'est ramasser et mettre dans son jeu les cartes jetées sur le tapis, lorsqu'on manque de la couleur jouée.

Enjeu. Argent que l'on met au jeu en commençant.

Entreprendre. Commencer un coup : on dit *entreprendre le reversis*, la *vole*, etc.

Entrer en jeu, à la bouillotte, etc. C'est ouvrir le jeu en proposant un certain nombre de jetons.

Être en cheville, au jeu de quintille. Se dit lorsqu'on n'est ni le premier ni le dernier à jouer.

Être en échec, aux échecs. C'est quand le roi est en prise.

Étendre ses dames, aux jeux de trictrac, de dames, etc. En placer beaucoup.

Étendre (s'), au jeu de papillon, signifie étaler ses cartes sur la table.

Être mieux placé. Se trouver à la droite du donneur, ce qui fait gagner en cas d'égalité.

Espagnolette. C'est au reversis trois ou quatre as et le *quinola*, ou simplement la réunion de quatre as dans la main.

Être doublé, au trictrac. C'est quand on ne peut rentrer deux dames, parce qu'on n'a qu'un seul passage.

Être hoc. Se dit de certaines cartes jouées au jeu du hoc.

Être hors de jeu, au revertier. Avoir plus de dames que de rentrées ou passages ouverts.

F.

Faire table, au revertier. Être obligé de laisser ses dames découvertes.

Faire. C'est la même chose que mêler ou donner les cartes.

Faire entrée, au reversis, signifie *faire levée.*

Faire tant pour tant. C'est, au jeu de dames, l'action de donner à prendre à son adversaire un ou plusieurs *pions*, une ou plusieurs dames, pour se trouver ensuite dans une position à lui prendre le même nombre de pièces que celui qu'il a pris.

Faire domino. Placer le premier ses dés au jeu de ce nom.

Fanatique. C'est le quatrième hasard de l'*hombre*, ou la réunion de quatre valets.

Fausses cartes, au *quintille, hombre, médiateur.* Ce sont les cartes qui ne sont point de la couleur de l'atout.

Fausse taille, aux jeux du *pharaon*, de la *roulette*, du *trente et quarante*, etc. C'est une taille où le banquier a fait une faute qui l'assujettit, quand elle est aperçue, à doubler ce que les pontes ont mis au jeu.

Faux jeu. Celui où il se trouve des cartes de moins, de plus, ou des cartes doubles.

Favorite, couleur d'atout à l'hombre, au quintille, etc. Nouvelle partie ajoutée au whiste.

Feinte, au whiste. Elle consiste à jouer une carte inférieure tandis qu'on en a une supérieure, afin de faire prendre le change à l'adversaire.

Fiche. Petite bandelette d'ivoire, diversement colorée, qui sert de monnaie au jeu.

Fichet. Petite fiche, qu'on enfonce dans les trous au trictrac.

Flèches. C'est, au trictrac, des sortes de bandelettes, terminées en pointe, et tracées au fond du trictrac, au nombre de vingt-quatre : elles sont blanches et vertes, ou de deux autres couleurs. On les nomme aussi, mais plus rarement, *lames*. C'est sur les flèches que l'on fait les cases.

Flèche. C'est encore, au même jeu, une espèce de clou d'ivoire ou d'os, dont on se sert, en l'enfonçant dans les trous, pour marquer combien on a de parties.

Flux. C'est le nom qu'on donne au point à plusieurs jeux. (Voyez *Point.*)

Forcer le quinola, au reversis. C'est jouer un cœur qui force le porteur du quinola à le jouer.

Force. La onzième carte des tarots suisses.

Fou. C'est la troisième pièce des échecs, et le valet de carreau au jeu de la guimbarde. C'est encore le nom de la carte la plus intéressante des tarots.

Forcer. Mettre une carte plus forte que celles que les autres ont joué.

Fond du jeu. La mise ou l'enjeu.

Freluche. Renoncer au jeu de ce nom.

Ferme. La banque, au jeu de ce nom.

Fermier. Le banquier, *ibid.*

Fredon, à l'ambigu. On nomme ainsi la réunion de quatre cartes de même valeur, comme quatre dames, quatre valets.

G.

Gano (demander). Cette demande consiste, au jeu de l'hombre, à inviter le joueur son associé pour défendre la poule, à laisser passer la carte qu'on a jouée.

Ganer. Faire, demander, ou accepter le gano.

Ge. Deux as, deux rois, etc., au gillet.

Gorger le quinola. C'est contraindre à le jouer.

Grand mariage. La réunion du roi et de la dame de cœur au jeu de la guimbarde.

Grands coups. Les principaux hasards du jeu.

Guimbarde. La dame de cœur au jeu de ce nom.

Gruger, au romestecq. Lever là *rome*, la *virlique.*
Voyez ces mots.

Guinguette. C'est, à l'*hombre*, quand le joueur appelé l'*hombre* joue sans as noir. C'est aussi le nom d'un jeu commun.

Guide, aux jeux de tableau. C'est celui qui indique la marche du jeu.

H.

Hanneton, au jeu de papillon. C'est lever trois cartes avec un roi, un valet et une autre carte.

Hasard (jeux de). C'est aussi le synonyme de coup.

Her. Jeu du *coucou.*

Hocs, au jeu du *hoc.* Ce sont les quatre rois, la dame de pique et le valet de carreau.

Hoc (faire). Gagner au jeu de ce nom.

Hombre. Nom du jeu et du joueur qui mène la partie et contre lequel les autres partenaires jouent.

Honneurs, à l'*hombre*, au *boston*, les figures d'atout.

I.

Indépendance, au boston. C'est un coup que l'on fait seul et volontairement; il exige au moins huit levées. (Voyez *Solo.*)

Impasse. Hasard à la roulette.

Impair. Ibid.

Impériale. Au jeu de ce nom, c'est la réunion de quatre cartes semblables, ou de toutes les figures, de l'as et du sept de même couleur.

Impériale tournée. Celle qu'achève la retourne.

Impériale tombée. Celle que l'on achève en prenant dans les levées les cartes qui manquent.

Impuissance, au trictrac. (Voyez *Jan qui ne peut.*)

Invite (*faire*). Aux jeux de partenaires, c'est jouer.

J.

Jan. Se dit au trictrac quand il y a douze dames

abattues deux à deux, qui font le plein d'un des côtés du trictrac.

Jan qui ne peut. Quand le passage d'une dame est bouché.

Jan de récompense. Ce coup a lieu quand les dés tombent sur une dame découverte. Il y a aussi les

Jan de mézeas,

Jan de deux tables,

Jan de trois coups,

Jan de retour, le grand et le petit jan, *les contre-jans*, tous termes de trictrac dont la longue explication ne peut se reproduire ici.

Jeton. Petite pièce ronde d'ivoire qui sert de monnaie au jeu : il y a au trictrac le *jeton* qui marque le jeu, puis un jeton percé et de couleur pour marquer la grande bredouille.

Jeter les cartes. Les jouer.

Jeu. Se prend pour coup à différens jeux de cartes. On dit perdre tant de jeux.

Jeu rouge à la comète. Les cartes rouges.

Jeu noir. Ibid. Les cartes noires.

Jeu entier. Jeu composé de toutes les cartes ou de cinquante deux.

Jeux à partenaires. Où les joueurs s'associent.

Jeux de tableaux, pour lesquels on se sert d'un tableau préparé.

Joie. (Voyez *consolation, se réjouir.*)

Jouer tout d'une, au trictrac. Jouer une dame seule et la mettre sur la seconde lame.

Jouer pour tout. Avancer toutes ses dames.

Jeu fait. L'argent mis sur les cartes aux jeux de hasard.

K.

Krabs. Jeu de dés anglais.

Krabs. Points du jeu ; il y en a de deux sortes.

L.

Lahire. Nom ordinaire du valet de cœur.

Lame, voyez *Flèche.*

Lenturlu, voyez *Mouche*.

Lever les dames. A tous les jeux où l'on se sert de dames, les ôter après la fin de la partie.

Lever les cartes. Prendre, d'après les principes du jeu, les cartes jouées.

Levée. Elle se compose des cartes que chacun jette successivement pendant un tour.

Lots. Les cartes tirées du premier jeu à la *loterie*, et qui servent de lots.

Lunette, au jeu de dames. C'est lorsque deux pions du même joueur laissent derrière eux une case vide où l'adversaire peut se placer.

M.

Mal-donne. Donne manquée.

Malheureux. Au piquet à écrire, c'est le joueur remplacé.

Marquer. Tenir compte des points à tous les jeux, mais de différentes manières, suivant leurs réglemens.

Marques. Les jetons de l'enjeu au coucou.

Martingale. C'est, aux jeux de hasard, une manière de jeu qui consiste à jouer toujours tout ce qu'on a perdu.

Mariage. A la brisque, quand, ayant la dame, on lève le roi.

Mariage de rencontre. A la guimbarde, lorsqu'on jette, en jouant, le roi et la dame de couleur semblable, et qu'ils tombent immédiatement l'un sur l'autre.

Mariage sur table. C'est le précédent.

Main (avoir la). C'est donner; être en main, c'est commencer à jouer.

Marche. L'action d'avancer les pions, dames, etc.

Manille. Le neuf de carreau au jeu de ce nom. Le second matador de l'hombre, qui est le deux de pique ou de trèfle.

Mat, voyez *Échec*.

Mat aveugle. Quand le joueur d'échec ne voit pas qu'il fait *mat*.

Matadors. A l'hombre, et aux jeux qui en dérivent, ce sont les trois atouts, ou triomphes principaux.

Mêler les cartes. Les battre de manière à les changer souvent de place : ce mot est encore synonyme de *faire* ou *donner.*

Mézéas (jan de). C'est, au trictrac, lorsqu'au commencement d'une partie l'on a pris son coin de repos, sans avoir aucune dame abattue.

Mirliro. C'est, à l'hombre, les deux as noirs sans matadors, ou l'as de trèfle avec les deux as rouges.

Misère. Au boston, c'est ne faire de levée en aucune couleur.

Mistigri. Le valet de trèfle au jeu de ce nom. (Voyez *Pamphile.*)

Moyens. On dit, au trictrac, *moyens* pour battre, *moyens* pour remplir, *moyens* de compter, et *moyens* simples. Ce sont des voies qui servent à parvenir au gain, si elles ne sont traversées par d'autres.

N.

Nain jaune. Figure du centre du tableau, au jeu de ce nom.

Napolitaine. Au tre-sette, c'est la réunion du trois, du deux et de l'as de même couleur.

Navette (faire la). Au whiste, c'est quand chaque associé coupe une couleur, et joue à son partenaire celle dans laquelle il coupe.

O.

Obstacle. C'est lorsqu'au trictrac, voulant passer des dames, on trouve les passages bouchés.

Ogier. C'est le nom ordinaire du valet de pique.

Opéra (faire). C'est gagner, autant que possible, tout ce qu'il y a au jeu.

P.

Pair. Deuxième case latérale de la roulette : nombre qui se partage également en deux parties.

Pallas. Le nom ordinaire de la dame de pique.

Pamphile. Le valet de trèfle, au jeu de ce nom.

Papillon (jeu du). Voyez *Petit Papillon.*

Parer. Empêcher que l'adversaire compte ses points ou ses hasards.

Parfait contentement. A l'hombre, c'est jouer *sans prendre* avec cinq matadors. (*Voyez* ces mots.)

Parole (avoir la). Demander et proposer au boston, aux jeux de renvi. On a la parole chacun à son tour.

Paroli. A la *roulette*, au *trente et quarante*, etc., c'est jouer le double de ce qu'on a joué précédemment.

Partie. Division ordinaire et gain des jeux ; on dit *faire*, *gagner* la partie.

Partie bredouille. Au trictrac, c'est gagner douze points sans interruption ; à la partie simple, les points gagnés ont été interrompus.

Partie carrée. A l'hombre, huitième hasard de ce jeu, qui consiste en trois rois et une dame.

Partie liée. Plusieurs parties jointes ensemble.

Partout (*faire un*). Au domino, mettre le même nombre aux deux extrémités du jeu.

Passage ouvert. Une seule dame sur une case.

Passe. Troisième case latérale de la roulette : enjeu du brelan.

Passer. Ne point jouer faute de le pouvoir.

Passer dix. Au passe dix, excéder le nombre de dix, que le joueur qui porte le dé parie toujours avoir.

Pavillon. Sorte d'instrument, au petit étendard, avec lequel on marque le trictrac à écrire, en le plantant dans le trou de son fichet.

Peintures. Les cartes à figures.

Perdre la queue des jetons. (*Voyez* ce mot.)

Petite. La seconde couleur dans laquelle on joue au boston.

Petit Papillon. Au jeu de ce nom, faire trois cartes dans le cours de la partie.

Placer. Se dit de toutes les cartes et à tous les jeux : ce mot se prend en bonne part, et annonce un succès ; on dit placer le *quinola*, le *manille*, le *poque*, etc., pour dire qu'ils sont joués avantageusement.

Pleine main (faire). C'est la même chose que *faire opéra.* (*Voyez* ce mot.)

Pharaon (jeu de).

Pic. Au piquet, c'est quand on a compté un certain nombre de points sans que l'adversaire ait rien compté, et que l'on va en jouant jusqu'à trente.

Pièces du roi. Aux échecs, les pions voisins du roi.

Pièces de la dame. Ibid.

Pile. Un des côtés d'une pièce de monnaie jetée en l'air ; l'autre côté se nomme *croix.*

Pile de bois ou *de dames.* Ce sont les dames entassées sur la onzième case du trictrac.

Pile de misère. La case du coin du trictrac, où se trouvent empilées les quinze dames d'un joueur qui n'a pu encore en passer une dans son jan de retour.

Pinte. La valeur de quatre jetons au jeu de la guinguette.

Pions. Les dames non couvertes, les pièces ordinaires de l'échiquier. (*Voyez Dames, Échecs.*)

Pions doubles. Aux échecs, deux pions de même couleur, placés sur la base perpendiculaire.

Piquet. C'est-à-dire le jeu de cartes dont on se sert au piquet. On dit seulement *un piquet*, pour dire un jeu de trente-deux cartes.

Pirouette. Dé qui tourne sur lui-même.

Points d'annonce. Au tre-sette, qui se trouvent d'emblée.

Points de jeu. Points obtenus par les coups divers du jeu.

Pontes. On nomme ainsi les joueurs qui jouent tous ensemble contre un banquier.

Postillonné (être). Au trictrac à écrire, le joueur qui a moins de marqués est *postillonné*, c'est-à-dire qu'on augmente son compte de vingt-huit points pour le premier marqué, et de huit points par chaque marqué qui lui manque ensuite.

Postillons. Ce que l'on augmente par chaque marqué.

Poque de retour. Deux sept en main, et un troisième qui fait la retourne.

Poquer (*lever le poque*), le renvier : on dit je poque d'un, de plusieurs jetons.

Poques. Au jeu du *poque*, ce sont les six cassetins mis sur la table, qui sont marqués ainsi : l'un d'un as, l'autre d'un roi, l'autre d'une dame, le suivant d'un valet, l'autre d'un dix et neuf, et le sixième est marqué poque.

Poulans. Au médiateur, au quintille, etc., les fiches que l'on paie aux matadors.

Poule. Ce que l'on met au jeu. (Voyez *Enjeu*, *Prise*, *Vade*.)

Premier en cartes. Le joueur placé à la droite du donneur et qui joue toujours le premier : on dit aussi premier à jouer.

Prime. A l'ambigu, la réunion de quatre cartes de couleur particulière au-dessus de trente points. C'est la grande prime.

Prise. Au jeu de maryland, c'est l'enjeu.

Proposer. Aux jeux de renvi, à l'hombre, à la bouillotte, etc., c'est ouvrir ou commencer le jeu.

Q.

Quatorze, au piquet. C'est quatre rois, ou quatre dames, ou quatre as, ou quatre valets, ou quatre dix.

Quatrième majeure. C'est, au même jeu, la réunion de l'as, du roi, de la dame et du valet.

Quatrième au roi. Qui commence par le roi.

Quatrième à la dame. Qui commence par la dame.

Quatrième au valet. Qui commence par le valet.

Quatrième basse. Qui commence par le dix. Ces quatrièmes sont aussi d'usage à la brisque et à plusieurs autres jeux de combinaison.

Queue. Instrument long et recourbé avec lequel on pousse les billes au billard. Elle est ordinairement garnie par le gros bout d'os ou d'ivoire. On l'appelle aussi *masse*.

Queue des jetons. Au trictrac à écrire, c'est le surplus des jetons après le compte de chacun, quand on marque avec des jetons. On dit *gagner la queue des jetons.*

Queue. C'est, au jeu de la comète, le produit des paris.

Queuter, au billard. Donner un coup de l'un des bords de la pointe de la queue sur un des côtés de la bille, au lieu de rencontrer les deux centres.

Queutage. Le résultat de l'action précédente.

Queue (fausse). Coup donné à faux à la bille.

Quine. Au loto, la ligne des cinq numéros sortis de suite. Le double cinq que présentent les dés au trictrac.

Quinola. Le valet de cœur au reversis.

Quinte, au *whiste,* au *piquet,* à la *brisque,* etc. C'est la réunion de cinq cartes de même couleur. Au piquet il y a *quinte majeure,* qui commence par l'as; *quinte à la dame,* commençant par la dame, et ainsi de suite, comme il est expliqué ci-dessus pour les *quatrièmes.* (Voyez *Quatrième.*)

R.

Rachel. C'est le nom ordinaire de la dame de carreau.

Rafle. C'est, au jeu de ce nom, un coup où les dés viennent sur le même point.

Rafle déterminée. Rafle pariée avant de jouer.

Rafler. Faire la rafle.

Rebours (jouer à), au whiste. On entend par là jouer d'une façon opposée à celle qu'on suit ordinairement, afin de donner le change aux adversaires.

Reine. La dame des cartes nouvelles; celle du jeu des tarots.

Refait, au pharaon, au trente et quarante. C'est un coup nul, qui a lieu quand le point qu'on amène pour la couleur rouge est égal à celui qu'on a amené pour la couleur noire.

Refait, au trictrac à écrire. C'est lorsqu'un joueur gagnant reste pour avoir quelque chose de plus encore, et se trouve rejoint par son adversaire au nombre de trous exigé pour gagner la partie. A la bouillotte, c'est quand tout le monde passe.

Refait du trente et un. C'est un coup qui fait gagner au banquier la moitié de l'argent qu'ont exposé les pontes. Ce coup a lieu quand, après avoir amené trente et un pour la couleur noire, le même point se reproduit pour la couleur rouge.

Réjouir (*se*), aux jeux de la bête, de l'homme d'Auvergne, etc. C'est changer la retourne qui fait l'atout, pendant une, deux, et même trois fois.

Relancer. A la bouillotte, offrir de jouer telle quantité de jetons de plus qu'a proposé celui qui a ouvert ce jeu.

Remplir. On dit au trictrac *remplir son grand jan*, c'est-à-dire, mettre douze dames couvertes dans la seconde table du trictrac.

Renvier. Remettre sur ce qu'un ou plusieurs joueurs ont proposé.

Renvi. Ce qu'on ajoute ou remet en renviant.

Renoncer. Ne pas jouer, faute de pouvoir fournir une carte de la couleur jouée.

Renonce (*la*). Résultat de l'action de renoncer.

Repic. C'est, au piquet, quand dans son jeu, sans que l'adversaire compte ou pare, on compte jusqu'à trente points..

Retourne. La carte qui marque la triomphe ou l'atout.

Retourner. C'est, après avoir distribué les cartes, retourner celle qui suit pour désigner l'atout.

Reversis. C'est, au jeu de ce nom, le coup par lequel on fait toutes les levées.

Revirade. Au trictrac, c'est faire une case sur une flèche vide, avec des dames prises sur des cases déjà faites, et qui laissent une ou deux dames à découvert.

Robre, au whiste. Deux parties réunies.

Roc, aux échecs. Le saut du roi.

Roi. La première figure des cartes; la principale du jeu des échecs; le roi de cœur à la guimbarde. C'est aussi la réunion de deux tours de jeu.

Roquer. Faire sauter le roi au jeu des échecs.

Rome, au jeu du romestecq. C'est la réunion de deux valets, deux dix, deux neuf.

Rouge. Une des couleurs des cartes; la première case latérale de la roulette.

Rompre. On dit *rompre le reversis, la vole, le chelem*, quand on fait une ou plusieurs levées, au préjudice des joueurs qui ont entrepris ces coups.

Rompre à la bonne, à l'avant-bonne. Rompre le reversis aux dernières levées.

Rompre les dés, en annuller le coup. On dit aussi barrer les dés.

S.

S'accommoder, au jeu de *ma commère accommodez-moi.* C'est demander une carte à son voisin, et échanger la sienne avec lui.

Saco. C'est la navette au whiste.

Sauter. Au billard, toucher deux fois la bille avec la queue, ou pousser les deux billes ensemble.

Sauterelle. Au jeu de papillon, c'est lever toutes les cartes, ou la carte seule qui resterait sur le tapis.

Septième. C'est, au piquet, la réunion de sept cartes de suite de couleur semblable : elle suit l'ordre des quatrièmes, et il y a *septième majeure* et *septième du roi*, c'est-à-dire, commençant, l'une par l'as, l'autre par le roi.

Se faire contenter. Au coucou, échanger sa carte avec celle de son voisin de droite.

Sept et le va. C'est sept fois la première mise : on dit *quinze et le va, trente et le va*, etc., pour dire quinze, trente fois la première mise.

Séquence. La réunion de cartes se suivant sans interruption, et de la même couleur. Les quatrièmes, quintes, etc., sont des séquences.

S'en aller. Au trictrac, retirer ses dames.

Se carrer. A la bouillotte, mettre au jeu autant de jetons qu'il y en a à la vade, plus un.

S'y tenir. Ne pas demander de cartes au *quinze*, au *vingt et un*, à la *ferme*, etc. Ce mot signifie, en général, *ne pas demander*.

Sixte. Jeu de triomphe, où le nombre six domine.

Sixième. C'est une séquence de six cartes, qui suit la même marche que les quatrièmes et les quintes. (*Voyez* ces mots.)

Sixain. On vend les cartes au sixain, c'est-à-dire en six jeux.

Solo (au boston). Voyez *Indépendance.*

Sonnez. Au trictrac, c'est le double six des dés.

Souffler les dames. Les prendre au jeu de ce nom.

Souffler les pions. Aux échecs, les saisir.

Sortir. On dit au trictrac *sortir de son coin*, en ôter les dames.

Sur-cases. Voyez *Batadours.*

Sur-couper. Couper un atout par un atout supérieur.

Strammasette. Au tre-sette, quand deux joueurs associés font ensemble les neuf premières levées sans qu'il s'y trouve une figure ou un as.

Strammason. Au même jeu, quand un joueur fait seul les neuf premières levées exigées pour le coup précédent.

T.

Table. Se dit, au trictrac, des deux côtés du tablier où l'on joue avec les dames.

Table du petit jan. La première table où les dames sont empilées.

Table du grand jan. La seconde table de l'autre côté.

Table. Ce mot se prend aussi pour les dames mêmes.

Tablier. Voyez *Table.*

Table de la tête, table-tête. Au revertier, c'est la onzième case. Voyez *Tête.*

Taille. Ce terme se dit de chaque fois que le banquier, au *trente et quarante*, etc., achève de retourner toutes les cartes.

Talon. Le surplus des cartes, après la distribution qu'en a fait le donneur.

Tarots. Cartes usitées en Espagne, en Suisse et en Allemagne.

Terne. Les trois numéros de la loterie marqués sur une même ligne. Le double trois des dés au trictrac.

Tenir. A la bouillotte, et autres jeux de renvi, c'est accepter la proposition de celui qui a ouvert le jeu. *Tenir,* au trictrac, c'est *ne pas s'en aller.*

Tenans. Les joueurs qui tiennent.

Tenace. Au whiste, tenir le jeu.

Tenue. Le résultat de l'action de tenir; laisser ses dames dans leur première position.

Tête. La seule lame où l'on puisse mettre plusieurs dames au *revertier.*

Tirer à la plus haute ou à la plus basse carte. Manière de connaître à qui appartiendra la donne.

Tierce. Séquence de trois cartes; il y a la *tierce majeure,* etc. Voyez *quatrième, septième, quinte,* etc.

Travanais. Voyez *Case de l'écolier.*

Trèfle. Une des couleurs noires des cartes.

Tre-sette. Au jeu de ce nom, la réunion de trois sept.

Tricon. Séquence de trois cartes de semblable valeur, comme trois as, trois rois.

Triomphe. Voyez *Atout.*

Tricks. Au whiste, c'est le nom des levées.

Trictrac. Nom d'un jeu à dés et à dames; nom de la table ou tablier sur lequel il se joue; il se prend aussi pour trou.

Trou, ou *trictrac.* C'est le synonyme de partie au trictrac.

Trous de trictrac. Il en faut douze de chaque côté du tablier, percés chacun vis-à-vis les flèches.

Tour. Au jeu précédent, c'est la partie; aux jeux de cartes, c'est lorsque chaque joueur a jeté sa carte, et qu'on a fait la levée.

Tours. Premières grandes pièces des échecs, qu'on place dans les cases angulaires de l'échiquier, l'une à droite et l'autre à gauche.

Trousser le jeu. Au revertier, etc., le lever.

V.

Vade. La poule. *Voyez* ce mot.

Valoir (faire) ses cartes. On fait valoir la manille, la comète, etc., ce que l'on veut ; c'est-à-dire qu'on leur attribue le nom d'autres cartes.

Virade. Au jeu du vingt-quatre, c'est la retourne.

Voler la passe. Au brelan, se dit du joueur qui, ayant mauvais jeu, propose une somme considérable dans l'espérance qu'on ne tiendra pas.

Vole. (Voyez *faire la vole.*)

FIN.

TABLE DES MATIÈRES.

PREMIÈRE PARTIE.

PREMIÈRE SECTION. — JEUX PRÉPARÉS.

CHAP. Ier. — *Jeux composés faciles* .... *Page*   1
Jeu de Mots .... *ibid.*
Jeu de l'Oie 2
Jeu d'Histoire 3
Jeu de la Révolution française 4
Jeu de Mappemonde .... *ibid.*
Jeu de Marine .... *ibid.*
Jeu des Monumens de Paris 5
Jeu des Merveilles de la Nature et de l'Art 6
Jeu de la vie de Henri IV .... *ibid.*
Jeu de la Guerre .... *ibid.*
Jeu de Loto .... *ibid.*
Jeu de Domino 9
Domino voleur 12

DEUXIÈME SECTION.

CHAP. II. — *Jeux préparés composés* 13
Jeu de Dames .... *ibid.*
Dames à la polonaise 14
Jeu de Trictrac 21
Tarif de la valeur des coups 35
Principes généraux pour bien jouer au Trictrac. 54
Des diverses positions du jeu 59
Trictrac à écrire 64
Trictrac à la chouette 66
Trictrac à tourner 67
Jeu des Dames rabattues 69
Jeu du Revertier 73
Jeu de Gammon *ou* Toutes-Tables 80
Jeu de Garanguet 84
Jeu du Plein .... *ibid.*

Jeu du Jacquet...........................*Page* 85
Jeu du Toc............................... 86
Jeu de Tourne-Case....................... 87
CHAP. III. — *Jeu des Échecs*............... 90
  1°. Partie d'après Philidor................ 96
  2°. Partie d'après une société d'Amateurs...... 102
  3°. Partie d'après Stama.................... 105
  4°. Partie du café de la Régence............. 106
Jeu du Solitaire 107
  Marches diverses....................... 109
Jeu de Billard........................... 112
  Parties françaises avec différentes billes...... 118
  Parties à trois ou quatre joueurs........... 122
  Parties de la Poule ou de la Guerre......... 124
Nouvelle manière de jouer au billard, tirée du
  Journal des Modes de M. La Mésangère...... 127

DEUXIÈME PARTIE.

PREMIÈRE SECTION. — JEUX DE CARTES.

CHAP. IV. — *Règles générales communes à tous les
  jeux de Cartes, et usages relatifs à ces jeux*...... 124

JEUX D'ENFANS.

Jeu de la Bataille........................ 135
Jeu de l'Enfle........................... *ibid.*
Jeu de Brelan de Valets................... 136
Jeu du petit Commerce.................... 137
Jeu de la Freluche....................... 138
Jeu de la petite Brisque.................. 139

DEUXIÈME SECTION. — JEUX COMMUNS.

CHAP. V. — *Jeu de la Triomphe*............. 140
Jeu de la Mouche........................ 143
Jeu de la Bête.......................... 147
Jeu du Lenturlu......................... *ibid.*
Jeu du Pamphile *ou* du Mistigri........... *ibid.*
Jeu de Sixte........................... 148
Jeu de la Guinguette.................... *ibid.*
Jeu du Gillet.......................... 150
Jeu de la Brisque, Briscan *ou* du Mariage...... 152

Manière de compter le jeu de la Brisque...*Page* 153
Jeu de la Guimbarde *ou* de la Mariée........... 154
Jeu de la Brusquembille.................... 157
Jeu du Papillon.......................... 158
Jeu du Cou-Bas.......................... 161
Jeu de l'Homme d'Auvergne................ 163

TROISIÈME SECTION. — JEUX DE SALONS.

CHAP. VI.—*Jeu du Reversis*.............. 165
Jeu du Boston......................... 174
Liste des paiemens.................... 182
Jeu de l'Écarté...................... 184
Jeu de la Bouillotte................... 199
Jeu de Brelan........................ 197
Jeu du Quinze....................... 198
Jeu du Hoc.......................... 201
Jeu du Poque........................ 203

QUATRIÈME SECTION. — JEUX DE COMBINAISON.

CHAP. VII.—*Jeu de Whiste* ou *Whisk*.......... 206
Jeux particuliers au Whiste................ 213
Récapitulation des Règles du jeu.......... 217
Méthode facile pour aider la mémoire des joueurs
de Whiste............................. 222
Jeu de Tre-sette *ou* Trois-sept............. 225
Jeu du Romestecq...................... 230
Jeu de la Sizette....................... 233
Jeu de la Comète....................... 235
Jeu de l'Impériale...................... 236
Jeu du Vingt-Quatre.................... 241
Jeu du Quarante de Rois................ 242
Jeu du Médiateur...................... 245
Jeu de Maryland....................... 246
Jeu triple de la Belle, du Flux et du Trente et un. *ibid.*
Jeu de Tritrille........................ 247
Jeu du Médiateur solitaire............... 248
Jeu de Pique-Medrille................... *ibid.*
Jeu de la Manille...................... 249
Jeu de Piquet......................... 252
Piquet simple......................... *ibid.*

Piquet à écrire.........................*Page* 260

Nouvelle manière de jouer le piquet à trois et
à cinq sans écrire........................ 263

Piquet normaud *ou* Piquet à trois........... 264

Piquet voleur *ou* Piquet à quatre.......... *ibid.*

Jeu de l'Ambigu.......................... 265

Jen de l'Hombre à trois.................... 269

Jeu de la Bête ombrée.................... 275

Jeu du Quadrille........................ 276

Jeu de Quintille. .... *ibid.*

CINQUIÈME SECTION. — JEUX DE DISTRACTION.

CHAP. VIII. — *Jeu de la Ferme*............. 278

Jeu du Vingt et un....................... 280

Jeu du Trente et un...................... 282

Jeu de la Tontine....................... *ibid.*

Jeu de la Loterie....................... 283

Jeu de la Loterie-Commerce................. 284

Jeu de l'Espérance....................... *ibid.*

Jeu de l'Emprunt....................... 285

Jeu du Nigaud *ou* de la Patience russe......... 287

Jeu du Coucou......................... 288

Jeu de ma Commère , accommodez-moi........ 289

Jeu du Commerce...................... 291

Jeu du Nain-Jaune *ou* Lindor................ 293

Jeu de l'Hymen. 295

TROISIÈME PARTIE.

SIXIÈME SECTION. — JEUX DE HASARD.

CHAP. IX. — *Jeu de Dés*.................. 296

Jeu de la Rafle......................... 299

Jeu de Quinquenove..................... 302

Jeu du Lansquenet...................... *ibid.*

Jeu du Passe-Dix....................... 306

Jeu du Hasard......................... 308

Jeu de la Belle........................ 309

Jeu du Biribi.......................... 311

Jeu de Cavagnole....................... 312

Jeu du Hoca.......................... *ibid.*

Jeu de Croix *ou* Pile..................*Page* 313
Jeu de la Roulette........................... 314
Jeu du Krabs............................. 316
Jeu des Quatre Fleurs........................ 317
Jeu du Pharaon........................... 318
Jeu de la Bassette........................ 320
Jeu du Pair et de l'Impair.................. *ibid.*
Jeu du Treize........................... 321
Jeu de Trente et Quarante *ou* du Trente et un.. 323
Jeu du Florentini *ou* de la Dupe............. 326

APPENDICE.

JEUX ÉTRANGERS. — JEUX DE COMBINAISON
GYMNASTIQUES.

1°. Premier jeu des Tarots.................. 329
Second jeu des Tarots...................... 331
Troisième jeu des Tarots *ou* Tarots suisses...... *ibid.*
2°. Jeu de la Courte-Paume *ou* Paume fermée... 332
Jeu du Mail.............................. 334
Vocabulaire de tous les termes usités dans les Jeux. 337

FIN DE LA TABLE.

DE L'IMPRIMERIE DE CRAPELET ,
rue de Vaugirard, n° 9.

SEULE ÉDITION COMPLÈTE

DES

SUITES A BUFFON,

FORMAT IN-18,

Formant, avec les OEuvres de cet auteur,

UN

COURS COMPLET D'HISTOIRE NATURELLE,

CONTENANT LES TROIS RÈGNES DE LA NATURE;

Par MM. Bosc, Brongniart, Bloch, Castel, Guérin, eL
mark, Latreille, de Mirbel, Patrin, Sonnini et de Tigny,
la plupart Membres de l'Institut et Professeurs au Jardin du Roi.

CETTE Collection, primitivement publiée par les soins de
M. Déterville, et qui est devenue la propriété de M. Roret, ne
peut être donnée par d'autres éditeurs, n'étant pas, comme les
OEuvres de Buffon, dans le domaine public.

Les personnes qui auraient les suites de Lacépède, contenant
seulement les Poissons et les Reptiles, auront la liberté de ne pas
les prendre dans cette Collection.

Cette Collection formera 108 volumes, ornés d'environ 600
planches dessinées d'après nature, par Desève, et précieusement
terminées au burin. Elle se composera des ouvrages suivans :

HISTOIRE NATURELLE DES INSECTES, composée d'après
Réaumur, Geoffroy, Degeer, Roeser, Linnée, Fabricius, et les
meilleurs ouvrages qui ont paru sur cette partie, rédigée suivant
les méthodes d'Olivier et de Latreille, avec des notes, plusieurs observations nouvelles et des figures dessinées d'après nature ; par
F. M. G. DE TIGNY et BRONGNIART, pour les généralités. Édition
ornée de beaucoup de figures, augmentée et mise au niveau des
connaissances actuelles, par M. GUÉRIN. 20 vol.

— **NATURELLE DES VÉGÉTAUX**, classée par famille, avec
la citation de la classe et de l'ordre de Linné, et l'indication de
l'usage qu'on peut faire des plantes dans les arts, le commerce,

l'agriculture, le jardinage, la médecine, etc., des figures dessinées d'après nature, et un GENERA complet, selon le système
de Linnée, avec des renvois aux familles naturelles de Jussieu ;
par J.-B. LAMARCK, membre de l'Institut, professeur au Muséum
d'Histoire naturelle, et par C.-F.-B. MIRBEL, membre de l'Académie des Sciences, professeur de botanique. Edition ornée de
120 planches représentant plus de 1600 sujets. 30 vol.

HISTOIRE NATURELLE DES COQUILLES, contenant leur
description, leurs mœurs et leurs usages ; par M. BOSC, membre de l'Institut. 10 vol., ornés de planches.

— **NATURELLE DES VERS**, contenant leur description,
leurs mœurs et leurs usages; par M. BOSC. 6 vol.. ornés de
planches.

— **NATURELLE DES CRUSTACÉES**, contenant leur description, leurs mœurs et leurs usages ; par M. BOSC. 4 vol., ornés de
planches.

— **NATURELLE DES MINÉRAUX**, par E.-M. PATRIN,
membre de l'Institut. Ouvrage orné de 40 planches, représentant un grand nombre de sujets dessinés d'après nature.
10 vol.

— **NATURELLE DES POISSONS**, avec des figures dessinées
d'après nature ; par BLOCH. Ouvrage classé par ordres, genres
et espèces, d'après le système de Linnée, avec les caractères
génériques; par René-Richard CASTEL. Edition ornée de
160 planches, représentant environ 600 espèces, de poissons.
20 vol.

— **NATURELLE DES REPTILES**, avec figures dessinées
d'après nature ; par SONNINI, homme de lettres et naturaliste, et LATREILLE, membre de l'Institut. Edition ornée de
54 planches, représentant environ 150 espèces différentes de
serpens, vipères, couleuvres, lézards, grenouilles, tortues, etc.
8 vol.

Prix de chaque volume. , ... 75 c.

Prix de chaque livraison de figures. composée d'environ
5 planches, pour les souscripteurs 35 cent. en noir, et 1 fr. fig.
coloriées.

Il paraîtra régulièrement, le samedi de chaque semaine, 2 volumes et 2 livraisons de planches, à partir du 1er février 1830.

ON SOUSCRIT,

SANS RIEN PAYER D'AVANCE.

A LA LIBRAIRIE ENCYCLOPÉDIQUE DE RORET,

RUE HAUTEFEUILLE, AU COIN DE CELLE DU BATTOIR,

COLLECTION DE MANUELS

FORMANT UNE

ENCYCLOPÉDIE

DES

SCIENCES ET DES ARTS,

FORMAT IN-DIX-HUIT,

PAR UNE RÉUNION DE SAVANS ET DE PRATICIENS,

MM. AMOROS, directeur du Gymnase; ARSENNE, peintre; BORY DE SAINT-VINCENT, corresp. de l'Institut; BOITARD, naturaliste; CHORON, dir. de l'instit. roy. de musique; FERDINAND DENIS; JULIA-FONTENELLE, professeur de chimie; HUOT, naturaliste; LACROIX, membre de l'Institut; LAUNAY, fondeur de la colonne de la place Vendôme; SÉBASTIEN LENORMAND, professeur de technologie; LESSON, naturaliste; PERROT, membre de la Société royale académique des sciences; PEUCHET; RIFFAULT, ancien directeur des poudres et salpêtres; TERQUEM, professeur aux Ecoles royales; TOUSSAINT, architecte; VERGNAUD, ancien élève de l'Ecole Polytechnique, etc., etc.

DEPUIS que les Sciences exactes ont, par leur application à l'Agriculture et aux Arts, contribué si puissamment au développement de l'Industrie agricole et de l'Industrie manufacturière, leur Etude est devenue un besoin pour toutes les classes de la Société; les Mathématiques, la Physique, la Chimie, sont des sciences qu'il n'est plus permis d'ignorer ; aussi les Traités de ce genre sont-ils aujourd'hui dans les mains des Artisans et dans celles des Gens du Monde. Mais on a généralement reconnu que la cherté de ces sortes de livres est un grand empêchement à leur propagation, et que la rédaction n'a pas toujours la clarté et la simplicité nécessaires pour faire pénétrer promptement dans l'esprit les principes qu'ils exposent. C'est pour remédier à ces deux inconvéniens que nous avons entrepris de publier, sous le titre de *Manuels*, des Traités vraiment élémentaires, dont la réunion formera une Encyclopédie portative des Sciences et des Arts, dans laquelle les Agriculteurs, les Fabricans, les Manufacturiers et les Ouvriers en tout genre, trouveront tout ce qui les concerne, et par là seront à même d'acquérir à peu de frais toutes les connaissances qu'ils doivent avoir pour exercer avec fruit leur profession.

Les Professeurs, les Elèves, les Amateurs et les Gens du Monde pourront y puiser des connaissances aussi solides qu'instructives.

Plusieurs de nos Manuels sont arrivés en peu de temps à plusieurs éditions ; un si grand nombre est une preuve évidente de leur utilité : aussi sommes-nous décidés à en continuer la publication avec toute la célérité possible ; la rédaction des volumes à faire paraître est fort avancée, et nous croyons pouvoir promettre que cette intéressante Collection sera terminée avant peu.

La meilleur preuve que nous puissions donner de l'utilité et de la bonté de cette Encyclopédie populaire, c'est le succès prodigieux des divers traités parus et les éloges qu'en ont faits les journaux.

Cette entreprise étant toute philanthropique, les personnes qui auraient quelque chose à faire parvenir dans l'intérêt des Sciences et des Arts, sont priées de l'envoyer *franco* à M. le *Directeur de l'Encyclopédie in-18*, chez RORET, Libraire, rue Hautefeuille, au coin de celle du Battoir, à Paris.

Tous les Traités se vendent séparément. Un grand nombre est en vente ; les autres paraîtront successivement. Pour les recevoir franc de port on ajoutera 50 centimes par volume in-18.

PARIS. — IMPRIMERIE DE COSSON,
Rue Saint-Germain-des-Prés, n° 9.

LIBRAIRIE ENCYCLOPÉDIQUE
DE RORET,

RUE HAUTEFEUILLE, AU COIN DE LA RUE DU BATOIR,

N. B. Comme il y'a à Paris deux Libraires du nom de RORET, *l'on est prié de bien indiquer l'adresse.*

MANUEL D'ALGÈBRE, ou Exposition élémentaire des principes de cette science, à l'usage des personnes privées des secours d'un maître ; par M. TERQUEM, docteur ès sciences, officier de l'Université, professeur aux Écoles royales, etc. Un gros volume.
3 fr. 50 c.

— **DE L'AMIDONNIER ET DU VERMICELLIER,** auquel on a joint tout ce qui est relatif à la fabrication des produits obtenus avec la pomme de terre, les marrons d'Inde, les châtaignes, et toutes les autres plantes connues pour contenir quelque substance amilacée ou féculente, par M. MORIN. Un vol. orné de figures.
3 fr.

— **D'ARCHITECTURE,** ou Traité général de l'art de bâtir ; par M. TOUSSAINT, architecte. Deux gros volumes ornés d'un grand nombre de planches.
7 fr.

— **D'ARPENTAGE,** ou Instruction sur cet art et sur celui de lever les plans ; par M. LACROIX, membre de l'Institut. *Nouvelle édition.* Un volume orné de planches.
2 fr. 50 c.

— **D'ARITHMÉTIQUE DÉMONTRÉE,** à l'usage des jeunes gens qui se destinent au commerce, et de tous ceux qui désirent se bien pénétrer de cette science ; par M. COLLIN, et revu par M. R...., ancien élève de l'École polytechnique. Un volume. *Septième édition.*
2 fr. 50 c

— **DE L'ARTIFICIER,** ou l'Art de faire toutes sortes de feux d'artifice à peu de frais, et d'après les meilleurs procédés, contenant les Élémens de la Pyrotechnie civile et militaire, leur application pratique à tous les artifices connus jusqu'à ce jour, et à de nouvelles combinaisons fulminantes ; par M. VERGNAUD, capitaine d'artillerie. *Deuxième édition.* Un volume orné de planches.
3 fr.

— **D'ASTRONOMIE,** ou Traité élémentaire de cette science, d'après l'état actuel de nos connaissances, contenant l'Exposé complet du Système du Monde, basé sur les travaux les plus récens et les résultats qui dérivent des recherches de M. Pouillet, sur la température du soleil, et de celles de M. ARAGO sur la densité de la partie extérieure de cet astre ; par M. BAILLY, membre de plusieurs sociétés savantes. *Deuxième édition.* Un volume orné de planches.
2 fr. 50 c.

MANUEL DU BANQUIER, DE L'AGENT DE CHANGE ET DU COURTIER, contenant les lois et règlemens qui s'y rapportent, les diverses opérations de change, courtage et négociations des effets à la Bourse; par M. PEUCHET. Un vol. 2 fr. 50 c.

— **DU BONNETIER ET DU FABRICANT DE BAS**, ou Traité complet et simplifié de ces arts, par MM. V. Leblanc et Préaux-Caillot. Un vol. orné de planches. 3 fr.

— **DE BOTANIQUE**, contenant les principes élémentaires de cette science, la Glossologie, l'Organographie et la Physiologie végétale, la Phytothérosie, l'Analyse de tous les systèmes, tant naturels qu'artificiels, faits sur la distribution des plantes, depuis Aristote jusqu'à ce jour ; et le développement du système des familles naturelles ; par M. BOITARD. *Deuxième édit.* Un vol. orné de planch. 3 fr. 50 c.

— **DE BOTANIQUE**, deuxième partie, **FLORE FRANÇAISE**, ou Description synoptique de toutes les plantes phanérogames et cryptogames qui croissent naturellement sur le sol français, avec les caractères des genres des agames et l'indication des principales espèces; par M. BOISDUVAL. Trois gros vol. 10 fr. 50 c.

ATLAS DE BOTANIQUE, composé de 120 planches, représentant la plupart des plantes décrites dans l'ouvage ci-dessus. Prix, figures noires, 18 fr. Figures coloriées, 36 fr.

— **BIOGRAPHIQUE**, ou Dictionnaire historique abrégé des Grands Hommes, depuis les temps les plus reculés jusqu'à nos jours, composé sur le plan du Dictionnaire de la fable de Chompré; par M. JACQUELIN, et revu par M. NOEL, inspecteur général des études. Deux vol. 6 fr.

— **DU BOULANGER, DU NÉGOCIANT EN GRAINS, DU MEUNIER ET DU CONSTRUCTEUR DE MOULINS.** *Deuxième édition*, entièrement refondue par MM. JULIA DE FONTENELLE et BENOIST. Un gros volume orné de planches. 3 fr. 50 c.

— **DU BRASSEUR**, ou l'Art de faire toutes sortes de bières, contenant tous les procédés de cet art ; suivi d'un exposé des altérations frauduleuses de la bière, et des moyens de les découvrir; traduit de l'anglais de ACCUM, par M. RIFFAUT. *Deuxième édition*, revue, corrigée et augmentée. Un volume. 2 fr. 50 c.

— **DE CALLIGRAPHIE**, Méthode complète de CARSTAIRS, dite Américaine, ou l'ART D'ÉCRIRE EN PEU DE LEÇONS par des moyens promots et faciles, trad. de l'anglais par M. TREMERY, accompagné d'un Atlas renfermant un grand nombre de modèles unis en français. *Nouvelle édition.* 3 fr.

— **DU CARTONNIER, DU CARTIER ET DU FABRICANT DE CARTONNAGE**, ou l'Art de faire toutes sortes de cartons, de cartonnages et de cartes à jouer, contenant les meilleurs procédés pour gauffrer, colorier, vernir, dorer, couvrir en paille, en soie, etc., les ouvrages en carton; par M. LEURUN, de plusieurs sociétés savantes. Un vol. orné d'un grand nombre de figures. 3 ft

MANUEL DU CHARPENTIER, ou Traité complet et simplifié de cet Art; par MM. HANUS ET BISTON (VALENTIN). 2e édition. Un vol. orné de 12 planches. 3 fr. 50 c.

— **DU CHAMOISEUR, MAROQUINIER, PEAUSSIER ET PARCHEMINIER**, contenant les procédés les plus nouveaux, toutes les découvertes faites jusqu'à ce jour, et toutes les connaissances nécessaires à ceux qui veulent pratiquer ces Arts, par M. DESSABLES. Un vol. orné de planches. 3 fr.

— **DU CHANDELIER ET DU CIRIER**, suivi de l'Art du fabricant de cire à cacheter; par M. SÉBASTIEN LENORMAND, professeur de technologie, etc. Un gros vol. orné de planch. 3 fr.

— **DU CHARCUTIER**, ou l'Art de préparer et de conserver les différentes parties du cochon, d'après les plus nouveaux procédés, précédé de l'art d'élever les porcs, de les engraisser et de les guérir; par une réunion de Charcutiers, et rédigé par madame CELNART. Un vol. 2 fr. 50 c.

— **DU CHASSEUR**, contenant un Traité sur toutes les chasses; un vocabulaire des termes de vénerie, de fauconnerie et de chasse; les lois, ordonnances de police, etc., sur le port d'armes, la chasse, la pêche, la louveterie. *Quatrième édition*. Un volume, avec figures et musique. 3 fr.

— **DU CHAUFOURNIER**, contenant l'Art de calciner la pierre à chaux et à plâtre, de composer toutes sortes de mortiers ordinaires et hydrauliques, cimens, pouzzolanes artificielles, bétons, mastics, briques crues, pierres et stucs, ou marbres factices propres aux constructions; par M. BISTON. Un gros vol. 3 fr.

— **DE CHIMIE**, ou Précis élémentaire de cette science, dans l'état actuel de nos connaissances; par M. RIFFAULT. *Troisième édition*, revue, corrigée et très-augmentée, par M. VERGNAUD. Un gros vol. orné de figures. 3 fr. 50 c.

— **DE CHIMIE AMUSANTE**, ou nouvelles Récréations chimiques, contenant une suite d'expériences curieuses et instructives en chimie, d'une exécution facile, et ne présentant aucun danger; par FRÉDÉRIC ACCUM; suivi de notes intéressantes sur la Physique, la Chimie, la Minéralogie, etc., par SAMUEL PARKES. Traduit de l'anglais, par M. RIFFAULT. *Troisième édition*, revue par M. VERGNAUD. Un vol. orné de figures. 3 fr.

ART DE SE COIFFER SOI-MÊME, enseigné aux dames, suivi du MANUEL DU COIFFEUR, précédé de préceptes sur l'entretien, la beauté et la conservation de la chevelure, etc., etc., par M. VILLARET. Un joli volume. 2 fr. 50 c.

MANUEL DE LA BONNE COMPAGNIE, ou Guide de la politesse, des égards, du bon ton et de la bienséance. *Cinquième édition*. Un volume. 2 fr. 50 c.

— **DU CONSTRUCTEUR DE MACHINES A VAPEUR**

par M. JANVIER, officier au corps royal de la marine. Un volume
orné de planches.   2 fr. 50 c.

**MANUEL POUR LA CONSTRUCTION ET LE DESSIN DES
CARTES GÉOGRAPHIQUES**, contenant des considérations générales sur l'étude de la géographie, l'usage des cartes et les principes de leur rédaction, le tracé linéaire des projections, les instrumens qui servent aux différentes opérations, et la manière de des-
siner toutes espèces de cartes, par A. M. PERROT,, ouvrage orné
d'un grand nombre de planches. Un vol.   3 fr.

— DES CONTRIBUTIONS DIRECTES, à l'usage des contri-
buables, des receveurs, des employés des contributions et du ca-
dastre, suivi du mode des réclamations, et la marche à suivre
pour obtenir une juste et prompte décision, etc., par M. DE-
LONCLE, ex-contrôleur. Un volume.   2 fr. 50 c.

— DE L'HISTOIRE NATURELLE DES CRUSTACÉES, contenant leur description et leurs mœurs, avec figures dessinées
d'après nature par feu M. BOSC, de l'Institut: édition mise au
niveau des connaissances actuelles, par M. DESMAREST, correspondant de l'Académie royale des Sciences. Deux vol.   6 fr.

— DU CUISINIER ET DE LA CUISINIÈRE, à l'usage
de la ville et de la campagne, contenant toutes les recettes les
plus simples pour faire bonne chère avec économie, ainsi que les
meilleurs procédés pour la pâtisserie et l'office, précédé d'un
Traité sur la dissection des viandes, suivi de la manière de conserver les substances alimentaires, et d'un Traité sur les vins;
par M. CARDELLI, ancien chef d'office. *Septième édition.* Un
gros vol. orné de figures.   2 fr. 50 c.

— DU CULTIVATEUR FRANÇAIS, ou l'Art de bien culti-
ti er les terres, de soigner les bestiaux et de retirer des unes
et des autres le plus de bénéfices possible ; par M. THIÉ-
BAUT DE BERNEAUD. Deux vol.   5 fr.

— DES DAMES, ou l'Art de la Toilette, suivi de l'Art du
Modiste et du Mercier - Passementier, par mad. CELNART. Un
vol. orné de figures.   3 fr.

— DE LA DANSE, comprenant la théorie, la pratique et l'histoire de cet art, depuis les temps les plus reculés jusqu'à nos
jours; à l'usage des amateurs et des professeurs, par M. BLASIS;
trad. de l'anglais par M. P. VERGNAUD, et revu par M. GARDEL.
Un gr. vol. orné de planches et musique.   3 f. 50 c.

— DES DEMOISELLES, ou Arts et Métiers qui leur conviennent, tels que la couture, la broderie, le tricot, la dentelle,
la tapisserie, les bourses, les ouvrages en filets, en chenille, en
ganse, en perle, en cheveux, etc., etc.; enfin tous les arts dont
es demoiselles peuvent s'occuper avec agrément, par madame
ÉLISABETH CELNART. *Troisième édition.* Un volume orné de
planches.   3 fr.

MANUEL DU DESSINATEUR , ou Traité complet de cet art ,
contenant le dessin linéaire à vue , le dessin linéaire géométrique,
le dessin de l'ornement, le dessin de la figure , le dessin du
paysage , le dessin et lavis de la topographie ; par M. PERROT,
membre de la Société royale des Sciences, etc.|*Deuxième édition.*
Un vol. orné d'un grand nombre de planches.   3 fr.

— **DU DESSINATEUR ET DE L'IMPRIMEUR LITHO-
GRAPHE** , par M. BRÉGEAUT , lithographe breveté de S. A. R.
Mgr le Dauphin. *Seconde édition.* Un volume orné de 12 li-
thographies.   3 fr.

— **DU DESTRUCTEUR DES ANIMAUX NUISIBLES**, ou
l'Art de prendre et de détruire tous les animaux nuisibles à
l'agriculture , au jardinage , à l'économie domestique , à la conservation des chasses , des étangs, etc. , etc.; par M. VÉRARDI,
propriétaire-cultivateur, membre de plusieurs Sociétés savantes.
Un vol. orné de planches.   3 fr.

— **DU DISTILLATEUR LIQUORISTE** , ou Traité de la
Distillation en général ; suivi de l'Art de fabriquer des liqueurs
à peu de frais et d'après les meilleurs procédés; par M. LEBEAUD.
Deuxième édition. Un vol.   3 fr.

— **D'ÉCONOMIE DOMESTIQUE** , contenant toutes les recettes les plus simples et les plus efficaces sur l'économie rurale et domestique , à l'usage de la ville et de la campagne; par
madame CELNART.*Deux. édit.* Un vol. orné de figures. 2 fr. 50 c.

— **D'ENTOMOLOGIE** ou Histoire naturelle des Insectes :
contenant la synonymie et la description de la plus grande partie
des espèces d'Europe et des espèces exotiques les plus remarquables ; par M. BOITARD. Deux gros vol.   7 fr.

ATLAS D'ENTOMOLOGIE , composé de 110 planches repré-
sentant les insectes décrits dans l'ouvrage ci-dessus.
Figures noires.   17 fr.
Figures coloriées.   34 fr.

— **DU STYLE ÉPISTOLAIRE** , ou Choix de Lettres pui-
sées dans nos meilleurs auteurs , précédé d'instructions sur
l'Art Epistolaire et de Notices Biographiques; par M. BISCARRAT,
professeur. Un gros vol.   3 fr.

— **DU FABRICANT D'ÉTOFFES IMPRIMÉES ET DU FABRI-
CANT DE PAPIERS PEINTS**, contenant les procédés les plus
nouveaux pour imprimer les étoffes de coton, de lin , de laine
et de soie, et pour colorer la surface de toutes sortes de papiers; par M. Sébastien LENORMAND. Un vol. orné de planches.   3 fr.

— **DU FABRICANT DE DRAPS** , ou Traité général de la
fabrication des draps ; par M. BONNET, ancien fabricant à Lodève.
Un volume.   3 fr.

— **DU FABRICANT ET DE L'ÉPURATEUR D'HUILES** ,

suivi d'un Aperçu sur l'éclairage par le gaz; par M. JULIA
FONTENELLE, Un volume orné de planches.   3 fr.

MANUEL DU FABRICANT DE PRODUITS CHIMIQUES, ou
Formules et Procédés usuels relatifs aux matières que la chimie
fournit aux arts industriels, à la médecine et à la pharmacie,
renfermant la description des opérations et des principaux ustensiles en usage dans les laboratoires; par M. THILLAYE, professeur de chimie manufacturière, chef des travaux chimiques
de l'ancienne fabrique de M. Vauquelin. Deux volumes ornés
de planches.   7 fr.

— **DU FABRICANT DE SUCRE ET DU RAFFINEUR**, ou
Essai sur les différens moyens d'extraire le Sucre et de le raffiner;
par MM. BLACHETTE et ZOÉGA. Un vol.   3 fr.

— **DU FERBLANTIER ET DU LAMPISTE**, ou l'art de con-
fectionner en ferblanc tous les ustensiles possibles, les appareils
récemment inventés, comme augustines, cafetières, caléfac-
teurs, etc.; l'étamage, le travail du zinc, l'art de fabriquer les
lampes d'après tous les systèmes anciens et nouveaux; orné d'un
grand nombre de figures et de modèles pris dans les meilleurs
ateliers, par M. LEBRUN. Un vol. in-18.   3 fr.

— **DU FLEURISTE ARTIFICIEL**, ou l'Art d'imiter d'après
nature toute espèce de fleurs, en papier, batiste, mousseline et autres étoffes de coton; en gaze, taffetas, satin, velours; de faire des
fleurs en or, argent, chenille, plumes, paille, baleine, cire, co-
quillages, les autres fleurs de fantaisie; les fruits artificiels; et contenant tout ce qui est relatif au commerce de fleurs; suivi de l'ART
DU PLUMASSIER, par Madame CELNART. Un vol., orné de figures.   2 fr. 50 c.

— **DU FONDEUR SUR TOUS MÉTAUX**, ou Traité de
toutes les opérations de la fonderie, contenant tout ce qui a rapport à la fonte et au moulage du cuivre, à la fabrication des
pompes à incendie et des machines hydrauliques, etc., etc.; par
M. LAUNAY, fondeur de la colonne de la place Vendôme, etc.
Deux vol. ornés d'un grand nombre de planches.   7 fr.

— **THÉORIQUE ET PRATIQUE DU MAITRE DE FORGES**,
ou l'Art de travailler le fer; par M. LANDRIN, ingénieur civil.
Deux vol. ornés de planches.   6 fr.

— **DES GARDES-CHAMPÊTRES, FORESTIERS, GARDES-
PÊCHES**, contenant l'exposé méthodique des lois, décrets, ordonnances du roi, circulaires et instructions ministérielles, et arrêts
de la cour de cassation, depuis 1791 jusqu'en 1829, sur leurs attributions, fonctions, droits et devoirs en matière d'administration
et de police judiciaire, avec les formules et modèles des rapports
et des procès-verbaux qui sont de leur compétence; par M. RON-
DONNEAU. Un vol.   2 fr. 50 c.

— **DES GARDES-MALADES**, et des personnes qui veulent se suigner elles-mêmes, ou l'Ami de la santé, contenant un exposé clair et précis des soins à donner aux malades de tout genre, la manière de gouverner les femmes pendant leurs couches, les enfans au moment de la naissance, et généralement de ce qu'il importe le plus de connaître à tous ceux qui veulent se livrer au soulagement de l'humanité souffrante; par M. MORIN, docteur en médecine. Un volume. *Troisième édition.* 2 fr. 50 c.

MANUEL GÉOGRAPHIQUE, ou le nouveau Géographe manuel, contenant la Description statistique et histor. de toutes les parties du monde, leurs climats, leurs productions, leurs gouvernemens, le caractère de leurs habitans; la Description des principales villes, et leurs distances de Paris; les routes et distances de ces villes entre elles; une Notice sur les départemens de la France, leurs chefs-lieux; la Concordance des calendriers; une Notice sur les lettres de change, bons aux porteurs, billets à ordre, etc.; le Système métrique, la Concordance des mesures anciennes et nouvelles; les Changes et monnaies étrangères évaluées en francs et centimes; les hauteurs des lieux, les places les plus élevées du globe, les lieux originaires des principales productions de la terre, etc.; ouvrage indispensable à tous les voyageurs, négocians, et utile à toutes les personnes qui veulent avoir une idée générale de la terre, de ses divisions, de ses produits et de son commerce; par ALEXANDRE DEVILLIERS. Un gros vol. *Troisième édit.* 3 fr. 50 c.

— DE GÉOMÉTRIE, ou Exposition élémentaire des principes de cette science, comprenant les deux trigonométries, la théorie des projections, et les principales propriétés des lignes et surfaces du second degré, à l'usage des personnes privées des secours d'un maître; par M. TERQUEM. Un gros volume orné de pl. 3 fr. 50 c.

— DE GYMNASTIQUE, par M. le colonel AMOROS. Deux gros vol. et atlas composé de 50 planches, 10 fr. 50 c.

— DU GRAVEUR, ou Traité complet de l'Art de la Gravure en tous genres, d'après les renseignemens fournis par plusieurs artistes et rédigé par M. PERROT. Un vol. 3 fr.

— DE L'HERBORISTE, DE L'ÉPICIER-DROGUISTE ET DU GRAINIER-PÉPINIÉRISTE, contenant la description des végétaux, les lieux de leur naissance, leur analyse chimique et 'eurs propriétés médicales; par MM. JULIA FONTENELLE et TOLLARD. Deux gros volumes. 7 fr.

— D'HISTOIRE NATURELLE, comprenant les trois Règnes de la Nature, ou *Genera* complet des animaux, des végétaux et des minéraux; par M. BOITARD. Deux gros volumes. 7 fr. *Atlas des différentes parties de l'Histoire naturelle, et qui se vendent séparément.*

ATLAS POUR LA BOTANIQUE, composé de 120 planches, figures noires. 18 fr.

Figures coloriées. 36 fr.

ATLAS POUR LES MOLLUSQUES, représentant les mollusques nus et les coquilles, 51 planches, figures noires. 7 fr.
Figures coloriées. 14 fr.
— POUR LES CRUSTACÉS, 18 planches, figures noires. 3 fr.
Figures coloriées. 6 fr.
— POUR LES INSECTES, 110 planches, figures noires. 17 fr.
Figures coloriées. 34 fr.
— POUR LES MAMMIFÈRES, 80 planches, figures noires. 12 fr.
Figures coloriées. 24 fr.
ATLAS POUR LES MINÉRAUX, 40 planches, figures noires. 6 fr.
Figures coloriées. 12 fr.
— POUR LES OISEAUX, 129 planches, figures noires. 20 fr.
Figures coloriées. 40 fr.
— POUR LES POISSONS, 155 planches, figures noires. 24 fr.
Figures coloriées. 48 fr.
— POUR LES REPTILES, 54 planches, figures noires. 9 fr.
Figures coloriées. 18 fr.
— POUR LES ZOOPHYTES, représentant la plupart de vers et des animaux-plantes, 25 planches, figures noires. 6 fr.
Figures coloriées. 12 fr.
MANUEL D'HYGIÈNE, ou l'Art de conserver sa santé; par M. MORIN, docteur-médecin. 3 fr.
— **DE L'IMPRIMEUR**, ou Traité simplifié de la typographie; par M. AUDOUIN DE GÉRONVAL, et revu par M. CRAPELET, imprimeur. Un volume orné de planches. 3 fr.
— **DU JARDINIER**, ou l'Art de cultiver et de composer toutes sortes de jardins; ouvrage divisé en deux parties: la première contient la culture des jardins potagers et fruitiers; la seconde, la culture des fleurs, et tout ce qui a rapport aux jardins d'agrément; dédié à M. THOUIN, ex-professeur de culture au Muséum d'histoire naturelle, membre de l'Institut, etc.; par M. BAILLY, son élève. Quatrième édition, revue, corrigée et considérablement augmentée. Deux gros volumes ornés de planches. 5 fr.
— **DU JAUGEAGE ET DES DÉBITANS DE BOISSONS**, contenant les tarifs très-simplifiés en anciennes et nouvelles mesures, relatifs à l'art de jauger; toutes les lois, ordonnances, règlemens sur les boissons, avec les arrêts des cours faisant connaître tous les droits auxquels les débitans de boissons sont assujettis, etc., etc.; ouvrage utile à tous les marchands de vins, aubergistes, traiteurs, maître-d'hôtels, limonadiers, distillateurs, débitans d'eau-de-vie, brasseurs, et à tous ceux qui se livrent à la vente

au détail des vins, bières, cidres, poirés, hydromels, etc.; par M. LAUDIER, membre de la Légion-d'Honneur, et par M. D...., avocat à la Cour royale de Paris. Un volume orné de figures. 3 fr.

MANUEL DES JEUX DE CALCUL ET DE HASARD, ou Nouvelle Académie des jeux, contenant, tous les jeux préparés simples, tels que les Jeux de Mots, de l'Oie, de Loto, de Domino, les Jeux préparés composés, comme Dames, Trictrac, Echecs, Billard, etc. 2° Tous les Jeux de Cartes, soit simples, soit composés : 1° les jeux d'enfans, comme la Bataille, la Brisque, la Freluche, etc.; les Jeux communs, tels que la Bête, la Mouche, le Lenturlu, la Triomphe, etc.; 3° les Jeux de salon, comme le Boston, le Reversis, le Whiste; 4° les Jeux d'application, comme l'Hombre, le Piquet, etc.; 5° les Jeux de distraction, comme le Commerce, le Vingt-et-Un, etc.; 6° enfin les Jeux spécialement dits de *Hasard*, tels que le Pharaon, le Trente et Quarante, la Roulette, etc.; un Appendice contenant les Jeux étrangers, comme les Tarots suisses et les Jeux de combinaisons gymnastiques, comme la Paume, le Mail, etc.; par M. LEBRUN. Un volume.   3 fr.

— **DES JEUX DE SOCIÉTÉ**, renfermant tous les Jeux qui conviennent aux jeunes gens des deux sexes; tels que Jeux de jardin, Rondes, Jeux-Rondes, Jeux publics, Montagnes russes et autres, Jeux de Salon, Jeux préparés, Jeux-Gages, Jeux d'Attrape, d'Action, Charades en action : Jeux de Mémoire, Jeux d'Esprit, Jeux de Mots, Jeux-Proverbes, Jeux-Pénitences, et toutes les Pénitences appropriées à ces diverses sortes de Jeux, avec des Chansons, Romances, Fables, Enigmes, Charades, Narrations, Exemples d'Improvisation et de Déclamation, la plupart inédits, et suivi d'un Appendice contenant tous les Jeux d'enfans; par madame CELNART. Un gros vol.   3 fr.

— **DU LIMONADIER ET DU CONFISEUR**, contenant les meilleurs procédés pour préparer le café, le chocolat, le punch, les glaces, boissons rafraîchissantes, liqueurs, fruits à l'eau-de-vie, confitures, pâtes, esprits, essences, vins artificiels, pâtisserie légère, bière, cidre, eaux, pommades et poudres cosmétiques, vinaigres de ménage et de toilette, etc., etc.; par M. CARDELLI. Un gros vol. *Quatrième édition.*   2 fr. 50 c.

— **DE LA MAITRESSE DE MAISON, ET DE LA PARFAITE MÉNAGÈRE**, ou Guide pratique pour la gestion d'une maison à la ville et à la campagne, contenant les moyens d'y maintenir le bon ordre et d'y établir l'abondance, de soigner les enfans, de conserver les substances alimentaires, etc., etc., par madame GACON-DUFOUR. *Deuxième édit.*, revue par madame CELNART. Un vol.   2 fr. 50 c.

— **DE MAMMALOGIE**, ou l'Histoire Naturelle des Mammifères; par M. LESSON, membre de plusieurs Sociétés savantes. Un gros vol.   3 fr. 50 c.

2

ATLAS DE MAMMALOGIE, composé de 80 planches représentant la plupart des animaux décrits dans l'ouvrage ci-dessus, Figures noires. 12 fr.

Figures coloriées. 24 fr.

MANUEL COMPLET DES MARCHANDS DE BOIS ET DE CHARBONS, ou Traité de ce commerce en général ; contenant tout ce qu'il est utile de savoir depuis l'ouverture des adjudications des coupes jusques et y compris l'arrivée et le débit des bois et charbons, ainsi que le précis des lois, ordonnances, règlemens, etc., sur cette matière ; suivi de *Nouveaux Tarifs* pour le cubage et le mesurage des bois de toute espèce, en anciennes et nouvelles mesures ; par M. MABIÉ DE L'ISLE, ancien agent du flottage des bois. Un vol. 3 fr.

— **DU MÉCANICIEN-FONTAINIER, POMPIER, PLOMBIER**, contenant la théorie des pompes ordinaires, des machines hydrauliques les plus usitées, et celle des pompes rotatives, leurs applications à la navigation sous-marine, à un mode de nouveau réfrigérant ; l'Art du plombier, et la description des appareils les plus nouveaux, relatifs à cette branche d'industrie ; par MM. JANVIER et BISTON. Un vol. orné de planches. 3 fr.

— **D'APPLICATIONS MATHÉMATIQUES USUELLES ET AMUSANTES**, contenant des problèmes de Statique, de Dynamique, d'Hydrostatique et d'Hydrodynamique, de pneumatique, d'Acoustique, d'Optique, etc., avec leurs solutions ; des notions de Chronologie, de Gnomonique, de Levée des Plans, de Nivellement, de Géométrie pratique, etc., avec les formules y relatives ; plus un grand nombre de tables usuelles, et terminé par un Vocabulaire renfermant la substance d'un Cours de Mathématiques Élémentaires ; par M. RICHARD. Un gros vol. 3 fr.

— **DE MÉCANIQUE**, ou Exposition élémentaire des lois de l'équilibre et du mouvement des corps solides, à l'usage des personnes privées des secours d'un maître ; par M. TERQUEM. Un gros vol. orné de planches. 3 fr. 50 c.

— **DE MÉDECINE ET CHIRURGIE DOMESTIQUES**, contenant un choix des remèdes les plus simples et les plus efficaces pour la guérison de toutes les maladies internes et externes qui affligent le corps humain. *Seconde édition* entièrement refondue et considérablement augmentée ; par M. MORIN, doct.-médec. Un vol. 3 fr. 50 c.

— **DU MENUISIER EN MEUBLES ET EN BATIMENS**, de l'Art de l'ébéniste, contenant tous les détails utiles sur la nature des bois indigènes et exotiques, la manière de les teindre, de les travailler, d'en faire toutes espèces d'ouvrages et de meubles, de les polir et vernir, d'exécuter toutes sortes de placages et de marqueterie ; par M. NOSBAN, menuisier-ébéniste. *Deuxième édition*. Deux volumes ornés de planches. 6 fr.

MANUEL DE MÉTÉOROLOGIE, ou Explication théorique et démonstrative des phénomènes connus sous le nom de météores ; par M. FELLENS. Un vol. orné de planches.   3 fr. 50 c.

— **DE MINÉRALOGIE**, ou Traité élémentaire de cette science d'après l'état actuel de nos connaissances, contenant la description des minéraux et leur classification, basées sur les découvertes les plus récentes; par M. BLONDEAU. *Seconde édition*, revue par M. D., professeur. et JULIA-FONTENELLE. Un gros volume orné de figures.   3 fr. 50 c.

.. ATLAS DE MINÉRALOGIE, composé de 40 planches représentant la plupart des minéraux décrits dans l'ouvrage ci-dessus

.   Prix : Figures noires.   6 fr.

     Figures coloriées   . 12 fr.

— **DE MINIATURE ET DE GOUACHE**, par M. CONSTANT-VIGUIER. suivi du **MANUEL DU LAVIS A LA SEPPIA ET DE L'AQUARELLE**, par M. LANGLOIS DE LONGUEVILLE. Un gros volume orné de planches. *Deuxième édition*.   3 fr.

—. **DE L'HISTOIRE NATURELLE DES MOLLUSQUES ET DE LEURS COQUILLES**, ayant pour base de classification celle de M. Cuvier; de M. RANG, officier au corps royal de la marine. Un gros vol. orné de planches.   3 fr. 50 c.

ATLAS POUR LES MOLLUSQUES, représentant les mollusqus et les coquilles, 51 planches, figures noires.   7 fr.

     Figures coloriées.   14 fr.

— **DU MOULEUR**, ou l'Art de mouler en plâtre, carton, carton-pierre, carton-cuir, cire, plomb, argile, bois, écaille, corne, etc., etc., contenant tout ce qui est relatif au moulage sur nature morte et vivante, au moulage de l'argile, du ciment romain, de la chaux hydraulique, des cimens composés, des matières plastiques nouvellement inventées; par M. LEBRUN. Un vol. orné de fig.   2 fr. 50 c.

– **DU NATURALISTE PRÉPARATEUR**, ou l'Art d'empailler les animaux, de conserver les végétaux et les minéraux ; par M. BOITARD. Un volume. *Deuxième édition*.   2 fr. 50 c.

— **DU NÉGOCIANT ET DU MANUFACTURIER**, contenant les Lois et Règlemens relatifs au commerce, aux fabriques et à l'industrie ; la connaissance des marchandises; les usages dans les ventes et achats; les poids, mesures, monnaies étrangères ; les douanes et les tarifs des droits ; par M. PEUCHET Un vol.   2 fr. 50 c.

— **D'ORNITHOLOGIE**, ou Description des genres et des principales espèces d'oiseaux ; par M. LESSON. Deux gros vol.   7 fr.

ATLAS D'ORNITHOLOGIE, composé de 129 planches représentant les oiseaux décrits dans l'ouvrage ci-dessus.

   Figures noires.   20 fr.

. Figures coloriées.   40 fr.

MANUEL DU PARFUMEUR, contenant les moyens de perfectionner les pâtes odorantes, les poudres de diverses sortes, les pommades, les savons de toilette, les eaux de senteur, les vinaigres, élixirs, etc., etc., et où se trouvent indiquées un grand nombre de compositions nouvelles; par madame GACON-DUFOUR. Un volume.   2 fr. 50 c.

— **DU MARCHAND PAPETIER ET DU RÉGLEUR**, contenant la connaissance des papiers divers, la fabrication des crayons naturels et factices gris, noirs et colorés; la préparation des plumes, des pains et de la cire à cacheter, de la colle à bouche, des sables, etc.; par M. JULIA-FONTENELLE et M. POISSON. Un gros volume orné de planches.   3 fr.

— **DU PATISSIER ET DE LA PATISSIÈRE**, à l'usage de la ville et de la campagne, contenant les moyens de composer toutes sortes de pâtisseries, par madame GACON-DUFOUR. Un vol.   2 fr. 50 c.

— **DE PHARMACIE POPULAIRE**, simplifiée et mise à la portée de toutes les classes de la société, contenant les formules et les pratiques nouvelles publiées dans les meilleurs dispensaires, les cosmétiques et les médicamens par brevet d'invention, les secours à donner aux malades dans les cas urgens, avant l'arrivée du médecin, etc., par M. JULIA DE FONTENELLE. Deux vol.   6 fr.

— **DU PÊCHEUR FRANÇAIS**, ou Traité général de toutes sortes de Pêches; l'Art de fabriquer les filets; un Traité sur les Etangs; un Précis des Lois, Ordonnances et Réglemens sur la pêche, etc., etc., par M. PESSON-MAISONNEUVE. Un volume orné de figures.   3 fr.

— **DU PEINTRE EN BATIMENS, DU DOREUR ET DU VERNISSEUR**, ouvrage utile tant à ceux qui exercent ces arts qu'aux fabricans de couleurs, et à toutes les personnes qui voudraient décorer elles-mêmes leurs habitations, leurs appartemens, etc.; par M. RIFFAULT. *Quatrième édition*, revue et augmentée. Un volume.   2 fr. 50 c.

— **DE PERSPECTIVE, DU DESSINATEUR ET DU PEINTRE**, contenant les Élémens de géométrie indispensables au tracé de la perspective, la perspective linéaire et aérienne, et l'étude du dessin et de la peinture, spécialement appliquée au paysage; par M. VERGNAUD, ancien élève de l'Ecole Polytechnique. *Troisième édition*. Un volume orné d'un grand nombre de planches.   3 fr.

— **DE PHILOSOPHIE EXPÉRIMENTALE**, ou Recueil de dissertations sur les questions fondamentales de la métaphysique, extraites de LOCKE, CONDILLAC, DESTUTT-TRACY, DEGÉRANDO, LA ROMIGUIÈRE, JOUFFROY, REID, DUGALD-STEWART, KANT, COURIER, etc. *Ouvrage conçu sur le plan des leçons de M. Noël*, par

M. Amice, régent de rhétorique dans l'Académie de Paris. Un gros vol. 3 fr. 5o c.

MANUEL DE PHYSIOLOGIE VÉGÉTALE , DE PHYSIQUE, DE CHIMIE ET DE MINÉRALOGIE, APPLIQUÉES A LA CULTURE ; par M. Boitard. Un vol., orné de planches. 3 fr.

— **DE PHYSIQUE,** ou Elémens abrégés de cette science, mis à la portée des gens du monde et des étudians : contenant l'exposé complet et méthodique des propriétés générales des corps solides, liquides et aériformes, ainsi que des phénomènes du son ; suivi de la nouvelle Théorie de la lumière dans le système des ondulations, et de celles de l'électricité et du magnétisme réunis ; par M. Bailly, élève de MM. Arago et Biot. *Quatrième édition.* Un volume orné de planches. 2 fr. 5o c.

— **DE PHYSIQUE AMUSANTE,** ou nouvelles Récréations physiques, contenant une suite d'expériences curieuses, instructives et d'une exécution facile, ainsi que diverses applications aux arts et à l'industrie ; suivi d'un Vocabulaire de physique ; par M. Julia-Fontenelle. *Troisième édition.* Un volume orné de planches. 3 fr.

— **DU POÊLIER-FUMISTE,** ou Traité complet de cet art, indiquant les moyens d'empêcher les cheminées de fumer, l'art de chauffer économiquement et d'aérer les habitations, les manufactures, les ateliers, etc. ; par M. Ardenni. Un volume orné de planches. 3 fr.

— **DES POIDS ET MESURES,** des Monnaie, et du Calcul décimal ; par M. Tarbé. *Treizième édition.* Un vol 3 fr.

— **DU PORCELAINIER, DU FAIENCIER ET DU POTIER DE TERRE,** suivi de l'Art de fabriquer les terres anglaises et de pipe, ainsi que les poêles, les pipes, les carreaux, les briques et les tuiles ; par M. Boyer, ancien fabricant et pensionnaire du Roi. Deux volumes. 6 fr

— **DU PRATICIEN,** ou Traité complet de la science du Droit mise à la portée de tout le monde, où sont présentées les instructions sur la manière de conduire toutes les affaires, tant civiles que judiciaires, commerciales et criminelles qui peuvent se rencontrer dans le cours de la vie, avec les formules de tous les actes, et suivi d'un Dictionnaire administratif abrégé ; par M. D***, avocat à la Cour royale de Paris. *Deuxième édition.* Un gros volume. 5 fr. 5o c.

— **DES PROPRIÉTAIRES D'ABEILLES,** contenant: 1o la ruche villageoise et lombarde, et les ruches à hausses, perfectionnées au moyen de petits grillages en bois, très-faciles à exécuter ; 2o des procédés pour réunir ensemble plusieurs ruches faibles, afin d'être dispensé de les nourrir; 3o une méthode très-avantageuse de gouverner les abeilles, de quelque forme que soient leurs ruches, pour en tirer de grands profits ; par J. Radouan. *Troisième édi*

2,

tion, corrigée et suivie de l'ART D'ÉLEVER LES VERS A SOIE et de cultiver le mûrier; par M. MORIN. Un gros vol. orné de planches. 3 fr.

MANUEL DU PROPRIÉTAIRE ET DU LOCATAIRE, OU SOUS-LOCATAIRE, tant de biens de ville que de biens ruraux; par M. SERGENT. *Troisième édition*. Un volume. 2 fr. 50 c.

— DU RELIEUR DANS TOUTES SES PARTIES, précédé des Arts de l'assembleur, du brocheur, du marbreur, du doreur et du satineur; par M. SÉBASTIEN LENORMAND. Un gros volume orné de planches. 3 fr.

—DU SAVONNIER, ou l'Art de faire toutes sortes de savons, par une réunion de fabricans, et rédigé par madame GACON-DUFOUR et un professeur de chimie. Un volume. 3 fr.

— DU SERRURIER, ou Traité complet et simplifié de cet art, d'après les notes fournies par plusieurs Serruriers distingués de la capitale, et rédigé par M. le comte DE GRANDPRÉ. Un volume orné de planches. 3 fr.

— COMPLET DES SORCIERS, ou la Magie blanche dévoilée par les découvertes de la chimie, de la physique et de la mécanique; contenant un grand nombre de tours dus à l'électricité, au calorique, à la lumière, à l'air, aux nombres, aux cartes, à l'escamotage, etc., etc. Ainsi que les scènes de ventriloquie, exécutées et communiquées par M. COMTE, physicien du Roi, précédé d'une Notice sur les sciences occultes, par M. JULIA-FONTENELLE. Un gros vol. orné de planches. 3 fr.

— DU TAPISSIER, DÉCORATEUR ET MARCHAND DE MEUBLES, contenant les principes de l'Art du tapissier, les instructions nécessaires pour choisir et employer les matières premières, décorer et meubler les appartemens, composer un ameublement complet, conserver les mobiliers, etc.; par M. GARNIER-AUDIGER, ancien vérificateur du Garde-Meuble de la couronne. Un vol. orné de figures. 2 fr. 50 c.

— COMPLET DU TENEUR DE LIVRES, ou l'Art de tenir les livres en peu de leçons, par des moyens prompts et faciles; renfermant un cours de tenue de livres à partie simple et à partie double, une nouvelle méthode pour les tenir à partie double au moyen d'un seul registre, et les diverses manières d'établir les comptes courans avec ou sans nombres rouges, de calculer les époques communes, les intérêts, les escomptes, etc., etc.; ouvrage à l'aide duquel on peut apprendre sans maître; par M. TREMERY, professeur. Un gros vol. 3 fr.

—DU TEINTURIER, comprenant l'art de teindre la laine, le coton, la soie, le fil, etc., ainsi que tout ce qui concerne l'ART DU TEINTURIER-DÉGRAISSEUR, etc., etc., traité rédigé d'après les meilleurs ouvrages, et rendu d'une exécution facile pour toute personne qui désirerait s'occuper utilement de cet art; par M. RIFFAULT,

ex-régisseur des poudres et salpêtres, etc., etc. *Deuxième édition.*
Un gros volume. 3 fr.

MANUEL DU TOURNEUR, ou Traité complet et simplifié de
cet art, d'après les renseignemens fournis par plusieurs tour-
neurs de la capitale ; rédigé par M. DESSABLES. Deux volumes
ornés de planches. 6 fr.

— **DU VERRIER** et du Fabricant de glaces, cristaux pierres
précieuses, factices, verres colorés, yeux artificiels, etc. : par
M. JULIA-FONTENELLE. Un gros volume orné de planches. 3 fr.

— **DU VÉTÉRINAIRE**, contenant la connaissance générale
des chevaux, la manière de les élever, de les dresser et de les
conduire, la description de leurs maladies et les meilleurs modes
de traitement, des préceptes sur la ferrure, suivi de l'ART DE L'É-
QUITATION ; par M. LEBEAUD. *Deuxième édition.* Un volume. 3 fr.

— **DU VIGNERON FRANÇAIS**, ou l'Art de cultiver
la vigne, de faire les vins, les eaux-de-vie et vinaigres, contenant les différentes espèces et variétés de la vigne, ses
maladies et les moyens de les prévenir, les meilleurs procédés
pour gouverner, perfectionner et conserver les vins, les eaux-de-
vie et vinaigres, ainsi que la manière de faire avec ces substances
toutes les liqueurs, de gouverner une cave, mettre en bouteilles,
etc., etc. ; enfin de profiter avec avantage de tout ce qui nous vient
de la vigne ; suivi d'un coup d'œil sur les maladies particulières
aux vignerons ; par M. THIÉBAUD DE BERNEAUD. Un gros volume
orné de planches. *Troisième édition.* 3 fr.

—**DU VINAIGRIER ET DU MOUTARDIER**, suivi de nouvelles
Recherches sur la fermentation vineuse, présentées à l'Académie
royale des Sciences ; par M. JULIA-FONTENELLE. Un vol. 3 fr.

— **DU VOYAGEUR DANS PARIS**, ou Nouveau Guide de
l'étranger dans cette capitale, soit pour la visiter ou s'y établir, contenant la Description historique, géographique et statistique de Paris, son tableau politique, sa description intérieure,
tout ce qui concerne à Paris les besoins, les habitudes de la vie, les
amusemens, etc., etc., orné de plans et de planches représentant
ses monumens ; par M. LEBRUN. Un gros volume. 3 fr. 50 c.

— **DU ZOOPHILE**, ou l'Art d'élever et de soigner les animaux domestiques ; par un propriétaire cultivateur, et rédigé par
madame CELNART. Un volume. 2 fr. 50 c.

Ouvrages sous presse.

MANUEL COMPLÉMENTAIRE D'ALGÈBRE, comprenant la
théorie et la résolution des équations ; la théorie des dérivées directes et inverses, avec les principales applications à la Géométrie, à la mécanique et au calcul des probabilités.

— **DU BIJOUTIER ET DE L'ORFÈVRE.**

— **DU BOURRELIER ET DU SELLIER.**

—DU BIBLIOPHILE ET DE L'AMATEUR DE LIVRES, par M. F. DENIS.

— DU COUTELIER.

— DU CHARRON ET DU CAROSSIER.

— DU CHAPELIER.

— DE CHRONOLOGIE.

— DU CORDONNIER.

— D'ÉCONOMIE POLITIQUE.

— DU FILATEUR EN GÉNÉRAL ET DU TISSERAND.

— DU FACTEUR D'ORGUES.

— DE GÉOLOGIE.

— DE GÉOGRAPHIE-PHYSIQUE.

— COMPLÉMENTAIRE DE GÉOMÉTRIE, comprenant la géométrie descriptive, et ses applications principales à la stéréotomie, à la stéréographie et à la topographie.

— DE L'HORLOGER.

— DE L'INGÉNIEUR GÉOGRAPHE.

— DU LAYETIER ET DE L'EMBALLEUR.

— COMPLÉMENTAIRE DE MÉCANIQUE, ou Mécanique physique, comprenant les frottemens, les adhésions, les engrenages; la théorie des lignes, surfaces et corps élastiques et vibrans; la résistance des solides et des fluides; l'équilibre et le mouvement des fluides pondérables et impondérés.

— DU MAÇON, PLATRIER, PAVEUR, CARRELEUR, COUVREUR.

— DE MUSIQUE VOCALE ET INSTRUMENTALE, par M. Choron.

— DE MNÉMONIE.

— DE L'ART MILITAIRE.

— DE MÉTALLURGIE.

— DE L'OPTICIEN.

— DE L'ORTOGRAPHISTE.

— DU PEINTRE ET DU SCULPTEUR, par M. ARSENNE.

— DU FABRICANT DE PAPIERS.

— DU TAILLEUR.

— DU TONNELIER BOISSELIER.

— DU TRÉFILEUR.

BUFFON

AVEC SES SUITES,

Ou COURS COMPLET D'HISTOIRE NATURELLE CONTENANT LES TROIS RÈGNES DE LA NATURE, par Buffon, Castel, Patrin, Bloch, Sonnini, Bosc, Latreille, Brongniart, de Tigny, Lamarc et Mirbel. 80 vol. in-18, imprimés avec soin sur carré fin, ornés de 785 planches représentant chacune plusieurs figures dessinées d'après nature par M. Desève, et précieusement terminées au burin.

DIVISION DE L'OUVRAGE.

ŒUVRES DE BUFFON, comprenant : *Théorie de la terre.* — *Discours sur l'Histoire naturelle.* — *Histoire naturelle de l'homme.* — *Histoire naturelle des quadrupèdes.* — *Histoire naturelle des oiseaux*, classés par ordres, genres et espèces, d'après le système de Linnée, avec les caractères génériques et la nomenclature linnéenne; par RENÉ RICHARD CASTEL, (26 vol.) Nouvelle édition, ornée de 205 planches représentant environ 600 sujets.   65 fr.
Avec les figures coloriées,   90 fr.
HISTOIRE NATURELLE DES MINÉRAUX, par E.-M. PATRIN, membre de l'Institut (5 volumes). Ouvrage orné de 40 planches représentant un grand nombre de sujets dessinés d'après nature.   15 fr.
Avec figures coloriées,   22 fr. 50 c.
— NATURELLE DES POISSONS, avec des figures dessinées d'après nature, par BLOCH ; ouvrage classé par ordres, genres et espèces, d'après le système de Linnée, avec les caractères génériques; par RENÉ-RICHARD CASTEL. Édition ornée de 160 planches représentant environ 600 espèces de poissons (10 volumes). 30 fr.
Avec figures coloriées,   45 fr.
— NATURELLE DES REPTILES, avec figures dessinées d'après nature; par SONNINI, homme de lettres et naturaliste, et LATREILLE, membre de l'Institut. Édition ornée de 54 planches représentant environ 150 espèces différentes de serpens, vipères, couleuvres, lézards, grenouilles, tortues, etc. (4 volumes).   12 fr.
Avec figures coloriées,   18 fr.

HISTOIRE NATURELLE DES INSECTES, composée d'après Réaumur, Geoffroy, Degeer, Roeser, Linnée, Fabricius, et les meilleurs ouvrages qui ont paru sur cette partie; rédigée suivant la méthode d'Olivier avec des notes, plusieurs observations nouvelles, et des figures dessinées d'après nature; par F. M. G. de TIGNY, et BRONGNIARD pour les généralités. Troisième édition en 10 volumes, ornée de beaucoup de figures, augmentée et mise au niveau des connaissances actuelles.   30 fr.
Avec figures coloriées,   45 fr.

— NATURELLE DES COQUILLES, contenant leur description, leurs mœurs et leurs usages, par M. Bosc. Cinq vol. ornés de planches. Prix : fig. noires, 15 fr., et fig. col.,   22 fr. 50 c.

— NATURELLE DES VERS, contenant leur description, leurs mœurs et leurs usages ; par M. Bosc. Trois vol. ornés de planches. Prix : fig. noires, 9 fr., et fig. coloriées,   13 fr. 50 c.

— NATURELLE DES CRUSTACÉES, contenant leur description, leurs mœurs et leurs usages ; par M. Bosc. Deux vol. ornés de planches. Prix : 6 fr, et fig. coloriées,   9 fr.

— NATURELLE DES VÉGÉTAUX, classés par famille, avec la citation de la classe et de l'ordre de Linnée, et l'indication de l'usage qu'on peut faire des plantes dans les arts, le commerce, l'agriculture, le jardinage, la médecine, etc., des figures dessinées d'après nature, et un GENERA complet, selon le système de Linnée, avec des renvois aux familles naturelles de Jussieu (15 volumes); par J.-B. LAMARCK, membre de l'Institut, professeur au Muséum d'Histoire naturelle, et par C. F. B. MIRBEL, membre de la Société des sciences, lettres et arts de Paris, professeur de botanique à l'Athénée de Paris. Édition ornée de 120 planches représentant plus de 1,600 sujets.   45 fr.
Avec figures coloriées,   67 fr. 50 c.

Ces différentes parties se vendent séparément, et peuvent compléter toute autre édition de Buffon. Les personnes qui prendront en même temps les 80 volumes, paieront chacun d'eux à raison de 2 fr. 20 c., figures noires, et 3 fr. 50 c. coloriées.

ABUS (des) EN MATIÈRE ECCLÉSIASTIQUE, ou des Causes, de l'Origine et de l'Utilité des appels comme d'abus, et des Modifications dont les lois existantes sont susceptibles, suivi d'un Dialogue sur les Causes des Misères de la France, publié en 1590 par Guy Coquille seigneur de Romenay; par M. BOYARD, conseiller à la cour royale de Nancy. Un vol. in-8⁰.   2 fr. 5o c.

ANNUAIRE DU BON JARDINIER ET DE L'AGRONOME,pour
183o , renfermant la description et la culture de toutes les plantes
utiles ou d'agrément qui ont paru pour la première fois en 1829 ;
contenant en outre les nouvelles d'horticulture, des considérations
sur l'acclimatation et la naturalisation des plantes , les principes
généraux de la greffe , la description de toutes les plantes herba-
cées, etc.;par un JARDINIER AGRONOME. Un volume in-18.   3 fr.

La première année, pour 1826 , 1 fr. 5o c.
La deuxième année , pour 1827, *même prix.*
La troisième année, pour 1828 , *même prix.*
La quatrième année , pour 1829 , 3 fr.

ARITHMÉTIQUE DES DEMOISELLES , ou Cours élémentaire d'arithmétique , théorique et pratique, en douze leçons ;
par M. VENTENAC. Un vol.   2 fr. 5o c.
Cahier de Questions pour le même ouvrage.   5o c.

ART DE BRODER , ou Recueil de Modèles coloriés analogues
aux différentes parties de cet art , à l'usage des demoiselles ;
par M. AUGUSTIN LEGRAND. Un vol. oblong. Prix :   7 fr.

ART DE CULTIVER LA VIGNE et de faire du bon vin maigré
le climat et l'intempérie des saisons; par M. SALMON. Un volume
in-12.   3 fr. 5o c.

— (L') **DE CHOISIR UNE FEMME ET D'ÊTRE HEUREUX
AVEC ELLE** , ou Conseils aux hommes à marier ; par M. LAMI.
Un volume in-18 , orné de figures.   3 fr.

— (L') **DE CONSERVER ET D'AUGMENTER LA BEAUTÉ** ,
de corriger et déguiser les imperfections de la nature ; par LAMI.
Deux jolis volumes in-18 , ornés de gravures.   6 fr.

**BARÊME (LE) PORTATIF DES ENTREPRENEURS DE
CONSTRUCTIONS ET DES OUVRIERS EN BATIMENS**, ou Ta-
rif de la conversion des pieds en toises et pieds carrés , en mètres,
décimètres et centimètres carrés , suivi de la Conversion des
mètres carrés en toises , pieds, pouces et lignes carrés , etc., par
M. BARBIER. Un vol. in-24.   6o c.

BEAUTÉS (LES) DE LA NATURE , ou Description des arbres ,
plantes, cataractes, fontaines, volcans, montagnes, mines, etc., les
plus extraordinaires et les plus admirables, qui se trouvent dans
les quatre parties du monde; par M. ANTOINE. Un volume , orné
de six gravures.   2 fr. 5o c.

BOTANIQUE (LA) DE J.-J. ROUSSEAU, contenant tout ce
qu'il a écrit sur cette science, augmentée de l'exposition de la méthode de Tournefort et de Linnée, suivie d'un Dictionnaire de botanique et de notes historiques ; par M. DEVILLE. *Deuxième édition.* Un gros volume orné de 8 planches, 4 fr.; fig. col.   5 fr.

CALLIPÉDIE (LA) , ou la Manière d'avoir de beaux enfans, extrait du poëme de Quillet. Brochure in-8.   1 fr. 5o c,

CHIENS (LES) CÉLÈBRES. *Troisième édition*, augmentée de traits nouveaux et curieux sur l'instinct, les services, le courage, la reconnaissance et la fidélité de ces animaux; par M. FRÉVILLE. Un gros volume in-12, orné de planches. 3 fr.

CHOIX (NOUVEAU) D'ANECDOTES ANCIENNES ET MODERNES, tirées des meilleurs auteurs, contenant les faits les plus intéressans de l'histoire en général, les exploits des héros, traits d'esprit, saillies ingénieuses, bons mots, etc., etc.; suivi d'un précis sur la Révolution française; par M. BAILLY. *Cinquième édition*, revue, corrigée et augmentée; par madame CELNART. 4 vol. in-18, ornés de jolies vignettes. 7 fr.

CODE DES MAITRES DE POSTE, DES ENTREPRENEURS DE DILIGENCE ET DE ROULAGE, ET DES VOITURIERS EN GÉNÉRAL PAR TERRE ET PAR EAU, ou Recueil général des Arrêts du Conseil, Arrêts de règlement, Lois, Décrets, Arrêtés, Ordonnances du Roi, Avis du Conseil d'Etat, Règlemens, Instructions, Ordonnances de police, et autres Actes de l'auto-rité publique, concernant les Maîtres de Poste, les Entrepreneurs de Diligences et Voitures publiques en général, les Entrepreneurs et Commissionnaires de Roulage, les Maîtres de Coches et de Bateaux, etc., avec des Commentaires et un Résumé des décisions de la Jurisprudence sous chaque article, suivi d'un Traité de la Responsabilité des Voituriers en général; par M. LANOE, avocat à la Cour royale de Paris. 2 vol. in-8. 12 fr.

DESCRIPTION DES MOEURS, USAGES ET COUTUMES de tous les peuples du monde: contenant une foule d'Anecdotes sur les sauvages d'Afrique, d'Amérique, les Anthropophages, Hottentots, Caraïbes, Patagons, etc., etc. *Seconde édition*, très-augmentée. 2 vol. in-18, ornés de douze gravures. 5 fr.

DICTIONNAIRE HISTORIQUE, ou Histoire abrégée et impartiale des hommes de toutes les nations qui se sont rendus célèbres, par une société de Savans, français et étrangers. 20 vol. in-8. 120 fr.

ÉLOGE (L') DE LA FOLIE, par ERASME, traduction nouvelle, par C. B. de PANALBE. 1 vol. in 8. 6 fr.

ÉPILEPSIE (DE L') EN GÉNÉRAL, et particulièrement de celle qui est déterminée par des causes morales, par M. DOUSSIN-DUBREUIL. Un vol. in-12. *Deuxième édition*. 3 fr.

ESPAGNE (DE L') et de ses relations commerciales, par F.-A. DE CH., in-8. 2 fr. 50 c.

ÉTUDES ANALYTIQUES SUR LES DIVERSES ACCEPTIONS DES MOTS FRANÇAIS, par mademoiselle FAURE. Un vol. in-12. 2 fr. 50 c.

EXAMEN DU SALON DE 1827, avec cette épigraphe: *Rien n'est beau que le vrai.* Deux broch. in-8. 3 fr.

GALERIE DE RUBENS, dite du Luxembourg; faisant suite

aux galeries de Florence et du Palais Royal, par MM. MATHEI et CASTEL. Treize livraisons contenant vingt-cinq planches ; un gros vol. in-folio (ouvrage terminé).

Prix de chaque livraison : figures noires,   6 fr.

Avec figures coloriées,   10 fr.

GRAISSINET (M.). ou Qu'est-il donc? Histoire comique, satirique et véridique, publiée par DUVAL, 4 vol. in-12. 10 fr.

Ce roman, écrit dans le genre de ceux de Pigault, est un des plus amusans que nous ayons.

HISTOIRE D'ANGLETERRE, de HUME. Vingt volumes in-12, ornés de figures et tableaux généalogiques, tirés de l'Atlas de Lepage.   60 fr.

INFLUENCE (DE L') DES ÉRUPTIONS ARTIFICIELLES DANS CERTAINES MALADIES, par JENNER, auteur de la Découverte de la vaccine. Brochure in-8.   2 fr. 50 c.

LETTRES SUR LES DANGERS DE L'ONANISME, et Conseils relatifs au traitement des maladies qui en résultent ; ouvrage utile aux pères de famille et aux instituteurs ; par M. DOUSSIN-DUBREUIL. Un vol. in-12. *Troisième édition*,   1 fr. 50 c.

— **SUR LA MINIATURE**, par MANSION. Un vol. in-12.   4 fr.

MANUEL DES JUSTICES DE PAIX, ou Traité des fonctions et des attributions des Juges de paix, des Greffiers et Huissiers attachés à leur tribunal, avec les formules et modèles de tous les actes qui dépendent de leur ministère, auquel on a joint un recueil chronologique des lois, des décrets, des ordonnances du roi, et des circulaires et instructions officielles, depuis 1790, et un extrait des cinq Codes, contenant les dispositions relatives à la compétence des justices de paix ; par M. LEVASSEUR, ancien jurisconsulte. *Huitième édition*, entièrement refondue par M. RON-DONNEAU. Un gros vol. in-8.   7 fr.

MANUEL DES ENGAGISTES ET DES ÉCHANGISTES, ou Recueil Complet et Méthodique des lois, décrets, ordonnances, arrêts de cassation, avis du conseil d'état, décisions et instructions ministérielles ou administratives concernant les domaines de l'état concédés, engagés ou échangés ; précédé de l'Histoire de la Législation du Domaine, et suivi d'un tableau indiquant la date de la publication de la loi du 14 ventôse an VII dans chaque département et d'une table analytique des matières ; par M. SERGENT, auteur du *Manuel du Propriétaire et du Locataire*. Un vol. in-12. Prix :   4 fr.

— **DE LITTÉRATURE A L'USAGE DES DEUX SEXES**, contenant un précis de rhétorique, un traité de la versification française, la définition de tous les différens genres de compositions en prose et en vers, avec des exemples tirés des prosateurs et des poëtes les plus célèbres, et des préceptes sur l'art de lire à haute voix ; par M. VIGÉE. *Deuxième édition*, revue

— **COMPLET DES MAIRES, DE LEURS ADJOINTS**
par madame d'HAUTPOUL. Un vol. in-12.　　　　2 fr. 50 c.
ET DES COMMISSAIRES DE POLICE, contenant, par ordre
alphabétique, le texte ou l'analyse des lois, ordonnances, règlemens et instructions ministérielles, relatifs à leurs fonctions et à
celles des membres des conseils municipaux, des officiers de gen-
darmerie, des bureaux de bienfaisance, des commissions d'hos-
pices, etc., avec les formules des actes de leur compétence, par
M. Ch. DUMONT, ancien chef de division au Ministère de la Justice. *Huitième édition*, corrigée et considérablement augmentée.
Deux vol. in-8.　　　　13 fr.

MANUEL DES POIDS ET MESURES, des Monnaies et du Calcul
décimal; par M. TARBÉ DES SABLONS. Édition, avec un
supplément contenant les additions faites à l'édition in-18. Un
gros vol. in-8.　　　　3 fr. 50 c.

— **RAISONNÉ DES OFFICIERS DE L'ÉTAT CIVIL**, ou
Recueil des lois, décrets, avis, décisions ministérielles, etc., etc.
Deuxième édition; par DE LA FONTENELLE DE VAUDORÉ. Un gros
vol. in-12, 1813.　　　　3 fr.

— **COMPLET DU VOYAGEUR AUX ENVIRONS DE PA-
RIS**, ou Tableau actuel des environs de cette capitale. Un
gros vol. in-18, orné d'un grand nombre de vues et d'une carte
très-détaillée des environs de Paris; par M. DE PATY.　　3 fr.

.— **COMPLET DU VOYAGEUR DANS PARIS**, ou Nou-
veau Guide de l'étranger dans cette capitale; par M. LEBRUN. Un
gros vol. in-18, orné d'un grand nombre de vues et de trois
cartes.　　　　3 fr. 50 c.

MÉMOIRES SUR LA GUERRE DE 1809 EN ALLEMAGNE,
avec les opérations particulières des corps d'Italie, de Pologne, de
Saxe, de Naples et de Walcheren; par le général PELET, d'a-
près son journal fort détaillé de la campagne d'Allemagne, ses
reconnaissances et ses divers travaux, la correspondance de Napoléon avec le major-général, les maréchaux, les commandans
en chef, etc., accompagnés de pièces justificatives et inédites.
Quatre volumes in-8.　　　　28 fr.

MÉNESTREL (LE), poëme en deux chants, par JAMES
BEATTIE, avec un Essai sur la vie de l'auteur, une Notice sur
Macbeth, suivie de la ballade intitulée les Enfans dans la forêt,
trad. de l'anglais avec le texte en regard par M. LOUET. Seconde édition. Un vol. in-18.　　　　3 fr. 50 c.

**MÉTHODE COMPLÈTE DE CARSTAIRS, DITE AMÉRI-
CAINE**; ou l'Art d'écrire en peu de leçons par des moyens
prompts et faciles, traduit de l'anglais sur la dernière édition, par
M. TREMERY, professeur. Un vol. oblong, accompagné d'un
grand nombre de modèles mis en français.　　　　3 fr.

MINISTRE (LE) DE WAKEFIELD. Deux vol. in-12. Nouvelle édition. 4 fr.

MORALE DE L'ÉVANGILE COMPARÉE A LA MORALE DES PHILOSOPHES ANCIENS ET MODERNES; Discours auquel une médaille d'or a été décernée par la Société de Châlons, par madame Celnart, in-8. 75 c.

NOSOGRAPHIE GÉNÉRALE ÉLÉMENTAIRE, ou Descript. et traitement rationnel de toutes les maladies; par M. SEIGNEUR-GENS, doct. de la Fac. de Paris. Nouv. éd. 4 vol. in-8. 25 fr.

NOUVEAU COURS DE THÈMES pour les sixième, cinquième, quatrième, troisième et deuxième classes, à l'usage des colléges; par M. PLANCHE, professeur de rhétorique au collége royal de Bourbon, et M. CARPENTIER; ouvrage recommandé pour les colléges par le Conseil royal de l'Université. *Seconde édition*, entièrement refondue et augmentée. Cinq volumes in-12. 10 ft.

Les mêmes avec les corrigés à l'usage des maîtres. 22 fr. 50 c.

On vend séparément :

Cours de sixième à l'usage des élèves,	2 fr.
Le corrigé à l'usage des maîtres,	2 fr. 50 c.
Cours de cinquième à l'usage des élèves,	2 fr.
Le corrigé,	2 fr. 50 c.
Cours de quatrième à l'usage des élèves,	2 fr.
Le corrigé,	2 fr. 50 c.
Cours de troisième à l'usage des élèves,	2 fr.
Le corrigé,	2 fr. 50 c.
Cours de seconde à l'usage des élèves,	2 fr.
Le corrigé,	2 fr. 50 c.

ŒUVRES POÉTIQUES DE BOILEAU, nouvelle édition, accompagnée de notes faites sur Boileau par les commentateurs ou littérateurs les plus distingués; par M. J. PLANCHE, professeur de rhétorique au collége royal de Bourbon, et M NOËL, inspecteur général de l'Université. Un gros vol. in-12. 3 fr.

PENSÉES ET MAXIMES DE FÉNÉLON. Deux volumes in-18, portrait. 3 fr.

— **DE J.-J. ROUSSEAU.** Deux volumes in-18, portrait. 3 fr

— **DE VOLTAIRE.** Deux volumes in-18, portrait. 3 fr.

PRÉCIS DE L'HISTOIRE DES TRIBUNAUX SECRETS, DANS LE NORD DE L'ALLEMAGNE, par A LOEVE VEIMARS, 1 vol. in-18. 2 fr. 50 c.

PRÉCIS HISTORIQUE SUR LES RÉVOLUTIONS DES ROYAUMES DE NAPLES ET DU PIÉMONT EN 1820 ET 1821, suivi de documens authentiques sur ces événemens; par M. le comte D.... *Seconde édition.* Un volume in-8. 4 fr. 50 c

ROMAN COMIQUE DE SCARRON. Quatre vol. in-12, fig. 8 fr.

SERMONS DU PÈRE L'ENFANT, PRÉDICATEUR DU ROI

LOUIS XVI. Huit gros volumes in-12, ornés de son portrait. *Deuxième édition.* 20 fr.

SYNONYMES (NOUVEAUX) FRANÇAIS à l'usage des demoiselles , par mademoiselle FAURE. Un vol. in-12. 3 fr.

DE LA POUDRE LA PLUS CONVENABLE AUX ARMES A PISTON, par M. C. F. VERGNAUD aîné. Un volume in-18. 75 c.

VOYAGE MÉDICAL AUTOUR DU MONDE, exécuté sur la corvette du roi *la Coquille,* commandée par le capitaine Duperrey, pendant les années 1822, 1823, 1824 et 1825, suivi d'un mémoire *sur les Races Humaines* répandues dans l'Océanie, la Malaisie et l'Australie ; par M. LESSON. Un vol. in-8°. 4 fr. 50 c.

***

ABRÉGÉ DE LA GRAMMAIRE FRANÇAISE, par MM. NOEI et CHAPSAL. Un volume in-12. 90 c.

ALBUM TOPOGRAPHIQUE, par PERROT. Un cahier oblong contenant 6 planches coloriées. 7 fr.

ART DE LEVER LES PLANS, et Nouveau Traité d'arpentage et du nivellement; par MASTAING. Un volume in-12. 4 fr.

ATLAS DE LESAGE. Nouv. édit., in-fol. cartonné. 130 fr.

BOTANOGRAPHIE BELGIQUE, ou Flore du nord de la France et de la Belgique proprement dite ; par THÉM. LESTIBOUDOIS. Deux volumes in-8. 14 fr.

— **ÉLÉMENTAIRE**, ou Principes de botanique, d'anatomie et de physiologie végétale ; par THÉM. LESTIBOUDOIS. Un volume in-8. 7 fr.

— **UNIVERSELLE**, ou Tableau général des végétaux; ouvrage aisant suite à la Botanographie belgique de THÉM. LESTIBOUDOIS. Deux volumes in-8. 10 fr.

CARTE TOPOGRAPHIQUE DE SAINTE-HÉLÈNE, très-bien gravée. 1 fr. 50 c.

CONSIDÉRATIONS SUR LES TROIS SYSTÈMES DE COMMUNICATIONS INTÉRIEURES, au moyen des routes, des chemins de fer et des canaux ; par M. NADAULT, ingénieur des ponts et chaussées. Un vol. in-4°. Prix : 6 fr.

ÉLECTIONS (DES) SELON LA CHARTE ET LES LOIS DU ROYAUME, ou Examen des droits, privilèges et obligations attachés à la qualité d'électeur, par M. BOYARD. Un vol. in-8. 6 fr.

ÉLÉMENS (NOUVEAUX) DE GRAMMAIRE FRANÇAISE, par M. FELLENS. Un vol. in-12. 1 fr. 25 c.

DE L'EMPLOI DU REMÈDE CONTRE LES GLAIRES, et Observations sur ses effets, in-8; par M. DOUSSIN-DUBREUIL. 75 c.

DESCRIPTION DE NOTRE-DAME DE REIMS, par M. GILBERT. in-8. 75 c.

DESCRIPTION DE LA VILLE DE REIMS, par M. GÉRARD JACOB K. 1 vol. in-8 orné d'un grand nombre de planches. 3 fr. 50 c.

Le même ouvrage, sans les planches.   1 fr. 75 c.

DES DROITS ET DES DEVOIRS DE LA MAGISTRATURE FRANÇAISE ET DU JURY, par M. BOYARD, conseiller à la Cour Royale de Nancy. Un vol. in-8.   6 fr.

DICTIONNAIRE (NOUVEAU) DE LA LANGUE FRANÇAISE, par MM. NOEL et CHAPSAL. Un vol. in-8. grand papier.   8 fr.

ESPRIT DU MÉMORIAL DE SAINTE-HÉLÈNE, par le comte DE LAS CASES. Trois vol. in-12.   12 fr.

ESSAI HISTORIQUE ET CRITIQUE SUR LA SUPRÉMATIE TEMPORELLE DU PAPE ET DE L'ÉGLISE; par M. l'abbé AFFRE. Un vol. in-8°. Prix :   6 fr.

EXTRAIT ou **ABRÉGÉ DE L'ATLAS DE LESAGE**, renfermant les huit cartes les plus élémentaires.   12 fr. 50 c.

La Mappemonde.   2 fr.

FABLES DE LA FONTAINE, avec 75 gravures sur bois. Édition publiée par M. CRAPELET. Deux vol. in-32.   7 fr.

FONCTIONS (LES) DE LA PEAU et des maladies graves qui résultent de leur dérangement, par M. DOUSSIN-DUBREUIL. Un vol. in-12.   2 fr. 50 c.

GLAIRES (DES), de leurs causes, de leurs effets et des indications à remplir pour les combattre. *Neuvième édition*; par M. DOUSSIN DUBREUIL. in-8.   4 fr.

GRAMMAIRE FRANÇAISE (NOUVELLE) sur un plan très-méthodique, avec de nombreux exercices d'Orthographe, de Syntaxe et de Ponctuation tirés de nos meilleurs auteurs, et distribués dans l'ordre des Règles; par MM. NOEL et CHAPSAL. Trois volumes in-12 qui se vendent séparément, savoir :
— La Grammaire, 1 vol.   1 fr. 50 c.
— Les Exercices, 1 vol.   1 fr. 50 c.
— Le Corrigé des Exercices.   2 fr.

GRAMMAIRE NOUVELLE DES COMMENÇANS, contenant les dix parties du discours, développées et mises à la portée des enfans; par M. BRAUD, élève de M. Jacotot.   1 fr.

GUIDE GÉNÉRAL EN AFFAIRES, ou Recueil des modèles de tous les actes. *Troisième édition.* Un vol. in-12.   4 fr.

GYMNASE NORMAL MILITAIRE ET CIVIL, par M. AMOROS.
Etat de cette institution en 1821.   6 fr.
Etat au mois d'avril 1828   3 fr.

HEPTAMERON, ou les Sept premiers jours de la Création du monde, et les Sept Ages de l'Eglise chrétienne. Un vol. grand in-8.   10 fr.

INTRODUCTION A L'ÉTUDE DE L'HARMONIE, ou Exposition d'une nouvelle Théorie de cette science; par VICTOR DE RODE Un vol. in-8.   9 fr.

JEUX DE CARTES HISTORIQUES, par M. JOUY, de l'Académie française. A 2 fr. le jeu.

3.

Contenant l'Histoire romaine . l'Histoire de la monarchie française , l'Histoire grecque , la Mythologie , l'Histoire sainte , la Géographie.

Celui-ci se vend 5o cent. de plus , à cause du planisphère.

L'Histoire du Nouveau Testament pour faire suite à l'Histoire sainte , l'Histoire d'Angleterre , l'Histoire des animaux , l'Histoire des empereurs , la Lecture , la Musique , la Chronologie.

JOURNAL D'AGRICULTURE , d'Economie rurale et des Manufactures du royaume des Pays-Bas. La collection complète jusqu'à la fin de 1823 se compose de seize vol. in-8. Prix , à Paris. 75 fr.

L'année 1824. 18 fr.

Celles de 1825 et suivantes sont au même prix.

LE CŒUR DE MARIE OUVERT A TOUS ET PRÉSENTÉ AUX FIDÈLES COMME L'OBJET LE PLUS DIGNE DE LEUR RESPECT ET DE LEUR AMOUR , APRÈS LE DIVIN CŒUR DE JÉSUS. 1 vol. in-18. 75 c.

LEÇONS D'ANALYSE GRAMMATICALE , contenant , 1° des préceptes sur l'art d'analyser, 2° des Exercices et des Sujets d'analyse grammaticale , gradués et calqués sur les préceptes : par MM. NOEL et CHAPSAL. Un vol. in-12. 1 fr. 8o c.

LEÇONS D'ANALYSE LOGIQUE , contenant , 1° des Préceptes sur l'art d'analyser, 2° des Exercices et des Sujets d'analyse logique , gradués et calqués sur les Précepte- ; par MM. NOEL et CHAPSAL. Un vol. in-12. 1 fr. 8o c.

LEÇONS D'ARCHITECTURE ; par DURAND. Deux vol. in-4. 4o fr.

La partie graphique, ou tome troisième du même ouvrage.20 fr.

LE HASARD UTILISÉ , ou Ruche comto-jurassienne , par P. BOILLEY. in-8. 1 fr. 5o c.

LE RÉGULATEUR DE L'ÉCRITURE , par CH. D. 1 vol. in-4. 1 fr. 25 c.

LETTRES INÉDITES DE BUFFON. J.-J. ROUSSEAU, VOLTAIRE, PIRON, DE LALANDE. LALCHER , ETC. Un vol. in-12. 3 fr.

LIBERTÉS (LES) GARANTIES PAR LA CHARTE , ou de la Magistrature dans ses rapports avec la liberté des cultes, la liberté de la presse et la liberté individuelle ; par M. BOYARD. Un vol. in-8. 6 fr.

MANIÈRE TOUT-A-FAIT NOUVELLE D'ENSEIGNER ET D'ÉTUDIER LA LANGUE LATINE , ou Exposition d'une méthode d'enseignement préparatoire pratiquée avec succès pendant plus de vingt ans; par M CHOMPRÉ,ancien professeur.In-8. 1 fr.

MANUEL DES BAINS DE MER , leurs avantages et leurs inconvéniens , par M. BLOT.Un vol. in-18. 2 fr.

MANUEL DES INSTITUTEURS ET DES ISPECTEURS D'É-

COLES PRIMAIRES, par ***, Membre d'un Comité d'arrondissement. 1 vol. in-12.			4 fr.

MÉLANGES TIRÉS D'UNE PETITE BIBLIOTHÈQUE, ou Variétés littéraires et philosophiques; par M. CHARLES NODIER, chevalier de la Légion-d'Honneur, bibliothécaire du roi à l'Arsenal. Un vol. in-8°. Prix :			7 fr.

MÉMORIAL DE SAINTE-HÉLÈNE; par M. DE LAS-CASES. Huit vol. in-8.			56 fr.
Le même ouvrage. Huit vol. in-12.			28 fr.

MOIS (NOUVEAU) DE MARIE, par DEBUSSI. Un vol. in-18.			1 fr. 50 c.

MONOGRAPHIA TENTHREDINETARUM SYNONYMIA EXTRICATA, auctore AM. LEPELETIER DE SAINT-FARGEAU; 1 vol. in-8.			5 fr.

NOUVEAUX APERÇUS SUR LES CAUSES ET LES EFFETS DES GLAIRES, par M. DOUSSIN-DUBREUIL. In-8.			2 fr.

ORDONNANCES DE LOUIS XIV, concernant la juridiction des prévôts et échevins de la ville de Paris, 1 vol. in-18.			3 f.

OMNIBUS DE L'HISTOIRE, ou Petit Atlas chronologique universel. in-32.			60 c.

PARFAIT NOTAIRE, par MASSE, Sixième édition, 3 vol. in-4.			45 fr.

POÉSIES DE MADEMOISELLE ÉLISA MERCŒUR, seconde édition. Un vol. in-18.			5 fr.

PRÉCEPTES DE RHÉTORIQUE, par M. HUBERT. Un vol. 3 f.

PULMONIE (DE LA), DE SES CAUSES LES PLUS ORDINAIRES, ET DES MOYENS D'EN PRÉVENIR LES FUNESTES EFFETS, par DOUSSIN-DUBREUIL. Un volume in-12.			3 f.50 c.

QUESTIONS DE DROIT, par MERLIN. Quatrième édition, 8 vol. in-4.			144 fr

QUESTIONS DE LITTÉRATURE LÉGALE; du Plagiat, de la Supposition d'auteurs, des Supercheries qui ont rapport aux livres; par M. Ch. NODIER.			5 fr.

RECUEIL ET PARALLÈLES D'ARCHITECTURE, par M. DURAND. Grand in-folio.			180 fr.

RECUEIL (NOUVEAU) DE CANTIQUES SPIRITUELS, avec l'approbation de Mgr. l'Evêque d'Amiens. 1 gros vol. in-12. 2 fr.

RÉPERTOIRE DE JURISPRUDENCE, par MERLIN. Cinquième édition, 18 vol. in-4.			324 fr.

SITES PITTORESQUES DU DAUPHINÉ, Quarante études d'après nature, lithographiées par DAGNAN.			50 fr.

STÉNOGRAPHIE, ou l'Art d'écrire aussi vite que la parole, par M. CONEN DE PRÉPÉAN, nouvelle édition.			5 f.

SYSTÈME (NOUVEAU) D'ENSEIGNEMENT DU LATIN, ou Essai sur la valeur des prépositions latines, développées des figures, par F. G. POTTIER, 1 vol. in-8.			5 fr.

SOURD–MUET (le) **ENTENDANT PAR LES YEUX**, ou Triple Moyen de communication avec ces infortunés par des procédés abréviatifs de l'écriture, suivi d'un projet d'imprimerie syllabique ; par LE PÈRE D'UN SOURD–MUET, ancien élève de l'école Polytechnique et membre de la Société d'Agriculture, Sciences et Arts du département de l'Aube. Un vol. in 4°. 7 fr.

SUITE AU MÉMORIAL DE SAINTE-HÉLÈNE, ou Observations critiques et anecdotes inédites pour servir de supplément et de correctif à cet ouvrage, contenant un manuscrit inédit de Napoléon, les six derniers mois du gouvernement impérial et l'exposé des causes qui contribuèrent à sa chute, etc. Ornée du portrait de M. LAS-CASES. Un volume in 8. 7 fr.

Le même ouvrage. Un volume in 12. 3 fr. 5o c.

TABLEAU DES PRINCIPAUX ÉVÉNEMENS QUI SE SONT PASSÉS A REIMS, depuis Jules-César jusqu'à Louis XVI inclusivement, ou Histoire de Reims considérée dans ses rapports avec l'Histoire de France, suivie de notes qui complètent le tableau de cette ville ; par M. CAMUS-DARAS. *Deuxième édition* revue et augmentée. Un vol. in-8°. Prix : 10 fr.

TAILLE RAISONNÉE DES ARBRES FRUITIERS, et autres opérations relatives à leur culture, par HENNION, in-8. 1 fr.

THÉORIE DES SIGNES, par l'abbé SICARD. Deux volumes in-8. 10 fr.

TRAITÉ DE L'ART DE FAIRE DES ARMES, par LAFOUGÈRE. Un vol. in-8. 6 fr.

TRAITÉ DE LA CLAVELÉE, DE LA VACCINATION ET CLAVELISATION DES BÊTES A LAINE, par M. HURTREL D'HARBOVAL. Un vol. in-8. 6 fr.

TRAITÉ (NOUVEAU) DES ÉCOLES PRIMAIRES, ou Manuel des Instituteurs et des Institutrices, par M. l'abbé Affre, un vol. in-18· 1 fr. 5o c

TRAITÉ SUR LA NOUVELLE DÉCOUVERTE DU LÉVIER VOLUTE, *dit* LEVIER-VINET, in-18. 1 fr 5o c.

— **DES PARAFOUDRES ET DES PARAGRÊLES EN CORDES DE PAILLE**, par M. LAPOSTOLLE. Un volume in-8. 6 fr.

TRAITÉ (NOUVEAU) DES PARTICIPES, suivi de dictées progressives, par MM. NOEL ET CHAPSAL. Un vol. in-12. 12 fr.

TABLEAU DE LA CHRONOLOGIE DE L'HISTOIRE DES CULTES, mise en regard de la chronologie de l'Histoire Profane Universelle ; par M. ARNAULT ROBERT. Deux feuilles très-beau papier colombier d'Annonay satiné, enluminées avec soin. Les deux feuilles réunies, 8 fr.

VACCINE (DE LA) ET DE SES HEUREUX RÉSULTATS DÉMONTRÉS PAR DES VISITES FAITES AU DOMICILE DES INDIVIDUS DÉCÉDÉS A PARIS PAR SUITE DE LA PETITE-VÉ-

ROLE EN 1825, par MM. BRUNET, DOUSSIN-DUBREUIL et CHAU-MONT. Un volume in 8. 4 fr.

VISITES AU SAINT-SACREMENT, par Debussi. Un vol. in-18. 1 fr. 50 c.

VOCABULAIRE DES TERMES DE COMMERCE, ou Principes de la Tenue des livres à partie double. Un vol in-8. 2 f.

VOYAGE HISTORIQUE DANS LE DÉPARTEMENT DE L'AUBE, en vers; par un compatriote. Brochure in-8. 1 fr. 50 c.

VOYAGES PITTORESQUES SUR LES BORDS DE LA LOIRE, depuis Orléans jusqu'à Nantes, par M. DAGNAN.

Cet ouvrage se composera de cinq livraisons, contenant chacune huit planches. Prix de chaque livraison : 12 fr.

VUE DE CLISSON, formant le complément du *Voyage pittoresque sur les bords de la Loire*, par DAGNAN. 15 fr.

VUE DE LYON ET DE L'ILE BARBE, dessinées d'après nature, et lithographiées par Dagnan. 20 fr.

OUVRAGES DE M. L'ABBÉ CARON.

LA ROUTE DU BONHEUR, Un vol. in-18. 2 fr.

L'ART DE RENDRE HEUREUX TOUT CE QUI NOUS EN- Un vol. in-18. 2 fr.

LA VERTU PARÉE DE TOUS SES CHARMES, Un vol. in-18, Prix : 2 fr.

LE BEAU SOIR DE LA VIE, Un vol. in-18. 2 fr.

L'ECCLÉSIASTIQUE ACCOMPLI, Un vol. in-18. 2 fr.

LES ÉCOLIERS VERTUEUX. 2 vol. in-18. 4 fr.

L'HEUREUX MATIN DE LA VIE. Un vol. in-18. 2 fr.

NOUVELLES HÉROINES CHRÉTIENNES. 2 vol. in-18. 4 fr.

PENSÉES CHRÉTIENNES, Douze vol. in-18. 21 fr.

— **ECCLÉSIASTIQUES**. Douze volumes in-18. 21 fr.

RECUEIL DE CANTIQUES ANCIENS ET NOUVEAUX. Un vol. in-18. 1 fr. 50 c.

ABRÉGÉ DE LA FABLE ou de l'Histoire poétique, par JOUVENCY, traduit en français et rangé suivant la méthode de DUMARSAIS, in-18 1 fr. 50 c.

ABRÉGÉ DE LA GRAMMAIRE FRANÇAISE, par M. de WAILLY, dernière édition, 1 vol. in-12. 75 c.

ANNÉE AFFECTIVE, par AVRILLON, in-12. 2 fr. 50 c.

ABRÉGÉ DE L'HISTOIRE SAINTE, par demandes et par réponses, 1 vol. in-12. 75 c.

ABRÉGÉ DES TROIS SIÈCLES DE LA LITTÉRATURE FRANÇAISE, par SABATIER DE CASTRES. 1 vol. in-12. 3 fr.

— **DU COURS DE LITTÉRATURE DE LAHARPE**, par PERRIN. *Deuxième édition*. Deux volumes in-12. 7 fr.

ARITHMÉTIQUE DE BEZOUT, revue par PEYRARD. In-8, 3 fr.

AVENTURES DE ROBINSON CRUSOÉ. Quatre vol. in-18. 6 fr.

AME (L') CONTEMPLANT LES GRANDEURS DE DIEU, in-12. 2 fr. 50 c.

AME (L') AFFERMIE DANS LA FOI, et prémunie contre la séduction de l'erreur. 1 vol. in-12. 2 fr. 50 c.

AMÉLIE MANSFIELD, par madame COTTIN, 3 vol. in-18. 4 fr.

AVIS AUX PARENS sur la nouvelle méthode de l'enseignement mutuel, par G. C. HERPIN. 1 vol. in-12. 2 fr. 50 c.

BEAUX TRAITS DU JEUNE AGE, par FRÉVILLE. *Troisième édition.* Un volume in-12. – 3 fr.

BUFFON (LE NOUVEAU) DE LA JEUNESSE. *Quatrième édit on,* 134 fig. Quatre volumes in-18. 9 fr.

CABARETS (LES) DE PARIS, ou l'Homme peint d'après nature ; petits tableaux de mœurs, philosophiques, galans, comiques, etc. Un volume in-18, orné de 4 gravures. 1 fr. 50 c.

CATÉCHISME HISTORIQUE de FLEURY, 1 vol. 50 c.

CATÉCHISME HISTORIQUE, contenant en abrégé l'Histoire sainte et la doctrine chrétienne; par FLEURY, 1 vol. in-12. 2 fr.

CÆSARIS COMMENTARII, ad usum collegiorum, 1 vol. in-18. 1 fr. 40 c.

CÉVENOL (le vieux), par RABAUT SAINT-ETIENNE, 1 vol. in-18. 3 fr

CHARLES ET EUGÉNIE, ou la Bénédiction paternelle; par madame DE RENNEVILLE. Deux volumes in-18. 3 fr.

CICERONIS ORATOR, in-18. 75 c.

CICERO in Verrem, de signis, in-12. 60 c.

COLLECTION MAÇONNIQUE, 6 vol. in-18, fig. 6 fr.

COMMENTAIRES DE CÉSAR (LES), nouvelle édition re touchée avec soin ; par M. de WAILLY. Deux vol. in-12. 6 fr.

CONDUITE POUR L'AVENT, par AVRILLON, 1 vol. in-12, édit. stéréotype d'Herhan. 2 fr. 50 c.

CONDUITE POUR LA PENTECOTE, par AVRILLON, 1 vol. 2 fr. 50 c.

CONDUITE POUR LE CARÊME, par AVRILLON, édition stéréotype d'Herhan, 1 vol. in-12. 2 fr. 50 c.

CONTES DES FÉES, par PERRAULT, in-18 ; fig. 1 fr. 25 c

CONTES MORAUX ANCIENS ET NOUVEAUX, par MARMONTEL. 6 vol. in-18, orné de 6 figures. 10 fr.

CORNELII NEPOTIS Vitæ excellentium imperatorum, 1 vol. in-18. 1 fr.

CORRESPONDANCE DE PROSPER ET DE JULIETTE, pour faire suite aux Etrennes d'une mère ; par madame de V***. 2 vol. 18 ornés de 8 jolies figures. Paris. 3 fr.

DICTIONNAIRE (NOUVEAU) DE POCHE FRANÇAIS-ANGLAIS ET ANGLAIS-FRANÇAIS, par M. NUGENT. *Dix-huitième édition,* revue par M. FAIN, 2 vol. in-16.

DISCOURS CHOISIS DE D'AGUESSEAU, in-12, *nouvelle édition*. 2 fr 50 c.

DOCTRINE CHRÉTIENNE DE LHOMOND, in-12. 1 f. 50 c.

ÉDUCATION DES FILLES, par FÉNÉLON, in-18, fig., jolie édition. 1 fr. 50 c.

ÉLÉMENS DE LA CONVERSATION ANGLAISE, par PERRIN, revus par FAIN. Un vol. in-12. 1 fr. 25 c.

ÉLÉMENS DE LITTÉRATURE, ou Analyse raisonnée des différens genres de compositions et des meilleurs ouvrages classiques anciens et modernes, français et étrangers ; par BRETON, etc. 6 volumes in-18. 9 f.

ÉPITRES ET ÉVANGILES DES DIMANCHES ET FÊTES DE L'ANNÉE, avec de courtes réflexions, édition augmentée des Prières de la Messe et des Vêpres du dimanche, in-12. 2 f. 50 c.

ESPRIT DU CHRISTIANISME, ou la Conformité du Chrétien avec Jésus-Christ, par le père François NEPVEU, *nouvelle édition*, 1 vol. in-12. 2 f. 50 c.

ESPRIT (DE L') DES LOIS, par MONTESQUIEU. Nouvelle édition, ornée du portrait de l'auteur. Quatre gros vol. in-12, 12 fr.

ESQUISSE D'UN TABLEAU HISTORIQUE DES PROGRÈS DE L'ESPRIT HUMAIN, par CONDORCET. Un gros vol. in-18. 3 fr.

EXISTENCE DE DIEU, par CLARKE, traduit de l'anglais par RECOTTIER. Nouvelle édition. 3 vol. in-12. 7 fr. 50 c.

FABLIERS (LE PHÉNIX DES), ou Morceaux choisis des poëtes français qui ont excellé dans l'apologue depuis 1600 jusqu'à nos jours, par J. SAMSON, 2 vol. in-18. 4 fr.

FÉE (LA) GRACIEUSE, ou la Bonne Amie des Enfans, par Mme de RENNEVILLE, 1 vol. in-18. 1 f. 25 c.

GRAMMAIRE FRANÇAISE DE RESTAUT. Gros vol. in-12, 2 fr. 50 c.

GRANDEUR (LA) DES ROMAINS, par MONTESQUIEU. 1 vol. in-12. 2 fr.

GRADUS AD PARNASSUM, ou Dictionnaire poétique latin-français. Grand in-8. 7 fr.

GUIDE DU MARÉCHAL, par LAFOSSE. Nouvelle édition. 7 fr. 50 c.

HISTOIRE POÉTIQUE, tirée des meilleurs poètes et littérateurs français, ouvrage classique, par M. DELACROIX, *dixième édition*, revue, corrigée et augmentée par J.-F. NOUEL, chef d'institution, membre de plusieurs sociétés savantes, 1 fort vol. in-18, broché. 2 f. 25 c.

— **DES DOUZE CÉSARS**, traduite du latin de Suétone, avec des notes et des réflexions ; par F. DE LAHARPE. *Cinquième édition*. Trois volumes in-18. 6 fr. 50 c.

HISTORIETTES ET CONVERSATIONS A L'USAGE DES EN-FANS, par BERQUIN. Deux volumes in-18.   3 fr.

   HORATII FLACCI CARMINA , 1 vol. in-24.   1 f. 25 c.

   IMITATION DE JÉSUS-CHRIST , in-32 , *jolie édit.* 1 f. 50 c.

   INSTRUCTIONS POUR LES JEUNES GENS , utiles à toutes sortes de personnes , mêlées de plusieurs traits d'histoire et d'exemples édifians , in-12.   1 f. 25 c.

   JARDINS (LES QUATRE) ROYAUX DE PARIS , 1 v. in-18, *troisième édition.*   1 f. 50 c.

   JÉRUSALEM DÉLIVRÉE , traduite en vers , par M. OCTA-VIEN , 2 vol. in-8.   8 fr.

   JEUNES (LES) PERSONNES, nouvelles , par madame DE REN-NEVILLE. *Deuxième édition.* Deux volumes in-12, ornés de fig. 8 fr.

   JUSTINI HISTORIARUM ex trogo Pompeio Libri XLIV. 1 v. 18
                                                1 f. 50 c.

   LETTRES DE MESDAMES DE COULANGES ET DE NINON DE L'ENCLOS , suivies de la Coquette vengée , 1 vol. in-12.
                                                2 f. 50 c.

   LETTRES DE MESDAMES DE VILLARS, DE LA FAYETTE ET TENCIN , 1 vol. in-12.   2 f. 50

   LETTRES DE MADEMOISELLE AISSÉ , accompagnées d'un notice biographique et de notes explicatives, 1 vol. in-12.
                                                2 f. 50 c.

   LETTRES A ÉMILIE SUR LA MYTHOLOGIE, par DEMOUS-TIER , 2 vol. in-12.   5 f.

   LETTRES CHOISIES DE MESDAMES DE SÉVIGNÉ, DE GRIGNAN , DE SIMIANE ET DE MAINTENON. Trois vol. in-18.   5 fr.

   LETTRES PERSANES , par MONTESQUIEU. Nouvelle édition. Un vol. in-12.   3 fr.

   LETTRES LE J. MULLER à ses amis, MM. Bonstetten et Gleim, précédées de la vie et du testament de l'auteur, in-8. 6 fr.

   MAGASIN DES ENFANS , 4 vol. in-18   4 f.

   MALVINA , par Mme COTTIN , 3 vol. in-18.   4 f.

   MANUEL DU COMMERÇANT SUR LA PLACE DE PARIS . 1 vol. in-18.   1 f.

   MÉMOIRES DE GRAMMONT , par HAMILTON. Deux vol. in-32, figures.   3 fr.

   — **DU CARDINAL DE RETZ, DE GUY-JOLY ET DE LA DUCHESSE DE NEMOURS.** Nouvelle édition. Six volumes in-8 , avec portrait.   36 fr.

   MOIS (LE) DE MARIE , 1 vol. in-32.   40 c.

   MORALE (LA) EN ACTION, ou Élite de faits mémorables et d'anecdotes instructives, à l'usage des colléges et maisons d'éducation. Un gros vol. in-12.   2 f. 50 c.

www.ingramcontent.com/pod-product-compliance
Lightning Source LLC
Chambersburg PA
CBHW071608220526
45469CB00002B/269